Armin Strohmeyr

»Wir sind unser sechs« – Die Geschichte der Geschwister Mann

PIPER

Zu diesem Buch

Erika, Klaus, Golo, Monika, Elisabeth und Michael Mann – sechs Geschwister, die eines einte: großes Talent. Und alle litten am »Familienfluch«: dem Schreiben. Doch auch auf anderen Gebieten leisteten sie Beachtliches: in der Gemanistik, der Geschichtswissenschaft, der Meeresbiologie, dem Internationalen Seerecht, im Kabarett, als Musiker und Schauspieler, als Theaterprinzipalin und Journalist. Dabei waren ihre Verbindungen untereinander weit stärker als die zu Ehepartnern oder Lebensgefährten. Aber genauso wie sie zusammenhielten, ja auch zusammenarbeiteten, so lebten sie auch in Konkurrenz zueinander. Die Zeitspanne ihrer Lebensdaten umfasst ein ganzes Jahrhundert. Es ist ein Jahrhundert voller Umbrüche, Abbrüche, Katastrophen. Ein Jahrhundert, das von Exil, Neuorientierung, sozialem Abstieg, materieller Unsicherheit und psychischer Erschütterung geprägt war. In dieser ersten kollektiven Biografie der Geschwister erzählt Armin Strohmeyr kenntnisreich die Geschichte der sechs Künstlerschicksale und bietet neue Perspektiven auf das familiäre Netzwerk der Manns.

Armin Strohmeyr ist promovierter Germanist und Autor viel beachteter Biografien und Porträtsammlungen. Sein Buch »Verkannte Pioniere« wurde von der Zeitschrift *Damals* beim Wettbewerb »Historisches Buch des Jahres« mit dem 3. Platz prämiert und stand auf der Shortlist »Wissenschaftsbuch des Jahres« des Österreichischen Bundesministeriums für Wissenschaft und Forschung. Zuletzt erschienen bei Piper »Abenteuer reisender Frauen«, »Einflussreiche Frauen«, »Geheimnisvolle Frauen«, »Uns gehört die Welt. Schreibende Frauen erobern die Fremde«, »Die leuchtenden Länder. Reisende Frauen erkunden den Orient«, »Annette Kolb. Dichterin zwischen den Völkern«, »Weltensammlerinnen. Spektakuläre Reiseabenteuer mutiger Frauen«, »Dichterkinder. Liebe Verrat und Drama – der Kreis um Klaus und Erika Mann« und »Große Philosophinnen. Wie ihr Denken die Welt prägte«. www.armin-strohmeyr.de

Armin Strohmeyr

»Wir sind unser sechs«

Die Geschichte der Geschwister Mann

Was Erika, Klaus, Golo, Monika, Elisabeth und Michael verband und was sie trennte

Mit 13 Schwarz-Weiß-Abbildungen

PIPER

Mehr über unsere Autorinnen, Autoren und Bücher:
www.piper.de

Von Armin Strohmeyr liegen im Piper Verlag vor:
Abenteuer reisender Frauen
Einflussreiche Frauen
Geheimnisvolle Frauen
Uns gehört die Welt
Die leuchtenden Länder
Annette Kolb
Weltensammlerinnen
Dichterkinder
Große Philosophinnen
»Wir sind unser sechs«

Unser Versprechen für mehr Nachhaltigkeit
- Klimaneutrales Produkt
- FSC®-zertifiziertes Papier
- Hergestellt in Europa

FSC www.fsc.org MIX Papier | Fördert gute Waldnutzung FSC® C021394

Originalausgabe
ISBN 978-3-492-31702-3
Juni 2023

Umschlaggestaltung: Büro Jorge Schmidt, München
Umschlagabbildung:akg-images / brandstaetter images
Satz: Fotosatz Amann, Memmingen
Gesetzt aus der Berling
Litho: Lorenz & Zeller, Inning am Ammersee
Gedruckt von ScandBook in Litauen
Printed in the EU

für Monika

Inhalt

»Jetzt bin ich endlich frei und darf sprechen«

Prolog: Ein heißer Sommer, ein Suizidversuch und ein Bekenntnis. 1941

Manhattan, im August 1941: Ein schlanker, blonder Mann mittleren Alters streunt ziellos durch die Straßen, die – eingezwängt zwischen Hochhäusern – wie Schluchten wirken. Er ist Schriftsteller. In seiner Heimat Deutschland galt er wenige Jahre zuvor noch als einer der bekanntesten Autoren, ein hochtalentierter Romancier und Essayist, der zudem aus einer berühmten Literatenfamilie stammt. Sein Name: Klaus Mann. Doch vor über acht Jahren hat er Deutschland – das Land seiner Ahnen, seiner Kultur, seiner Sprache – verlassen und ist ins Ausland gegangen; nicht freiwillig, sondern weil ihm in seiner Heimat unter der Herrschaft der Nationalsozialisten Verfolgung, Haft und Ermordung drohten. Nach wechselnden Exilstationen in Zürich, Paris, Amsterdam und andernorts lebt Klaus Mann nun in New York. Er logiert im Hotel Bedford, das sich zum Sammelort deutschsprachiger Exilanten entwickelt hat. Literaten, Journalisten, Künstler, Musiker und Diplomaten, Deutsche, Österreicher, Franzosen, Briten und Amerikaner gehören zu seinem Bekanntenkreis. Klaus Mann gilt nicht nur als ein begnadeter Netzwerker, er verfügt auch über die Gabe der Freundschaft, gilt als treu, loyal und von Empathie geleitet. Diese Fähigkeiten – neben seinen literarischen – benötigt er in jenen Monaten sehr wohl, hat er doch vor Kurzem eine Zeitschrift namens *Decision* gegründet, die ein internationales Podium des freien Wortes sein will.

Die Zeitschrift, deren erste Nummer ein halbes Jahr zuvor erschienen ist, hatte keinen guten Start und ist unsicher finanziert. Das Unternehmen droht bereits kurz nach seiner Gründung zu scheitern. Klaus Mann schreibt Bettelbriefe an seine Eltern im fernen Kalifornien und an andere potenzielle Gönner. Doch wer wirft sein Geld schon gern in ein Fass, das sich von Anbeginn als bodenlos erweist? Die Sterne für *Decision* und ihren Herausgeber Klaus Mann stehen schlecht.

Klaus Mann hält es nicht in der engen Redaktionsstube und auch nicht in seinem Hotelzimmer, an dessen Tür immer wieder Menschen klopfen – Bekannte und Unbekannte –, die ihn um Rat fragen oder seine Hilfe erbitten. Er flieht hinaus in die Einsamkeit. Denn obwohl die Straßen von Manhattan in Zeiten der Rushhour von Menschen geradezu schwarz sind und ein Strom hupender Autos sich hindurchwälzt, weiß er doch: Nirgends kann man so allein sein wie im Gewühle der Großstadt, nirgends so unbekannt und verlassen. Der Sommer, der in der Stadt am Hudson River erbarmungslos sein kann, trägt ein Übriges zu dieser Stimmung bei. Klaus Mann notiert: »New York glüht. New York schwitzt. New York trieft und dampft, New York stinkt, New York stöhnt, New York geht aus dem Leim – der New Yorker Asphalt ist schon ganz aufgeweicht, eine zähe Masse ...«[1] Auch nachts treibt es den Flaneur der Einsamkeit hinaus in den Straßendschungel – und dabei kommt ihm eine Verszeile Gottfried Benns in den Sinn, dessen Gedichte er in tragischer Weise liebt und dessen politische Haltung – die zeitweilige Hinwendung zum Nationalsozialismus – er zutiefst verabscheut und verurteilt: »›Einsamer nie als im August ...‹ Ich wandere nachts durch diese heißen, dunklen Straßen, immer in Schweiß gebadet, immer allein. Ich atme diese feuchte, schwere, mit Sinnlichkeit geladene Treibhaus- und Dampfbadluft. Ich bin immer hier. Seit der Auflösung unseres [elterlichen] Princeton-Hauses – das dürfte im April gewesen sein – habe ich die Stadt nicht einen Tag verlassen, nicht eine Stunde war ich auf dem Land. Die Stadt gefällt mir. [...] Ich habe keine Sehnsucht nach den Bergen oder nach dem Meer. Auch nach Menschen habe ich kein Bedürfnis.«[2] Die einzige positive, herzerwärmende Unterbrechung in diesem Einerlei einsamer Tage und Nächte sind die Anrufe von Klaus Manns Geliebtem Thomas Quinn Curtiss, der zu jener Zeit eine militärische Grundausbildung in einem Lager im Bundesstaat Georgia absolviert. Curtiss fragt nach Klaus Manns Arbeit, weiß er doch, wie lebenswichtig dem Freund die literarische Tätigkeit ist, wie produktiv er zeitlebens war, wie leicht ihm die Ideen aus dem Kopf, die Worte aus der Feder flossen. Doch nun scheint alles anders: Klaus Mann, der einst ein Liebling der Götter schien, steckt in der bislang tiefsten Krise seines Lebens. Die Worte lösen sich ihm im Munde auf, die Sehnsüchte, Wünsche und Begierden fallen von ihm ab wie dürres Herbstlaub von den Bäumen. Und dennoch beneidet Curtiss den Geliebten um dessen »Freiheit« eines zivilen Menschen, eines »unabhängigen« Literaten. Klaus Mann leidet unter der äußeren Ferne zu Curtiss und unter der wachsenden inneren Entfremdung zwischen ihnen. Er leidet unter seiner Schaffenskrise, unter dem Gefühl, der andere tue in der Vorbereitung auf den Kriegseinsatz gegen Hitler-Deutschland etwas Sinnvolles, während er, der Literat, dessen beste Zeit der Vergangenheit anzugehören scheint, sich nur mit dem Wort gegen den Nationalsozialismus stellen kann, mit einer Stimme, die immer weniger gehört wird, in einem fremden Land mit fremder Sprache. Doch aus diesem verstörenden Gefühl der Unzulänglichkeit erwächst in jenen glühend heißen Wochen ein Plan, zunächst vage, dann immer fester umrissen: »Ich schäme mich vor ihm. Ich möchte etwas tun, etwas leisten, wovon ich ihm am Telephon erzählen könnte. ›Decision‹ genügt mir nicht mehr. [...] Ich will etwas Größeres schreiben, etwas Großes: ein Buch! Ein Buch in englischer Sprache ... damit ich dem Tomski [Curtiss] etwas zu berichten habe, wenn das Ferngespräch, der ›person-to-person call‹, aus Savannah kommt. ›Imagine! The first chapter is practically finished ...‹ Ein Buch ...«[3]

Klaus Mann will das Buch in englischer Sprache verfassen. Er weiß, dass dies eine Herausforderung darstellt. Er, der vierzehn Jahre zuvor auf seiner ersten Reise durch die Vereinigten Staaten das Englische lediglich radebrechte, vermag sich im fremden Idiom inzwischen wendig und geschickt auszudrücken. Doch genügt das, um den Geist des zu Sagenden einzufangen, das, was hinter den Worten mitschwingt, das, was die dichterische Suggestion ausmacht? Noch anderthalb Jahre zuvor klagte Klaus Mann in seinem Tagebuch: »Soll ich das *Einzige* verlieren, was ich je besessen habe –: meine *Sprache?*«[4] Dennoch macht er sich in jenen heißen Augustwochen des Jahres 1941 an die Arbeit, zwingt sich an den kleinen Schreibtisch in seinem Zimmer, diesem »dumpfen Käfig«,[5] im Hotel Bedford. Doch was für ein Buch soll es werden? Klaus Mann wagt die Konfrontation mit sich selbst, ein schonungsloses Bekenntnis: »Die Stunde ist ernst. Ich weiß um den Ernst der Stunde. Mir ist ernst zumute. Ich will ein ernstes Buch schreiben, ein aufrichtiges Buch. [...] ich bin müde aller literarischen Clichés und Tricks. Ich bin müde aller Masken, aller Verstellungskünste. Ist es die Kunst selbst, deren ich müde bin? Ich will nicht mehr lügen. Ich will nicht mehr spielen. Ich will bekennen.«[6]

Ein Bekenntnisbuch also, eine Autobiografie. Es soll das zweite Memoirenwerk im Leben des erst vierunddreißigjährigen Autors werden – nach *Kind dieser Zeit* aus dem Jahre 1932. Doch während dieses Buch einer Kindheit und Jugend sich bisweilen allzu schnurrenhaft, anekdotenreich und selbstverliebt gab, soll *The Turning Point* (so der Titel des neuen Werks) ohne Flunkereien, Selbstlügen, Tricks und Sensationsheischen auskommen. Der Titel ist ein Verweis auf seine Erkenntnis im Exil, dass sich jeder Mensch an bestimmten Wendepunkten seiner Existenz für oder wider etwas entscheiden muss und er der Verantwortung für die Folgen seines Tuns und Lassens nicht entgeht. Klaus Mann will mit dem Buch, das er als Bekenntnis vor sich und der Welt sieht, ein Statement abgeben, ein Ja zu den Werten der Freiheit und der Demokratie. Er will einen Kampf führen, den Kampf mit der Feder gegen das Böse der nationalsozialistischen Ideologie und für die Werte des Humanismus.

Geduldig, diszipliniert und mit wachsender Begeisterung beginnt Klaus Mann sein gewaltiges und schwieriges Vorhaben. Der Sog der Erinnerung zieht ihn bald hinein, der literarische Geist entfacht ihn. Er beginnt mit der Geschichte seiner Eltern Katia und Thomas Mann und greift noch weiter aus: skizziert die Lebenslinien deren Ahnen, der Lübecker Kaufmannsfamilie Mann, der durch Eisenbahnaktien zu Reichtum gelangten Pringsheims und der durch ihre frühemanzipatorischen Schriften berühmt gewordenen Urgroßmutter Hedwig Dohm (die Klaus Mann noch persönlich kennenlernte). Der Porträtist, der sonst bisweilen etwas leger mit Fakten und Dokumenten umging, ist sich nun, vor dem Hintergrund der selbst gestellten Aufgabe, Chronist vor der Nachwelt zu sein, seiner schwerwiegenden Verantwortung bewusst: »Jedes Menschenleben ist zugleich einzigartig und repräsentativ; in jedem persönlichen Schicksal, jedem individuellen Drama spiegelt und variiert sich das Drama einer Generation, einer Klasse, eines Volkes und einer Zeit.«[7] Die Arbeit an *The Turning Point* gerät zur genauen Selbsterforschung: »Was für eine Geschichte ist es denn, die ich zu erzählen habe? [...] die Geschichte eines Deutschen, der zum Europäer, eines Europäers, der zum Weltbürger werden wollte; die Geschichte eines Individualisten, dem vor der Anarchie fast ebenso sehr graut wie vor der Standardisierung, der ›Gleichschaltung‹, der ›Vermassung‹; die Geschichte eines Schriftstellers, dessen primäre Interessen in der ästhetisch-religiös-erotischen Sphäre liegen, der aber unter dem Druck der Verhältnisse zu einer politisch verantwortungsbewußten, sogar kämpferischen Position gelangt ...«[8]

Die Arbeit schreitet zügig voran. Nach der Vorgeschichte um Urgroß- und Großeltern und der Vermählung der eigenen Eltern folgt das Kapitel über die Geburt der sechs Kinder Katia und Thomas Manns – und damit der Beginn der eigenen Lebenserzählung. Bereits am 17. September 1941, fünf Wochen nach den ersten Überlegungen zu seinem Bekenntnisbuch, kann Klaus Mann festhalten: »›The Myths of Childhood‹ (erstes Kapitel des ›Turning Point‹) abgeschlossen. Merkwürdig, diese Beschwörung frühesten Erlebens in fremder Zunge.«[9] Die Geschichte geht dem Autor nah, näher als jede andere, denn sie dauert an, ist nicht abgeschlossen, und keiner weiß, wohin sie führen und welches Ende sie haben wird. Überdies ist diese Geschichte nicht nur die eigene, sondern auch die der Geschwister, deren Wesen unter dem Klappern der Schreibmaschine zu neuem Leben erweckt werden, in Vergangenheit und Gegenwart. Neben der Bindung zu den Eltern ist die zu den Geschwistern die engste und prägendste für die eigene Existenz, für Fühlen und Denken, Charakter und Persönlichkeit. Klaus Mann weiß das, und es fällt ihm in jenen Wochen nicht immer leicht, der eigenen Erinnerung Glauben zu schenken und sein eigenes Sein abzugrenzen gegen die Figuren auf dem Spielfeld des Lebens, die ihn – mal mehr, mal weniger, mal näher, mal ferner – begleiten, ihn ziehen oder schieben, ihm in Liebe und Dank, Eifersucht und Konkurrenz zugetan sind. Immer mehr wird ihm bewusst, wie dicht das Netz gesponnen ist, das ihn mit den Geschwistern verbindet, gewollt oder ungewollt.

An anderer Stelle des Lebensberichts schreibt er lapidar: »Wir sind unser sechs«[10] – bevor er versucht, die individuellen Charaktere der Geschwister vor sich und der Welt herauszuarbeiten, sie abzugrenzen gegeneinander, als eigenständige Individuen zu ihrem

Recht kommen zu lassen und ihnen in der Familie eine Position zuzuweisen:

»Die beiden Jüngsten waren inmitten von Aufruhr und Krise geboren: Elisabeth im Frühling 1918; Michael ein Jahr später. Dank der Ankunft des neuen Pärchens avancierten Golo und Monika zum Stande der ›Mittleren‹, während Erika und ich fast zum Erwachsenen-Rang befördert wurden. Angesichts der winzigen Kreaturen kamen wir uns recht würdig und überlegen vor, fast wie Onkel und Tante. [...] Elisabeth, genannt Medi, hatte ein süßes Porzellangesichtchen; Michael (Bibi) hingegen wirkte eher sanguinisch. Elisabeth war der erklärte Liebling des Vaters; Mielein [Katia Mann], um das Gleichgewicht herzustellen, verzärtelte ihren Jüngsten. Die beiden Kleinen nahmen in erheblichem Maß die elterliche Zärtlichkeit in Anspruch, woraus sich natürlich für uns ein gewisser Verlust ergab. [...] Für Golo und Monika war die Lage besonders heikel; denn da sie sich ja ihrerseits schon in mittleren Jahren befanden, konnten sie mit der erlesenen Niedlichkeit von Medi und Bibi nicht mehr konkurrieren, ohne es aber mit uns, den Großen, an Vitalität und Abenteuerlust aufzunehmen. Monika – zugleich schüchtern und selbstgewiß – schien trotzdem nicht unzufrieden mit ihrem kleinen Dasein; Golo hingegen, ehrgeiziger und komplizierter, mußte mehr Energie und Einbildungskraft aufbringen, um sich einen eigenen Stil und sein eigenes Idiom zu schaffen. Tief verstrickt in die wunderlichen Bilder und Träume seiner unverkennbaren Golo-Sphäre, nahm er gleichzeitig aus respektvoller und eifersüchtiger Entfernung an unseren Spielen und Abenteuern teil.«[11]

Doch weiß der »Bekenner« Klaus Mann tatsächlich immer, wer sich hinter den Erinnerungsfetzen an seine Kindheit und Jugend verbirgt? Ist seine Erinnerung nicht auch persönlich geprägt, egoistisch gefärbt, von Wünschen, Sehnsüchten und Empathie verwischt? Und haben sich seit der Kindheit die Verhaltensmuster und Charakteristiken der Geschwister nicht grundlegend verschoben, unter dem Eindruck des äußeren Lebens und der Prägung der eigenen, individuellen Reifung?

Die Erinnerungsarbeit allein ist kein schützender Mantel gegen die Kälte des Daseins in jenen Sommerwochen in Manhattan. Die Sorgen um die Zeitschrift *Decision* werden immer belastender: Autoren mahnen beim Herausgeber die versprochenen Honorare an, Vermieter, Drucker, Verteiler und Zwischenhändler rennen dem Redakteur schier die Türe ein. Hinzu treten Gefühle der Unzufriedenheit mit dem eigenen Schicksal, des literarischen Zweifels, der sprachlichen Unbehaustheit, die Angst um ein Scheitern der Beziehung zu Thomas Quinn Curtiss (dem zu imponieren erster Anlass für die Niederschrift des Bekenntnisbuches war), die quälende Frage, ob man statt als Literat mit der Feder nicht besser als Soldat mit der Waffe gegen die Nationalsozialisten in Europa kämpfen sollte. Irgendwann in jenen Wochen (das genaue Datum ist nicht bekannt) unternimmt Klaus Mann in seinem Zimmer im Hotel Bedford einen Selbstmordversuch. Christopher Lazare, ein Freund und Mitarbeiter, findet ihn gerade noch rechtzeitig und kann ihn retten. Die Familie ist konsterniert, die Reaktionen schwanken zwischen Mitleid, Empörung und Vertuschung. Erika, Klaus Manns Lieblingsschwester, ist über den Bruder und dessen Renitenz guten Ratschlägen gegenüber verstimmt. Auch der jüngere Bruder Golo kritisiert die Halsstarrigkeit von Klaus, sein Scheitern in der Frage der Zeitschrift einzugestehen. Dem befreundeten Journalisten Manuel Gasser vertraut er an: »Dieser Mensch [Klaus Mann] hat eigentlich immer über sein Kapital gelebt, was um so dümmer ist, als er genug Kapital, ich meine Talent, hätte, um etwas Rechtes, Würdiges daraus zu machen, wenn er es nur besser rationieren und jede Stufe einzeln nehmen wollte.«[12]

Klaus Mann erholt sich schneller von seinem Selbstmordversuch, als mancher erwartet hat. In jener Zeit verfasst er einen Text mit dem Titel *The Last Decision* (erst posthum 1985 veröffentlicht), worin er durchaus sarkastisch den Suizid hinterfragt und sich selbst noch einmal zu Pflicht und Widerstand aufruft:

»›Ältester Sohn eines Nobelpreisträgers nimmt sich das Leben aus Enttäuschung über Mißerfolg seiner Literaturzeitschrift…‹ Das ist nichts Besonderes. Taugt nicht als Schlagzeile. Ich will versuchen, es etwas interessanter zu machen. […] Ich will Ihnen verraten, was wirklich vorgegangen ist. Denn jetzt bin ich endlich frei und darf sprechen. Der Sohn des berühmten Romanciers – übrigens selbst ein durchaus begabter Schriftsteller – hatte den Wunsch zu sterben und faßte den Entschluß dazu, allerdings *nicht* wegen des Scheiterns seiner Zeitschrift. Denn – das muß zuerst gesagt werden – ein Scheitern gab es nicht. Vielmehr gab es etwas, was man einen ›literarischen Erfolg‹ nennt. Aber niemand war bereit, ihm die nötige Unterstützung zu geben. […] Der Versuch, jenes Amerika, welches Walt Whitman verkündete und besang, jenen ›unauflösbaren Kontinent‹, jenes ›göttliche, magnetische Land‹ zur Realität werden zu lassen, ist hoffnungslos gescheitert. […] Was ich sehe, sind Überheblichkeit und Ignoranz, Habgier und Eitelkeit […].«[13]

Und nochmals spannt er alle Lebens- und Arbeitskräfte an, um der Welt zu zeigen, wie viel »Kapital« in ihm steckt: *Decision* kann er mit viel Mühen und geschicktem Hinhalten der Gläubiger noch bis zur Doppelausgabe Januar/Februar 1942 weiterführen – dann bricht dieses Projekt ohne finanzielles Fundament endgültig zusammen und hinterlässt einen Berg Schulden. Doch in jenen Monaten treibt Klaus Mann seinen Lebensbericht *The Turning Point* entschieden voran. Ende Mai 1942 setzt er den Schlussstrich unter das gewaltige Skript. Bereits Ende September desselben Jahres erscheint das Buch in englischer Sprache im New Yorker L. B. Fischer Verlag. (Erst posthum wird auch eine noch von Klaus Mann erstellte, überarbeitete und ins Deutsche übertragene Fassung unter dem Titel *Der Wendepunkt* publiziert werden und zu einem der meistgelesenen Memoirenwerke des 20. Jahrhunderts avancieren.)

Es ist Klaus Manns wohl bedeutendstes Werk (neben seinem großen Exilroman *Der Vulkan*), seine Lebensbeichte und die Beichte einer Generation, die sich – aufgewachsen in scheinbar sichereren, ökonomisch, soziologisch und kulturell unumstößlichen bürgerlichen Verhältnissen des Deutschen Kaiserreichs – durch Weltkrieg, Revolution, Inflation, Wirtschaftskrise und die Katastrophe des aufstrebenden Nationalsozialismus in den Grundfesten ihrer materiellen und geistigen Existenz erschüttert sah. Es ist die Auseinandersetzung mit den kulturellen Richtungen und Moden seiner Zeit, mit den ideologischen Einflüsterungen von links und rechts, eine Hommage an Freunde und Weggefährten und eine dankbare, wenngleich nicht unkritische Rückerinnerung an Kindheit und Jugend in München, an die Eltern, die Geschwister, an das zauberhafte und feine, gleichwohl nicht so leicht zu zerstörende Gespinst der familiären Beziehungen, Bündnisse und Auseinandersetzungen. In jenen Wochen und Monaten der Niederschrift seiner Autobiografie wird Klaus Mann auch die äußere wie innere Tragweite der geschwisterlichen Allianzen bewusst; Allianzen, die sich als von wechselhafter Konstellation und Dauer darstellen, die von Liebe und Entfremdung, Vertrauen und Enttäuschung, Einvernehmen und Unverständnis gleichermaßen geprägt sind; Allianzen, die man nicht freien Willens wählt, die einem vielmehr »hinzugeboren« werden und die doch von jener seltsamen, unausgesprochenen Hingabe und Treue zeugen, von denen die etwas altertümliche Redewendung »Blut ist dicker als Wasser« weiß. Und dies ist ihre Geschichte, die Geschichte der sechs Geschwister ...

»Das Paradies der Unschuld«

Glückliche Kindheit. 1905–1914

Wohl keine andere Familie der deutschen Geistesgeschichte in der Moderne hat durch ihr Leben und ihre Öffentlichkeitswirksamkeit so sehr die Fantasie des Publikums angeregt wie die Manns – auch außerhalb des eigentlichen literarischen Interesses. Und andererseits haben die Manns, die der englische Schriftsteller Harold Nicolson 1939 treffend als »amazing family«[1] apostrophierte, selbst viel und gern zu dieser Stilisierung und Eigenmythologisierung beigetragen – nicht immer ganz ernst, meist mit spöttisch-ironischem Unterton, aber doch stets von der eigenen Bedeutung überzeugt. Auch das »Märchenhafte« gehört zu diesem Image. Und märchenhaft erscheint es auch, wie ein pubertierender Jüngling, Schüler des Realgymnasiums Katharineum in seiner Vaterstadt Lübeck, um das Jahr 1890 herum auf das Bildnis seiner zukünftigen Braut stößt. Die Reproduktion eines Gemäldes aus dem Jahre 1888 des Münchner Malerfürsten Friedrich August Kaulbach zeigt fünf Kinder, Geschwister, die im Fasching als Pierrots verkleidet posieren. Es sind die Sprösslinge – vier Knaben und ein Mädchen – des angesehenen Münchner Universitätsprofessors Alfred Pringsheim und seiner Frau Hedwig, geborene Dohm (Tochter der Berliner Frauenrechtlerin Hedwig Dohm). Das Gemälde der fünf Kinder trifft den Geschmack der Zeit, wirkt auf die Betrachter »allerliebst« und wird daher alsbald in zahlreichen Reproduktionen, als Postkarte und in Zeitschriften, verbreitet. Der Lübecker Jüngling ist besonders von dem etwa fünfjährigen Mädchen am linken Bildrand angetan. Er kennt weder ihren Vornamen noch den der Geschwister, weiß auch nicht, dass der hübsche Knabe direkt daneben ihr Zwillingsbruder ist. Jedenfalls ist der Schüler von der Aura der Darstellung und von der kindlichen Anmut und Koketterie des Mädchens verzaubert. Der Name des Schülers: Thomas Mann. Er selbst erinnert sich viel später: »Jedermann war entzückt, und so war ich, ein Schuljunge damals im alten Lübeck, hoch oben am Baltischen Meer. Ich schnitt das Bild, dessen persönliche Hintergründe mir ebenso unbekannt waren wie der großen Mehrzahl seiner Liebhaber und Bewunderer, aus einem Journal heraus und befestigte es mit Reißnägeln über dem Arbeitstisch meines Schülerzimmers, so gut gefiel es mir. München war fern, und unbekannt die Zukunft. Wenn ich aber aufblickte von meiner Ovid-Präparation [...], so hatte ich – meine zukünftige Frau vor Augen.«[2]

Wie auch immer der Pennäler Thomas Mann sich seine Zukunft damals ausmalt: Er sieht sie sicherlich an den Gestaden des »Baltischen Meers«, ist er doch ein Sprössling aus einer alten hanseatischen Kaufmannsfamilie. Doch das Schicksal greift unerwartet und zunächst grausam ein und erweist sich dann doch – zumindest für den jungen Thomas Mann – als Glücksgöttin: Im Mai 1890 kann die Firma Mann noch ihr hundertjähriges Jubiläum begehen, und Vater Thomas Johann Heinrich Mann, der Unternehmenschef, wird in Lübeck und Travemünde von seinen Angestellten und Arbeitern, aber auch von der Bürgerschaft gefeiert. Dem jugendlichen Thomas ist recht bang zumute: »Ich sah den Reigen der Gratulanten, der Deputationen, [...] sah den bewunderten, mit furchtsamer Zärtlichkeit geliebten Mann des Tages, meinen Vater, [...] und mein Herz war beklommen [...]. So wußte ich damals, daß ich nicht der Nachfolger meines Vaters und meiner Väter sein, wenigstens nicht in der Form, wie man es stillschweigend von mir verlangte, und daß ich die alte Firma nicht weiter in die Zukunft führen würde.«[3] Als wäre der Wunsch Vater der Bestimmung, überstürzen sich wenige Monate später die Ereignisse: Am 15. Oktober 1891 stirbt Firmenchef und Senator Thomas Johann Heinrich Mann im Alter von nur einundfünfzig Jahren an einer Blutvergiftung. Keines der fünf Kinder, so des Senators Einsicht zu Lebzeiten, würde willens und fähig sein, die Firma weiterzuführen: Sein ältester Sohn, der zwanzigjährige Heinrich, ist ein angehender Literat, der zweitjüngste, Thomas, versucht sich ebenfalls mit ersten Prosastücken, ist ein rechter Träumer und tut sich in der Schule schwer, der jüngste Sohn, das Nesthäkchen Viktor, kam erst im April 1890 zur Welt, und die beiden Töchter Julia und Carla sind erst im Mädchenalter und scheiden nach damaliger Konvention für die Leitung einer Firma ohnehin aus.

Der Verstorbene hat resignativ, aber letztlich klug vorgesorgt: Testamentarisch verfügt er die Liquidation der traditionsreichen Firma. Witwe Julia verkauft das große Haus in der Beckergrube und bezieht mit ihren Kindern eine kleinere Villa vor den Toren der Altstadt. Sohn Heinrich beginnt eine Buchhändlerlehre (was freilich seine literarischen Ambitionen nur befeuert), die Übrigen (Nachzügler Viktor ausgenommen) besuchen einstweilen weiterhin die Schule. Doch bereits an Ostern 1892 zieht die Witwe mit den drei jüngsten Kindern nach München: Dort hat sie Freunde, zudem ist ihr, die mütterlicherseits brasilianisches Blut in sich trägt, das südlich-barocke Flair der bayerischen Residenzstadt mit ihrem regen kulturellen Leben sympathischer als das norddeutsch-protestantische Ambiente Lübecks. Die beiden ältesten Söhne bleiben in der Stadt an der Trave, Heinrich soll seine Lehre beenden, Thomas die Schule.

Doch bereits im März 1894 bricht der achtzehnjährige Thomas die Schule ab, ohne das Abitur abgelegt zu haben, und zieht zur Mutter nach München. Hier versucht er sich als Volontär einer Feuerversicherungsgesellschaft, belegt als Gasthörer ein paar Vorlesungen an der Technischen Hochschule, will Journalist werden, schreibt erste Prosastücke und Novellen, versucht, an das quirlige literarische Leben der Stadt anzuknüpfen, die einer ganzen Richtung, der »Münchner Moderne«, ihren Namen und ihren Stempel aufgedrückt hat. Das Erbe aus der Liquidation der väterlichen Firma ermöglicht es der gesamten Familie, zwar nicht in Reichtum, wohl aber in bürgerlichem Wohlstand leben zu können, ohne sich um materielle Forderungen des Tages und existenzielle Notwendigkeiten sorgen zu müssen.

Thomas Mann hat recht bald Erfolg: Erste Erzählungen erscheinen in literarischen Zeitschriften, werden von namhaften Kollegen beachtet und finden Anklang beim Publikum. Der eigentliche Durchbruch gelingt ihm mehrere Jahre später. Der Jungautor gönnt sich eine Auszeit von den bürgerlichen Belangen: Im Oktober 1896 reist er über Venedig und Ancona nach Rom und Neapel, ab Dezember lebt er mit seinem Bruder Heinrich in einer gemeinsamen Wohnung beim Pantheon in Rom und im nahen Palestrina. Hier beginnt er mit der Niederschrift seines Romans *Buddenbrooks.* In dem breit angelegten Zeit- und Sittengemälde erzählt er vom »Verfall einer Familie« – es ist die stark autobiografisch grundierte Geschichte der eigenen Ahnen und des Niedergangs der väterlichen Firma unter den sich ändernden ökonomischen und gesellschaftlichen Verhältnissen. Ende April 1898 kehrt Thomas Mann nach München zurück, bezieht eine eigene Wohnung und arbeitet als Redakteur beim Münchner *Simplicissimus.* Zugleich schreibt er Erzählungen und weiter an der umfänglichen Geschichte der *Buddenbrooks.* Der Roman erscheint (wie schon zuvor einige seiner kleinen Novellen) 1901 in zwei Bänden im Berliner S. Fischer Verlag und macht den Autor über Nacht zu einem der höchstgehandelten Schriftsteller Deutschlands – zumindest ideell. Denn rein ökonomisch betrachtet läuft der Verkauf der dicken Bände trotz guter Kritiken und begeisterter Lesermeinungen zunächst schleppend an. Erst einige Jahre später wird sich das Buch auf dem Markt als Bestseller durchsetzen.

In jenem Sommer 1901 unterhält Thomas Mann eine enge Freundschaft zu den Brüdern Paul und Carl Ehrenberg: Paul ist Maler, Carl Musiker und Komponist. Die drei musizieren gemeinsam (Thomas Mann spielt die Violine), machen Ausflüge, begeben sich ins Schwabinger Künstler- und Bohemeleben. Besonders mit Paul verbindet Thomas Mann bald eine schwärmerische, homoerotisch gefärbte Beziehung, was sich in Gedichten, Briefen und Widmungen niederschlägt, vor der Um- und Nachwelt freilich verborgen gehalten wird. Es entstehen leidenschaftliche, wenn auch etwas ungelenke Verse, die der Literat seinem Notizbuch anvertraut: »Dies sind die Tage des lebendigen Fühlens!/Du hast mein Leben reich gemacht. Es blüht –/O horch, Musik! – an meinem Ohr/Weht wonnevoll ein Schauer hin vom Klang –/Ich danke dir, mein Heil! Mein Glück! Mein Stern!«[4] Das Paul-Ehrenberg-Erlebnis ist kurz, aber intensiv und hinterlässt in Thomas Manns Tagebuch noch mehr als dreißig Jahre später schmerzlich-melancholische Spuren. Am 6. Mai 1934 gesteht er sich ein: »Nun ja, ich habe gelebt und geliebt, ich habe auf meine Art ›das Menschliche ausgebadet‹. Ich bin [...] sogar glücklich gewesen und durfte wirklich in die Arme schließen, was ich ersehnte.«[5]

Doch sowohl Thomas Mann als auch Paul Ehrenberg wollen nicht entgegen dem bürgerlichen Wertekodex leben. Der junge Maler heiratet einige Zeit später seine Künstlerkollegin Lily Teufel. Und Thomas Mann gibt sich nach jenem leidenschaftlichen Sommer mit Paul selbst eine »Verfassung«, nach der zu leben und zu arbeiten er gewillt ist: Es soll ein Dasein in Pflichterfüllung werden, als Bürger, Ehemann und Künstler – darin nicht unähnlich seinen väterlichen Ahnen im kühl-nüchternen Kaufmannsmilieu Lübecks, nur dass auf dem Papier statt der Zahlenreihen von Soll und Haben gedrechselte Sätze und fantastische Geschichten stehen (die sich wiederum in nicht allzu ferner Zukunft ebenfalls in einem komfortablen Kontostand niederschlagen werden).

Irgendwann im Sommer 1903 macht der aufstrebende Literat Thomas Mann die Bekanntschaft der jungen Katia Pringsheim. Sie ist zwanzig Jahre alt und studiert an der Ludwig-Maximilians-Universität. Bereits seit zwei Jahren besuchte sie als Gasthörerin Vorlesungen in Physik, Kunstgeschichte und Philosophie, nun, seit Herbst 1903, als »reguläre« Studentin Vorlesungen und Übungen in Physik und höherer Mathematik. Katia Pringsheim, geboren 1883, gilt als eine der besten »Partien« Münchens – wenngleich sie selbst und auch ihre Eltern das so nicht sehen. Die Pringsheims sind einige Jahrzehnte zuvor durch Eisenbahnaktien und andere industrielle Unternehmungen in Schlesien immens reich geworden. In gewisser Weise verkörpern sie die Erfolgsmenschen der neuen Gründerzeit, denen die alten Kaufmannsgeschlechter, wie sie in *Buddenbrooks* dargestellt werden, ökonomisch nichts entgegensetzen können. Nur dass die Pringsheims, anders als die Emporkömmlinge der Hagenströms in Thomas Manns Roman, es zu wirklicher bourgeoiser Größe gebracht haben: nicht nur im Hinblick auf ihren pekuniären Reichtum, sondern auch bezüglich ihrer bildungsbürgerlichen Position. In der Münchner Arcisstraße 12 ließen sie sich ein gewaltiges Palais im Neo-Renaissance-Stil errichten. Doch während andere »Neureiche« ihr Geld großspurig zur Schau stellen und hinter der pompösen Fassade oftmals Kleingeist und Unbildung herrschen, repräsentieren die Pringsheims Geschmack, Belesenheit und den Willen zum Schönen und Wahren. Alfred Pringsheim, angesehener Professor für Mathematik an der LMU, ist im Grunde seines Herzens ein verkannter Musiker, dem die Kunst Richard Wagners über alles geht (die beiden kannten sich gut, und Pringsheim, obgleich Jude, förderte den Komponisten trotz dessen antisemitischer Tendenz). Seine Frau Hedwig ist eine kluge, gebildete, tatkräftig-burschikose, in ihrer Jugend als Schauspielerin erfolgreiche Dame, die wiederum die Tochter der Berliner Frauenrechtlerin und Schriftstellerin Hedwig Dohm und des Redakteurs des berühmten Satireblatts *Kladderadatsch* Ernst Dohm ist. Im Palais Pringsheim geben sich gehobenes Bürgertum, universitäre Wissenschaft und arriviertes Künstlertum die Klinke in die Hand, hier finden literarische Begegnungen, vor allem aber musikalische Soireen statt, bei denen der Hausherr oder seine Kinder schon mal selbst am Flügel brillieren.

Die fünf Pringsheim-Kinder gelten allgemein als eine Zierde der damals recht überschaubaren königlichen Residenzstadt München. Wenn man ihnen auf der Straße begegnet, macht man sich gegenseitig auf diese schönen und zu besten Hoffnungen Anlass gebenden jungen Leute aufmerksam. Alle fünf sind außerordentlich hübsch, und nicht nur der Maler Kaulbach fand Gefallen an ihnen. Vor allem die beiden Jüngsten, die Zwillinge Klaus und Katia, erregen Aufmerksamkeit.

Aus den Kindern des Kaulbach-Gruppenporträts werden junge Leute, die ihre eigenen Wege gehen. Die sprichwörtlich gewordene Liberalitas Bavariae unter dem Prinzregenten Luitpold ermöglicht es in jenen Jahrzehnten vor dem Ersten Weltkrieg zunehmend auch jungen Frauen (wenngleich nur solchen aus dem bürgerlichen Stand), ihren eigenen Lebensweg zu gehen, zu studieren und einen Beruf zu ergreifen. Die bürgerliche Offenheit des Hauses Pringsheim befördert dies noch.

Welchen Weg die zwanzigjährige Katia Pringsheim nehmen wird, ist damals freilich noch allen unklar, am meisten wohl ihr selbst. Sie ist vielseitig begabt: Wie ihr Vater ist sie sowohl hochmusikalisch als auch eine versierte analytische Mathematikerin, aber sie zeigt auch sportliche Ambitionen, spielt Tennis, geht gerne in den Bayerischen Alpen wandern und fährt hervorragend und bisweilen zu schnell das Veloziped. (Das muss auch der junge Thomas Mann bald am eigenen Leib erfahren, als das scheinbar so zarte Fräulein dem Verehrer einmal schlicht davonradelt.)

Doch wie ist es zu der Bekanntschaft mit Thomas Mann gekommen? Auch darüber gibt es etwas unklare Legenden der Familie. Viel kolportiert wurde eine Erzählung, die Katia Mann selbst im hohen Alter ihrem sie interviewenden jüngsten Sohn Michael auf Band gesprochen hat. Demnach will Thomas Mann seine künftige Braut in einer Münchner Tram beobachtet haben. Katia Mann erinnert sich an ihren burschikosen Auftritt:

»An einer bestimmten Stelle, Ecke Schelling-/Türkenstraße, mußte ich aussteigen und ging dann zu Fuß, mit der Mappe unterm Arm. Als ich aussteigen wollte, kam der Kontrolleur und sagte: Ihr Billet!

Ich sag: Ich steig hier grad aus.

Ihr Billet muß i ham!

Ich sag: Ich sag Ihnen doch, daß ich aussteige. Ich hab's eben weggeworfen, weil ich hier aussteige.

Ich muß das Billet –. Ihr Billet, hab ich gesagt!

Jetzt lassen Sie mich schon in Ruh! sagte ich und sprang wütend hinunter.

Da rief er mir nach: Mach daß d' weiterkimmst, du Furie!

Das hat meinen Mann so entzückt, daß er gesagt hat, schon immer wollte ich sie kennenlernen, jetzt muß es sein.«[6]

Wenig später begegnen sich die schlagfertige Schwarzfahrerin und der sie bewundernde Literat wieder. Thomas Mann wird auch in das Palais in der Arcisstraße eingeladen. Dort wird er höflich, auch mit Interesse, aber doch etwas reserviert empfangen. Dass der junge Mann ein ernsthafter Bewerber um die Hand der Tochter sein könnte, wird erst gar nicht erwogen – weder von den Eltern, die den Jungspund zunächst nicht recht ernst nehmen, noch übrigens von Katia Mann selbst. Die nämlich schätzt ihre studentische und großbürgerliche Freiheit und will auf jeden Fall das Studium abschließen und noch ein paar Jahre die Privilegien des reichen Elternhauses genießen.

Ein Briefwechsel (der leider nur in Exzerpten fragmentarisch überliefert ist) entspinnt sich. Thomas Mann bleibt hartnäckig, harrt aus, absolviert weiterhin Besuche in der Arcisstraße, umwirbt die Angebetete mit Komplimenten und Blumen. Seine Worte werden immer ungeduldiger und verlangender: »Katja, liebe, geliebte kleine Katja, nie war ich mehr erfüllt von Ihnen, als in diesen Tagen! Ich glaube, den seltsamen und unbestimmten Klang Ihrer Stimme zu hören, den dunklen Glanz Ihrer Augen, die perlenartige Blässe Ihres süßen, klugen, wechselvollen Gesichtes unter dem schwarzen Haar vor mir zu sehen – und eine brennende Bewunderung ergreift mich, eine Zärtlichkeit schwillt in mir auf, für die es kein Zeichen und Gleichnis giebt! Und Sie? Und Sie?«[7]

Und sie? Katia Pringsheim hält sich bedeckt, reißt sogar aus und fährt nach Bad Kissingen zur Kur, danach in die Schweiz, nur um den liebestollen Freier für ein paar Wochen los zu sein. Thomas Mann, in höchster Verzweiflung, sucht einen Psychologen auf, schildert ihm sein Leid, aber nicht, um sich therapieren zu lassen, sondern um dessen Meinung zu Katia einzuholen. Der diagnostiziert bei der verwöhnten jungen Dame, ohne sie gesprochen zu haben, eine »Entschließungsangst«[8] und rät, der Angebeteten möglichst diplomatisch gegenüberzutreten und nicht mit der Tür ins Haus zu fallen. Den ärztlichen Rat und eine Rechnung in der Tasche zieht der Verliebte davon und bemüht sich in den nächsten Monaten um Zurückhaltung – was ihm freilich nicht gelingt. Die

Briefe bleiben leidenschaftlich: »Wissen Sie, warum wir so gut zu einander passen? [...] weil Sie, auf Ihre Art, etwas Außerordentliches – weil Sie, wie ich das Wort verstehe, eine *Prinzessin* sind. Und ich, der ich immer – jetzt dürfen Sie lachen, aber Sie müssen mich verstehen! –, der ich immer eine Art Prinz in mir gesehen habe, ich habe, ganz gewiß, in Ihnen meine vorbestimmte Braut und Gefährtin gefunden.«[9]

So viel Heftigkeit löst offensichtlich die »Entschließungsangst« der jungen Frau. Katia zeigt dem Literaten, dessen Novelle *Tonio Kröger* im Jahr zuvor in Buchform erschienen ist (sie dürfte die Erzählung gekannt haben, sich aber kaum des autobiografisch-homoerotischen Subtextes bewusst gewesen sein), sogar ihre private Bibliothek im Elternhaus (ohne Beisein einer Anstandsdame!), bietet ihm das Du an und wenig später auch ihre Hand. Natürlich muss Thomas Mann ganz offiziell bei den Brauteltern um deren Einverständnis bitten, aber die sind sich inzwischen doch einig geworden (obgleich Alfred Pringsheim von dem jungen Literaten nicht allzu viel hält). Immerhin hat Hedwig Pringsheim sich bei ihrem Buchhändler nach dessen Einschätzung des Autors der *Buddenbrooks* erkundigt und eine positive Meinung erhalten. Und da es sich im Hause Pringsheim ja »nur« um die Jüngste handelt und die Erwartungshaltung an die Söhne traditionell höher angelegt ist, findet man sich also zu einer Zustimmung bereit. Am 3. Oktober 1904 verloben sich die beiden jungen Leute, und bereits vier Monate später, am 11. Februar 1905, findet die Trauung im Münchner Standesamt am Marienplatz statt. Danach ist das feierliche Festmahl im großen Saal des pringsheimschen Palais, mit den nächsten Anverwandten der Familien Pringsheim und Mann (wobei Heinrich Mann, der in Florenz eine Liebesaffäre unterhält, nicht kommen kann oder will, ebenso die jüngste Schwester Carla, die sich in nicht immer geschmackvollen Rollen als Schauspielerin versucht). Anwesend ist gleichwohl der erst vierzehnjährige Viktor, in einem neuen

Anzug wie ein Konfirmand ausstaffiert. Er lässt sich von einem »Diener, vornehmer als ein Herzog«,[10] teuren Champagner einschenken, stürzt diesen wie Limonade hinunter, langt kräftig bei den erlesenen Speisen zu und verdirbt sich mit Hummermayonnaise den Magen, was später am Tag noch üble Folgen zeitigen wird.

Das sind die kleinen Fauxpas dieses Hochzeitstages. Ansonsten geht alles ohne Ärger und Skandal über die Bühne. Auch der Brautvater, der eigentlich von seiner jüngsten und mathematisch und musikalisch so begabten Tochter gar nicht lassen will, hält sich tapfer und verwindet seinen Abschiedsschmerz. Gleich am Abend nämlich sagt das Brautpaar Adieu und begibt sich auf Hochzeitsreise, zunächst nach Augsburg, wo es im noblen Hotel Drei Mohren übernachtet, tags darauf weiter in die Schweiz, nach Zürich: Hier logieren sie im Luxushotel Baur au Lac (das in späteren Jahrzehnten noch einige Male das dann berühmte Paar beherbergen wird).

Zurück aus dem Honeymoon, bezieht das junge Paar eine eigene großzügige, von den Eltern Pringsheim angemietete und vollständig möblierte Wohnung in der Münchner Franz-Joseph-Straße 2. Vorbei sind für Thomas Mann die Zeiten im Künstlerviertel Schwabing, vorbei seine abendlichen Fluchten in die Cafés und Kneipen der Boheme, vorbei auch seine sehnsüchtig-leidenschaftlichen und zugleich leidensvollen Männerfreundschaften – denn nun folgt er seiner selbst auferlegten Verfassung als repräsentierender Erfolgsautor, Ehemann und bald auch als Kindsvater. Denn Katia Mann ist schwanger. Als das Paar in jenem Sommer 1905 nach Berlin reist und auch Katias Großmutter Hedwig Dohm besucht, fragt die kämpferische Aktivistin für die weibliche Gleichberechtigung (sie veröffentlichte 1876 die Kampfschrift *Der Frauen Natur und Recht,* worin sie unter anderem das Stimmrecht für Frauen forderte) den jungen Ehemann: »Na, Tommy, was wünschst du dir nun, Junge oder Mädchen?«[11] Der Angesprochene antwortet recht naiv und aus dem Bauch heraus: »Natürlich einen Jungen. Ein Mädchen ist doch nichts Ernsthaftes.«[12] Das fordert die alte Dame natürlich zum Widerspruch heraus. Zeitlebens wird sie dem Gatten ihrer Enkelin gegenüber reserviert bleiben.

Am 9. November 1905 bringt Katia Mann ihr erstes Kind zur Welt. Es ist ein Mädchen, das auf die Namen Erika Julia Hedwig getauft wird. Geknickt und offenherzig gesteht Thomas Mann seinem Bruder Heinrich:

»Es ist also ein Mädchen: eine Enttäuschung für mich, wie ich unter uns zugeben will, denn ich hatte mir sehr einen Sohn gewünscht und höre nicht auf, es zu thun. Warum? ist schwer zu sagen. Ich empfinde einen Sohn als poesievoller, mehr als Fortsetzung und Wiederbeginn meinerselbst unter neuen Bedingungen. Oder so. Nun, er braucht ja nicht auszubleiben. Und vielleicht bringt mich die Tochter innerlich in ein näheres Verhältnis zum ›anderen‹ Geschlecht, von dem ich eigentlich, obgleich nun Ehemann, noch immer nichts weiß.

Die Geburt war wider Erwarten ganz schrecklich schwer, und meine arme Katja hat so grausam leiden müssen, daß es ein Gräuel war und kaum auszustehen. [...] Ich hatte einen Begriff vom Leben und einen vom Tode, aber was das ist: die Geburt, das wußte ich noch nicht. Nun weiß ich, daß es eine ebenso tiefe Angelegenheit ist wie die beiden anderen. Gleich danach war dann alles Idyll und Frieden [...], und das Kind an der Brust der Mutter zu sehen, die selbst noch wie ein holdes Kind wirkte, war ein Anblick, der die Foltergräuel der Geburt (die im Ganzen fast vierzig Stunden gedauert hatte) nachträglich verklärte und heilig sprach. Die Kleine, die auf Wunsch der Mutter Erika heißen soll, verspricht, sehr hübsch zu werden.«[13]

Der erhoffte Prinz kommt bereits gut ein Jahr darauf, am 18. November 1906, zur Welt: Klaus Heinrich Thomas. Hohe Erwartungen sind ihm in die Wiege gelegt, als Sohn, Stammhalter, »Fortsetzung« von Thomas Manns Wünschen und Selbstbildnissen (der zu jener Zeit an einem märchenhaften und zugleich autobiografischen Roman mit dem Titel *Königliche Hoheit* schreibt, worin vom Werben eines verarmten Prinzen um eine reiche Millionärstochter die Rede ist). Thomas Mann ahnt nicht, wie sehr sein Hoffen auf eine »Fortsetzung meinerselbst« sich erfüllen wird: Klaus (er erhält seinen ersten Vornamen nach Katias homosexuellem Zwillingsbruder, der die Ehe seiner Schwester mit dem Literaten sehr befürwortet hat) wird später als Schriftsteller beruflich in die Fußstapfen seines berühmten Vaters treten, sich immer daran messen lassen – vom Vater, von Kritikern, von Kollegen – und zu einem Gutteil daran auch zerbrechen. Er wird – wie sein Vater – homosexuell sein, aber seine Liebe und Leidenschaft offen und genussvoll ausleben und sie nicht literarisch sublimieren. Er wird zum Konkurrenten des Vaters aufsteigen – als Autor, als Liebender und Liebling von Mutter und ältester Schwester.

Von alledem kann der kleine Klaus Mann natürlich nichts ahnen. Seine eigene Kindheit und die der Schwester Erika beschreibt er in seinem Lebensbericht *Der Wendepunkt* als durchweg glücklich, ja als eine Zeit im Garten Eden, aus dem er schließlich unter den Zwängen der Zeitläufte, aber auch der eigenen zerrissenen Entwicklung vertrieben werden sollte: »Der Kinderwagen ist das verlorene Paradies. Die einzig absolut glückliche Zeit in unserem Leben ist die, welche wir schlafend verbringen. Es gibt kein Glück, wo Erinnerung ist. Sich der Dinge erinnern bedeutet, sich nach der Vergangenheit sehnen. Unser Heimweh beginnt mit unserem Bewußtsein.«[14] Dies ist aus einem sehr viel späteren Blickwinkel geschrieben, ein halbes Menschenleben mit viel Mühsal, Enttäuschungen und Entgleisungen liegt dazwischen. In Wahrheit gibt es kaum Anlass, die Kindheit der Mann-Sprösslinge – zumindest bis zum Ausbruch des Ersten Weltkriegs – nicht als glücklich und in Sicherheit gewiegt zu benennen.

Erika und Klaus Mann werden von Kindesbeinen an wie Zwillinge behandelt und betrachtet – das Zwillingsmotiv von Katia und ihrem Bruder Klaus scheint sich in der nächsten Generation zu wiederholen. Das bekundet sich äußerlich, aber auch in der psychischen Entwicklung und der emotionalen Nähe. Klaus Mann erinnert sich später an die von der Lebensreformbewegung geprägte Ausstaffierung der vermeintlichen Zwillinge: »Unsere ›künstlerische Aufmachung‹, das sind die Leinenkittel mit den hübschen Stickereien aus den Münchener Werkstätten. Mielein [Katia Mann] hat sie selber ausgesucht, rote Kittel für die Buben, blaue für die Mädchen, wie es sich gehört.«[15]

Das Äußerliche allein freilich kann über die grundsätzlich unterschiedliche charakterliche Disposition der beiden nicht hinwegtäuschen. Fast scheinen die »Geschlechterrollen« (oder das, was man klischeehaft darunter verstehen mag) vertauscht zu sein: Erika ist die Jungenhafte, die klettern, schwimmen, raufen kann, den bayerischen Dialekt spricht, damit in der Münchner Tram ihren derben Schabernack mit Fahrgästen treibt und vor nichts Angst hat. Klaus hingegen ist eher furchtsam, früh zum Außenseiter gestempelt – und: Er bewundert und verehrt seine Schwester. »Erika«, so schreibt er, »war die Rüstigste von uns. Sie konnte wie zwei Buben turnen und raufen und sah aus wie ein magerer, dunkel hübscher Zigeunerjunge, dessen braune Stirn sich manchmal trotzig verfinstert. Als einzige von uns beherrschte sie die bayerische Mundart, die ich niemals erlernt habe.«[16] Erika ihrerseits erlebt die geschwisterliche Symbiose ähnlich. Auch sie erinnert sich schmunzelnd: »Mein Bruder Klaus war ein Jahr jünger als ich, und kaum hatte ich mich an seine Anwesenheit hienieden und unser Zwillingsdasein gewöhnt, als ich auch schon der Überzeugung war, jedes kleine Mädchen brauche einen Klaus, und, wo alles mit rechten Dingen zugehe, habe es ihn auch.«[17]

Klaus ist kein Einzelgänger, aber er schließt sich leichter den Mädchen an: »Ich erlebte die Gemeinschaft, indem ich gegen sie opponierte. Zwar hatte ich schnell Freunde, vor allem unter den Mädchen. Aber ich bildete mit ihnen eine Outsidergruppe.«[18]

Die »Zwillinge« bleiben nicht lange unter sich. Denn schon bald meldet sich familiärer Zuwachs – wieder ein »Pärchen«, und wieder im Abstand von nur einem Jahr: Am 27. März 1909 wird Angelus Gottfried Thomas geboren, den man zeitlebens Golo nennt (und er selbst sich auch, selbst als berühmter Historiker). Um die ungewöhnliche Namensgebung rankt sich ebenfalls eine Anekdote: Erika Mann spielt in Bad Tölz, wo die Familie sich im Jahr zuvor, 1908, inmitten eines großen baumbestandenen Grundstücks ein prächtiges Sommerhaus hat errichten lassen, gerne mit dem dreijährigen Jungen des Postexpeditors. Das Knäblein trägt den katholisch-ländlichen Namen Angelus, und Erika wünscht sich ihrerseits, auch solch einen Angelus zu besitzen (neben ihrem Klaus): »Die guten Eltern! Sie hatten das Herz nicht, mich zu enttäuschen, und, kurz, das Malheur passierte: Angelus Gottfried Thomas – so hieß der Knabe. Er war mein. Ich trug ihn herum. Daß man ihn allgemein ›Gelus‹ rief, war sehr ungebildet, da es den Tatsachen widersprach. Doch selbst, als mein Eigentum zu sprechen anfing, ›Gelus‹ zu schwierig fand und sich Golo (oder, zärtlicher, Gololo) nannte, blieb ich getrost. Der Name stand felsenfest – Gelus hin und Gololo her.«[19]

Auch Klaus ist von dem kleinen Bruder angetan, wenngleich seine Beschreibung des Zuwachses in *Kind dieser Zeit* weniger schmeichelhaft anmutet: »Wir waren alle vorwiegend nett, dann erst sonderbar. Golo aber repräsentierte unter uns das groteske Element. Von skurriler Ernsthaftigkeit, konnte er sowohl tückisch als unterwürfig sein. Er war diensteifrig und heimlich aggressiv; dabei würdevoll wie ein Gnomenkönig. Ich vertrug mich ausgezeichnet mit ihm, während er sich mit Erika viel zankte. Halb aus dämonischer Servilität und halb, weil ihn Neugierde und Ehrfurcht bannten, ging er stundenlang mit mir im Garten spazieren, wo ich ihm

Geschichten erzählte. Ich konnte erfinden wie die listige Dame der Tausendundeinen Nacht, so endlos und so phantastisch.«[20]

Und dann ist da noch Monika, die am 7. Juni 1910 zur Welt kommt (einen Tag nach des Vaters Wiegenfest – worunter sie zeitlebens leiden wird, sieht sie doch dadurch alle familiäre Aufmerksamkeit von ihrem eigenen Geburtstag abgelenkt). Thomas Mann selbst ist, als er von Katia erfährt, dass sie erneut schwanger ist, keineswegs »amused«. In einer Mischung aus Koketterie und Sarkasmus bekennt er im April 1910 in einem Brief an den befreundeten Schriftsteller Walter Opitz: »Reisen kann ich jetzt nicht, da ich über ein Kleines zum vierten Male Vater werden soll. (Wenn ich es zum fünften Male werde, übergieße ich mich mit Petroleum und zünde mich an.)«[21] Als Monika schließlich gesund zur Welt gekommen ist und es auch der Mutter Katia gut geht, ist die Familie bester Laune. Und selbst Großmutter Hedwig Pringsheim gibt ihr wohlwollendes Placet, indem sie nonchalant bemerkt, das Kind sei »7 ½ Pfund schwer und nicht auffallend häßlich«.[22] Selbst die beiden ältesten Geschwister Erika und Klaus sind von den Vorteilen angetan, Kleinere um sich zu haben. Klaus meint spitzbübisch: »Erika und ich übten die grausamste Herrschaft, die Monika sich gefallen ließ, weil sie noch so klein und dumm und niedlich war, Golo hingegen aus zerknirschter Überzeugtheit und masochistischem Hang zur Demütigung.«[23]

Der Zuwachs macht es nötig, dass die Familie im Oktober 1910 in eine größere Wohnung zieht, in die Mauerkircher Straße 13 am Herzogpark. Die Gegend, am nördlichen Rand des vorstädtischen Bezirks Bogenhausen gelegen, ist ehemaliger Wittelsbachischer Jagdgrund, mehr Wald, Wiese und Brache als eigentlicher Park. Hier entsteht in den Jahren vor 1914 ein nobles Viertel, und auch Thomas Mann entschließt sich, in der Poschingerstraße 1 ein Grundstück zu kaufen und sich eine prächtige Villa errichten zu lassen. Das neue Domizil wird Anfang 1914 bezogen. Hier wohnt die Familie, und hier residiert und repräsentiert der inzwischen berühmte Schriftsteller, ein Selfmademan, der es – allerdings mit Anschubhilfe der reichen Schwiegereltern – weitgehend aus eigener Kraft zu Wohlstand und bürgerlichem und literarischem Ansehen gebracht hat.

Die Sommer werden regelmäßig in Bad Tölz verbracht – und nachdem Monika zur Welt gekommen ist, besteht auch kein Hindernis mehr, die schöne Jahreszeit nicht am Fuße der Bayerischen Alpen zu verbringen. Der Garten in Tölz wird – mehr noch als der in der Münchner »Poschi« (so der Familienjargon) – zum ländlichen Paradies stilisiert, und wahrscheinlich haben diese Sommer vor dem Ausbruch des Weltkriegs, in noch weitgehend unbelasteter Natur, in einer unzersiedelten Landschaft mit Blick auf blumenbestandene Wiesen, dunkle Tannenwälder und bis in den Frühsommer hinein schneebedeckte Berggipfel, tatsächlich etwas vom verlorenen Garten Eden. Einige Erzählungen Klaus Manns – so die *Kindernovelle* – spielen hier. »Das Paradies«, so glorifiziert er es später, »hat den bittersüßen Duft von Tannen, Himbeeren und Kräutern, vermischt mit dem charakteristischen Aroma des Mooses, das von der Sonne durchwärmt ist, der großen, mächtigen Sonne eines Sommertages in Tölz.«[24]

Die Spiele auf dem weitläufigen Anwesen werden naturgemäß von den beiden Ältesten angeführt. Golo und Monika sind die Komparsen, hinzu kommen ein paar Buben und Mädchen aus dem Städtchen. In der Fantasie der Kinder verwandeln sich Haus und Garten in einen Ozeandampfer, sie selbst sind die reichen, auf Weltreise befindlichen Passagiere, auch das Kindermädchen, der Hund Motz und selbst der Vater (dieser aber nur in der bloßen Vorstellung) erhalten Rollen als Matrosen und Kapitän zugesprochen.

Die Spiele erschöpfen sich nicht in Herumtollerei. Vielmehr sind Erika und Klaus (und einige Jahre später auch Golo und Monika) mit einer großen Fantasie begabt, was den Umgang mit

Sprache und dem Erfinden von Wortspielen, Codierungen und Geschichten anbelangt: Nahezu alle Mitglieder der Familie Mann erhalten Necknamen. So heißt Katia Mann »Mielein«, Klaus »Eissi«, die Großeltern Pringsheim »Offi und Ofey« oder einfach nur die »Urgreise«. Thomas Mann ist der »Zauberer« oder kurz »Z.«, weil er einmal ein angebliches Gespenst (Klaus nennt es »Me-Me«), einen enthaupteten, blassen Herrn, der im Kinderzimmer sein Unwesen getrieben, mit Erfolg in die Schranken gewiesen hat: »Sagt ihm nur, daß ein Kinderschlafzimmer kein Ort ist, wo anständige Geister sich herumtreiben, und daß er sich schämen sollte. Und wenn das immer noch nicht genügt, so tut ihr gut daran hinzuzufügen, daß euer Vater sehr reizbar ist und häßlichen Spuk in seinem Haus nicht duldet.«[25]

Klaus gefällt sich darin, seinem kleinen Bruder Golo stundenlang selbst erfundene Geschichten vorzutragen, ja, diese aus dem Stegreif zu improvisieren und fortzuspinnen. Ob sich bereits damals sein literarisches Talent zeigt, oder ob dies eine übliche Fähigkeit fantasiebegabter, aufgeweckter Kinder ist, sei dahingestellt. Kaum hat er lesen und schreiben gelernt, beginnt er allerdings auch schon – das »zauberhafte« Weben und Wirken des Vaters in dessen geheimnisvollem Refugium des Arbeitszimmers wird unwillkürlich zum Vorbild –, erste Schreibhefte mit eigenen »literarischen« Versuchen zu füllen. Kopfschüttelnd erinnert er sich: »In schärfstem Tempo entstand jene Fülle von Dramen, Romanen, Skizzen und Balladen, die ich mir fast alle aufgehoben habe und deren Masse mich so erschreckt. Was ich mir nicht alles habe einfallen lassen! Welch absurde Menge von weithergeholten, lächerlichen Stoffen, die mich nichts angingen, und aus denen ich schnell, schnell, schnell eine Tragödie, eine Zauberposse nach der anderen fabrizierte.«[26] Er liefert auch ein Beispiel für solch ein frühes »Werk«, eine Moritat – diesmal gemeinsam mit der Lieblingsschwester Erika ersonnen:

»Meine ersten Gedichte machte ich mit Erika zusammen. Wir schrieben sie säuberlich ab, malten was Fantastisches drum und legten sie unserem armen Vater morgens unter die Serviette. Wenn er sich zum Frühstück niedersetzte, fand er, nahe seinem Eierbecher, Balladen von dieser Art:

›Der böse Mörder Gulehuh,/Der jagte eine bunte Kuh./Die bunte Kuh, die sträubt sich sehr,/Der Gulehuh kriegt das Messer her./Er haut der Kuh das Köpfchen ab,/Der Bauer kommt dabei im Trab./Er hat den Gulehuh eingefangen,/In drei Tagen soll er am Galgen hangen./Da weint der Mörder Gulehuh./Da weint er sehr und schreit huhu –/Ich wills gewiß nicht wieder tun,/Um Gottes will'n, verzeiht mir nun!‹

Und dann sollte einem das Frühstück noch schmecken.«[27]

Auch Erika liegt der spielerische Umgang mit Sprache, sie ist die geborene Mimin und Diseuse, die begnadete Nachahmerin von Sprechweisen, Dialekten, Jargons und Eigenheiten in gesprochener und geschriebener Konversation. Mit den Tölzer Bauernbuben unterhält sie sich im derbsten oberbayerischen Dialekt und wird von ihnen ohne Weiteres als eine der Ihren akzeptiert. Als Onkel Peter Pringsheim einmal zu Besuch ist und bei Tisch Goethes *Der neue Amadis* vorträgt – immerhin ein Gedicht von dreißig Versen –, brilliert die siebenjährige Erika Stunden später damit, dass sie das Gedicht fast fehlerlos nach einmaligem Hören hersagt. Allerdings wird die Vorstellung für sie zur herben Enttäuschung, glaubt ihr doch keiner der Erwachsenen, Onkel Peter ausgenommen, dass sie unterdessen das Gedicht nicht nachgeschlagen hat.

Später, als Assistentin des Vaters, wird sie sich einen Jux daraus machen, Thomas Manns Diktion, seine hohe, bisweilen etwas gespreizte Literatursprache nachzuahmen. Der Schriftsteller Ludwig Marcuse wird belustigt und fassungslos feststellen: »Sie beherrschte die Thomas-Mann-Sprache fließend, wie nur eine Eingeborene. Der Schöpfer dieses bekannten deutschen Dialekts schrieb ihn nur; die

Tochter aber sprach ihn – und trieb so viel Allotria damit, daß er sie gewiß beneidete.«[28]

Wie aber erinnern sich die beiden Jüngeren, Golo und Monika, an jene Jahre vor dem Krieg, an das Kinderparadies der »Poschi« und der Tölzer Sommer, an die gemeinsamen Spiele mit den größeren Geschwistern? Golo Mann leidet lange Jahre unter seiner vermeintlichen »Gnomenhaftigkeit«, die Klaus als »üsis« (im Familienjargon »lieb«, »nett«) empfunden haben mag, ihn, Golo, aber schwer belastete: »Daß ich häßlich sei, wurde mir auch später noch gesagt, so daß diese Vorstellung sich, nicht zu meinem Glück, in mir festsetzte«, bekennt noch der Siebenundsiebzigjährige. »Sehe ich heute [1986] meine Kinderbilder, so kann ich es eigentlich nicht finden; einen wunderlichen Ernst lassen einige von ihnen erscheinen.«[29] An gemeinsame Spiele hat er nur ungefähre Erinnerungen. Das Aufsagen von Gedichten imponiert ihm früh, der mystische Klang gebundener Rede fasziniert ihn instinktiv, eine Liebe zur Dichtung entsteht, die ihn noch als alten Mann, wenn er schlaflos im Bett liegt und sich zum Zeitvertreib Gedichte vorsagt, trägt: »Die Liebe zu den Gedichten ist von Ferne der Musikalität verwandt, ist eine geringere Abart davon. Und wir wissen ja, wie früh das musikalische Talent sich äußert. Den ›beiden Großen‹, Erika und Klaus, wurden Gedichte vorgelesen, vom ›Fräulein‹ oder von Gästen der Eltern [...], zuerst Uhland, dann auch Schiller. Uneingeladen hörte auch ich zu, mit Begier offenbar, und schnappte auf und wußte, was ich mir gemerkt hatte, sogar passend und variierend anzuwenden; [...] Das erste Gedicht für Erwachsene, das ich auswendig wußte, ehe ich auch nur lesen konnte, war Uhlands *Des Dichters Abendgang,* keine Ballade, sondern ein höchst lyrischer Gesang, von dessen Sinn ich nicht das Allermindeste verstand.«[30]

An Tölz und die Sommer hingegen sind von Golo Mann nur Assoziationen, fetzenhafte Impressionen überliefert: »So bleibt es das Gedicht, welches die Identität in aller Frühe schon bilden half.

Auch mag die Ungeschicklichkeit meiner Hände dazu gehören – nur der Hände? –, die verhutzelten Gänseblümchen inmitten der blühenden Wiese. Dann der Gehorsam gegenüber den großen Geschwistern, die zahme Geduld und Friedensliebe gegenüber der zu mir gehörenden, kleineren Monika, Angst und böses Gewissen nach der Untat des Naschens und Anderes mehr. Dagegen kam mir die drôlerie bald und völlig und für immer abhanden.«[31]

Das komplementäre Wesen in diesem von Pärchen geprägten Kinderreigen ist für ihn Monika. Auch sie hat später Memoiren geschrieben, und auch sie erinnert sich, anders als die Großen, nur ungefähr an jene Jahre vor dem Krieg (ist sie doch auch erst vier, als die alte Welt untergeht). Immerhin, die Nähe zur Mutter wird immer wieder beschworen, auch ganz primär die körperliche Zärtlichkeit: »Sonntag früh empfing die Mama. Nämlich meine Schwester [Erika] und ich durften zu ihr ins Bett hineinschlüpfen. [...] Die Mama hatte ein überfußlanges Hemd an, am Hals und an den Handgelenken mit Volants, das, obgleich es aus feinstem Linnen war, an das Hemd der Großmutter in Rotkäppchen erinnerte. [...] mit tiefer, rauher, liebkosender Stimme wünschte sie uns guten Morgen. Es war sehr angenehm, erst einmal auf dem dicken Eisbärfell barfuß zu stehen oder zu knien und allmählich unter die kornblumenblaue Daunendecke zu kriechen, um dann den merkwürdig herben und Geborgenheit ausströmenden Duft des mütterlichen Bettes einzuatmen.«[32] An Golo, den Spielgefährten der frühen Jahre, erinnert sich Monika im Zusammenhang mit einer gemeinsam gemachten »Gespenstererfahrung« (und solche »Geister« scheint es ja in der »Poschi«, wenn man den Erinnerungen von Klaus trauen darf, durchaus gegeben zu haben). Einmal schleichen sich Monika und Golo auf den mit Gerümpel vollgestellten Dachboden:

»Der Speicher war selbst bei Tage wenig geheuer, ein Ort ausrangierten Lebens. Zwischen allerlei Vergangenheitsgerümpel mochten Mäuse huschen, Ahnenbilder lächelten mild aus Spinnwebendämmer [...]. Es hingen heute nacht dort weiße Laken über Seilen, die im Flackern des Kerzenlichts leise wehten. Es geschah, daß mein Bruder [Golo] hinter einem solchen Laken verschwand, und ich, mich alleine sehend, einen kleinen Schrei von mir gab. Aus Schreck darüber löschte mein Bruder die Kerze aus, und ein so vollendetes Grauen erfüllte mich, gegen das ich mich mit heroischen Kräften zu wappnen hatte. [...] ich mag gut und gern von unserer ›Geisterkreation‹ reden, als zwischen den mondbeschienenen Laken erst ein schäumender Pferdekopf sichtbar wurde, ein Stulpenstiefelbein im Bügel, ein wehender weißer Waffenrock und endlich das große milchige Antlitz des Welttyrannen Napoleon unserem gebannten Blick sich darbot. Er hatte den Mantelkragen hochgeschlagen, das Haar klebte ihm in der bleichen Stirn und, die Rechte auf dem Herzen, schaute er mit seinen düstermokanten Augen, über denen eine tiefe Falte eingegraben war, in die Ferne. Mein Bruder stellte ihm stotternd und lispelnd die Frage, bei der er sogar halb französische Brocken einstreute, ob die Zeit bald gekommen sei, da er (mein Bruder) Weltbeherrscher sein würde, worauf der scharf geschwungene Mund des Herrlichen bebte und ein hold schallendes ›oui‹ herunterwarf. Dann löste sich das Bild in nichts auf. In unsere Betten heimgekehrt, dauerte es ziemlich lang, bis unsere Gemüter sich entspannt hatten und der tiefe Kinderschlaf uns wieder aufnahm. Am nächsten Morgen wußten wir nicht, ob wir dies alles träumend oder wachend erlebt hatten, aber die offene Speichertür und ein am Boden liegendes Laken bedeuteten uns, daß Napoleon uns wirklich erschienen war.«[33]

Spiel oder Ernst, Ernst im Spiel oder spielerischer Ernst: Die Welt des Kinderparadieses endet jäh; nicht die Kindheit als solche, aber doch die Illusion von einer reinen, sorgenfreien, märchenhaften glücklichen Kindheit. Kein Gespenst vom Speicher, kein Kindermädchen (mit denen die Kleinen oft genug auf Kriegsfuß stehen), nicht die Strenge des Vaters und nicht einmal die wiederholten Aufenthalte der Mutter in Gebirgssanatorien (man vermutet hinter ihrer Erschöpfung – sie hat in jenen Jahren zudem zwei Fehlgeburten zu verkraften – eine beginnende Tuberkulose, was sich allerdings als Fehldiagnose erweist) können das Kindheitsparadies in der »Poschi« und in Tölz ernsthaft gefährden.

Nein, es sind Pistolenschüsse, die Hunderte von Kilometern entfernt am 28. Juni 1914 das alte Europa erschüttern: Der österreichische Thronfolger Erzherzog Franz Ferdinand und seine Frau werden in Sarajewo von einem serbischen Attentäter erschossen. Am 28. Juli, nach Ablauf eines Ultimatums, erklärt Österreich-Ungarn dem Königreich Serbien den Krieg. Die komplizierte Pakt- und Beistandsmaschinerie, Jahrzehnte zuvor ersonnen, um ein Gleichgewicht der Kräfte auf dem Kontinent zu garantieren, läuft an: Deutschland steht dem Bündnispartner Österreich bei und erklärt Anfang August Russland und Frankreich den Krieg. Deutsche Truppen marschieren in die neutralen Staaten Belgien und Luxemburg ein, was nun für Großbritannien Anlass ist, Deutschland den Krieg zu erklären. Bereits Mitte August steht der halbe Kontinent unter Waffen, überschreiten Truppen die Grenzen, verwüsten fremde Landstriche, bringen millionenfachen Tod.

Jener letzte Frühsommer vor der Katastrophe wirkt im Nachhinein wie eine unwirkliche Phantasmagorie: hell, scheinbar unbeschwert, bei schönstem Wetter und spielerischer Ausgelassenheit. Doch ein Ereignis wirft auch auf das Kinderparadies von Tölz plötzlich einen Schatten des Todes: Beim Baden im Klammerweiher, einem moorigen Teich, in dem auch die Mann-Kinder gerne planschen, ertrinkt ein junger Bäckergeselle. Er wird, katholischem Brauch gemäß, in der Friedhofskapelle offen aufgebahrt. Die Mann-Kinder spazieren mit ihrem Kindermädchen Affa dorthin und sehen – zum ersten Mal in ihrem Leben – einen Toten. Klaus erinnert sich:

»Warum führte uns die Affa, zufällig – wie sie später behauptete – in jene abgelegene Kapelle, wo der ertrunkene Bäcker unter einem Berg von weißen Blüten zur Schau lag? Erst begriffen wir nicht, daß es ein Toter war, dem wir da gegenüberstanden. Wir hielten ihn für ein Gebild aus Marmor oder Wachs, ein frommes Kunstwerk, bestimmt zum Schmucke eines Grabes oder der Kapelle. Aber die Affa klärte uns eilig auf. Ihre Stimme zischte vor Erregung. Erkannten wir es nicht, das Zischen der argen Schlange, da sie uns flüsternd verriet, was es auf sich hatte mit der Wachsfigur. [...] ›Ersoffen ist er, jämmerlich ersoffen!‹ [...] Warum war sein Anblick so furchtbar und so schön? Wir standen reglos, versunken in das Bild dieser unbegreiflichen Hoheit [...]. Ja, nun hatten wir ihn gesehen, den Toten, feierlich zur Schau gestellt in der Grabkapelle. Wir würden ihn nicht vergessen. Ewig jung, in vornehm bleicher Verklärung, gesellte sich der Bäckergeselle zu den Mythen der Kindheit.«[34]

Die Kinder sind zum ersten Mal in ihrem Leben bewusst dem Tod begegnet – aber nicht in der Figur eines zahnlosen alten Weibleins oder eines buckligen Greises, sondern, wie zum Spott des unfassbaren Geschehens, im Angesicht eines jungen, vermeintlich noch immer blühenden Gesichtes. Aber es ist nur ein Mummenschanz, den der Tod sich da erlaubt – die Kinder ahnen es. Und bald werden sie wissen, dass der Tod auch viele Fratzen des Grauens, der Angst und der Zerstörung in seinem Repertoire vorrätig hat. An jenem Sommerabend in Tölz endet die Kindheit von Erika, Klaus, Golo und Monika, ohne dass die Kinderjahre bereits vorüber wären. Aber auch das werden sie erst viel später begreifen. In jenen Tagen unmittelbar vor Kriegsausbruch steht der Vater einmal im Garten seines Sommerhauses, blickt besorgt den Hang hinunter in die Ferne und meint zu seinen Sprösslingen: »Nun wird auch bald ein blutiges Schwert am Himmel erscheinen.«[35] Klaus Mann hat dies später so bezeugt – und des Vaters bedeutungsschwangeren Satz wohl frei erfunden. Aber es ist ein Ausspruch, der die Stimmung jener Tage und Wochen besser zum Ausdruck bringt als tiefschürfende historische Ausführungen. An anderer Stelle meint der Chronist Klaus Mann über jenen Sommer: »Wissen ist unfruchtbar. Es bringt kein Glück. Aber was du verscherzest, ist kostbarer als alles, ist unwiederbringlich: das Paradies der Unschuld.«[36]

»So viel Verderbtheit war eindrucksvoll«

Krieg, Revolution und Revolte. 1914–1922

Der Ausbruch des Ersten Weltkriegs mag von Klaus Mann und anderen im Nachhinein als Ende der Kindheit und Verlust paradiesischer Unschuld gedeutet werden, die Kinder selbst empfinden diese Jahre anders: als eine Zeit der Einschränkungen und Veränderungen, aber auch des Abenteuers und der Erkundung der eigenen Welt, die größer, verstörender und erregender wird. Nach innen und außen wird der großbürgerliche Haushalt der Familie Mann diszipliniert und beharrlich aufrechterhalten – allen kriegsbedingten Mängeln in der Versorgung zum Trotz. Golo, bei Kriegsausbruch fünf Jahre alt, an dessen Ende neun, hat zwar kaum reflektierte Erinnerungen an jene Zeit, wohl aber ganz subjektiv-intuitive Beobachtungen und Erfahrungen. Im Alter resümiert er: »Trotz aller Härten des Kriegs blieb unser Haushalt ein gut bürgerlicher, vielleicht betont bürgerlicher als vor 1914 […].«[1] Der Krieg wird als fernes Abenteuer empfunden, dessen Kanonendonner man nur hört, wenn anfänglich angesichts sich überstürzender Siege Freudenböller über den Isarauen gezündet werden. Dieses Triumphgetöse verebbt bald, und als das Kampfgeschehen in eine Phase des Stellungskrieges eintritt, in ein sinnloses Sich-Verschanzen in Schützengräben, unter Trommelfeuer, Schrapnell- und Granatenbeschuss und schließlich dem weltweit ersten Einsatz von Giftgas, ist in der Heimat vom anfänglichen Jubel nichts mehr zu vernehmen; stattdessen Lethargie, Bedrückung, Verbitterung, Sorge um die im Feld stehenden Anverwandten, Trauer um gefallene Söhne und Ehemänner. Die Kinder, auch im Hause Mann, bekommen diese Veränderungen mit, wenngleich noch immer gefiltert durch den Umstand, dass sie als Sprösslinge aus bürgerlicher Familie, die keine Gefallenen zu verzeichnen hat, weit weniger betroffen sind als andere Zeit- und Altersgenossen. (Thomas und Heinrich Mann sind für kriegsuntauglich erklärt, nur der jüngste Bruder Viktor muss in die Bayerische Armee einrücken, wird aber wegen Rheumatismus vom Frontdienst bald befreit.) Golo Mann räumt denn auch ein: »Das Leben hält zäh an seiner Routine, an Normalität. Hier waren sie ungleich leichter aufrechtzuerhalten als im sogenannten ›Zweiten Weltkrieg‹. Was wußten wir von der Schlächterei vor Verdun, von den Greueln des U-Boot-Krieges, von den Massenmorden in Rußland während des Bürgerkrieges von 1918? Wir waren weit vom Schuß.«[2]

Anders der Vater: Ihn bedrückt das Geschehen sehr wohl. Für ihn ist es ein Krieg weniger um Macht und Terrain, sondern eine ideenpolitische Auseinandersetzung zwischen Kultur und Zivilisation. In jenen Jahren entzweit sich Thomas Mann mit dem frankophilen Bruder Heinrich, der es gewagt hat, das Ende des deutschen Kaiserreichs vorherzusagen und stattdessen eine Republik als Staatsform der Zukunft zu fordern. Die Folge: Nicht nur brechen die Brüder den Kontakt zueinander ab (bis sich Thomas Mann im Jahre 1922 doch zu einer öffentlichen Anerkennung und Würdigung der Weimarer Republik durchringt – und damit eine Aussöhnung mit Heinrich ermöglicht); der Autor von zwar wortgewaltigen, aber unpolitisch-vergeistigten Romanen und Erzählungen wie *Buddenbrooks, Tonio Kröger* oder *Der Tod in Venedig* beginnt ein essayistisches Monumentalwerk mit dem Titel *Betrachtungen eines Unpolitischen,* worin er die bürgerliche, auf Patriotismus und Tradition fußende Kultur Deutschlands gegen die vom Bruder Heinrich propagierte französische Zivilisation verteidigt und ins Ideologische verkehrt. Thomas Mann quält sich vier Jahre lang damit – und er traktiert mit dieser literarischen Totgeburt später, als das Buch auf den Markt kommt, in einer Zeit, als sich das Kaiserreich bereits aufgelöst hat und der Krieg implodiert ist, auch seine Leserschaft. Zuallererst aber quält er vier Jahre lang seine eigene Familie, die des Autors Missmut und seine schlechte Laune zu ertragen hat. Golo Mann erinnert sich voller Unbehagen: »Am Vater hatte ich, hatten wir früher mit beinah gleicher Zärtlichkeit gehangen wie an der Mutter, das änderte sich während des Krieges. Wohl konnte er noch Güte ausstrahlen, überwiegend aber Schweigen, Strenge, Nervosität oder Zorn. Nur zu genau erinnere ich mich an Szenen bei Tisch, Ausbrüche von Jähzorn und Brutalität, die sich gegen meinen Bruder Klaus richteten, mir selber aber Tränen entlockten. Kann man an sich nicht immer *sehr* nett zu seiner Umgebung sein, wenn man sich ausschließlich der eigenen schöpferischen Arbeit widmet, um wie viel weniger, wenn man Tag für Tag sitzt an den *Betrachtungen eines Unpolitischen* [...]. Ein Werk, nur für sich selber oder für seinen Autor entstehend, ein labyrinthisch angelegtes Schloß, für den Abbruch bestimmt, kaum daß es fertig gebaut wäre – das konnte keine gute Laune geben.«[3] Die Stimmung im Hause Mann verschlechtert sich, der Freundeskreis dünnt sich aus: »Zu den Mahlzeiten kamen Gäste nur noch selten, aus naheliegendem Grund.«[4] Eigentliche »Heldin« des Kriegshaushaltes wird die Mutter Katia, die mit spärlicher werdenden Einnahmen, bei verschlechterter Versorgungslage, labiler eigener Gesundheit (immerhin hat sie vor dem Krieg mehrere Aufenthalte in Schweizer Sanatorien absolvieren müssen) und einem oft missmutigen Ehemann im »Hintergrund« seines Arbeitszimmers das mittelständische »Unternehmen« Poschingerstraße 1 (mit immerhin neun hungrigen Mündern, die Hausangestellten eingerechnet) zu organisieren und zu managen hat. Katia Mann absolviert dies mit geradezu mathematischem Kalkül und Pragmatismus, ohne die menschlichen Bedürfnisse nach Nähe, Wärme, ehelicher Sorge und mütterlicher Hingabe zu vernachlässigen. Anerkennend und voller Dankbarkeit erinnert sich Golo Mann: »Es war im Krieg, daß die bis dahin so verwöhnte Mutter zu einer Art von Heldin wurde, mit zwei schweren Aufgaben: den nervösen, hart arbeitenden Gatten zu beschützen, ihn zu ernähren, so gut es eben ging, und doch auch die Übrigen, die vier Kinder und die drei ›Mädchen‹, Köchin, Zimmermädchen, Hausmädchen, nicht gar zu kurz kommen zu lassen. [...] Ihre Einkäufe machte sie meistens auf dem Rad, auch im Winter. Das Essen teilte sie aus und nahm sich selber am wenigsten. [...] Sie war arg mager geworden, aber das alte Lungenleiden, an dem sie noch im Winter 1914 laborierte, hatte sich beruhigt, wieso, ist mir ein Rätsel. Das Brot, zum Frühstück und Abendessen, schnitt sie für uns in hauchdünne Scheiben, vier für jeden, um uns die Illusion des Mehr zu geben.«[5] Auch die Kinder werden dazu angehalten, nach Eiern, Kartoffeln oder Milch anzustehen. Bereits in Tölz, kurz nach Bekanntwerden der Mobilmachung, haben die Manns bei befreundeten Bauern, also an der Versorgungsquelle, zwanzig Pfund Mehl und anderes ergattert, »das allererste Hamstern«,[6] und sind dabei »alle vier mit der Mutter und einem Leiterwagen«[7] in den Ort gezogen. In der Großstadt München ist die Lage angespannter: Golo, gerade einmal sechs Jahre alt, wird, nachdem er lesen gelernt hat, an den Spätnachmittagen zum »Tagesbericht« geschickt, »angeschlagen an einer Ecke des Kufsteinerplatzes, um mit den guten Nachrichten, den Zahlen der getöteten oder gefangenen Feinde nach Hause zu kommen«.[8] Auch zum Anstehen um Lebensmittelkarten eignet sich der Kleine besonders, weil er sich durch eine gewisse Hartnäckigkeit und Wichtigtuerei auszeichnet und man ihn notfalls sogar von Bogenhausen zu Fuß bis in die Innenstadt beordern kann.

Die Älteren, Erika und Klaus, werden ebenfalls losgeschickt, sobald man gerüchteweise von Sonderzuteilungen erfährt. Doch nicht immer kommen die Kinder mit vollen Taschen nach Hause, selbst wenn sie beim Kramer das Ersehnte ergattert haben. Klaus erinnert sich: »Ich werde nie den Wintermorgen vergessen, an dem Erika und ich in einem plötzlichen Anfall von Edelmut beschlossen hatten, Mielein [Katia Mann] mit einem unerwarteten Geschenk von sechs frischen Tafeleiern zu beglücken. Irgendwo in der Vorstadt hatten wir einen winzigen Laden entdeckt, in dem solche Kostbarkeiten zu haben waren, vorausgesetzt, daß man genug Zeit und Geduld hatte, um von sechs Uhr morgens bis zur Mittagsstunde anzustehen. [...] Wir bekamen die Eier. Wie glatt und appetitlich sie sich anfühlten! [...] Ich trug die Eier in meiner Pelzkappe, da der Ladenbesitzer uns eine Papiertüte verweigert hatte. Aber meine bloßen Hände waren starr vom Frost. Das Schreckliche, das Unvermeidliche geschah: Die sechs Eier rollten aus der Mütze, die ich ungeschickt hielt, und zerbrachen vor unseren entsetzten Augen. [...] Wir brachen denn auch prompt in Tränen aus. Mir scheint es jetzt, daß unsere Tränen zu Eis erstarrten, während sie unsere Wangen hinunterliefen. Nie ist mir die Welt so kalt, so unfaßlich hart und grausam vorgekommen.«[9] Ebenfalls von einem Unstern heimgesucht werden Golo und Monika: »Für den Geburtstag der Mutter, den 24. Juli, rahmten wir in aller Heimlichkeit unsere Milch ab, wochenlang, und versteckten den Rahm im Keller, um sie an ihrem Ehrentag mit Schlagrahm zu überraschen. Als wir am Morgen des Festes das Gesammelte holen wollten, fanden wir eine ertrunkene Maus darin, und aus der Überraschung wurde nichts.«[10]

Katia Mann mag den Umstand, an ihrem Geburtstag auf Schlagrahm verzichten zu müssen, verschmerzt haben. Schwerer wiegt in jenen Jahren, dass sie sich nicht nur um den Haushalt, die Lebensmittelbeschaffung und oft genug auch um die Erledigung der Briefkorrespondenz ihres Mannes zu kümmern hat (sie verfasst oft in seinem Sinne und in seinem stilistischen Duktus Briefe, die sie auf der Schreibmaschine tippt und von ihm dann unterzeichnen lässt, während er zunehmend nur den wirklich »wichtigen«, ihm am Herzen liegenden Menschen persönlich antwortet) –, nein, sie, die oftmals selbst kränkelte, muss sich nun auch als Pflegerin beweisen. Im Mai und Juni 1915 geht eine infektiöse Blinddarm- und Bauchfellentzündung um, der nach und nach Golo, Monika, Erika, Klaus und schließlich Katia selbst anheimfallen, ins Hospital eingeliefert und dort operiert werden müssen. Während die Übrigen sich nach kurzer Zeit erholen, stirbt der älteste Sohn beinahe an unerwartet auftretenden Komplikationen. Thomas Mann ist verzweifelt und muss in mehreren Briefen an Freunde das Trauma bewältigen. An die Verlegersgattin Hedwig Fischer schreibt er am 24. Juni: »Ich wollte Ihnen Nachricht geben über unseren kleinen Dulder [Klaus]. Er macht Unglaubliches durch. [...] Es war eine neue, wirklich fast phantastische Operation nötig, die ungefähr darin bestand, daß die ganze Bauchhöhle geöffnet, das Gedärm herausgenommen, auf einen gewärmten Tisch gelegt, durchsucht, geöffnet und wieder eingenäht wurde. Eine Sache von 1 ¾ Stunden. Das Herz hielt aus, auch nachher. Aber dann kam Darmlähmung – ein absolutes Versagen des Apparates, das drei Tage lang anhielt und eine neue Bauchfellentzündung wahrscheinlich machte. Gestern hielten wir das Kind für verloren. Die einzige Hoffnung war, daß der Puls sich andauernd kräftig hielt. Gestern abend versuchte man dann ein letztes Mittel: ein neues Senna-Präparat, das unter die Haut gespritzt wird, um indirekt auf die Darmthätigkeit zu wirken. Thatsächlich haben sich gegen Morgen die ersten Anzeichen wiederbeginnender Thätigkeit gezeigt und sich seitdem wiederholt. Es kann jetzt wieder sein, daß der Kleine uns erhalten bleibt. [...] Wenn das Kind am Leben bleibt, wird es uns wahrhaft neu geschenkt sein.«[11]

Noch als erwachsener Mann führt Klaus seine Gesundung weniger auf die ärztliche Kunst als vielmehr auf die Hartnäckigkeit der Mutter zurück, der er – ein zweites Mal – sein Leben verdankt: »Das Menschenmögliche hatte man getan, aber der Organismus, der nicht mehr funktionieren wollte, schien nicht mehr zu retten;

er gehörte eigentlich schon dem Tod. Da ich auf keine Injektion, keine Stärkungsmittel mehr reagierte, war sie es, meine Mutter, die auf den Gedanken kam, mich von Kopf bis Fuß mit Eau de Cologne einzureiben. Die Ärzte schüttelten den Kopf, aber da nichts mehr zu verlieren schien, verboten sie nichts. Der Körper empfing die Erfrischung. In der Nacht trat eine Krise zur Besserung ein.«[12]

Und es gibt noch Sorgen anderer Art, welche die vier Kinder, allen voran die Ältesten, den Eltern in jenen Jahren bereiten: Der Herzogpark, jenes noch halb wilde, wald- und buschbestandene Terrain im nördlichen Bogenhausen, erst nach und nach von Straßen durchzogen und mit vornehmen Villen bebaut, wird zum Namensgeber einer Bande von Kindern, die mit nicht immer harmlosen Streichen die Nachbarschaft teils amüsieren, teils aber auch terrorisieren. Dass Erika, die begnadete Schauspielerin und Imitatorin, mit verstellter Stimme allerlei Leute anruft, sich als die berühmte Stummfilmdiva und Sängerin Delia Reinhardt ausgibt und deren halbwüchsige Kinder zu einer Party einlädt, mag noch hingehen – wenngleich das Idol sich über den plötzlichen Ansturm der jungen Fangemeinde an der Haustür doch sehr gewundert haben mag. Dass man gleichwohl Lebensmittelläden betritt, Inhaber und Angestellte mit Fragen nach Backpulver und Hefe ablenkt und die Komplizen währenddessen Rucksäcke voll Viktualien packen, die man später auf einer Wiese des Herzogparks bei einem Festmahl verschmaust, ist schlicht dreist und kleinkriminell. Die Streiche werden immer derber und geschmackloser, ja anstößig. Klaus erinnert sich im Jahre 1932 (also wenige Monate vor der Machtergreifung der Nationalsozialisten und der zur Staatsdoktrin erhobenen rassistischen, antisemitischen Ideologie) reichlich naiv: »[...] wir betrieben das harmlose und geschmackvolle Spiel, das ›die Juden entbieten‹ hieß; das heißt: wir kletterten, von der Finsternis geschützt, an einer Herzogpark-Villa hoch, in der Herrschaften wohnten, die zwar ein wenig semitisches Blut hatten, aber nicht gern viel davon hergemacht sahen. Drei Fäustepaare klopften an das traulich verhängte Fenster, hinter dem die Herrschaft bei der Abendmahlzeit saß, und mit gräßlich rauhen Stimmen schrien wir: ›Judden – Judden‹ […]. Die Herrschaften klagten nachher mit Recht über den Münchener Antisemitismus, mit dem es doch immer abscheulicher würde […].«[13] Die Eltern (man erinnere sich: Katia Mann, geborene Pringsheim, ist ebenfalls jüdischer Abstammung!) dürften von solch grobem Unfug kaum etwas erfahren haben – zunächst jedenfalls. Denn nur so lässt sich Thomas Manns erheiterte Reaktion erklären, als ihm auf einem seiner täglichen Spaziergänge mit dem Hund Motz zum öffentlichen Briefkasten eine Rotte wild kreischender Kinder entgegenkommt. Nein, es sind nicht die eigenen Sprösslinge, es ist nicht die »Herzogparkbande«. Der sonst so verschlossene »Kriegsvater« und oftmals schlecht gelaunte, patriotisch leidende Literat jedenfalls kann das, was ihm da begegnet, kaum fassen, sodass er alle bürgerliche Contenance vergisst. Golo erinnert sich: »Einmal mußte der Vater herzlich über uns lachen, mit stolzem Vergnügen: auf der Föhringer Allee war eine Kinderschar ihm fliehend entgegengeeilt mit dem Schreckensruf: ›Die Manns kommen, die Manns kommen!‹«[14] Geraume Zeit später wird den Eltern durch geschädigte Opfer im damals noch dörflichen Bogenhausen dann doch das ganze Ausmaß der Untaten vor Augen geführt, die der »Herzogparkbande«, als deren Rädelsführer die Mann-Kinder gelten, zur Last gelegt werden, und es kommt zu einem gehörigen Donnerwetter.

Doch einstweilen genießen die Mann-Kinder noch Narrenfreiheit, gefördert durch das Außerordentliche, Anarchische des Krieges, der sich zwar nicht direkt, aber eben doch indirekt in einer gewissen Verwilderung der Umstände und Sitten auch im bürgerlich-katholischen München bemerkbar macht und das bislang Undenkbare von den Rändern her einsickern lässt. Freilich sind die Tollereien der »Herzogparkbande« auf die Nachmittage beschränkt, denn vormittags heißt es – Krieg hin oder her – die Schulbank drücken: Alle vier Kinder – Erika, Klaus, Golo und Monika –, ebenso die Kinder der Nachbarn – des Dirigenten Bruno Walter und des Privatgelehrten Robert Hallgarten – werden zunächst auf ein privates Institut in Schwabing geschickt, das von einem Fräulein Ernestine Ebermayer geleitet wird. Die Schule genießt in Münchner Bürgerkreisen einen exzellenten Ruf, wird von Klaus Mann hingegen als »eine sehr feine, strenge und dabei etwas muffige kleine Anstalt«[15] beschrieben, deren Leiterin die Kinder, wenn sie in der Nase bohrten, mit dem Ausruf »ihr eggelhaften Kinder, ihr eggelhaften«[16] zurechtgewiesen habe. Sein Resümee, fünfzehn Jahre später: »Ich habe die Atmosphäre in den dunklen, feinen Räumen der Ebermayer viel zankerfüllter und gehässiger in Erinnerung als die irgendeiner ordinären Penne.«[17] Immerhin, Klaus, der fantasiebegabte Geschichtenerfinder, hält sich schadlos, indem er seinem jüngeren Bruder Golo allerlei schauderhafte, von frühen Erotizismen durchwobene Anekdoten darbietet, wobei er sich nicht nur der Gutgläubigkeit des Bruders bedient, sondern sich zugleich als »Literat« an der Erziehungsanstalt rächt. Golo erinnert sich dieser derben Späße: »Es kam vor, daß Klaus mir schreckliche Erlebnisse aus der Schule berichtete, etwa: Fräulein Ebermayer habe heute ›Pankrott‹ gemacht, es seien Männer in das Klassenzimmer gekommen und hätten der Dame ihre Kleider ausgezogen, alle Kleider, und auch die Pulte hätten sie pfandweise hinausgeschleppt, im bloßen Hemd stand die Unglückliche in dem verödeten Raum ... grausiger Vorgang, der noch Jahre später sich mir mit dem Begriff des Bankrottes verband. Also konnte auch der Bruder schwindeln, aber ihm nahm man es nicht so übel, vielleicht, weil er es phantasievoller machte.«[18]

Diese Allotria eines im Grunde etwas verzogenen großbürgerlichen Nachwuchses werden bald wieder auf den Boden der sozialen Realität herabgeholt: Erika und Klaus, und wenige Jahre später auch Golo und Monika, werden vom teuren und feinen Privatinstitut Ernestine Ebermayers heruntergenommen und auf ganz gewöhnliche Volksschulen in Bogenhausen geschickt, wo die feinen Bürgerkinder aus dem Herzogpark neben den Sprösslingen von Arbeitern, Häuslern und kleinen Angestellten die Bank drücken müssen. Für Klaus ein gelinder Schock, mehr als für seine Schwester Erika: »Erika und ich wurden getrennt. Sie etablierte sich schnell als eine Art von Anführerin und Häuptling unter den Mädchen, während meine Position in der Bubenklasse irgendwie unsicher blieb. [...] Außerdem nahmen sie mir meine künstlerische Aufmachung und meine Abneigung gegen Raufereien übel. Kurz und gut, ich wurde nicht ganz ernst genommen [...].«[19] Mit Erreichen der Altersstufe für weiterführende Schulen wird Erika Mann zunächst in die Städtische Höhere Mädchenschule mit Frauenschule am St.-Anna-Platz im Lehel geschickt (kurz Anna-Gymnasium genannt), später ins Luisengymnasium. Klaus hingegen besucht seit 1916 das Wilhelmsgymnasium, das älteste und damals bestangesehene Lyzeum der Stadt. Auch Golo wird 1918 dorthin geschickt, während man Monika nach dem Krieg, 1920, ebenfalls dem Anna-Gymnasium anvertraut. Die schulischen Erfolge sind – wenn man vordergründig die Zensuren betrachtet – bei allen vieren recht durchwachsen, zum Teil sogar katastrophal. Lehrerschaft und Direktorien bescheinigen den Sprösslingen des bekannten Münchner Schriftstellers zwar sprachliches und künstlerisches Talent, auch spezielle herausragende Begabungen, so bei Klaus in der Literatur oder bei Golo in der Geschichtskunde, doch mangelt es allen an Fleiß, Disziplin und Ernsthaftigkeit, vor allem im Hinblick auf das alte geflügelte Wort »non scholae, sed vitae discimus«, »nicht für die Schule, sondern fürs Leben lernen wir«. Die Kinder aus der Poschingerstraße sind zu verwöhnt, um nicht zu sagen zu verwildert, als dass sie das, was man gemeinhin den »Ernst des Lebens« nennt, erkennen und akzeptieren wollen. Klaus Mann hat später in seinen Erinnerungen

Der Wendepunkt, obgleich zu einem Zeitpunkt geschrieben, da er schon recht hart vom Leben gezeichnet war, flapsig, ja arrogant zu Protokoll gegeben:

»Der einzige Lebenssektor, den wir [Erika und Klaus] nicht teilten, die einzige Sphäre, die uns trennte, war die Schule, eine lästige Notwendigkeit, um die man sich möglichst wenig kümmerte. Erika hatte keinen Zutritt in das düstere Wilhelmsgymnasium, wo ich so viel Langeweile ertragen mußte; und ich konnte nicht an den lustigen Streichen teilnehmen, zu denen sie ihre ergebenen Mitschülerinnen in der Höheren Töchterschule anstiftete. [...] Es ist weder mit Haß noch mit Rührung, daß ich mich des alten Wilhelmsgymnasiums erinnere, sondern nur mit gelangweilter Gleichgültigkeit.

Anregungen irgendwelcher Art habe ich dem staatlichen Unterricht nicht zu verdanken. Selbst wenn der Lehrstoff reichhaltiger und fesselnder gewesen wäre, als er es tatsächlich war, die trübsinnige Pedanterie der bayerischen Professoren hätte mir noch den interessantesten Gegenstand verleidet. [...] Was immer ich an literarischer Bildung besitze, habe ich mir außerhalb des Schulbetriebs erworben.«[20]

Klaus Manns Wesen und Werden ist bereits in jenen jungen Jahren ganz auf eine Abgrenzung zum umworbenen, gleichwohl innerlich wie äußerlich fernen Vater angelegt. In *Kind dieser Zeit* hat Klaus Mann diese bewusst inszenierten und gelebten Gegensätze benannt, die es ihm erst ermöglichten, ein eigenes Dasein abseits der Existenz des übergroßen Vaters zu führen: »Gerade damals, als ich intellektuell in vielem von meinem Vater abhängig war, versuchte ich heftig, das an mir herauszuarbeiten, was ich als ihm entgegengesetzt empfand. [...] Deshalb liebte ich es, das Katholische vor dem Protestantischen zu betonen; das Pathetische vor dem Ironischen; das Plastische vor dem Musikalischen; [...] Das Extravagante, Exzentrische, Anrüchige gegen das maßvoll Gehaltene; das irrational Trunkene gegen das von der Vernunft Gebändigte und Beherrschte.

Während ich diese Gegensätze konstruierte und auch wirklich erlebte, war mir natürlich am Beifall keines Menschen wie an seinem gelegen.«[21] Die Revolte gegen den Vater und das väterliche Prinzip beginnt in jenen Jahren des Ersten Weltkriegs, der Zeit des Erwachens des körperlichen und intellektuellen Eros bei dem heranwachsenden Knaben. Wenige Jahre später wird der Jüngling die »Verfassung« des Vaters unbewusst bedrohen …

Zur geistigen Abgrenzung von der Welt des Vaters gehört auch die Liebe zur Literatur. Aber anders als Thomas Mann, der sich zeitlebens – auch für sein eigenes literarisches Schaffen – an den großen Epikern des 19. Jahrhunderts orientiert – Goethe, Keller, Tolstoi, Dostojewski, Fontane –, findet Klaus Mann Zuflucht bei den Randständigen: »Mein Olymp ist voll von Kranken und Sündern. Der wissensdurstige Knabe glaubte, von ihnen am meisten lernen zu können über die Geheimnisse der menschlichen Natur.«[22] Walt Whitman und Stefan George, Herman Bang und Oscar Wilde, Paul Verlaine und Arthur Rimbaud, August Strindberg und Frank Wedekind heißen die Götter seines Literatenhimmels, und ihnen eifert er in seinen frühen Erzählungen und Dramen nach, ohne freilich den Duktus der Décadence wirklich mit dem Inhalt eigener Lebenserfahrung füllen zu können. Erst später, unter den Bedrängungen durch den Nationalsozialismus und in der Erfahrung des Verlusts von Freunden und Geliebten, wird er diese literarische und menschliche Reife erlangen.

Freilich steht Klaus nicht allein in seiner Welt, im Labyrinth der Pubertät, der Frühreife (die bei ihm wohl eher einsetzt als bei anderen Jungen seines Alters). Erika, die erklärte Lieblingsschwester, ist ihm Stütze, Gegen- und Ebenbild: »Denn im Bereich des wirklichen Lebens gehörten Erika und ich zusammen; unsere Solidarität war absolut und ohne Vorbehalt. Wir traten wie Zwillinge auf: Die Erwachsenen wie die Kinder hatten uns als Einheit zu akzeptieren.«[23] Aber auch der Verlust der zwillingshaften Einheit, das

Zerbrechen des geschwisterlichen Bündnisses wird später zu den existenziellen Erfahrungen von Klaus Manns früh vollendetem und geendetem Leben gehören.

Zu den einschneidenden Vorfällen gehören auch der Zusammenbruch des Kaiserreichs und die auflodernden revolutionären Ereignisse im Spätherbst 1918. Dem voraus aber geht im Hause Mann in der Poschingerstraße ein freudiges, friedfertiges Ereignis, das das kontinuierliche Leben selbst feiert: Am 24. April 1918 kommt die jüngste Tochter Elisabeth zur Welt, die man gemeinhin »Medi« nennt. Von der burschikosen Erika einmal abgesehen, ist Elisabeth das Lieblingskind des Vaters. Mitten in den Nöten und Wirren von Krieg, Zusammenbruch und Revolution gönnt sich der Literat, der nur unter disziplinierten Mühen seine essayistische Totgeburt *Betrachtungen eines Unpolitischen* zu Ende gebracht hat, eine denkerische Auszeit, indem er zwei Idyllen – ganz aus der Zeit und der literarischen Mode gefallen – zu Papier bringt: *Herr und Hund* (seine amüsanten Erlebnisse mit dem Vierbeiner Bauschan) und der *Gesang vom Kindchen*. Letzterer, in Hexametern verfasst – bereits damals eine völlig veraltete dichterische Form –, feiert die Geburt des Kindchens Elisabeth im Besonderen und die eines Kindes in Zeiten des Verfalls im Allgemeinen als ein Wunder des Lebens. Zugleich ist es Thomas Manns zärtliche Liebeserklärung an die Jüngste wie auch an seine Frau Katia, die dieses Wunder zur Welt gebracht hat. »Sie [Elisabeth] ist in gewissem Sinne mein *erstes* Kind«,[24] vertraut der stolze Vater denn auch seinem Tagebuch an.

Thomas Manns Geduld und Contenance werden indes in jenen Monaten des Kriegsendes auf eine harte Probe gestellt: Im Westen bricht die Front zusammen, die deutschen Fürsten, darunter auch Kaiser Wilhelm II. und der bayerische König Ludwig III., ergreifen die Flucht ins Ausland und danken wenig später ab, in den größeren Städten übernehmen kommunistische Räte die Macht, indem sie die Rathäuser und Kasernen besetzen und lokale sozialistische

Republiken ausrufen. Es ist ein Drunter und Drüber, und selbst in den Köpfen der Jungen, die bis dahin dem Krieg wie einem zwar vorhandenen, aber doch fernen Geschehen gegenüberstanden, greift nun mit einem Male der heiße Atem der Geschichte Raum. Der gerade einmal zwölfjährige Klaus Mann schreibt, halb enthusiasmiert, halb verschreckt in seinem Tagebuch vom Herbst 1918: »Revolution! Revolution! Militärautos durchsausen die Stadt, Fensterscheiben werden eingeschmissen. Kurt Eisner ist Präsident; – Zu lächerlich. Und trotzdem schmeichelt es einem zu denken, in hundert Jahren rede man von der bayerischen wie von der Französischen Revolution.«[25] Monate später, Anfang Mai 1919, die von der Berliner Zentralregierung gesandten sogenannten Weißen Truppen sind eben dabei, München zu erobern und der Räterepublik um den Preis vieler Todesopfer gewaltsam ein Ende zu bereiten, schreibt der jugendliche Chronist – nun bereits ganz persönlich erschüttert: »In unserer Schule war das Regiment einquartiert, das Rosa Luxemburg und Karl Liebknecht getötet hat. – In unserem Schulhof sind zwei Spartakisten erschossen worden. Der eine, ein siebzehnjähriger Junge, ließ sich nicht einmal die Augen verbinden, Poschenrieder sagte, das wäre fanatisch. Ich finde es heldenhaft.«[26]

Zur Revolution kommt es auch im Hause Mann. Josepha Kleinsgütl, von allen nur Affa genannt, das langjährige Zimmermädchen, macht sich des Diebstahls und der Unterschlagung schuldig: Man entdeckt in ihrem Zimmer ein »Warenlager«[27] an gehamsterten Lebensmitteln, »Tischdecken, Rotweinflaschen, Teelöffel, Blumenvasen und Luxusausgaben toter sowie lebender Autoren«[28] aus dem Besitz der Familie Mann. Als der Hausherr sie zur Rede stellt, ist deren Reaktion anders als erwartet: Anstatt einer reuigen, zerknirschten Sünderin gegenüberzustehen, stößt der sonst von den Niederungen des rauen Alltags durch seine Frau Katia abgeschirmte Dichter auf Renitenz und Frechheit. Die halbwüchsigen Kinder sind perplex, wissen das Geschehen, das sie irgendwie mit dem

Zusammenbruch der öffentlichen Ordnung in jenen Revolutionswochen verbinden, moralisch kaum zu verorten. Schadenfreude und wohliger Grusel angesichts des Eindringens krimineller Energie in den wohlgeordneten bürgerlichen Haushalt halten sich die Waage. Klaus erinnert sich genüsslich: »Es war die Revolution in unserem Hause, unsere private Revolution, der Umsturz von Werten, die unverrückbar für uns gewesen waren. Denn die Person, die wir Affa nannten, gehörte zum Hause, ja, zur Familie [...]. Etwas Ungeheuerliches, etwas für uns absolut *Neues* war geschehen: Affa, von der wir glaubten, daß sie für uns sorgte, hatte uns bestohlen. Affa, von der wir angenommen hatten, daß sie uns so gern habe, wie wir sie, haßte uns also; [...] Wenn so etwas möglich war, dann konnte ja alles passieren, dann stand nichts mehr fest. – Es stand nichts mehr fest.«[29] Der jugendliche Chronist, der – befeuert durch seine wirre und wahllose Lektüre – sich ohnehin in einer etwas führungslosen pubertären Phase befindet, kann Affas Verhalten, ihrem »Schneid«, um es bayerisch auszudrücken, durchaus Sympathie abgewinnen: »Es war anläßlich des Streites um den roten Wein, daß Affa die Hand gegen den Vater erhob. Ja, das Ungeheuerliche geschah: Sie schlug nach ihm mit geballter Faust und hätte ihm vielleicht das Nasenbein zertrümmert, wäre er nicht mit überraschender Geistesgegenwart beiseite gesprungen. Immerhin traf sie seine linke Schulter, woraufhin er, nach übereinstimmendem Bericht aller Chronisten, vernehmlich ›Au!‹ sagte. Einige Historiker wollen wissen, daß er nach kurzem Nachdenken auch noch hinzufügte: ›Da hört sich aber wirklich alles auf!‹ [...] Ich begann, Affa zu bewundern. So viel Verderbtheit war eindrucksvoll. Einen schlechten Menschen kann man verurteilen und verachten; aber für das Symbol aller Schlechtigkeit, den Ausbund aller Laster empfindet man eine Art von bestürztem Respekt, in welchen sich Mitleid mischt.«[30]

Die eigentliche, politische Revolution, die im November 1918 und nochmals, heftiger und blutiger, im Mai 1919 in München tobt, geht am Hause Mann zumindest vordergründig vorbei: Bogenhausen und der Herzogpark sind wortwörtlich zu weit »vom Schuss«, die Kämpfe zwischen Roten und Weißen, Spartakisten und Nationalisten konzentrieren sich auf die Altstadt und das Bahnhofsviertel. Dennoch kommt es auch im Herzogpark vereinzelt zu Hausdurchsuchungen mit vorgehaltenem Gewehr in so mancher Villa eines »konterrevolutionären Kapitalisten«. Thomas Manns vornehmes Haus bleibt auf scheinbar wundersame Weise von solchen Einschüchterungen unberührt. Erst später erfahren die Manns, dass wohlmeinende revolutionäre Literaten wie Ernst Toller ihren Einfluss geltend machten und die Kämpfer ausdrücklich anwiesen, das Domizil des zwar bürgerlich-konservativen, literarisch und politisch aber integren Schöpfers der beliebten *Buddenbrooks* zu verschonen.

Nicht verschont bleibt Thomas Mann von einer anderen Revolution – wiederum im eigenen Hause: Er, der sich vor Jahrzehnten selbst eine »Verfassung« gab, mithilfe bürgerlicher Strenge und literarischer Disziplin die eigenen Gefährdungen – das Bohemienhafte, die Homosexualität, den Hang zum Artifiziellen und Dekadenten – im Zaum zu halten, sie zu unterdrücken, in der eigenen Kunst zu sublimieren und durch eine Kompensation der Leiden zu künstlerischen Höhepunkten zu gelangen, er, der treu sorgende Ehemann und Familienvater, der patriotische Bürger und Diener des Wahren und Schönen, sieht sich nun vor Herausforderungen, die er kaum noch zu beherrschen weiß, die ihn heimsuchen, vexieren und im wahrsten Sinne des Wortes »übermannen«. In jener Zeit des untergehenden Kaiserreichs und der Revolutionswirren muss er sich und Katia eingestehen, dass er nicht mehr den »ehelichen Pflichten« nachkommen will und kann, weil sie ihm keine Lust mehr bereiten, was weniger mit Katia zu tun hat als vielmehr mit dem Weiblichen an sich. Als er schließlich – zufällig oder gesucht – seinen heranwachsenden Ältesten Klaus mehrmals im Kinderzimmer oder im

Bad in dessen jugendlicher, vormännlicher Schönheit überrascht, ist es um die mühsam gewahrte Contenance geschehen – was er freilich nur seinem Tagebuch anvertrauen kann, so am 20. September 1918: »Gestern abend bemerkte ich durch die verschlossene Glasthür der Kinderwohnung Licht, und da ich Katja ohnehin wecken mußte, denn sie hatte mich ausgesperrt, so wurde nachgeforscht. Es zeigte sich, daß Eissi [Klaus] bei beleuchtetem Zimmer und phantastisch entblößt in seinem Bette lag. Er wußte auf Fragen keine Antwort zu geben. [...] Jemand wie ich ›sollte‹ selbstverständlich keine Kinder in die Welt setzen.«[31] Und im Juli 1920, Klaus ist im vierzehnten Lebensjahr, heißt es im Tagebuch des Vaters, der sich vom eigenen Werk, der Sehnsucht Gustav von Aschenbachs nach dem Epheben Tadzio, eingeholt fühlen muss: »Entzücken an Eissi, der im Bade erschreckend hübsch. Finde es sehr natürlich, daß ich mich in meinen Sohn verliebe. [...] Eissi lag mit nacktem braunen Oberkörper lesend im Bett, was mich verwirrte.«[32] Und drei Monate später: »Ich hörte Lärm im Zimmer der Jungen und überraschte Eissi völlig nackt vor Golo's Bett Unsinn machend. Starker Eindruck von seinem vormännlichen, glänzenden Körper, Erschütterung. [...] Dankbarkeit gegen K[atia]., weil es sie in ihrer Liebe nicht im Geringsten beirrt oder verstimmt, wenn sie mir schließlich keine Lust einflößt und wenn das Liegen bei ihr mich nicht in den Stand setzt, ihr Lust, d. h. die letzte Geschlechtslust zu bereiten.«[33]

Immerhin: Das Ehepaar Mann hat ein Jahr zuvor noch einmal Zuwachs bekommen: Am 21. April 1919 bringt Katia das sechste Kind, einen Sohn, zur Welt, den man auf den Namen Michael tauft und im Familienjargon Bibi nennt. Michael ist ein Nachzügler, aber anders als die meisten Spätgeborenen wird er nicht besonders verhätschelt oder abgöttisch geliebt werden. Im Gegenteil. Thomas Mann hat zuvor ja bereits seinen *Gesang vom Kindchen,* jene zärtliche Liebeserklärung an Elisabeth, abgeschlossen und sieht damit den Zenit seiner väterlichen Liebe erreicht. Im September 1918 ist

Katia unerwartet und unerwünscht nochmals guter Hoffnung, und die Eheleute beratschlagen, ob angesichts der labilen Gesundheit der Schwangeren eine Abtreibung nicht angezeigt sei. Man entscheidet sich nach der Konsultation eines Arztes für das Kind, und Thomas Mann vertraut seinem Tagebuch fatalistisch und erleichtert zugleich an: »Ich bins zufrieden, freue mich auf das neue Leben und glaube, daß man so das für K[atia]. bessere Teil erwählt.«[34] Es ist eine schwere und langwierige Geburt, am Ostermontag des Jahres 1919, die sogar den Einsatz von Morphium und der Zange notwendig macht. Als der Knabe schließlich gesund und unversehrt zur Welt gebracht ist, gratulieren die vier älteren Kinder am Bett der Mutter, wie Thomas Mann gerührt und sinnierend vermerkt: »Starkes Weinen K[atia].'s nach der Narkose, erschreckend, aber nicht befremdend. Dann Beruhigung. Hübsch die Gratulation der Kinder, an deren Spitze Erika das Kleine ans Bett brachte. Es scheint vom Typus von K.'s Zwillingsbruder [Klaus Pringsheim]. Saß längere Zeit an K.'s Bett. [...] Große Erleichterung. In K.'s Sinne sehr froh über das männliche Geschlecht, das für sie ohne Frage eine psychische Stärkung.«[35] Will man einer späten Äußerung der alten Katia Mann glauben, so war sie tatsächlich immer betrübt, wenn ein Mädchen zur Welt kam: »Ich war immer verärgert, wenn ich ein Mädchen bekam, warum, weiß ich nicht. Wir hatten ja im ganzen drei Buben und drei Mädchen, dadurch war Gleichgewicht. Wenn es vier Mädchen und zwei Buben gewesen wären, wäre ich außer mich geraten. Aber so ging's. Mein Mann war viel mehr für die Mädchen. Obgleich er ein Mädchen für nichts Ernsthaftes hielt, war Erika immer sein Liebling; und dann die Jüngste, Elisabeth. Die beiden Mädchen hatte er bei weitem am liebsten; sie standen ihm entschieden näher als die Söhne.«[36] Tatsächlich wird Thomas Manns Verhältnis zu den Söhnen immer kompliziert und komplexbeladen bleiben. Vor allem Michael wird darunter leiden – noch weit über des Vaters Tod hinaus.

Die sechs, von denen Klaus Mann später in seiner Autobiografie *Der Wendepunkt* spricht, sind also voll. Auch innerhalb der Gruppendynamik der Kinder ändert sich mit der Geburt der Nachzügler Elisabeth und Michael so manches: Erika und Klaus, inzwischen in der Pubertät, gelten plötzlich als die »Großen«, von denen man Vernunft, Rücksichtnahme, Verzicht und Mitarbeit erwartet und einfordert. Die »Mittleren«, Golo und Monika, gerade einmal zehn und neun Jahre alt, wechseln ebenfalls die Position in der familiären Hierarchie, ohne dass sie, noch Kinder, auf die Veränderungen aktiv und rational reagieren könnten. Monika erinnert sich: »Ich kann sagen, daß mit der Geburt der ›Kleinen‹ – zwar war ich noch ein Kind – meine Kindheit beendet war. Bisher ›Nesthäkchen‹, wurden in mir durch die beiden Nachgeborenen mütterliche Gefühle erweckt. Wann ich nur konnte, begab ich mich ins Zimmer der Geschwisterchen, wo ich mit größtem Interesse sämtlichen Babyprozeduren beiwohnte und bald lernte, sie selber vorzunehmen. [...] Unser etwas revuehaftes ›Künstlerkleider- und Pagenkopfauftreten‹, das uns auf der Straße manch ›Wer seid ihr denn?‹ eintrug, wandelte sich durch das Hinzukommen der Kleinen zum ›Erwachsenen‹, ›Seriösen‹. Meine Brüder trugen jetzt kurze Haare, wir Mädchen Zöpfe, wir trugen sportliche Kleidung, und es war alles in allem ein ›gewöhnlicheres‹, anonymeres Dasein.«[37]

Die Verhältnisse normalisieren sich, auch unter dem politischen Wechsel und der kulturellen Öffnung nach dem Ersten Weltkrieg: Nach den Unruhen und Kämpfen von Revolution und Gegenrevolution, der Ermordung des ersten bayerischen Ministerpräsidenten Kurt Eisner, der Ausrufung der Räterepublik, deren Niederschlagung durch die von der Zentralregierung in Berlin ausgesandten Truppen und der Gründung der Weimarer Republik kehren nach und nach wieder »Sicherheit und Ordnung« in das alltägliche Leben ein. Thomas Mann wandelt sich unter den Verhältnissen von einem glühenden konservativen Patrioten und Monarchisten zu einem liberalen Verteidiger der Republik. Sein essayistischer Missgriff *Betrachtungen eines Unpolitischen* verschwindet rasch von den Büchertischen und wird ebenso rasch vergessen und aus dem eigenen Gedächtnis getilgt. Stattdessen hat er die Arbeit an seinem großen Zeit- und Erziehungsroman *Der Zauberberg* wiederaufgenommen und damit zum Kern seines literarischen Schaffens zurückgefunden.

Im Hause Mann wird die Atmosphäre wieder entspannter, bei aller Bürgerlichkeit liberaler, demokratischer, offener, was sich nicht nur im äußeren Habitus (der Lockerung der Kleiderordnung) niederschlägt, sondern auch im drängenden Bestreben der pubertierenden Ältesten Erika und Klaus nach gedanklicher und körperlicher (auch erotischer) Freiheit.

Zur Sphäre des künstlerischen, wenngleich noch suchenden intellektuellen Aufbruchs der Kinder Mann gehört die Gründung einer eigenen Theatergruppe, des »Laienbunds deutscher Mimiker«, am 1. Januar 1919. Zu der Truppe unter Führung von Erika und Klaus gehören die Nachbarskinder und Freunde Ricki Hallgarten, Wilhelm Emanuel Süskind (der später ein anerkannter Schriftsteller werden wird), Lisbeth und Karl Geffcken, Rudolf Morath und die mittleren Mann-Geschwister Golo und Monika. Man geht das Unternehmen recht selbstbewusst an, spielt zwar in häuslicher Runde und verzichtet auf »Eintrittsgelder«, bittet aber um Spenden zur Unterstützung notleidender Künstler. Zum Repertoire des Mimikbundes gehören bald Klassiker wie Lessings *Minna von Barnhelm,* Molières *Der Arzt wider Willen,* Shakespeares *Was ihr wollt* und Theodor Körners *Die Gouvernante,* aber auch selbst verfasste Stücke des angehenden Literaten Klaus Mann. Besonders Erika gibt bei den Aufführungen eine überzeugende Darstellerin (ihr mimisches Talent, das sie später als Schülerin Max Reinhardts an Bühnen in Berlin, Bremen und München führen wird, deutet sich bereits an). Aber auch Golo erntet Erfolge, wenngleich in komisch-grotesken

Rollen und eher unfreiwillig. Klaus Mann erinnert sich an eine Aufführung der *Minna von Barnhelm:* »Die schauspielerische Sensation des Abends wurde Golo als Dame in Trauer, der, mit unheimlich verschminktem Frätzchen und heiserer Klagestimme, eine welke, kleine Figur von makabrer Eindringlichkeit schuf. Er hatte, immer noch, jenen Stich ins Dämonisch-Skurrile, der ihm für die Dame im schwarzen Schleiergewand vortrefflich zustatten kam.«[38] Selbst Thomas Mann, sonst Veranstaltungen abseits der »Hochkultur« eher abgeneigt, genießt die Darbietungen der Truppe und schreibt den jugendlichen Dilettanten eine begeisterte, gleichwohl ironisierte »Kritik« in deren »Mimikbuch«:

»Der ›Laienbund‹, jenes junge theatralische Unternehmen, von dessen Begründung und Zwecken auf vorstehenden Blättern Nachricht gegeben, hatte sich vorgesetzt, am verwichenen Sonntag einen ersten Beweis seiner künstlerischen Daseinsberechtigung zu liefern, was ihm denn auch nach dem wohl einstimmigen und vom Ref[erenten]. gern zu bestätigenden Urteil der gebildeten Öffentlichkeit recht wohl gelang. In Szene ging ›Die Gouvernante‹, jenes feine, wenn auch etwas marklose Werkchen des leider so jung verstorbenen Th[eodor]. Körner [...]. Die Gouvernante wurde von Fräulein Titi [Erika] mit verständiger Distinktion verkörpert. Nur dem großen Monolog erwies sich die Gestaltungskraft der achtbaren Künstlerin, welche übrigens die in ihrer Rolle enthaltenen französischen Redewendungen mit Exaktheit zu Gehör brachte, als noch nicht völlig gewachsen. Als Luise bewies Herr Klaus viel Biedersinn, doch bleibt der hoffnungsvolle Darsteller aufmerksam zu machen, daß das Sprechen gegen den Hintergrund in Kennerkreisen mit Recht als Unsitte gilt, da es das Verständnis der Dichterworte, von denen ein jedes dem Gebildeten teuer ist, erschwert. [...]«[39]

Solch einer intensiven Beschäftigung mit der Einstudierung und Aufführung von Bühnenwerken der Weltliteratur hält die ansonsten gebotene Auseinandersetzung mit alltäglichen Pflichten natürlich nicht stand. Die schulischen Leistungen von Erika und Klaus, Golo und Monika sind im Sinkflug begriffen, obwohl deren Wissensdrang nicht zu bremsen ist. Vor allem Klaus, der auf seinem literarischen »Olymp« die Dekadenten, Abseitigen, moralisch Anrüchigen feiert und ihnen nacheifert, gerät bald in Opposition zu den Eltern. Erste schwärmerische Liebeleien mit Schulkameraden widerspiegeln seinen erotischen Drang nach Selbstbestimmung. Und in seinen Erzählversuchen, die um jene Zeit entstehen, wird ein recht krudes Durcheinander von Meinungen und Ideen offenbar, das die Eltern notgedrungen erschrecken muss. Katia Mann stöbert einmal im Tagebuch des ältesten Sohnes und ist erschüttert. Thomas Mann notiert am 5. Mai 1920 (es ist die Phase, in der er sich durch die körperliche Präsenz seines Ältesten erotisch verwirrt sieht): »Gestern Abend erschütterndes Vorkommnis mit K[atia]. Sie hatte Klaus' Tagebuch offen liegend gefunden und gelesen. Ohne gerade eigentlich Schlechtigkeit zu offenbaren, zeugt es von so ungesunder Kälte, Undankbarkeit, Lieblosigkeit, Verlogenheit, abgesehen von den literarisch-radikalistischen Flegeleien und Albernheiten, daß das arme Mutterherz tief enttäuscht und verwundet war. K[atia] weinte über den Jungen, wie sie es vor Jahren that, als er sterben sollte. [...] K[atia] kam und erzählte getröstet von einer Unterredung mit Eissi [Klaus], die zu ihrer Zufriedenheit verlaufen. Auch er hat bitterlich geweint. Ich denke, die Mitteilung, daß man [von] den Schwierigkeiten seines Alters wisse, hat ihm wohlgethan.«[40]

Als die Zeugnisnoten der vier älteren Kinder in den Jahren 1920 bis 1922 so ins Bodenlose stürzen, dass diese entweder nur mit Ach und Krach versetzt werden oder gar »sitzen bleiben« (was sowohl Golo als auch Monika passiert), und sich die Klagen von Lehrern über die moralische Verkommenheit und unstatthafte Frühreife von Erika und Klaus dramatisch mehren, sehen sich die Eltern genötigt, korrigierend einzugreifen. Thomas Mann tut dies eigentlich ungern, galt er doch selbst in der Schule als gescheitert, zudem lebt er den Grundsatz: »Erziehung ist Atmosphäre, weiter nichts.«[41] Gleichwohl, um den Familienfrieden zu wahren und die nervliche Gesundheit seiner Frau nicht weiter zu gefährden (Katia Mann muss in jenen frühen Zwanzigerjahren mehrmals zu Erholungsaufenthalten nach Oberstdorf im Allgäu), willigt Thomas Mann ein, die Zügel zu straffen. Immerhin hat ihm Katia, im Allgäu ein wenig zur Ruhe gekommen, schon einmal gedroht: »Ich habe hier so viel Zeit zum Nachdenken, und da denke ich doch manchmal, daß ich mein Leben nicht ganz richtig eingestellt habe, und daß es nicht gut war, es so ausschließlich auf Dich und die Kinder zu stellen.«[42] Also werden die vier älteren Kinder von den Münchner Schulen genommen. Erika und Klaus, die Unzertrennlichen, schickt man auf die Bergschule Hochwaldhausen im Hohen Vogelsberg, während man Golo und Monika auf das renommierte Internat von Schloss Salem unweit des Bodensees gibt, das 1920 vom ehemaligen Reichskanzler Max von Baden und dessen Vertrautem Kurt Hahn gegründet wurde. Eigentlich wollte Katia Mann auch ihren Ältesten auf Hahns Schule schicken, doch lehnte man nach eingehender Anschauung und psychologischer Prüfung des Jünglings, der mitgekommen war, dankend ab. Klaus Mann sei zwar, so die Mitarbeiterin Marina Ewald, ein »ungewöhnlich begabter und fein veranlagter Junge«, doch habe er »seine Kindlichkeit und Natürlichkeit bei dieser Art geistigen Tätigkeit eingebüßt« und vermittle »den Eindruck eines überaus manirierten, selbstgefälligen, frühzeitig gereiften und fähigen Jungen, dessen Lebenskraft angeknaxt«[43] sei.

Mit dieser Einschätzung werden Mutter und Sohn entlassen, nicht ohne noch ein paar Ferientage auf der Insel Reichenau im Bodensee zuzubringen, wo der »braune Aissi [Klaus], die Wogen teilend«, »kein bißchen dekadent«[44] wirke, wie Katia ihrem Mann nach München versichert. Das Mutterherz wird sich gehörig irren ...

»*Komm* doch, es ist so schön und die Wellen sind lebensgefährlich«

Unordnung und frühes Leid. 1922–1927

Die Schulleitung in Schloss Salem hatte mit ihren Vorbehalten dem frühreifen Klaus Mann gegenüber nicht unrecht: Er kann und will sich nicht sonderlich in schulische Konventionen und Gruppenregeln einfügen. Seine Schwester Erika steht ihm hierin im Übrigen nicht nach. Und so ist es nicht verwunderlich, dass beide das Reforminstitut Bergschule Hochwaldhausen nach unüberbrückbaren Gegensätzen und Komplikationen bereits nach kurzer Zeit verlassen. Erika wird im September 1922 nach München zurückgeholt, wo sie erneut in einer staatlichen Schule, dem Luisengymnasium, die Bank drücken muss, mit der elterlichen Erwartung, sie solle dort – wie auch immer – das Abitur bestehen. Klaus hingegen wird auf ein anderes renommiertes Reforminstitut geschickt, die Odenwaldschule, gelegen in Oberhambach bei Heppenheim. Schule und Internat genießen damals wegen ihrer modernen, antiautoritären, die individuellen Talente und Vorlieben respektierenden und propagierenden Ideale einen hervorragenden Ruf. Der Gründer und Schulleiter Paulus Geheeb jedenfalls erkennt rasch die Vorzüge und Begabungen des halbwüchsigen Klaus Mann und versucht, sie zu fördern und die charakterlichen Eigenheiten des Zöglings allenfalls mit Nachsicht und sanftem Dirigat zu korrigieren. Dies ist für Klaus Mann eine völlig neue Erfahrung, zumal ihm zu Hause eine pädagogisch waltende, an den Konflikten eines pubertierenden Jünglings ehrliches Interesse zeigende väterliche Gestalt fehlt. So wird innerhalb kurzer Zeit Geheeb, der mit seinem langen, wallenden Bart und seinen rauschenden Gewändern eher an einen alttestamentarischen Propheten erinnert, zum Ersatzvater, eine Konstellation, die der im Grunde verunsicherte und nach seinem eigenen Weg suchende Klaus dankbar annimmt. Gleichwohl: Die pubertären Flausen sind ihm nicht so ohne Weiteres abzugewöhnen, und so strotzen die Briefe des Internatsschülers an seine geliebte Schwester Erika, von der er zum ersten Mal in seinem Leben auf längere Zeit getrennt ist, nur so vor übermütigen Chiffren und geflunkerten Flegeleien. Hierzu gehört auch das Kokettieren mit erotischen Fantasien und geschwisterlicher Intimität, die der sexuell noch etwas unentschiedene, gleichwohl immer wieder für Klassenkameraden schwärmende Klaus in seinen Briefen an Erika genüsslich ausbreitet. So schreibt er ihr am 5. November 1922: »Übrigens habe ich jetzt ein Gedicht gemacht, das fängt an: ›Seltsam sind die Augen derer,/die die große Sehnsucht kennen –‹ Und dann heißt es: ›Auf der Stirne tragen sie ein Zeichen,/das von heißer Lust und heißem Elend kündet –/Aber all die andren, all die Stumpfen weichen/Scheu zurück davor –‹ Und dann: ›Wir sind ganz allein mit unsrem Gotte/Und mit unsren lüsternen Gebeten,/Denn mit unsrem Lachen, unsrem Spotte/Treiben wir davon die Wackren, Wohlberedten,/Die gesund sind und ganz ohne Wunde.‹«[1] Es ist offenkundig: Der Verfasser dieser Zeilen imitiert nicht nur bestimmte Dekadenzliteraten seines »Olymps«, er gefällt sich auch in der Pose des »poète maudit«, des »verruchten Dichters«, der zugleich mit Tabus spielt und sich dieser reuig bewusst wird, um so die schmerzliche Zerrissenheit seiner Empfindungen zu offenbaren. Das wird auch im Nachsatz des brieflichen Liebesbekenntnisses deutlich, wenn er seine Schwester fragt: »Ob ich mit dem ›wir‹ wohl auch Dich meinen darf? – – – Aber mein Gott, was schreibe ich da für einen seltsamen Brief. Ich weiß, Du, magst es nicht, wenn so viel ausgesprochen wird.«[2]

Dieses Spiel führt der frühreife und doch noch so unsichere Jüngling in anderen Briefen fort. Am 14. September hebt er seine vermeintliche Originalität in einem Brief an Erika hervor, wenn er sich mit der im Hause Mann ein und aus gehenden Erzählerin Annette Kolb, der legendären »Münchner Original-Katastrophe«,[3] vergleicht. Klaus führt Erika vor Augen, wie teuer die Schokolade in Oberhambach sei und welche Folgen das für die Literatur bedeute: »Sag einmal: Kostet eine Tafel Chokolade bei Euch *auch* 40–60 M[ark]? [...] Aber ernstlich: Katastrophen bereiten sich vor. *Ich* kann ohne Chokolade nun einmal nicht dichten. Annette Kolb konnte nur im Caféhaus was zuwege bringen. Ich finde mich eigentlich *noch* interessanter.«[4] Freilich: Auch in der Odenwaldschule wird nicht jede Allüre für bare Münze genommen, und so wird der jugendliche Literat – wie die anderen Schüler auch – bisweilen zum Holzhacken eingeteilt, denn ohne winterliche Vorräte droht es im rauen Klima des Mittelgebirges unangenehm zu werden. Klaus Mann weiß indes auch hiermit zu kokettieren: »Ich muß immer Holz hacken. Wundert Euch nicht, wenn ich einhändig zurückkomme.«[5] Und er beteuert: »Ein biederer Zug ist ja überhaupt trotz allem in meinem Wesen unverkennbar. Zeige diesen Brief den Greisen nur auch. Das mit dem Tagesplan und so interessiert sie gewiss auch. Persönlich-frivole Scherzreden kannst du ja unter den Tisch fallen lassen.«[6] Die »Greise«, das sind die Eltern, und sie interessieren sich sehr wohl für die Sonderlichkeiten und wirrköpfigen Äußerungen des Ältesten. Auch eine (allerdings einseitige) Liebelei mit einem Mitschüler, Uto Gartmann, bekennt der Sohn, was besonders den Vater, der in jener Zeit mehr denn je mit der eigenen verdrängten Homosexualität hadert, die Stirn runzeln lässt.

Bereits 1923 nehmen die »Greise« den pubertierenden und unangepassten Sprössling wieder aus dem Internat und holen ihn zurück nach München, wo er nun auf dem traditionsreichen Wilhelmsgymnasium sein Abitur vorbereiten soll. Doch auch diese

Erziehungsmaßnahme scheitert. Und selbst ein letzter Versuch, Freiheitsdrang und pädagogische Führung irgendwie zu vereinbaren, indem man Klaus im Frühjahr 1924 für ein paar Monate auf Stift Neuburg bei Heidelberg, dem Domizil des Dichters und Alchemisten Alexander von Bernus, in Kost und Logis gibt, schlägt fehl: Klaus schließt sich in seiner Literatenstube ein, schreibt Gedichte und Prosa und sieht sich in der durchgeistigten Atmosphäre des einstigen Klosters, in dem vor dem Ersten Weltkrieg der elitäre Lyriker und »Seher« Stefan George und sein Jüngerkreis verkehrten, nur umso inspirierter und in seinem eigenen dichterischen Werdegang bestätigt. Schließlich geben die Eltern nach und auf: Klaus wird das Abitur nicht »bauen«, ihm wird dadurch kein bürgerlicher Beruf offenstehen, und Katia Mann, selbst sie am Ende ihrer pädagogischen Weisheit, sucht den grollenden Ehemann (der sich gleichwohl um erzieherische Fragen meist gedrückt hat) zu beschwichtigen: »Wenn es dem Jungen so entsetzlich contre cœur [dem Wesen zuwider] ist, hat es keinen Zweck auf dem Abitur zu bestehen, ganz abgesehen davon, daß man es ja doch nie erreichen würde. Es war eben ein letzter, gut gemeinter Versuch, dessen Fehlschlagen ich nicht zu tragisch nehmen will [...]. Nun müssen wir eben sehen, was weiter wird. Gymnastik kann ich nur gut heißen. Ich bin zwar überzeugt, daß die Motive ausschließlich physische Selbstverliebtheit und der Hinblick auf eine tänzerische Carrière sind, aber das Resultat kann doch nur günstig sein, denn er hat sich in den letzten Jahren körperlich kläglich vernachlässigt, und wird vielleicht etwas frischer und straffer davon.«[7]

Kaum weniger Sorgen bereitet den Eltern Erika, die auf dem Luisengymnasium für das Abitur büffeln soll. Alle Versuche Katias, der ältesten Tochter den Unterrichtsstoff schmackhaft zu machen, sind zum Scheitern verurteilt. Die Mutter, die einst Mathematik studiert hat und diese noch immer beherrscht und liebt, kann der Tochter gegenüber, der dieses logische Denken fehlt, schon einmal rabiat werden (was freilich ganz im Gegensatz zur im Schwange stehenden Reformpädagogik steht). Erika erinnert sich: »Als wir [die Kinder] sie [Katia Mann] körperlich schon überragten, blieb sie uns weit überlegen in jedweder Wissenschaft, und einmal – wie genau erinnere ich mich! – hat sie mir in gerechtem Zorn ein Buch an den Kopf geworfen, weil dieser sich mit jenem nicht zu befreunden vermochte und ich gar so ›schlecht‹ war in der sphärischen Trigonometrie.«[8] Mit Ach und Krach besteht Erika Mann im April 1924 das Abitur (während ihr Lieblingsbruder in Stift Neuburg auf Vakanz weilt und dort, wo ein offensichtlich verwirrter junger Knecht nackt durch die langen Flure schweift, alles andere als klösterliche Gedanken hegt). Erikas Zeugnis ist tatsächlich furchterregend, weist es doch gleich in sechs Fächern, darunter Kerndisziplinen wie Latein, Französisch, Englisch und Mathematik, die Note »mangelhaft« auf. Sie selbst, die später das Englische perfekt beherrschen und in diesem Idiom etliche Artikel und Bücher schreiben wird, erinnert sich schnoddrig: »Aus purer Liebe zu ihr [Katia Mann] habe ich das Abitur ›gebaut‹ und mit einem Zeugnis bestanden, das in der Welt einzig sein dürfte: es ist so miserabel, daß ich es mir eingerahmt habe, und jeder, der mich besucht, kann es in der Diele lesen.«[9]

Auch die mittleren Kinder Golo und Monika bereiten den Eltern – zumindest phasenweise – in schulischen Dingen Kummer: Beide schaffen 1922 die Versetzung in die nächsthöhere Klasse nicht. Bei Golo sind es die Mathematik (hierin haben die Mann-Kinder wohl wenig von den Fähigkeiten der Mutter geerbt) und das Altgriechische, die ihn scheitern lassen, obgleich der Schüler sich ansonsten als strebsam und fleißig erweist und vor allem in den Fächern Geschichte, Religionslehre und Deutsche Sprache glänzt. Bei Monika hingegen liegt der Sachverhalt anders: Sie gilt als intelligent, aber undiszipliniert und eigensinnig, und sie selbst bekennt sich noch später dazu: »In der ›Höheren Töchterschule‹ – was für ein undemokratischer Name! – tat ich nicht gut. Ich war aufsässig und faul, was zusammen mit der apädagogischen, unförderlichen Atmosphäre der Schule zu Katastrophen führte. Außer ›Französisch‹, ›Deutsch‹, ›Turnen‹ und ›Singen‹ interessierte mich überhaupt nichts: alles andere suchte ich zu ›schwänzen‹, mit Bubenstreichen zu umgehen. Daß ich es nur geradeheraus sage: die Religionsstunde verbrachte ich meistenteils im Kleiderschrank, wo ich mit meiner Freundin kicherte und Schokolade aß, indes die schwarzbehosten, langen Beine des Pfarrers wie eine Gewitterwolke die Fenster des Schrankes verdunkelten. Ein beliebter Aufenthalt während der Naturkundestunde war der Radkeller, wo wir ein leises Klingelkonzert veranstalteten und beim Herannahen von Schritten in eine Art Versenkung schlüpften, wo es Kohlen und zerbrochene Möbel gab.«[10]

Kein Wunder, dass auch Golo und Monika aus der staatlichen Schule genommen und einem privaten Internat anvertraut werden – wenngleich dieses pädagogische »Wundermittel« gerade im Falle der Ältesten so jämmerlich versagt hat. Salem wird für die kommenden Jahre zur Aufbewahrungsanstalt für die Mittleren, und diesmal wehrt Kurt Hahn, der zuvor noch den Ältesten Klaus abgewiesen hat, nicht ab. Tatsächlich scheint die überregional bekannte, elitäre Schule den beiden gutzutun. Monika erinnert sich noch als reife Frau: »Über dieser Welt des Sports, der Musik, Naturforschung, Handwerkerei und des Spiels standen die Schlagworte ›Kameradschaft‹ und ›Menschenehre‹ geschrieben. Der starke und konsequente Geist der Schule hat seine Wirkung bei den einstigen Höflingen über die Jahrzehnte hin nicht verloren: erst neulich begegnete ich einem ›Knaben‹ von dort, und wir fanden mühelos in jene Welt zurück.«[11] Das ist Monikas gefärbte Erinnerung, 1955 zu Papier gebracht. In einem Brief Katia Manns an Erika vom Oktober 1924 klingt es weniger harmonisch und beschönigend: »Daß ich so gegen Deinen ausgesprochenen Rat Moni nach Salem gab, war ja wohl auch recht unartig. Aber ich meine immer: der genius loci [Geist eines Ortes] ist das Entscheidende, und wenn er so ethisch und unerotisch wie in Salem ist, sind die Gefahren der Koedukation nicht allzu groß. Aus dem Haus mußte und wollte das Kind, so muffig und unerfreulich wie es war, und nun kamen noch Schulunannehmlichkeiten [am Annagymnasium] dazu, großer Krach mit [dem Lehrer] Zimmermann, sodaß Rektor Schmidt mir dringend nahe legte, sie [in Salem] anzumelden, wobei der scharfsichtige Mann äußerte, Moni habe manchmal geradezu etwas von einem Dienstmädchen in ihrem Niveau [...].«[12]

Wesentlich länger als Monika bleibt Golo in Salem. Vordergründig bringt er sich gut in die schulische Gemeinschaft ein. Der als Kind oft gehänselte Knabe scheint nun akzeptiert und integriert. Noch in seinen Erinnerungen, die er als alter Mann zu Papier brachte, würdigt er das Konzept der Schule und das liberale und humanistische Bemühen Kurt Hahns: »Er [Kurt Hahn] glaubte an das Gute im Menschen als etwas, was befreit, was mobilisiert werden konnte durch geeignete, aktive Erfahrungen; das Böse, und da war er ja nun Sokratiker, hielt er für bloße Verstockung, Unwissenheit, Irrtum.«[13] Und über Salem als Gemeinschaft und seine Wirkung als Lebensschule urteilt Golo Mann: »Dies große Gemeinschaftserlebnis hatte einen wohltuenden Einfluß auf mein Gemüt [...]. Aus dieser Erfahrung zog ich die Lehre, daß Mittuen im Grundsatz besser ist als Negieren. So wurde ich, reifer, zum Kritiker der Nur-Kritik; zum Gegner jener deutschen Intellektuellen, die nichts konnten, als die Republik zu verhöhnen, ohne zu wissen, was denn an ihre Stelle treten sollte. Um es anders zu sagen: Die Salemer Lehren nahmen eigentlich erst Gestalt in mir an, als ich der Schule schon fern war. Ich war glücklich dort, einigermaßen, aber wußte es nicht; ich sah in der Schule eine Art von provisorischer oder beinahe endgültiger Heimat, wer glaubt im Ernst mit fünfzehn, daß die folgenden drei Jahre einmal ein Ende haben werden.«[14] Kritischer sieht es später Klaus Mann, einer der ersten offen schwul auftretenden Autoren Deutschlands, angesichts von Golos Schwierigkeiten, seine Homosexualität vor sich selbst und anderen anzuerkennen und zu leben. Auch darüber schreibt Golo erst in seinen Alterserinnerungen: »Kurt Hahn hatte von Sexualität und sexueller Erziehung nahezu keine Ahnung. Es lag dies daran, daß er die Neigung, die in ihm war, die homoerotische, moralisch mißbilligte und mit einer mir unvorstellbaren Anstrengung des Willens in sich selbst erstickt hatte. Die Folge war, daß er, was er in sich zum Schweigen zwang, überall witterte, fürchtete und mit wahrhaft inquisitorischen Mitteln dagegen vorging [...]. Hier zwang er uns, ohne es zu ahnen, recht eigentlich zur Unwahrhaftigkeit, ihm gegenüber wie auch untereinander. Mein Bruder Klaus, jung schon ein erfahrener Erotiker, meinte später einmal, Kurt Hahn habe mir eben darum großen Schaden getan.«[15]

Gleichwohl zeitigt Hahns Reformschule auf Schloss Salem Erfolg, zumindest was die Noten und das Erlangen der Reifeprüfung betrifft: Während Monika nur zwei Jahre lang in dem oberschwäbischen Internat zubringt und ihre schulische Laufbahn 1926, mit sechzehn Jahren, mit dem Abschluss der Untersekunda beschließt, bleibt Golo ganze vier Jahre in der Einrichtung. Das Abitur freilich muss er als »Externer« – da Kurt Hahns Institut hierzu die ministeriale Bewilligung fehlt – an einer staatlichen Schule ablegen. Er tut dies im März 1927 am Gymnasium Konstanz (beide Schulen, in Salem und Konstanz, gehören zum Land Baden), mit Erfolg: »Ziemlich gut« lautet die Gesamtnote, vor allem brilliert der fast Achtzehnjährige in den Fächern Deutsch und Geschichte, während er (das mütterliche Erbe macht sich nach wie vor nicht bemerkbar) in Mathematik und Physik schwach bleibt. Wie dem auch sei: Die Eltern atmen auf, auch diesen Sohn nun langsam ins Leben entlassen zu können, zumal in den fünf Jahren zuvor die Schulgebühren für die vier Ältesten – auch und gerade vor dem Hintergrund der

Inflation von 1923 und des damit verbundenen Einkommenseinbruchs des Freiberuflers Thomas Mann – eine arge Belastung darstellten. Entsprechend erbost reagiert denn auch die Hausfrau Katia Mann, wenn sie Verschwendung oder Luxussucht wittert. Der ältesten Tochter Erika, die sich nach dem Bestehen ihres famos schlechten Reifezeugnisses nach Berlin begibt, um Max Reinhardts berühmte Schauspielschule zu besuchen, legt die sparsame Mutter ans Herz: »Nichtsdestotrotz lege ich Dir in Anbetracht des teuren Zimmers (Heizung ist doch hoffentlich dabei?) noch weitere 20 M zu, die ich gleich mitschicke. Mit 280 M monatlich meine ich aber, dass Du nun wirklich auskommen solltest, mein gutes Kind, und Dich anständig ernähren.«[16]

Im Vergleich zu den Kalamitäten, die die Eltern in jenen frühen Zwanzigerjahren mit den vier älteren Kindern auszustehen haben, scheinen die Sorgen um die beiden jüngsten, Elisabeth und Michael, geradezu lapidar – sieht man einmal von den üblichen Beeinträchtigungen ab: dem Zahnen, Kinderkrankheiten, Trotzalter und dergleichen. Auffällig ist jedoch, dass Thomas Mann von Anbeginn sehr unterschiedlich für die beiden empfindet, dies sich und der Familie auch eingesteht und es die Kinder sehr wohl spüren lässt. Was der psychologische Beweggrund für die Bevorzugung der über alles geliebten Elisabeth gegenüber dem mit Antipathie belegten Michael sein mag, bleibt unklar – zumal der Vater sich ja der während der Schwangerschaft gestellten Frage, ob man den Embryo nicht abtreiben solle, schließlich widersetzte und Katias Entschluss, das Kind auszutragen, guthieß.

Thomas Manns Tagebucheinträge bezüglich des jüngsten Sohnes wirken jedenfalls verstörend. So notiert er am 13. Februar 1920 – Michael ist noch keine zehn Monate alt: »Stelle immer wieder Fremdheit, Kälte, ja Abneigung gegen unseren Jüngsten fest [...].«[17] Der jüngsten Tochter gegenüber empfindet Thomas Mann hingegen eine geradezu närrische Zugewandtheit. Eher für sich und seine

Gefühle denn für die Öffentlichkeit schreibt er denn auch den *Gesang vom Kindchen,* worin es in antiquierten, etwas holprigen Hexametern unter anderem heißt: »Als ich zuerst die nichtige Last auf ängstlichen Armen/Mir gespürt und mit stillem Entzücken gesehn, wie dein Auge/Widerstrahlte das Himmelslicht; dann dich – oh, wie behutsam,/Niedergelassen an deiner Mutter Brust: da füllte/Ganz mit Gefühl sich auf einmal mein Herz, mit segnender Liebe.«[18]

Diese Ungleichgewichtung und -behandlung mag den Kleinsten anfangs noch nicht zu Bewusstsein kommen, die Älteren jedoch nehmen dies durchaus mit Befremden und Bestürzung wahr. Golo bekennt rückblickend: »Es wurde dann mein Bruder Michael. Ihn mochte mein Vater von Anfang an nicht, weil er ihn nicht hatte haben wollen, weil das ›Kindchen‹ Elisabeth [...] ihm genügte; was er das Knäblein [Michael] mit der Souveränität, die ihm eigen war, nur zu bald spüren liess. Da galt es nun für sie [Katia Mann], zu beschützen und zu vermitteln.«[19]

Während Thomas Mann für die älteren Kinder der »Zauberer« oder schlicht nur »Z.« ist, nennen Elisabeth und Michael ihn »Herr Papale«, ein Kosename, der auf die burschikose, gern mit dem Vater kokettierende »Medi« zurückgeht. Sie weiß den sonst so strengen Paterfamilias auch zu necken und um den Finger zu wickeln, je nachdem, wie es passt und für sie von Vorteil ist. Als Thomas Mann die Fünfjährige einmal kosend »Äuglein traut« nennt, verbittet sich die Kleine das: »Herr Papa, wie du mich jetzt genannt hast, hat mir, ehrlich gesagt, nicht sehr gut gefallen.«[20] Und weiter erinnert sich Elisabeth Mann: »Und dann hat er gelacht und hat es aber auch nicht mehr getan.«[21] Die beiden Kleinsten teilen sich anfangs ein Zimmer im Mansardengeschoss der Villa in der Poschingerstraße. Thomas Manns Maxime, sich aus den alltäglichen Angelegenheiten – denen zu Hause und jenen in der Schule – herauszuhalten und stattdessen durch Vorbildlichkeit und »Atmosphäre« pädagogisch zu wirken, mag gut gemeint sein, bürdet der Ehefrau und Mutter aber allzu viel auf. Immerhin liest er, wie sich Elisabeth erinnert, seinen Kindern ein Mal in der Woche vor. Er lässt sich sogar dazu herab, für »Medi« einen Schulaufsatz – eine Nacherzählung von Andersens Märchen *Das hässliche Entlein* – anzufertigen. Noch als alte Frau erinnert sich Elisabeth Mann verschmitzt: »Und ich habe eine schlechte Note dafür bekommen. Und ich habe ihn dann nie mehr meine Aufsätze schreiben lassen.«[22] Weniger nachsichtig und gutmütig sind die Erziehungsmethoden, die Thomas Mann bei Michael anwendet. Elisabeth erinnert sich, ihr kleiner Bruder habe sich als Kind vor dem Kruzifix gefürchtet: »Und mein Vater hat beschlossen: Das geht nicht, das ist ein Teil von unserer westlichen Kultur, und der Junge muss sich an das gewöhnen. Und hat ihm ein Kruzifix ans Kopfende seines Bettes, über sein Bett genagelt. Und das fand ich dann doch sehr grausig.«[23]

Während Michael, kaum ermutigt durch den Vater, sich zu einem introvertierten Kind entwickelt (worunter er noch als Erwachsener zu leiden hat), ist Elisabeth in ihrem Wesen frei, burschikos, bubenhaft – und gleicht darin ihrer Schwester Erika, die von ihr, Elisabeth, im Übrigen »kolossal verehrt«[24] wird. Lange Zeit, so Elisabeth, habe sie sich auch gewünscht, ein Junge zu sein: »Ich wollte ein Bub sein, sowieso, und ich wollte eigentlich Diener-Chauffeur werden. [...] Ich habe ziemlich lang gehofft, dass ich noch ein Bub würde. [...] Sie wurden ernster genommen. Mädchen wurden nicht ernst genommen.«[25] Auffallend ist, dass Elisabeth Mann auf den meisten Fotografien einen verschlossenen Gesichtsausdruck hat – erst im Alter löst sich das, und sie lacht bisweilen über das ganze, schon runzlige Antlitz. Auch diese mimische Gravität hat ihren tieferen Grund und ist ebenfalls mit Elisabeths Wunsch zu erklären, lieber ein Junge denn ein Mädchen sein zu wollen. Sie erinnert sich, Michael und sie seien als kleine Kinder gerne Gästen vorgestellt worden. Identisch gekleidet, mochten sie als Zwillinge durchgehen, und Katia Mann machte sich einen Scherz daraus, die Gäste zu fragen, wer denn der Junge sei. Oftmals tippten die Fremden richtig, wenn sie auf Michael zeigten. Auf die Frage: Weshalb?, antworteten sie dann: *»Er sieht ernster aus.«* Elisabeth war in ihrer Kinderseele verletzt und zeigte sich von da an trotzig: »Das bedeutete einen Schock für mich; schlug mir eine kleine Wunde in meinem kleinen Gehirn, und mit dem Gehirn wuchs auch die Wunde. Warum mußten Jungen ernster *aussehen* als Mädchen? Warum ernster *sein* als Mädchen? Warum ernster *genommen werden* als Mädchen? Von diesem Tag an legte ich meine Stirn in die bedrohlichsten Falten, deren ein Kind fähig ist, wann immer mein kleiner Bruder und ich Gästen vorgestellt wurden [...]. Ich war todernst. Und todernst war auch mein Photographiergesicht.«[26]

Thomas Manns Erziehungsgrundsätze mögen zwischen Nonchalance und Autorität changieren – in *einem* Punkt jedenfalls versagt er auf ganzer Linie: Wenn es um schulische Angelegenheiten geht, hält er sich vollkommen heraus – jedenfalls so lange, bis das oft schlechte Ergebnis (etwa in Form eines Zeugnisses oder eines Briefes von der Schulleitung) nicht mehr so ohne Weiteres zu leugnen oder zu verdrängen ist. Bezeichnend ist auch, dass die viel beschäftigten Eltern es schlicht versäumen, Elisabeth für die Grundschule anzumelden. Anfang März 1925 – Thomas Mann unternimmt auf Einladung der Reederei Stinnes-Linie eine Mittelmeerkreuzfahrt und ist gerade auf Landgang in Ägypten – berichtet ihm die Gattin aus Berlin (sie besucht dort ihre ältesten Kinder Erika und Klaus) zerknirscht: »Den ganzen Tag hatte ich dann noch unendliche Scherereien wegen Mädis [Elisabeths] Schulkarrière, die ich vor meiner Abreise noch in Ordnung bringen wollte. Es erwies sich, daß wir das arme Kindchen unbedingt letzte Ostern [im April 1924] hätten zur Schule melden müssen. Nicht nur haben wir uns durch die Unterlassung strafbar gemacht, sondern wahrscheinlich wird sie nun, obgleich für die zweite Klasse vorbereitet, die erste Klasse ohne Rücksicht auf den Stand ihrer Kenntnisse wiederholen müssen. [...] Ich machte sofort eine de- und reumütige von ärztlichem Zeugnis gestützte Eingabe an die Schulbehörde, und muß nun das Resultat abwarten.«[27] Die Eingabe an die Schulbehörde wird abschlägig beschieden, und so ziehen die Eltern es vor, Elisabeth und auch Michael zunächst auf Privatschulen zu schicken, bis sie später an die altbekannten Münchner Institute wechseln (Elisabeth 1928 auf das Luisengymnasium, Michael 1929 auf das Wilhelmsgymnasium).

Einen Liebesbeweis und gleichzeitig eine pädagogische Maßnahme, wie er glaubt, liefert Thomas Mann im Jahre 1925 mit der Veröffentlichung einer Novelle, die unverblümt autobiografisch das eigene Familienleben feiern soll, es aber auf fatale Weise bloßstellt: *Unordnung und frühes Leid.* Unschwer sind die Vorbilder der Figuren zu entschlüsseln: Thomas Mann porträtiert sich als Geschichtsprofessor Abel Cornelius, hinter dem Kindchen Lore verbirgt sich die kleine Elisabeth, Michael figuriert als der »Beißer«, und die ältesten Mann-Kinder, die sich zu jener Zeit nach ihrem unrühmlichen Abgang von der Schule und den missglückten pädagogischen Begradigungsversuchen in diversen privaten Internaten gerade in Berlin tummeln – Erika als Schauspielschülerin unter Max Reinhardt, Klaus als Feuilletonjournalist beim Berliner *12 Uhr Blatt* –, finden sich in Thomas Manns Novelle als Ingrid und Bert wieder. Die Erzählung schildert ein Fest im Hause des Professors, zu dem die großen Kinder ihre Freunde – in den Augen des Hausherrn recht fadenscheinige Gestalten aus den Kreisen der Boheme – eingeladen haben. Die Party, auf der getanzt und gesungen wird, läuft eigentlich recht gesittet ab, doch Abel Cornelius kann und will sich nicht in die Welt der Jugend einfühlen und kommentiert diese recht ungeniert und abschätzig. Das eigentliche Drama des Abends: Die kleine Lore verliebt sich in einen der jungen Burschen, es ist die erste Wunde, die die Liebe in das Herz des kleinen Mädchens schlägt, und der Vater – dies der versöhnliche Schluss der Novelle – sitzt abends an ihrem Bett, um das Kindchen, die Lieblingstochter, zu trösten. Eng liegen in dieser Welt Erfüllung und Verzicht, Liebesfreud und Liebesleid beisammen.

Doch was von Thomas Mann überzeitlich und symbolisch gedacht war, liest das zeitgenössische Publikum als unverhofften Einblick in das Familienleben des Großschriftstellers, der, seit 1924 sein Roman *Der Zauberberg* erschienen ist, für den Literaturnobelpreis im Gespräch ist. Sensationslust und Häme ergießen sich über ihn angesichts dieses novellistischen Fauxpas, und vor allem die darin porträtierten Familienmitglieder (Elisabeth ist noch zu klein) grollen dem »Zauberer«. Klaus Mann spricht gar von einem »Novellenverbrechen«.[28] Sein Zorn ist nur zu verständlich, musste er doch über Bert, sein Alter Ego, unter anderem lesen: »[...] mein armer Bert, der nichts weiß und nichts kann und nur daran denkt, den Hanswursten zu spielen, obgleich er gewiß nicht einmal dazu Talent hat!«[29] Und Michael Mann, obgleich zum Zeitpunkt des Erscheinens der Novelle ebenfalls noch zu klein, äußert sich später im Rückblick: »Etwa 11-jährig las ich *Unordnung und frühes Leid* und war verdrossen über das Porträt des Beißers, in dem ich mich erkannte, das ich aber nicht ähnlich fand.«[30]

Während Michael Mann dieses negative Lektüreerlebnis – scheinbar – in sich selbst wegschließt, reagiert Klaus Mann, der in jenen Jahren mit den ersten eigenständigen Büchern an die Öffentlichkeit tritt, souverän: Er kontert mit seiner *Kindernovelle,* die 1926 erscheint: Auch diese Geschichte ist autobiografisch grundiert, auch hier sind in den Kindern die Geschwister Mann zu erkennen, in der Mutter Katia Mann. Der Vater jedoch ist in dieser Novelle verstorben, seine Totenmaske hängt über dem Bett der Mutter, was diese freilich nicht davon abhält, ein Verhältnis mit Till, einem schönen jungen Mann, einzugehen und ihn schließlich zu heiraten (eine Figur, die zugleich eine erotische Projektion des Sohnes Heiner alias Klaus Mann ist).

Klaus Manns erotische Wünsche und Erfahrungen gehen indes weit über das noch recht unschuldige Sehnen der Novellenfigur Heiner hinaus: Im Frühsommer 1924 – der Schulabbrecher weilt gerade auf Stift Neuburg bei der Familie Bernus – verlobt er sich mit der gleichaltrigen Pamela Wedekind, der ältesten Tochter des 1918 verstorbenen Dichters Frank Wedekind und dessen Frau, der Schauspielerin Tilly. Sein Werben teilt er der androgyn wirkenden jungen Frau, deren Gesicht er mit dem »stolze[n] Haupt eines Renaissance-Jünglings«[31] vergleicht, form- und umstandslos mit: »Ich fände es auch hübsch, wenn wir uns verlobten. Im Ernst. Was hältst Du davon?«[32] Das Pikante an der Sache: Nicht nur hat Klaus Mann bereits zu jener Zeit etliche homosexuelle Erfahrungen gemacht, nein, Pamela Wedekind verbindet auch eine Liebelei mit Erika Mann. Die Sache wird rasch publik, was von den Akteuren als Teil ihrer Publicity durchaus beabsichtigt ist. Da hilft es nichts, dass die Eltern Mann die Sache verlegen abzuwiegeln versuchen und Mutter Wedekind die Meldung von der Verlobung der »Dichterkinder« in der Presse dementiert. Ebendiese Presse hat ihr Fressen gefunden und verulkt das Heiratsvorhaben recht infam. Die *Deutsche Allgemeine Zeitung* etwa spöttelt über die nun zirkulierenden Fassungen der Verlobungsfarce: »Wir lasen in den Berliner Blättern, zuerst in denen, die um die dörrende Mittagszeit herauskommen: ›Pamela Wedekind, die Tochter Frank und Tilly Wedekinds, hat sich mit Klaus Mann, dem Sohne Thomas Manns, VERLOBT und ein Engagement am Deutschen Theater angenommen.‹ Am nächsten Tag: ›Intendant Jessner hat Pamela Wedekind, die sich mit Klaus Mann VERHEIRATET hat, an das Staatstheater verpflichtet.‹ Eigentlich hätte nun gestern die Meldung erscheinen müssen: ›Klaus und Pamela Mann sind mit ihren Kindern zur Erholung gereist.‹ [...] Es ist ein eigen Ding um den Ruhm ...«[33]

In dieser peinlichen Situation ist den Manns daran gelegen, den Medienrummel zu fliehen und sich in die Vakanz zu begeben. Im

Juli 1924 trifft sich die ganze Familie (einschließlich Erika und Klaus) für mehrere Wochen auf Hiddensee, um in der Pension »Haus am Meer« den Sommerurlaub zu verbringen. Doch wird das Spiel mit den Emotionen verwegen fortgeführt – oft genug am Rande dessen, was die jungen, noch besonders empfindungsfähigen und verletzlichen Herzen der Protagonisten eigentlich ertragen können. So kommt es, dass von der damals noch recht verschlafenen Insel, wo die Wellen unentwegt an den schier endlosen Weststrand rollen, sehnsüchtige Briefe Erikas an Pamela abgehen, die bisweilen eher Hilferufen ähneln. In derselben Pension logiert auch Gerhart Hauptmann, der damals berühmteste deutsche Dichter, der noch dazu – im Gegensatz zum hanseatisch-reservierten Thomas Mann – ein den Menschen und dem Leben zugewandter, trinkfester Mann ist. An den Abenden werden feuchtfröhliche Feste gefeiert, zu denen auch andere Feriengäste, junge Leute aus der »Wandervogel«-Bewegung, geladen sind. Erika, burschikos und charmant, die Gerhart Hauptmann gern auch einmal »durchs schön weiße Häärle«[34] fährt, woraufhin er sich bei der hübschen jungen Frau mit einem Kuss bedankt, schreibt voller Ungeduld an die ferne Geliebte: »Liebes Leben! Du *kannst* es nicht ahnen, wie schön das Meer ist, – zum Weinen schön. [...] Jetzt stürmt es toll und ich gehe baden. *Komm* doch, es ist so schön und die Wellen sind lebensgefährlich.«[35] Auch Klaus genießt das sorgenfreie Leben auf Hiddensee, wird der Jungautor doch von dem berühmten Nobelpreisträger durchaus wahr- und ernst genommen – was Thomas Mann freilich verdrießt, der sich in jenen Jahren Hoffnungen auf die Auszeichnung der Schwedischen Akademie macht und überdies dem Sohn weder die literarischen Ambitionen noch dessen erotische Libertinage so recht gönnt. Hauptmann, der bisweilen ein etwas förmlicher und kauziger Mann ist, spendet dem Siebzehnjährigen in väterlicher Manier den Segen, woraufhin Thomas Mann sarkastisch in die Runde wirft: »Na, wenn *das* nicht anschlägt.«[36]

Schließlich verlassen die »Dichterkinder« Hiddensee, die feuchtfröhlichen Partys Gerhart Hauptmanns und den säuerlichen Vater und fahren nach Bansin auf Usedom: Pamela ist dort eingetroffen, und gemeinsam (ohne sich als Kontrahenten zu begreifen) verbringen Erika und Klaus mit der begehrenswerten Wedekind-Tochter einige Tage in dem Ferienort und genießen die hohen Wellen, von denen Erika so schwärmte, die realen und die des Gefühlslebens.

Von diesen Wogen des Herzens ahnen Thomas und Katia Mann wohl manches, wissen aber weiß Gott nicht alles. Als Klaus Mann seine journalistische Arbeit beim Berliner *12 Uhr Blatt* nach wenigen Monaten hinwirft und nach Paris geht, um sich in der literarischen Boheme und im regen homosexuellen Leben umzutun, ist Pamela bald auf Distanz gebracht und wird zwar in Briefen noch als »liebe Freundin« betitelt, aber nicht mehr als Braut. Klaus Mann lernt in der Stadt an der Seine Dichter wie André Gide, Jean Cocteau oder den fast gleichaltrigen Surrealisten René Crevel kennen (in den er sich einseitig verliebt und dessen Roman *La mort difficile, Der schwierige Tod,* er begeistert rezensiert). An eine Rückkehr nach Berlin oder gar in das beschauliche München ist vorerst nicht zu denken. Klaus schreibt seinen ersten Roman, *Der fromme Tanz,* die Coming-of-Age-Geschichte eines jungen Mannes, der seinen eigenen, freien und selbstbewussten Weg als Künstler und Homosexueller sucht. Das Buch ist stark autobiografisch gefärbt und wird als solches von den Zeitgenossen durchaus verstanden. Und es ist einer der ersten deutschen Romane, in denen die gleichgeschlechtliche Liebe offen dargestellt und als ebenbürtig verteidigt wird (ungeachtet der Tatsache, dass das Deutsche Strafgesetzbuch in der Weimarer Republik männliche Homosexualität weiterhin kriminalisiert). Das Coming-out findet für Klaus Mann nicht nur zwischen zwei Buchdeckeln statt: Gemeinsam mit einem Freund, dem Übersetzer Hans Feist (der unglücklich in Klaus verliebt ist), bereist er im April 1925 Nordafrika und Südfrankreich, und aus Marseille, wo er sich nachts in den Matrosenkneipen umtut, schwärmt er in einem Brief an die nach wie vor am Deutschen Theater in Berlin schauspielernde und sich nach Pamela Wedekind verzehrende Erika, es handele sich um eine »*phantastische* Stadt, mit *blauem* Meer, *schwarzen* Negern, wilden Bordells«.[37]

Es sind keine frommen Tänze, die da aufgeführt werden, und *Der fromme Tanz* ist nicht das einzige Skandalwerk jenes Jahres: Bereits im Dezember 1924 hat Klaus Mann, als er sich mehrere Wochen lang in seinem Mansardenzimmer im Münchner Elternhaus aufhielt, ein Theaterstück verfasst, dem er den Titel *Anja und Esther* gibt. Erzählt wird darin das komplizierte erotische Verhältnis vier junger Menschen. Im Mittelpunkt steht eine lesbische Liebe der titelgebenden Figuren. Wieder hat der Autor Realität und Fiktion miteinander verschmolzen und sich recht freimütig aus Motiven des eigenen Lebens bedient. Damit es authentischer wirkt, spielen die »Dichterkinder« sich selbst – zumindest in der zweiten Premiere. Die Uraufführung, am 20. Oktober 1925 an den Münchner Kammerspielen aus der Taufe gehoben, wird noch von fremden Darstellern gegeben. Doch die Premiere an den Hamburger Kammerspielen zwei Tage später gerät zum eigentlichen »succès de scandale«: In den Hauptrollen des verwirrenden Beziehungsgeflechts stehen keine Geringeren als Erika und Klaus Mann, Pamela Wedekind und der junge, aufstrebende Mime und Regisseur Gustaf Gründgens auf der Bühne. Das Publikum tobt: die einen aus Begeisterung, die anderen aus Abscheu. »Man prügelte sich noch lange in den schon dunklen Fluren«,[38] schreibt der Schriftsteller Erich Ebermayer anerkennend. Weniger nett äußert sich der Großkritiker Herbert Ihering: »Alles ist nur verzärteltes Auskosten, morbides Glimmern, undramatisch, unlebendig, von einem süßlichen Moderduft durchzogen.«[39] Thomas Mann leidet Qualen. Nicht nur schämt er sich für seinen Sohn, er fürchtet auch um seine eigene bürgerliche und literarische Reputation. Zwar trompetet er in einem Brief an den befreundeten Germanisten Ernst Bertram noch, in die Premiere brächten ihn »keine zehn Pferde«,[40] doch treibt ihn die Neugierde bald in eine der Aufführungen, und Bertram erhält die Einschätzung, das Bühnenwerk des ältesten Sohnes sei ein »unbeschreiblich gebrechliches und korruptes Stückchen«.[41]

Das eigentliche Stück aber heißt »Dichterkinder spielen Theater!«,[42] wie Klaus Mann selbst es plakativ formuliert. Und der Skandalerfolg treibt die junge Truppe dazu, ein zweites Feuerwerk zu zünden: *Revue zu Vieren* heißt das folgende Stück. Wieder ist es aus der Feder Klaus Manns, und wieder spielen die Dichterkinder sich selbst, nur dass dieses Mal noch ein weiterer Dichtersprössling hinzustößt: Mopsa (Thea) Sternheim, die Tochter des berühmten Theaterautors Carl Sternheim, die als gelernte Bühnendekorateurin die Ausstattung übernimmt. Doch diesmal überheben sich die jungen Theatermacher. Bereits während der Proben kommt es zu Spannungen und Streit. Und als das Stück am 21. April 1927 am Alten Theater Leipzig zur Uraufführung kommt und erneut einen Skandal verursacht, ist die Truppe eigentlich schon am Ende: Gustaf Gründgens steigt nach wenigen Aufführungen aus dem Projekt aus, der Thespiskarren, dem nun ein Rad fehlt, eiert noch ein bisschen weiter, bevor er aus der Spur getragen wird und im Straßengraben der Gescheiterten endet. Die hämischen Besprechungen der Kritiker tun ein Übriges, und so bleibt den Dichterkindern nichts anderes übrig, als ein Weilchen unterzutauchen, wollen sie nicht unter Spott und Missgunst zerbrechen. Klaus Mann hat zudem die Dreistigkeit besessen, seinen und Pamela Wedekinds gescheiterten Gang aufs Standesamt – sie wurden von dem Beamten hinauskomplimentiert, da sie die für eine Ehe erforderliche Volljährigkeit noch nicht besaßen – publicityträchtig in einer Glosse auszuweiden: »Man macht es uns schwer, man behandelt den Untertan unwirsch, selbst wenn er nichts als das durchaus Löbliche will. So scheucht man uns auf den Pfad des Lasters, dort lustwandeln wir wieder, aber man gebe uns nicht die Schuld. Das mit dem häuslichen Glück muß ich zunächst verschieben. Aber ich bin heilig entschlossen, es wieder in Angriff zu nehmen, *wenn ich erst* 21 *Jahre alt bin.*«[43]

Einem anderen Paar ist das Heiraten unterdessen sehr wohl gelungen: Erika Mann und Gustaf Gründgens haben sich am 24. Juli 1926 auf dem Münchner Standesamt das Jawort gegeben. Die Beweggründe sind den Protagonisten selbst nicht klar. Vielleicht verwechseln sie noch immer das Theater mit dem Leben. Jedenfalls hat Gründgens, dessen Homosexualität zumindest ihm selbst bekannt ist, wenige Tage vor dem Hochzeitstermin seine Schwester Marita angeherrscht: »Kannst Du mir mal sagen, warum ich Idiot heirate?«[44] Auch Erika erfährt die Zeremonie als traumatisch. In einem Brief an ihre »geliebte Göttin« Pamela berichtet sie: »Ja, Pamela, es war *schon* ein großer Schreck! Wie so der Herr auf dem Standesamt noch ganz freundlich ›Fräulein Mann‹ zu mir sagte, als er uns ermahnte doch lieber richtig herum den Tatort zu betreten – G. G. links und ich rechts (wir hatten es natürlich falsch gemacht!) und dann plötzlich herrschte er mich an ›jetzt unterschreiben Sie, Frau Gründgens!‹. Ein *großer* Schreck war es schon!«[45] Die Hochzeitsreise soll es ins Lot bringen: Man fährt an den Bodensee, logiert im Luxushotel Kurgarten (es ist das Haus, wo einen Monat zuvor Erika und Pamela als Liebespaar schöne Tage zubrachten!), und weil man weiter »Dichterkinder« spielt, sind auch Klaus und Pamela mit von der Partie. Letztere wurde von der Braut sehnlichst herbeigebeten. In Erikas Brandbrief an ihre »Göttin« hieß es: »Meine Pamela, *bitte, bitte* komm bald. So schrecklich gern möchte ich es, weil ich Dich eben doch über die Maßen liebe.«[46] Aber auch der Bräutigam Gustaf Gründgens kommt auf seine Kosten: Auf dem nahen Sportplatz lernt er einen jungen Athleten aus dem Allgäu kennen, mit dem zusammen er trainiert und dessen Bett er – anstatt mit seiner Braut Erika – teilt.

Die Eltern Mann erfahren davon nichts. Sie haben zwar nicht

unbedingt ein gutes Gefühl angesichts dieser Eheschließung, wollen aber bemüht das Beste erhoffen. Wenige Wochen zuvor – Erika war mit ihrer Herzenskönigin in Friedrichshafen im Honeymoon – schrieb Mutter Katia aus einem Sanatorium in Arosa, wo sie sich wegen allgemeiner Überarbeitung aufhielt, der Ältesten einen Brief, worin sie sich pragmatisch über das Anstehende (wie etwa die Aussteuer) ausließ, zugleich aber ihrer Sorge um die Tochter Ausdruck verlieh: »Ach E, liebes E! *Ich mache* mir bestimmt keine unnützen Sorgen, aber *hast* Du es Dir auch endgültig überlegt! Du weißt, ich habe es Dir in München gesagt, verloben ist absolut kein Grund, auch zu heiraten [...].«[47] Nun aber ist es geschehen, und so finanzieren die »Greise« auch den gemeinsamen Haushalt des Ehepaars Gründgens in Hamburg (Katia Manns Eltern haben dies vor über zwanzig Jahren ja ähnlich getan). Immerhin: Gustaf Gründgens scheint am Theater Karriere zu machen, und auch Erika – so hoffen die Eltern – wird sich als Schauspielschülerin Max Reinhardts auf der Bühne nach und nach etablieren.

Zudem plagen die Eltern noch andere Sorgen: Die Kleinen sind ja im Hause Mann und in Privatschulen gut aufgehoben. Aber die Mittleren kommen aus der Schule und suchen noch ihren eigenen Weg. Golo hat im März 1927 am Gymnasium Konstanz als Externer das Abitur abgelegt und sich in der mündlichen Prüfung sogar wacker zum *Zauberberg* des Vaters geschlagen. Nun steht die Frage eines Studiums der Philosophie und Geschichte an, und man entscheidet sich (zunächst) für die Universität München. Monika hingegen ist recht unentschlossen und orientierungslos. Irgendetwas mit Kunst, so lautet ihr Credo. Sie ist musikalisch begabt, spielt recht passabel Klavier, ist aber nicht diszipliniert und hart gegen sich selbst. Dennoch setzt sie sich mit ihrem Wunsch nach einem Musikstudium durch, und die wohlmeinenden Eltern schicken sie im Herbst 1926 nach Lausanne. Doch bereits im Sommer 1927 bricht Monika das Studium ab und kehrt nach München zurück, verbringt sogar die Sommerferien gemeinsam mit den Eltern in Kampen auf Sylt. Ihr geistern Grillen im Kopf umher, im Herbst ins kunstgewerbliche Fach zu wechseln. Thomas Mann hingegen treiben in jenem August 1927 andere Launen an: Auf Sylt verliebt er sich in einen jungen Mann, den achtzehnjährigen Klaus Heuser, den er wohl auch einmal an sich drücken darf. Vieles an dieser Begegnung und der nachfolgenden (der junge Heuser darf wenig später den berühmten Schriftsteller in München besuchen und in der Villa logieren) ist wohl nur Projektion eines Mannes in mittleren Jahren, der sich zeitlebens sein eigentliches Begehren versagt hat. Katia Mann erahnt all das – aber die bürgerliche Fassade gebietet es, darüber zu schweigen. Freilich, in einem Brief an ihre Ältesten keimen doch ein wenig Spott und Sorge: »Kläuschen Heusers Besuch liegt auch schon wieder weit zurück, er ist ein lieber Knabe, aber der Zauberer gab sich dann doch allzu Jakob-haft seinem Gefühl hin. Übrigens hat auch der Gute den Besuch sehr genossen, und sich nachher wirklich üsig [lieb] und nett bedankt, während Gölchen [Golo] die ganze Zeit von Eifersucht umdüstert war.«[48] Allenfalls kokettiert man damit und zieht es ins Ironische – wie es im Hause Mann die Regel ist. So schreibt Thomas Mann an seine Ältesten Erika und Klaus, im Theater habe die Frau des Schauspielers Albert Bassermann zu ihm gesagt: »Ja, die Kinder, Pamela, Klaus, Erika, sie sündigen auf die Namen ihrer Väter! Ich sage immer zu meinem Mann: Da sündigen sie nun unentwegt.«[49] Frau Bassermann spielt wohl auf die Theaterskandale der »Dichterkinder« an, Thomas Mann münzt das aber auf sein kleines, im Übrigen verschwiegenes Abenteuer mit dem jungen Klaus Heuser: Er berichtet seinen Kindern weiter: »›Dieser Klaus‹, wie er sich zum Unterschied von ›jenem Klaus‹, also Eissi [Klaus Mann], zu nennen pflegt, ist als Angelegenheit gewiß zu überschätzen. Ich nenne ihn Du und habe ihn beim Abschied mit seiner ausdrücklichen Zustimmung an mein Herz gedrückt. Eissi ist aufgefordert, freiwillig zurückzutreten und meine Kreise nicht zu stören. Ich bin schon alt und berühmt, und warum solltet ihr allein darauf sündigen?«[50]

Die Kinder denken sich ihr Teil – aber im Grunde haben sie weder Zeit noch Anlass, sich darüber den Kopf zu zerbrechen. Denn sie sind auf großer Fahrt, mitten auf dem stürmischen Atlantik, an Bord eines Überseedampfers. Die Skandale und Skandälchen um ihre Person – die Saal- und Presseschlachten um Klaus Manns Theaterstücke, der Spott wegen seiner vereitelten Heirat mit Pamela Wedekind und schließlich auch noch das Scheitern von Erikas und Gustafs junger Ehe, das sich eigentlich schon auf der seltsamen Hochzeitsreise nach Friedrichshafen abzeichnete –, all das hat sich potenziert und die unzertrennlichen Geschwister auf die Idee gebracht, Deutschland und dem Alten Kontinent auf geraume Zeit Adieu zu sagen: So haben sie die – teils abgenötigte – Einladung des amerikanischen Verlegers Horace Liveright und eines amerikanischen Agenten freudig angenommen, sich für ein paar Monate auf Lecture Tour in die Vereinigten Staaten zu begeben. Am 7. Oktober besteigen sie in Cuxhaven das Linienschiff *Hamburg*. Ihr Ziel: New York. Dort wartet Ricki Hallgarten, der einstige Nachbarssohn, auf sie, der sich seit geraumer Zeit als Spüljunge in »Big Apple« verdingt, immer in der Hoffnung, dass sein zeichnerisches Talent doch noch entdeckt werde. Die besorgte Mutter Katia schreibt den Weltreisenden einen Brief, der sie bereits bei der Ankunft im Hafen von New York erwarten soll: »Nun bin ich ja *äußerst* gespannt, wie es Euch ergeht, wie es mit der Tournee wird, und was sonst. Alle meinen, auf Grund Eurer sympathischen Persönlichkeiten würdet Ihr es schon machen.«[51]

»Wie wir um die Kurven rasten, hinter denen der Abgrund lag!«

Rallyes auf Leben und Tod. 1927–1933

Ja, sie machen es, die »Literary Mann Twins«, die literarischen Mann-Zwillinge, als die sie publicityträchtig verkauft werden und als die sie sich gern und mit dreister Chuzpe darstellen. Zwar können sie – von ihren frühen Bühnenskandalen einmal abgesehen – kaum etwas vorweisen, was im regen und schnellen Kultur- und Filmleben von New York und Hollywood interessiert, aber sie tragen einen guten und inzwischen international bekannten Namen: Mann. Und sie besitzen den Charme, die Sorglosigkeit und die Frechheit der Jugend – und allein deshalb schon öffnen sich ihnen etliche Türen. Es sind weniger die Auditorien und Vortragssäle, in denen die Geschwister überzeugen, als vielmehr Privathäuser berühmter Literaten, Schauspieler und Regisseure, zu einem großen Teil deutsche Auswanderer, die darauf erpicht sind, die ältesten Kinder Thomas Manns zu Gast zu haben, und die sich in die gut aussehenden, gewitzten jungen Leute geradezu närrisch verlieben. Da bedeutet es wenig, dass die beiden, die in der Schule nicht eben glänzende Leuchten waren, die englische Sprache nur radebrechen und bei ihren Lectures und Diskussionsveranstaltungen entweder auf Deutsch Rede und Antwort stehen oder aber eines Dolmetschers bedürfen.

Doch Amerika ist ein Melting Pot, ein Schmelztiegel, der die unterschiedlichsten Ethnien, Kulturen und Sprachen aufzunehmen versteht und zu etwas Neuem zusammenrührt. Und hier ist es – anders als im fernen Europa – nicht so wichtig, wen man repräsentiert, sondern was man verkauft und wie man es tut. Und im Sich-Verkaufen sind die »Twins« bald dreiste Meister.

Doch bevor es auf Lecture Tour geht, tun sich die Geschwister erst im Kosmos New York um: Ricki Hallgarten, der Nachbarssohn aus München, der ein talentierter Zeichner ist, hat die Freunde am Pier empfangen. Eine andere Freundin, Eva Herrmann (auch sie Zeichnerin), gesellt sich hinzu. Die »Zwillinge« haben nicht nur Geld von Liveright und einem Agenten erhalten, sondern auch einen üppigen Vorschuss von Thomas Manns Verleger Samuel Fischer – dafür sollen sie dem Grandseigneur der deutschen Literatur nach ihrer Rückkunft einen unterhaltsamen Reisebericht liefern. Nichts leichter als das: Flott und frech schreiben können sie beide, und an Unterhaltung und »buchenswerten« Erlebnissen und Begebenheiten wird es auf ihrer Tournee nicht mangeln.

Sie logieren nobel im New Yorker Astor Hotel. Ricki, der sich mit Hilfsarbeiten durchschlägt und abgerissen wirkt, wird hin und wieder ins Hotel eingeschmuggelt, damit er sich ausruhen und satt essen kann. »Es stellte sich heraus«, so die Geschwister, »daß sie [die Hotelangestellten] ihn für unsern Bruder hielten, und er war es ja wirklich beinahe. Sogar nahm ihr empfindliches Moralgefühl nicht einmal Anstoß daran, wenn er bei uns oben übernachtete, was öfters vorkam [...].«[1]

Freilich kommen sie kaum zum Schlafen, denn die »Twins« und ihre Freunde sind meist den ganzen Tag und die halbe Nacht unterwegs: Sie besuchen Galerien und Ausstellungen, Bars und Nachtklubs; sie streunen durch die Straßenschluchten von Manhattan und die dunklen Viertel von Harlem; sie bestaunen den Mikrokosmos der verschiedenen Ethnien und Kulturen, die oft nur einen

Straßenzug voneinander entfernt sind; sie lernen den schwarzen Jazz und dessen moderate Adaption in der weißen Kunstmusik George Gershwins kennen; sie bestaunen die Wolkenkratzer Manhattans, die schicken Hotels und großartigen Museen, das Woolworth-Building und die Carnegie Hall, den Hafen und den riesigen Central Park. Sie lassen sich treiben – und vergessen über all den Eindrücken und Begegnungen beinahe, zu welchem Zweck sie eigentlich hergekommen sind: nämlich Vorträge und Lesungen zu halten. »Wir zogen herum: vom Negerviertel in die Italienerstadt, vom chinesischen Theater in die Metropolitan-Oper, von der Fünften Avenue ins stinkende Getto. New York ist eine der alleraller-schönsten Städte [...]. Nirgends fanden wir den Begriff der Stadt so erfüllt: alle Völker durcheinandergemischt und lauter Lichtreklamen dazwischen. [...] Wir essen Reis und uralte Eier im chinesischen Restaurant, verdächtig süße Konfitüren im syrischen; in den großen Cafeterias hat man sich selbst zu bedienen, man bekommt etwas fettige und widerliche Blechtabletts, aber geeiste Milch, Melonen und wundervolle, billige Austern. Manchmal speisen wir auch elegant, in französisch aufgemachten Lokalen, aber eigentlich ist es dort am wenigsten lustig.«[2]

Die Agentur, die die wundersamen »Literary Mann Twins« nach Amerika geholt hat, findet das ziellose Umherstreunen der beiden nicht so lustig. Und so drängt der Agent recht bald zur Erfüllung des Kontrakts: die Tournee quer durch den Kontinent, mit Lesungen in Universitäten, Stadthallen, Kulturclubs und Pfarrgemeinden. »Englisch«, so die Geschwister etwas großspurig, »konnten wir noch recht wenig, aber eine ziemlich flotte und warmherzige Ansprache, in der Lindbergh und Charlie Chaplin vorkamen, hatte Erika nach Manier der Papageien auswendig gelernt. Unser Agent [...] fand das famos und garantierte zwanzig Städte und tüchtig viel Geld.«[3]

Und so geht es los, im Pullman Richtung Westen, an den Großen Seen vorbei in die schier endlosen Great Plains, durch die Rocky

Mountains und schließlich nach Kalifornien, jenen großen Garten Eden, der an die schroffen Küsten des Pazifiks grenzt. Die Geschwister stehen im Abendglühen vor der Weite des Ozeans und sind erschüttert: »Welch enorme Orgie der Schönheit! Es ist, als müsse alles hier durch Format, durch Quantität verblüffen: das kommt mit Farben, wie man sie sonst nirgends gesehen, das leuchtet violett, perlmuttern, rosenrot und orangegelb. Wir könnten weinen, so gewaltig überfällt es uns. Purpurn übergossen steht an der Küste die fürstlich breite Palmenpromenade. Violettsilbrig schimmert die Brandung, indessen verlöscht allmählich vor uns der feierlich glühende Himmel. Die Wolken verblassen ins Bläuliche, und das Meer friert.«[4]

Doch für solch romantische Anwandlungen bleibt auch hier wenig Zeit. Denn Hollywood lockt mit seinen Zelebritäten. Den Twins öffnen sich rasch die Türen zu Studios, aber noch mehr zu den Privatvillen der Stars und Starlets. In Pasadena lernen sie den sozialkritischen Schriftsteller Upton Sinclair kennen. Silvester 1927 verbringen sie in Hollywood im Hause des berühmten Schauspielers Emil Jannings: Hier tummeln sich Greta Garbo und Conrad Veidt, Pola Negri und Dorothy Mackaill, Gussy Holl und Lothar Mendes, Friedrich Wilhelm Murnau und Ludwig Berger, Gilbert Adrian und Raimund von Hofmannsthal. Der Abend verläuft trotz der Prohibition recht feuchtfröhlich, Dorothy wird dem deutschen Attaché gegenüber derb ausfällig, und die Mann Twins unternehmen mit dem angeschickerten Raimund von Hofmannsthal, dem Sohn des Dichters des *Rosenkavaliers,* eine nächtliche Autofahrt auf den engen Serpentinenstraßen hoch über der Küste des Pazifiks: »Wie wir um die Kurven rasten, hinter denen der Abgrund lag! Entweder der Abgrund mochte uns nicht, oder Raimund war von der Geschicklichkeit der Schlafwandelnden. Dicht am Abgrund vorbei ging es ins neue Jahr.«[5]

Eigentlich sind die Geschwister mit einem väterlichen Auftrag nach Hollywood gekommen: Sie sollen vorfühlen, ob Interesse an der Verfilmung eines Romans Thomas Manns besteht, und haben zu diesem Zweck auch ein Filmexposé zu *Königliche Hoheit* in der Tasche, kurz vor der Abfahrt noch von Klaus Manns Autorenkollegen, dem Erzähler und Drehbuchautor Erich Ebermayer, zusammengezimmert. Erika und Klaus haben sich sogar schon selbst Rollen ausbedungen – »Dichterkinder spielen Kino!« wäre doch eine geglückte Fortsetzung ihrer Erfahrungen auf der Bühne! Doch das »ebenso kesse wie liebliche Filmexposé«,[6] das Klaus als »riesenhaftes Filmgeschäft«[7] an Metro-Goldwyn-Mayer zu verkaufen trachtet, interessiert in Hollywood keinen: Der Stoff ist zu europäisch, zu brav, in seinem ironischen Ton zu fein, zu wenig von Action und Tempo bestimmt. Thomas Manns »Agenten« in Sachen Movie halten sich indes mit ihrem Misserfolg nicht lange auf. Stattdessen lockt die Glamourwelt der Schönen und Reichen in der Traumfabrik. Aus dem Hollywood Plaza Hotel berichtet Klaus den Eltern: »Gestern haben wir etwas *sehr* Komisches mitgemacht: eine große und feierliche Filmpremière, eine Gala-night, wo alle Stars dabei sein müssen. So etwas Kindliches träumt der kleine Moritz schon lange nicht mehr: wo vor dem Kinopalast die Autos halten, stehen Dutzende von irrsinnigen Scheinwerfern, und dann muß man vom Auto bis zum Portal an einem Spalier von *Tausenden* vorbei, *im Scheinwerferlicht* – gebückt vor Verlegenheit. [...] Drinnen im Kino geht es natürlich auch aufs drolligste zu, so viel Schminke bringt der ganze Kurfürstendamm nicht auf, und so viel tolle Abendmäntel gibt es sonst nicht noch mal auf einem Fleck.«[8] Und an Pamela, seine Ex-Verlobte, von der er in Deutschland in Unfrieden schied und von der Gerüchte bis in die Neue Welt gelangen, sie habe sich mit Carl Sternheim, Mopsas Vater, verlobt, schreibt er ein zuckersüßes Brieflein, nur um sie recht neidisch und eifersüchtig zu machen: »Der neuen Freunde sind natürlich ungezählte. Wir pendeln so zwischen Millionären, Strichjungen, Universitätsprofessoren,

Literaten, kleinen Studenten, Filmschauspielern, Malern hin und her.«[9]

Die Eltern im fernen München sorgen sich natürlich um ihre unbehüteten und zu rasch zu Ruhm gelangten »Literary Twins«, und nicht alles, was Erika und Klaus im Übermut den Eltern brieflich anvertrauen, stößt im gutbürgerlichen Haus in der Poschingerstraße auch auf Verständnis und nachsichtigen Humor. Katia Mann insbesondere, die seit eh und je ein mittelständisches haushälterisches Unternehmen betreiben muss, sieht die wilde Tournee ihrer Ältesten unter dem monetären Blickwinkel. So mahnt sie die Amerikareisenden denn auch: »Pierre Bertaux [...] meinte klüglich auf Sammy's [Samuel Fischers] Frage, wie lange Ihr wohl dort bleibt: ›Sie werden bleiben, so lange sie Geld haben, und vielleicht sie werden immer Geld haben und immer bleiben!‹ Das wäre ja auch etwas traurig, aber ich denke, so dick wird's am Ende doch nicht kommen, möge es Euch vorläufig nur möglichst zuströmen.«[10]

Im fernen Amerika gestaltet sich die Tournee der Twins inzwischen anders als erwartet und geplant. Zwar spulen Erika und Klaus ihr auswendig gelerntes Vorträglein brav ab, sind inzwischen – klug, wie sie sind – nach einigen Wochen mitten im amerikanischen Leben auch so weit, dass sie sich im Alltag recht wacker in der englischen Sprache schlagen, doch irgendwann dämmert es dem Agenten, dass es mit der Zelebrität der Mann-Sprösslinge so weit nicht her ist und man zusammen mit den hübschen Kindern nicht den berühmten Vater miteingekauft hat. Also versucht er – die Geschwister haben inzwischen Chicago, Boston, Baltimore und Princeton »abgeklappert« und gehen im Dschungel der Großstadt New York wieder ihren Vergnügungen nach –, die beiden fidelen Klienten loszuwerden. Die aber, raffiniert und dreist, wie sie sich auch die Einladung und die Fahrt nach Amerika erschlichen haben, lassen sich nicht so einfach verjagen und schlagen von der Agentur noch eine Ablösung heraus. Mit diesem Scheck in der Tasche lässt sich noch eine Zeit lang in vornehmen Hotels und teuren Nachtbars abhängen, dann aber schlägt die Stunde der Wahrheit: Sie müssen sich eingestehen, dass sie bankrott sind. Doch nun bewährt sich wieder einmal Erikas Leitspruch: »Wer nicht telegraphiert, kriegt nichts.«[11] Rasch kabelt sie ins ferne München um Dollars, und die besorgte Mutter, die das Finanzielle verwaltet (Thomas Mann hingegen weiß zeitlebens nicht einmal, wo sich die Haushaltskasse befindet, und ist schon in der Bredouille, wenn nur ein Bote an der Tür klingelt und für seinen Dienst einen kleinen Betrag verlangt), schickt das Geforderte hinüber über den Großen Teich. So erneut »flüssig«, machen sich die zauberhaften »Literary Twins« auf – nein, nicht zurück nach Europa, sondern wieder quer durch den amerikanischen Kontinent nach Kalifornien. Sie pflegen eine fixe Idee: nicht Richtung Osten zurück nach Deutschland zu reisen, sondern immer Richtung Westen – wie einst Magellan, der die erste Weltumrundung wagte –, von Los Angeles über den Pazifik nach Honolulu, von dort weiter nach Japan und über Korea und Wladiwostok mit der Transsibirischen Eisenbahn quer durch das gewaltige sowjetische Reich nach Warschau und weiter nach Berlin! Das freilich verraten sie den besorgten Eltern in München einstweilen noch nicht – die werden es noch früh genug erfahren, und sei es, wenn erneut ein Hilferuf per Telegramm eintrifft.

Tatsächlich hat Katia auch noch anderes zu meistern, als sich nur um die Ältesten zu sorgen: Golo, »Düster-Gölchen«,[12] wechselt zum Wintersemester 1927 von München nach Berlin, um dort sein Studium fortzusetzen, für ihn auch ein bisschen große weite Welt, der er sich »nun also auch [...] in die Arme geworfen hat«.[13] Immerhin nimmt ihn sein Patenonkel Ernst Bertram ein wenig unter seinen »männlichen Schutz« – sprich: Golo wohnt zunächst bei dem berühmten Germanisten –, »von wo aus er sich ein Zimmer suchen will. Einen hübschen Anzug hat er auch bekommen [...].«[14] Wenige Monate später berichtet Katia der ältesten Tochter nach Amerika,

Golo habe sich in Berlin zum Guten gemausert, er schreibe »so zufriedene und lebensfrohe Briefe, daß ich fast glaube, er hat mutiert«.[15] Sie weiß nicht, dass Golo in ganz anderem Sinne »mutiert« hat: Er ist, wie auch sein älterer Bruder Klaus, homosexuell und hat schon erste Erfahrungen, wenngleich meist schwärmerischer Art, gesammelt. Wenig später wird er sich in Heidelberg, wo er sein Studium fortsetzt, in den Kommilitonen Kai Köster verlieben, diesen auch zu Hause in der Poschingerstraße einführen, ohne freilich die Eltern über die wahre Qualität dieses Verhältnisses aufzuklären. Die werden auch nie erfahren, was sich im Sommer 1926 in ihrem Schlafzimmer zugetragen hat: Damals verliebte sich Golo in Salem in einen Mitschüler, »Roland H.«, und brachte ihn in den Ferien nach München mit. Die Eltern waren gerade verreist, und so stand eigentlich einem Flirt nichts im Wege. Doch besagter Roland, von Golo wegen seines dandyhaften Wesens auch »Lord« gerufen, entpuppte sich als schon recht erfahrener Bengel, dem Händchenhalten und zärtliche Blicke allein nicht reichten. Stattdessen besorgte er sich auf den Straßen Münchens recht umstandslos einen anderen, willigen Burschen und trieb mit ihm im Ehebett der Manns seine Liebesspiele – während Golo vor der Schlafzimmertür Schmiere stehen musste, ein Erlebnis, das ihn noch Jahrzehnte später mit Ekel erfüllte.[16]

Ebenfalls nicht so einfach läuft es bei Monika Mann: Nachdem sie das Klavierstudium in Lausanne abgebrochen und sich dann für das Kunstgewerbe interessiert hat, nimmt sie nun Gesangsunterricht. Aber schon sehr bald erlischt auch dieses Strohfeuer. »Was aber meine Hoffnung betrifft«, so Katia Mann an die im fernen Amerika sich tummelnde Erika, »unser Mönchen werde durch den Gesang gelöst werden, so ist es damit vorläufig nichts, denn sie fand ihre, von der [Hermine] Bosetti empfohlene, Gesangslehrerin so abscheulich, daß ich ihr eben auf ihr dringendes Flehen den Scheidebrief (ein Meisterstück der verlogenen Gewandtheit übrigens) schrieb. Aber im ganzen wird sie doch ein bißchen lebendiger und teilnehmender und betreut ihre neue Garderobe mit soviel Stolz und Eifer, daß es etwas recht Rührendes hat.«[17] Monika ist das, was man damals altertümlich einen »Backfisch« nennt: Sie beginnt auszugehen, und die Kinderfrau der Manns, Maria Kurz, muss dem jungen Fräulein schöne Kleider nähen, »schwarze Pumphosen und diverse silberne Jacken«, »denn das Kind besucht viele maskierte Studenten-Kränzchen, von denen es immer erst um sechs Uhr morgens nachhause kommt. Sie hat auch einen dezidierten Verehrer, einen 21jährigen Studenten namens Zumstein, der sie fortwährend anruft und mit dem sie am Telephon kichert und neckische Reden wechselt, wie: ›Mit so einem Scheusal wie Sie red ich überhaupt nicht.‹«[18] So weit Katia Manns besorgter Bericht an die Älteste, Erika, die ja selbst noch nicht so recht aus dem Flausenalter heraus ist.

Und die Kleinen? »[...] sind selig mit ihrem Malteser Hündchen«, so meldet die Mutter nach Amerika, »was nun endlich eingetroffen und wirklich allerliebst, obgleich leider männlich ist.«[19] Katia Mann fügt seltsamerweise hinzu: »*Ich* hätte ja lieber ein kleines Kind.«[20] Hat sie denn an sechsen noch nicht genug? Ein kleines Kind freilich ist besser zu hüten als die flügge gewordenen Mann-Kinder – vielleicht sehnt sie sich nach dieser umgürteten Ordnung im Hause zurück.

Solche Bekenntnisse der Mutter lesen die »Literary Mann Twins« im fernen Amerika wohl, grübeln aber nicht lange darüber nach. Denn zu überbordend und herausfordernd sind die Erlebnisse, die Tag für Tag in der wunderlichen und großartigen Neuen Welt auf sie einstürmen. Kaum haben sie Geld von ihrem Agenten und der Mutter erhalten, besteigen sie in Kalifornien einen Dampfer nach Hawaii. Dort angekommen, treiben sie erneut allerlei Schabernack. Ob alles, was sie in ihrem späteren Reisebericht *Rundherum* wiedergeben, ganz der Wahrheit entspricht, sei dahingestellt – amüsant ist es allemal. In Honolulu bringen sie einigen Kindern der Urbevölkerung ein Lied bei, das sie ihnen als »deutsche Nationalhymne« verkaufen und das auf den unsinnigen Kehrvers »Erich Ebermayer reist zwar ziemlich viel, doch immer nur kurze Strecken«[21] kanonisch zu singen ist. Weiter geht es nach Japan. In Tokio lernen sie den deutschen Botschafter und ehemaligen Kolonialgouverneur Wilhelm Solf kennen und besuchen eine traditionelle japanische Theateraufführung. In Kyoto tragen sie sich in einem Buddhatempel aus lauter jugendlichem Übermut und »um den französischen Konsul zu schrecken«[22] als Annette Kolb und André Gide ins Gästebuch ein und befeuern so die Gerüchte, welches Verhältnis denn die urbayerische, unverheiratete katholische Literatin, die seit vielen Jahren eine Freundin der Familie Mann ist, zu dem homosexuellen französischen Enfant terrible, Autor des auf dem Index stehenden Romans *Die Verliese des Vatikans,* unterhalte?

Die Fahrt rundherum wird immer hektischer und oberflächlicher: Weiter geht es nach Seoul in Korea, das sie nur noch im Eiltempo tangieren. Von dort ist es nicht allzu weit nach Wladiwostok. Die Stadt war der äußerste Vorposten des russischen Zarenreichs, ihr Name bedeutet »Erobere den Osten!«. Nun ist sie seit zehn Jahren östlichste Hafenstadt der Sowjetunion. Der sozialistische Arbeiter- und Bauernstaat übt damals, bevor es unter Stalin zu großen Verfolgungswellen kommt, auf viele Intellektuelle Westeuropas eine gewisse Anziehungskraft aus – romantische Schwärmerei für Einfachheit und Ursprünglichkeit und sozialistischer Idealismus von der Gleichheit der Menschen vermengen sich dabei in den Köpfen. Auch Klaus und Erika Mann sind gegen solches Gedankengut nicht gefeit und werden später noch in Kontakt zur sowjetischen Gesellschaft und ihrer Kultur treten. Jetzt aber, im Frühjahr 1928, können sie nur die Transsibirische Eisenbahn besteigen, die sie auf kürzestem Wege durch die schier endlose sibirische Taiga zum Ural und weiter durch Russland nach Moskau bringt.

Denn das Geld wird immer knapper, und an einen Hilferuf nach München an Frau Mama ist nicht zu denken, da ein unkomplizierter Geldtransfer in dem von der Planwirtschaft geprägten sozialistischen Land nicht möglich ist. Das Fürchterliche geschieht: Sie können zwar noch die Zugbilletts kaufen, doch sind sie nun endgültig pleite, und ihnen steht noch eine rund zehntägige Fahrt bevor, ohne sich etwas zu essen und zu trinken kaufen zu können. Der Zufall hilft den jugendlichen Globetrottern – wie so oft auf dieser gewagten Weltumrundung: In ihrer Not sprechen die Geschwister einen soignierten, westlich gekleideten Herrn in ihrem Abteil an und machen ihn auf ihre Notsituation aufmerksam. Der Angesprochene entpuppt sich als der Romanautor Bernhard Kellermann, ein Bekannter des Vaters. Er fühlt sich geehrt, die Sprösslinge des berühmten Kollegen einzuladen und auszuhalten, und so bestellen Erika und Klaus im Speisewagen die feinsten Delikatessen, die die Transsib nur anzubieten hat, trinken dazu Wodka und schauen recht beseligt auf die vorbeiziehende monotone Landschaft: »Nicht enden wollend die Birkenwälder, jeden Tag wieder die Birke, sich tausendfach wiederholend, der rührende und hübsche und bescheidene Baum.«[23]

Sie erreichen Moskau, Hauptstadt des sowjetischen Riesenreichs, Zentrum eines gewaltigen gesellschaftlichen Experiments, und konstatieren etwas enttäuscht, dass das Straßenbild, anders als in anderen europäischen Metropolen, stark »proletarisiert«[24] ist: »Bürgerlich gekleidete Leute sind selten, elegante fehlen fast ganz. Außerdem fallen viele und scheußliche Bettler auf, einarmige, humpelnde, blinde, ganz verfallene –, aber man erzählt uns, das sei im zaristischen Rußland auch nicht anders gewesen.«[25] So ist die sozialistische Illusion der beiden Reisenden aus dem gutbürgerlichen München noch einmal leidlich gerettet, und sie können, mit Kellermanns Hilfe, erneut einen Zug besteigen, der sie über Warschau nach Berlin bringt und von dort weiter nach München. Bei der morgendlichen Ankunft in der Isarstadt warten schon, durch ein Telegramm informiert, die Eltern auf sie. Thomas Mann, dem sonst die Vormittagsstunden für die Arbeit heilig sind, hat es sich diesmal nicht nehmen lassen, seine Ältesten, die berühmten Globetrotter, persönlich abzuholen. Es gibt viel zu erzählen und viel und rasch niederzuschreiben: Bereits nach wenigen Wochen steht das Skript, das sie dem alten Samuel Fischer laut Kontrakt zugesagt haben, und schon im Jahr darauf, 1929, erscheint das erste gemeinsam verfasste Buch von Erika und Klaus Mann unter dem Titel *Rundherum* und wird ein Erfolg. Erika indes hängt ihre so hoffnungsfroh begonnene schauspielerische Karriere bald an den Nagel und betritt ebenfalls das Feld der schreibenden Zunft. Es ist der »Familienfluch«,[26] wie Klaus spöttisch und prophezeiend bemerkt – und er hat damit nicht unrecht.

Das Buch *Rundherum* mag sich gut verkaufen, und Klaus Mann lässt kurz danach einen Roman über den makedonischen Heerführer *Alexander* folgen, der passable Kritiken erhält – leben können er und seine Schwester Erika davon nicht, zumal sie weiterhin eine aufwendige und teure Boheme- und Reiseexistenz führen: Erika Mann lässt sich im Januar 1929 von Gustaf Gründgens scheiden und zieht für die nächsten Jahre zurück ins Elternhaus (wo die Mutter sie immer mehr als Beraterin und Organisatorin einbindet), Klaus hingegen ist gern auf Reisen, logiert in noblen Hotels in Paris, Marseille und Amsterdam, macht allerlei Erfahrungen mit Drogen und Sex. Der Schuldenberg wächst, bei Samuel Fischer, aber vor allem bei den Eltern, die den beiden Ältesten großherzig immer wieder aus der Patsche helfen. In diese prekäre Situation tritt ein Deus ex Machina: Die Schwedische Akademie der Wissenschaften ruft eines Tages im November 1929 in der Poschingerstraße an und übermittelt der Dame des Hauses die Botschaft, ihr Mann werde mit dem diesjährigen Nobelpreis für Literatur geehrt. Eigentlich darf am Vormittag keiner das Arbeitszimmer des Dichters, das

»Allerheiligste«, betreten, wenn er als »Zauberer« an seinen wundersamen Büchern schreibt, aber in diesem Falle sieht sich Katia doch genötigt, eine Ausnahme zu machen. Sie schickt die elfjährige Elisabeth, das Lieblingskind ihres Mannes, hinein, um ihm die frohe Kunde zu übermitteln. Michael, Bibi, muss draußen bleiben. Er hat längst begriffen, dass der Vater ihm gegenüber vornehmlich Antipathie empfindet, und selbst Katia bestätigt das (indirekt) in einem Brief an Erika, wenngleich sie der Sache eine komische Note gibt: »Bibi hat gestern zu mir gesagt: ›Herr Papale würde der Mädi [Elisabeth] jeden Wunsch erfüllen, mir gar keinen. Für mich ist es ein Glück, daß nicht nur Herr Papale maßgebend ist.‹«[27]

Der Nobelpreis bedeutet für Thomas Mann nicht nur den Gipfelpunkt seiner literarischen Anerkennung, er ist auch mit einer erklecklichen Summe bedacht: zweihunderttausend Reichsmark. Thomas Mann gönnt sich und seiner Familie davon ein wenig Luxus: Er lässt sich in Nidden auf der Kurischen Nehrung ein stattliches Ferienhaus erbauen (wo die Familie die nächsten drei Sommer bis zum Anbruch der NS-Herrschaft verbringen wird), und er begleicht Erika und Klaus alle Schulden, die von ihrer Weltreise, aber auch von ihrem nonchalanten Lebenswandel herrühren. Die beiden nutzen die wiedererlangte finanzielle Freiheit denn auch sogleich, um im Frühjahr 1930 eine ausgedehnte Abenteuerfahrt über Südfrankreich und Spanien nach Marokko zu unternehmen. Erika hat den Führerschein gemacht (während Klaus die Fahrerlaubnis erst viel später erwerben wird), sie ist eine begeisterte Chauffeurin, die für ihre sportlichen Tempi berüchtigt ist und gelassen die schlechtesten Straßen und engsten Kurven meistert. Weniger souverän zeigen sich die Geschwister in Marokko: In Fez machen sie (nicht zum ersten Mal) Bekanntschaft mit Drogen. Sie konsumieren so viel, dass sie beide einen Horrortrip durchleben: »Niemals werde ich beschreiben können, was mir nun widerfuhr«, gesteht Klaus. »Es war schaurig über alle Worte. Es war Wahnsinn.

Ja, es war die Hölle. Erst flogen meine Arme davon, dann meine Beine; es folgten Hals und Kopf, schließlich der ganze Körper. Ich löste mich auf, explodierte in tausend Stücke. Meine Identität zerbarst: Die Fragmente meines Ichs flatterten durch den nachtschwarzen, parfümierten Garten.«[28] Schließlich werden die beiden Giftopfer von einem wohlmeinenden Taxifahrer in das französische Militärhospital verfrachtet, wo man sie mühsam wieder aufpäppelt.

Erika und Klaus Mann sind dem Drogentod gerade noch einmal entronnen (wenngleich sie nie mehr von den Verführungen der »künstlichen Paradiese« loskommen werden) und nach München zurückgekehrt, da startet die Familie – die Eltern, Golo, Monika, Elisabeth und Michael – in die Ferien, nach Nidden, wo das neue Sommerhaus soeben bezugsfertig geworden ist. Schon bei der Ankunft werden der frisch gekürte Literaturnobelpreisträger und seine Familie von den Einwohnern ehrerbietig empfangen – auch wenn sicherlich nicht viele die *Buddenbrooks* oder den *Zauberberg* gelesen haben werden –, weiß man doch um die Berühmtheit dieses Sommerfrischlers und um die Ehre, die einem so kleinen Fischerort damit zuteilwird. Katia Mann berichtet erheitert an die in München gebliebene Erika: »Die Ankunft in Nidden, nachdem schon auf dem Dampfer Kaptain und litauischer Paßbeamter uns göttliche Ehren erwiesen, war ja wohl vom Komischsten, indem das Dorf vollkommen ausgestorben, der Landungsplatz aber schwarz von Menschen war; alle, Fischer und Badegäste, standen Kopf an Kopf, reckten die Hälse und zückten die photografischen Apparate, um das großartige Schauspiel unseres Einzuges zu genießen [...].«[29] Es werden wunderbare, weitgehend sorgenfreie Wochen. Einige Fotografien dieses Ferienaufenthaltes zeigen eine glückliche, entspannt lächelnde Familie, und selbst die sonst etwas schwierige Monika schaut mitunter gelöst in das Auge der Kamera, sodass Katia befriedigt nach München vermelden kann: »Unser Mönle ist eher munter, entziffert sich am Ende doch noch!«[30] Von besonderer Bedeutung wird der Aufenthalt für die zwölfjährige Elisabeth: Bereits vor Jahren war sie einmal zusammen mit dem Vater in dessen Heimatstadt Lübeck und im nahen Badeort Travemünde (wo er als Kind die Sommerferien verbrachte und auch Teile seines Romans *Buddenbrooks* spielen). Und bereits damals lernte sie von ihm etwas über die Unendlichkeit und Ewigkeit des Meeres, über dessen Schönheit und über die symbolische Bedeutung der See für Thomas Manns Leben und Werk. Im Alter erinnert sie sich:

»Wir standen am Strand [von Travemünde]. Ich, etwa fünf Jahre, an der Hand meines Vaters, und mein kleiner Bruder Michael, vierjährig. Wir schauten aufs Meer hinaus – das erste Mal in unserem Leben. [...] Was mich am tiefsten beeindruckte, war der Horizont, der sich fest und ungebrochen, wie von einem überdimensionalen Zirkel gezeichnet, von einem Ende des Blickfeldes zum anderen hinzog. ›Das ist der Horizont‹, erklärte mein Vater. ›Und was ist hinter dem Horizont?‹, fragte ich. ›Der Horizont und dahinter wieder der Horizont. Je weiter du hinausruderst, um so weiter zieht sich der Horizont zurück, so daß du immer nur einen Horizont siehst.‹«[31]

In seinem Essay *Lübeck als geistige Lebensform* (1926) legt Thomas Mann geradezu ein Liebesbekenntnis zum Meer ab:

»[...] an diesem Ort gingen das Meer und die Musik in meinem Herzen eine ideelle, eine Gefühlsverbindung für immer ein, und es ist etwas geworden aus dieser Gefühls- und Ideenverbindung – nämlich Erzählung, epische Prosa [...]. [...] so möchte ich meinen, daß das Meer, sein Rhythmus, seine musikalische Transzendenz auf irgendeine Weise überall in meinen Büchern gegenwärtig ist, auch dann, wenn nicht, was oft genug der Fall, ausdrücklich davon die Rede ist. Ja, ich will hoffen, daß ich ihm einigen Dank abgestattet habe, dem Meer meiner Kindheit, der Lübecker Bucht. Seine Palette war es am Ende, derer ich mich bediente, und wenn man meine Farben matt fand, glutlos, enthaltsam, nun, so mögen gewisse Durchblicke zwischen silbrigen Buchenstämmen in eine Pastellblässe von Meer und Himmel daran schuld sein, auf denen mein Auge ruhte, als ich ein Kind und glücklich war.«[32]

Auch in Nidden in jenem Sommer 1930 spürt Elisabeth Mann die tiefe Wesensnähe des Vaters zum Meer: »Währenddessen saß mein Vater, seemännisch gekleidet – weiße Hose, blaue Jacke und Kapitänsmütze –, im Strandkorb und schrieb [...]. Bald wurde mir bewußt, daß mein Vater das Meer zum Leben brauchte.«[33] Aber jene Wochen auf der Kurischen Nehrung werden auch für Elisabeth zu einem lebensbestimmenden Ereignis, zu einer Initiation: Die Liebe zum Meer erfasst auch sie, und in späteren Jahren wird sie nicht nur am Meeressaum leben (in Nova Scotia, Kanada), sondern den Schutz der Ozeane zu ihrem Lebensinhalt machen.

Weit weniger meditativ-geruhsam gestaltet sich eine Fahrt, die die sportliche Chauffeurin Erika wagt, diesmal nicht mit dem Bruder Klaus, sondern mit Ricki Hallgarten, dem treuen, etwas depressiven Freund: Der Automobilclub Deutschland hat eine Rallye ausgelobt, über zehn Tage und zehntausend Kilometer Länge. Bereits vor ihrer Fahrt nach Nordafrika im Frühjahr 1930 hat Erika Mann einen Schnellkurs zur Automechanikerin absolviert, um sich bei Pannen selbst helfen zu können. Damals erntete sie von ihren Kollegen in der Werkstatt Lob und Anerkennung, von den männlichen Kunden oft nur Häme in der Weise: »Das schwache Geschlecht – sonst so zart und fein –, jetzt muß in Dreck einalanga.«[34] Jetzt, im Mai 1931, will sie den »Herren der Schöpfung« zeigen, was in ihr steckt – in ihrem Ford-Automobil, das ihr von den Automobilwerken als PR-Kampagne zur Verfügung gestellt wird. Am 24. Mai starten Erika und Ricki in Berlin, gemeinsam mit vierzehn anderen Automobilistenpaaren. Die Route führt von Berlin aus nach Westen und Süden: durch Frankreich, Spanien und Portugal, dann in östlicher Richtung zurück, durch Oberitalien nach Österreich, Ungarn und Jugoslawien. Sie fahren und fahren, im Kampf gegen die Zeit, gegen die Kontrahenten, gegen die Müdigkeit, gegen unerwartete Erlebnisse, Pannen, Missgeschicke. »Keiner darf schlafen«, unterrichtet Erika ihre Leser, »auch der nicht, der nicht fährt. Erstens ist es zu verführerisch für den am Steuer, zweitens muß man Karten studieren und schießhundmäßig auf Wegkreuzungen aufpassen. Schlafen ... es müßte doch hübsch sein.«[35] Einmal steht Klaus Mann, der sich gerade in Rapallo an der Riviera aufhält, am Straßenrand und sieht die in den Zeitungen angekündigten Rallyewagen an sich vorbeirasen, sieht in einem der Autos seine Schwester und den Freund Ricki sitzen. Eine »schaurige Durchfahrt«[36] sei das gewesen, notiert er im Tagebuch. Schwester und Freund haben ihn nicht wahrgenommen. Abends, wenn sie todmüde in einer Etappenpension liegen, oder unterwegs, wenn Ricki einmal das Steuer übernommen hat, verfasst Erika, auf den Knien kritzelnd, Reportagen und Glossen für diverse Blätter. Das Schreiben ist der »Familienfluch«, den Klaus ihr Jahre zuvor auf der großen Reise rundherum prophezeit hat. Erika Mann wird – wie auch alle anderen Geschwister – nie mehr davon loskommen. Der schier übermenschliche Einsatz lohnt sich: Als Sieger fahren Erika und Ricki nach zehn Tagen durchs Ziel und werden frenetisch gefeiert.

Klaus begibt sich in jenen Jahren auf eine ganz andere, emotionale Rallye und verfasst während eines Urlaubs in der Bretagne das Theaterstück *Geschwister* nach dem Skandalroman *Les enfants terribles* seines Pariser Freundes Jean Cocteau (der über ebenso reiche Erfahrungen mit Drogen verfügt und über Rausch und Entzug sogar ein Buch, *Opium,* geschrieben hat). *Geschwister* gelangt am 12. November 1930 an den Münchner Kammerspielen zur Uraufführung, mit Erika Mann und Wolfgang Liebeneiner (der später zu einem NS-Filmregisseur avanciert) in den Hauptrollen der Geschwister Elisabeth und Paul, die ein inzestuöses Verhältnis verbindet. In der Nebenrolle einer Magd tritt Therese Giehse auf, damals eine noch weitgehend unbekannte Nachwuchsmimin, die aber bald eine große Rolle spielen wird: auf den Bühnen Deutschlands und der Welt, aber auch in Erikas Privatleben, als deren Vertraute, Geliebte und Bühnenpartnerin. Das Stück gerät zum Skandal, befeuert es doch wieder alte Gerüchte um ein intimes Verhältnis der beiden ältesten Mann-Geschwister. Zugleich nimmt die NS-Presse, die gemeinsam mit dem Erstarken der Partei in jenen Jahren vor 1933 immer blindwütiger wird und ihren Geifer über alles ergießt, was völkischen Vorstellungen widerspricht, die Geschwister Erika und Klaus ins Visier: Bereits 1928 wettert das Parteiorgan *Völkischer Beobachter* in Anspielung auf den Untertitel von *Buddenbrooks,* die Familie Mann, vor allem die Sprösslinge Erika und Klaus, böte reichlich Anschauungsmaterial »für einen Roman ›Der Verfall einer Familie‹«.[37] Und dreieinhalb Jahre später, im Januar 1932, nachdem Erika Mann auf einer Versammlung der »Internationalen Frauenliga für Frieden und Freiheit« als pazifistische Rednerin aufgetreten ist, kann man im selben NS-Blatt die unmissverständliche Drohung lesen: »Ein besonders widerliches Kapitel stellte das Auftreten Erika Manns dar, die als Schauspielerin, wie sie sagte, ihre ›Kunst‹ dem Heil des Friedens widmete. In Haltung und Gebärde ein blasierter Lebejüngling, brachte sie ihren blühenden Unsinn über die ›deutsche Zukunft‹ vor [...]. Das Kapitel ›Familie Mann‹ erweitert sich nachgerade zu einem Münchener Skandal, der auch zu gegebener Zeit seine Liquidierung finden muß.«[38] Erika Mann reagiert mutig und überlegen: Sie verklagt über einen Anwalt das Blatt, die Redakteure werden vom Münchner Strafgericht zu hohen Geldbußen verurteilt.

Auch Klaus Mann ist empört und ganz persönlich betroffen, empfindet er doch für Erika eine tiefe Hingabe, die weit über das hinausgeht, was Sensationspresse und Klatschmäuler hinter dem »intimen Verhältnis« der beiden vermuten. In einem Brief an seine Schwester aus jenen Wochen lautet es unumwunden und zärtlich: »Auf der einen Hand die ganze Welt, auf der anderen Du – und es hält, siehe, im schwebenden Gleichgewichte.«[39] Angesichts der Anwürfe des *Völkischen Beobachters* springt Klaus Mann seiner geliebten Schwester publizistisch sofort bei. Das *8-Uhr-Abendblatt* veröffentlicht am 4. Februar 1932 seinen Kommentar: »Wenn auf Erika Mann die Rede kommt, erreicht die *hysterische Gereiztheit* unseres beunruhigten ›Beobachters‹ ihren Höhepunkt; er wird geradezu – geistreich vor Bitternis [...].«[40] Doch die Schmierer der NS-Presse lassen sich trotz solch geistreicher Finten und trotz hoher Geldbußen nicht so schnell kleinbekommen. Das NS-»Satire«-Blatt *Die Brennessel* legt mit der Drohung nach: »Es gibt eine junge Generation, die ungeistig genug ist, um Dir einmal furchtbar auf die Pfoten zu klopfen. Doch Du brauchst keine Angst zu haben, Kläuschen, es wird mit dieser Feststellung kein Angriff auf Deinen zarten Knabenkörper geplant. Du wirst nur so nebenher vernascht.«[41]

Die dunklen Wolken nehmen in jenen Jahren zu und werfen ihre Schatten auf das Leben der Geschwister Mann. Bereits bei den Reichstagswahlen im September 1930 erhielten die Nationalsozialisten über sechs Millionen Stimmen und wurden damit zweitstärkste Partei. Die Familie Mann reagiert mit warnenden offenen Briefen, Vorträgen und Aufsätzen gegen die Tendenz, die endlich sich konsolidierende Weimarer Republik von rechts zu demontieren: Thomas Mann hält am 17. Oktober 1930 im Berliner Beethoven-Saal seine *Deutsche Ansprache (Ein Appell an die Vernunft),* worin er vor der aufsteigenden Gefahr des Nationalsozialismus nachdrücklich warnt und bei den bürgerlichen Schichten um eine Unterstützung der Sozialdemokratie wirbt. Die Rede wird von rechten Krakeelern mit Rufen und Rempeleien gestört, kann aber zu Ende geführt werden. Klaus Mann veröffentlicht im Herbst 1930 den Aufsatz *Wie wollen wir unsere Zukunft?* (und hält ihn zugleich als Vortrag vor dem Kulturbund Wien). Darin mahnt er, die Werte der

Zivilisation nicht zu verraten und weiterhin mit den Ideen der Aufklärung, des Humanismus und des offenen, kritischen Wortes gegen Unvernunft, Radikalismus und Fanatismus anzugehen. Erika Mann beginnt, sich in der Friedensbewegung und speziell in der von Constanze Hallgarten (Rickis Mutter) geführten »Internationalen Frauenliga für Frieden und Freiheit« zu engagieren. Golo Mann nähert sich in seiner Studentenzeit der sozialistischen Ideenwelt an und tritt in Heidelberg der »Sozialistischen Studentengruppe« bei, die sich als international-pazifistisch versteht. In deren Zeitschrift *Der sozialistische Student* veröffentlicht er mehrere Artikel, worin er sich gegen den Nationalsozialismus wendet. Und selbst Elisabeth, obgleich erst zwölf Jahre alt, tritt der »Paneuropa«-Bewegung des Grafen Richard Coudenhove-Kalergi bei, die die Überwindung von Nationaldiktaturen und eine politische Vereinigung der europäischen Völker und Staaten fordert.

Betriebsam geht es im Hause Mann in jenen letzten Monaten vor Hitlers Machtergreifung zu: Klaus Mann veröffentlicht seine erste Autobiografie *Kind dieser Zeit* und seinen Roman *Treffpunkt im Unendlichen.* Der Roman erzählt das Leben junger Intellektueller in Deutschland und Frankreich, die unter der Individuation, der Sehnsucht nach (unerfüllter und unerfüllbarer) Liebe, der aufkommenden gesellschaftlichen Radikalisierung leiden und daran zerbrechen. In den Figuren Sebastian und Sonja, die sich als Liebespaar letztlich verfehlen und beinahe an ihrem Drogenkonsum zugrunde gehen, hat der Autor Züge seiner selbst und seiner Lieblingsschwester Erika einfließen lassen und damit ihrem geschwisterlichen Bündnis ein literarisches Denkmal gesetzt (nicht zum ersten und auch nicht zum letzten Mal). Und in der Figur des Gregor Gregori, die Anleihen an der realen Person von Erikas Ex-Mann Gustaf Gründgens nimmt, tritt der Leserschaft ein Karrierist und politischer Opportunist entgegen, der um seines Fortkommens willen mit den Nationalsozialisten sympathisiert (ein Motiv, das vier Jahre später, in Klaus Manns bekanntestem Roman *Mephisto,* zum zentralen Thema wird).

In jenen Monaten legt Klaus in seinem Tagebuch ein melancholisches Bekenntnis ab: »[...] dies Leben, das eigentlich nur mit E[rika] zu teilen wäre; uns nicht beschieden.«[42] Er hat in diesen Jahren vor Hitlers Machtergreifung das trostlose Gefühl, dass ihm die Menschen, die ihm am meisten bedeuten, die seinem Leben Halt verliehen, abhandenkommen, an den Tod und an das Leben. Mehrere Freunde begehen Selbstmord; seine Schwester, die das Schreiben mehr und mehr für sich entdeckt und ein immer aktiveres und selbstbestimmtes Leben entwickelt, gewinnt eine eigene Größe, was dem Besitz- und Verschmelzungsdrang von Klaus zuwiderläuft. Erika schreibt in jenen Jahren das (verloren gegangene) Theaterstück *Hotels,* verfasst weiterhin Reportagen und Glossen, entdeckt aber auch ihre besondere Begabung, für Kinder zu erzählen. So entstehen gemeinsam mit Ricki Hallgarten als Illustrator das Stück *Jan's Wunderhündchen* und das Kinderbuch *Stoffel fliegt übers Meer*.

Ein großes Gemeinschaftsprojekt soll Freunde und Geschwister nochmals einen: Für den Mai 1932 planen Erika, Klaus, Ricki und die Schweizer Autorin Annemarie Schwarzenbach (die in Erika heftig verliebt ist) eine abenteuerliche Tour mit dem Automobil über den Balkan nach Kleinasien und weiter nach Persien. Frohgemut lassen sich die Geschwister zwei Tage vor der geplanten Abfahrt in den Münchner Emelka-Studios in Automobilistenoveralls fotografieren und filmen, denn auch diesmal ist – ähnlich wie viereinhalb Jahre zuvor auf der Fahrt nach Amerika – Publicity ein medial und ökonomisch wichtiger Faktor. Tags darauf ist der 5. Mai 1932, der Feiertag Christi Himmelfahrt. Die Geschwister und Annemarie halten sich in der »Poschi« auf, um sich vor dem Start, der für den anderen Tag geplant ist, noch ein wenig zu erholen, während Ricki nach einer feuchtfröhlichen Feier noch in der Nacht in sein Ferienhaus nach Holzhausen bei Utting am Ammersee gefahren ist. Von dort ruft er am Vormittag des 5. Mai zwei Mal an, um den Freunden noch ein paar Ratschläge für den bevorstehenden Trip zu erteilen. Nach dem Mittagessen sitzt die Familie beisammen und unterhält sich – da klingelt das Telefon. Katia Mann nimmt ab. Es ist die Polizei. Ihr Gesicht wird aschfahl. Klaus Mann erinnert sich:

»Er [Ricki Hallgarten] hatte sich gegen zwölf Uhr mittags eine Kugel ins Herz geschossen. Ehe er es tat, hatte er die Zugehfrau in den Garten geschickt, um dort etwas zu erledigen, eine schlaue Maßnahme; denn er wollte sie in der Nähe haben, falls er, verwundet, aber nicht tot, ihrer Hilfe bedürfte; [...] Als einzigen Abschiedsgruß hinterließ er einen Zettel, auf den er in seiner barock verschnörkelten Schrift die folgenden Worte gemalt hatte: ›Sehr geehrter Herr Wachtmeister! Habe mich soeben erschossen. Bitte Frau Thomas Mann in München zu benachrichtigen. Ergebenst – R. H.‹ [...] Ich sehe meinen Vater – gestern war es –, wie er, über die Kauernde [Erika] geneigt, ihr plötzlich verwildertes, zerzaustes Haar liebkoste und ihr die Tränen trocknete mit seinem großen, nach Eau de Cologne duftenden Taschentuch. ›Komm, komm, komm‹, sagte der Vater. ›Du hast immer noch viele Freunde, und sie alle lieben dich!‹ Aber sie hörte nicht auf zu wimmern: ›Was für ein Wahnsinn!‹ Sie sah so jung aus, wie sie da schluchzend hockte, kleines Mädchen, vom Schmerz geschüttelt, mit widerspenstiger Mähne über dem tränennassen, hilflos verzerrten, zuckenden Gesicht. Ich stürzte nach oben, ziellos, selbst dem Wahnsinn nah. Aber meine Stube im zweiten Stockwerk war leer, nur die halbgepackten Koffer, kein Ricki. Hatte er mir gar nichts mehr zu sagen? Ich lauschte. Nichts.«[43]

Die Motive für Ricki Hallgartens Selbstmord bleiben im Dunkeln. Die Geschwister sind im Innersten getroffen und verstört. Vor allem Erika macht sich Vorwürfe, nicht alles in ihrem Vermögen Liegende getan zu haben, um den Freund, der seit Jahren depressive Verstimmungen zeigte, zu bewahren. Sie annullieren das Vorhaben ihrer Reise nach Persien, fahren stattdessen nach Holzhausen, um Rickis Nachlass (auch seine Briefe und Zeichnungen) zu ordnen und zu verwalten. Ende Mai brechen sie gemeinsam mit Annemarie Schwarzenbach doch auf, um auf andere, freundlichere Gedanken zu kommen: Sie reisen nach Venedig und an den Lido, wo der Vater im Jahre 1911 Eindrücke für seine Novelle *Der Tod in Venedig* sammelte. Jetzt, Ende Mai 1932, haben auch die Geschwister eine Begegnung mit dem Tod, aber diesmal hat er ganz konkret in das Geschehen eingegriffen und eine tiefe Lücke hinterlassen. Thomas Mann weiß um den Schmerz, der in seinen Ältesten wütet. Aus München schreibt er ihnen einen Brief, der das Ironisch-Distanzierte hinter sich lässt und einen empathischen, fürsorglichen Vater zeigt:

»Nicht allein Venedigs wegen schreibe ich, sondern weil es mir nahe ging, liebe Eri, was Du an Mielein [Katia] von Deinen Skrupeln und quälenden Nachgedanken wegen Rikki's großer Ungezogenheit schriebst, und daß Dir die ›Chancen‹ keine Ruhe lassen, die bestanden hätten, ihn am Leben zu halten, und nicht genutzt worden seien. Meiner Überzeugung nach bestanden sie nicht, und Du hast getan, was in Freundeskraft steht (und nicht in jeder), ihn zu stützen und ihm die Todespuschel zu nehmen. Ohne Dich und Deine Autorität über ihn hätte er gewiß schon längst seiner verwirrten Laune nachgegeben und von der Freiheit zu sterben Gebrauch gemacht, die Du ihm nun einmal nicht entziehen konntest.«[44]

Die erfolgreiche Uraufführung von *Jan's Wunderhündchen* am 14. Dezember 1932 am Hessischen Landestheater Darmstadt erlebt Ricki Hallgarten also nicht mehr, ebenso nicht im selben Jahr die Veröffentlichung des von ihm illustrierten und von Erika Mann verfassten Kinderbuchs *Stoffel fliegt übers Meer*. Für Erika hingegen ist es der Einstieg in ein Genre, in dem sie bis in die 1950er-Jahre hinein Erfolg haben wird.

In jenen letzten Monaten des Jahres 1932 ist sie jedoch mit einem anderen Großprojekt beschäftigt: Gemeinsam mit ihrer Freundin Therese Giehse, den Schauspielern Albert Fischel, Lotte Goslar, Sybille Schloß und dem Musiker Magnus Henning bereitet die älteste Mann-Tochter ein literarisch-politisches Kabarett vor. Namensgeber des Unternehmens ist Thomas Mann, der der Überlieferung nach am Mittagstisch in der Poschingerstraße, als die noch fehlende Benennung des Kabaretts diskutiert wurde, nach der Pfeffermühle griff und meinte: »Wie wär's denn damit?!«[45] Am 1. Januar 1933 findet die Premiere des ersten Programms der »Pfeffermühle« in der Münchner »Bonbonniere« vor ausverkauftem Saal statt und erntet großen Applaus. In den nächsten Wochen folgen noch etliche Aufführungen, und bereits acht Wochen später kommt ein zweites Programm auf die Bühne. Von Anbeginn versteht sich die »Pfeffermühle« als ein Kabarett, das gegen Dummheit und Unvernunft anspielt, und *Die Dummheit,* verkörpert von Therese Giehse, ist auch der Titel einer ihrer erfolgreichsten Nummern. Die Dummheit: Das ist auch die Verführbarkeit der Massen durch den »Anstreicher« Adolf Hitler. Klaus Mann begegnet ihm einmal im Café des Münchner Carlton Hotels, wenige Monate vor der Machtergreifung: »Da saß er, umgeben von ein paar bevorzugten Spießgesellen, und ließ sich sein Erdbeertörtchen schmecken. Ich nahm am Nebentisch Platz, kaum einen Meter entfernt. [...] Die Vulgarität seiner Züge beruhigte mich, tat mir wohl. Ich sah ihn an und dachte: Du wirst nicht siegen, Schicklgruber, und wenn du dir die Seele aus dem Leibe brüllst.«[46] Klaus Mann belauscht das Gespräch, das Hitler mit seinen Kumpanen führt: Am selben Abend soll in den Münchner Kammerspielen die Premiere eines Schwanks sein, und Hitler äußert die Absicht, dorthin gehen zu wollen, denn Therese Giehse spiele eine tragende Rolle, und diese Mimin schätze er besonders. Als einer von Hitlers Begleitern den »Führer« darauf aufmerksam macht, die Giehse sei Jüdin, wird Hitler unwirsch: »Bösartiger Klatsch! [...] Als ob ich nicht den Unterschied sähe zwischen einem germanischen Naturtalent und semitischer Mache!«[47]

»Ich hatte«, so der unfreiwillige Zeuge Klaus Mann, »Mühe, nicht herauszuplatzen. Daß die Giehse nicht da war, um dies mitanzuhören!«[48]

Bereits wenige Monate später vergeht vielen Menschen das Lachen, denn die NSDAP gewinnt bei den Reichstagswahlen im November 1932 dreiunddreißig Prozent der Stimmen und wird damit stärkste Partei. Nach dem Scheitern des Kabinetts unter Kurt von Schleicher am 28. Januar 1933 ernennt Reichspräsident Hindenburg am 30. Januar 1933 Adolf Hitler zum neuen Reichskanzler. Wenig später hält Hitler im Münchner *Hofbräuhaus* eine wutverzerrte Rede, während nebenan Erika Manns geistreich-satirisches Kabarett gegen Dummheit und Hass anspielt. Die Prinzipalin erinnert sich: »Am 30. Januar wurde Hitler Reichskanzler, und als er, nebenan, im *Hofbräuhaus,* seine Antrittsrede hielt, hatten wir schon ein neues Programm. Wir spielten gegen ihn an, Wand an Wand mit ihm und unter dem Jubel seiner Untertanen, oder vielmehr der ›Geführten‹, wie das jetzt heißt.«[49] Am 21. Februar – in München wird noch einmal rauschend der Fasching gefeiert – lädt man (wenige Tage vor der Premiere des zweiten »Pfeffermühlen«-Programms) zu einem Fest in die Poschingerstraße ein: Die Stimmung ist von »einer gewissen verzweifelten Lustigkeit«[50] geprägt, es wird gesungen und getanzt, und ein paar monarchistisch gesinnte Herren stoßen hinzu, die wenige Stunden zuvor sich auf einer geheimen Konferenz darüber austauschten, den Wittelsbacher Kronprinzen Rupprecht zum König ausrufen zu wollen, Bayern wieder zur Monarchie zu machen und so aus dem Reichsverbund und der Hitlerei auszuscheren. »Es wäre ein famoser Streich gewesen«, so Klaus Mann, »peinlich für Hitler, ergötzlich fürs Bayernvolk.«[51] Es bleibt aber bei solchen von Bier und Sekt befeuerten Reden, und Bayern wird bereits wenige Tage später unter die Verwaltung eines »Reichsstatthalters«, Franz Ritter von Epp, gestellt und damit politisch gleichgeschaltet.

An ebenjenem 21. Februar, als man in der »Poschi« noch fröhlich feiert, ist das erste Mitglied der Familie Mann bereits im Exil angelangt: Heinrich Mann hat am 19. Februar den Zug nach Paris bestiegen. Thomas und Katia Mann stolpern in diese neue Existenzform eher unwillentlich hinein: Der Nobelpreisträger und seine Frau haben Deutschland bereits am 11. Februar zu einer Vortragsreise verlassen. Die Lesetournee führt nach Amsterdam, Brüssel und Paris, dann fahren sie nach Arosa in der Schweiz, um dort einen Erholungsurlaub von mehreren Wochen zu verbringen. In Briefen und Telefonaten versuchen Erika und Klaus indessen, die Eltern von einer Rückkehr nach München abzuhalten. Da sie fürchten, abgehört zu werden, verschlüsseln sie ihre Nachricht und vermelden, in München sei das Wetter so schlecht. Deutlich wird Klaus Mann in einem Brief an seine Mutter vom 28. Februar, einen Tag nach dem inszenierten Reichstagsbrand und der noch in der Nacht angelaufenen Verhaftungswelle von Oppositionellen: »Es wird doch von Tag zu Tag ärger, und was diese mysteriöse Brandaffäre betrifft, so kann man sich den Kommunisten schwer vorstellen, der diese Sinnlosigkeit beginge; [...] wenn Heinrich [Mann] nicht weg wäre [...] dann wäre er ja wohl nun mit Erich Mühsam und den anderen verhaftet worden. [...] Im übrigen: das geht nicht gut, das geht nicht gut, das geht *keinesfalls* gut;«[52]

Die Eltern verstehen die Botschaften und bleiben in der Schweiz, reisen später nach Lugano. Erika verlässt München am 13. März und fährt mit dem Auto nach Arosa zu den Eltern. Noch am selben Abend besteigt Klaus Mann den Zug nach Paris.

Und die jüngeren Geschwister? Michael Mann ist seit ein paar Monaten im Landschulheim Neubeuern bei Rosenheim. Am

22. März schreibt der Dreizehnjährige seiner Mutter einen sarkastischen Bericht über die Feierlichkeiten an der Schule: »Nun ist also der große Tag vorüber! Die Wiedergeburt eines *Nationalen* Deutschlands ist glücklich vonstatten gegangen. Gestern wurde der Tag natürlich auch entsprechend gefeiert. Vormittags war eine große Ansprache von Josef Rieder, Direx des Schülerheims Neubeuerns [...]. Abends war ein höchst feierlicher Umzug, wo natürlich auch eine Gruppe der unbesiegten SA nicht fehlte. Deutsche Männer sangen das ›Horst Wessel‹ Lied in einer deutschen Nacht – Harro Schilling und ich haben deutsch gekotzt und uns noch deutscher geweigert am Geburtstag des dritten Reichs teilzunehmen!«[53] Im selben Brief bittet Michael die Mutter, ihm Geld zu schicken und die Erlaubnis zu einer geplanten Klassenfahrt nach Rom zu geben. Und er schließt mit den Worten: »Also: Heil(*t*) Hittler/Bibi«[54] Es ist klar: Bliebe Michael in Bayern, befände er sich in großer Gefahr. Auch wenn er erst dreizehn ist, so hat er den Irrsinn des Nationalsozialismus längst durchschaut, und sein loses Mundwerk würde ihm – noch dazu als Sohn des dem Regime verhassten Thomas Mann – bald Schwierigkeiten bereiten. Aber noch zögert man, ihm die Erlaubnis zur Fahrt nach Italien zu erteilen. Schließlich geben die Eltern – sie befinden sich bereits in Lugano im Schweizer Tessin – nach. Michael fährt im April mit der Schulklasse nach Rom, setzt sich dort eigenmächtig ab und fährt alleine mit dem Zug, »dreimal umsteigend, im überfüllten Drittklassabteil«,[55] nach Lugano zu den Eltern. »So ein tüchtiger Bursch ist das«,[56] schwärmt Katia Mann in einem Brief an den ältesten Sohn. Klaus hält sich bereits seit April in Südfrankreich auf, an wechselnden Orten, um sich schließlich in Sanary-sur-Mer niederzulassen, damals noch ein verschlafenes Fischerdorf, das gleichwohl zum bevorzugten Aufenthaltsort einer ganzen Reihe exilierter Intellektueller wird. Elisabeth, die im März noch einmal in München war und dort die großen gesellschaftlichen Veränderungen – ein Klima der Angst und

der Denunziation – erleben musste, fährt wenig später nach Lugano zu den Eltern. Von dort werden Michael und sie von Erika Mann im Auto nach Sanary gebracht. »Hier ist es sehr schön«, meldet Elisabeth am 27. April den Eltern in die Schweiz, »die Autofahrt war herrlich, nur war mir's ziemlich schlecht. Aber die Strassen waren ja gerade und breit, dass man tüchtig sausen konnte, und die Eri ist auch wunderbar gefahren. [...] Das Meer ist *eisig*, aber wir baden trotzdem [...]. Klavier ist noch keines da. Aber morgen kommt eins, extra für mich. [...] Der Bibi [Michael] übt sehr viel [Geige], so ungefähr 5 Stunden am Tag.«[57] Wenig später treffen auch die Eltern in Sanary ein.

Und Golo? Er hat im März seine Studentenbude in Göttingen gekündigt und ist ins Elternhaus gezogen, eigentlich in der Absicht, dort den Sommer über zu bleiben (noch immer gibt man sich gern der Illusion hin, der Hitler-Spuk fände ein baldiges Ende). Zudem versucht er, einiges von Thomas Manns Geldvermögen mithilfe eines Anwalts zu retten und in die Schweiz zu transferieren. Immerhin wird auch Golo klar, dass an ein Bleiben in München nicht zu denken ist. Im April besucht er die Eltern (gemeinsam mit seinem Schwarm Kai Köster) in Lugano, »mit dem D. K. W. flott über St. Moritz und Maloja gefahren, um Geschäftliches zu besprechen, leider aber auch ohne rechtes Resultat«,[58] wie Katia Mann dem ältesten Sohn berichtet. Schließlich verlässt auch Monika Deutschland. Sie hat die letzten Monate bei Verwandten in Berlin zugebracht und fährt Ende Mai nach Südfrankreich. Am 31. Mai trifft sie bei den Eltern ein, die inzwischen in Bandol bei Toulon wohnen.

Als Letzter aus der Familie geht Golo Mann ins Exil, nachdem er die Wochen zuvor in Berlin zugebracht hat, da er sich im Münchner Elternhaus bedroht sah. Zuvor ist es ihm noch gelungen, sechzigtausend Reichsmark aus dem Vermögen der Familie in die französische Botschaft zu schmuggeln, die wiederum das Geld in einem

Diplomatenkoffer außer Landes schaffte. Am 1. Juni trifft Golo in Bandol ein. »Wir haben ein hübsches Haus gemietet«, schrieb Thomas Mann tags zuvor an Klaus in Paris, »›La Tranquille‹ bei Sanary.«[59] Das Exil scheint sich trotz einiger Vermögensverluste zunächst recht erträglich zu gestalten ...

»Als säßen wir zum Vergnügen in französischen Badeorten«

Einübung ins Exil. 1933–1936

»La Tranquille«: die Ruhige, Stille, Sorglose – so lautet der Name der Villa, die Thomas Mann für sich und seine Familie im Sommer 1933 in Sanary mietet. Den Manns schweben heitere Monate unter Palmen vor, vormittags am Schreibtisch arbeitend, nachmittags im azurblauen Meer badend, abends bei einem Pastis und angeregten Gesprächen in einem Straßencafé des beschaulichen Ortes sitzend, wo sich in jenen Monaten die ins Exil geflüchteten intellektuellen Größen Deutschlands versammeln: Lion Feuchtwanger und Bruno Frank, Walter Hasenclever und Franz Hessel, Alfred Kantorowicz und Hermann Kesten, Annette Kolb und Ludwig Marcuse, Julius Meier-Graefe und Joseph Roth, Franz Werfel und Arnold Zweig – um nur einige wenige zu nennen. Doch mit Ruhe und entspannter Konversation ist es so weit nicht her: Die Exilanten sind von Ängsten getrieben, sie sind in Sorge um ihre noch in Deutschland verharrenden Angehörigen und Freunde, um ihren Besitz, um die Publikation und den Absatz ihrer Bücher, sie haben Angst vor dem, was die Zukunft in der Fremde bringen wird und wie man eine neue Existenz fern der Heimat, dem Publikum, der Muttersprache aufbauen kann. Zudem werden die Exilanten, die »unter Palmen«, aber auch inmitten von Sorgen und Nöten sitzen, aus der Heimat mit Häme und Drohungen belegt. Dass im Mai 1933 in zahlreichen Städten Deutschlands (am bekanntesten wird die Aktion auf dem

Berliner Opernplatz) die Bücher missliebiger Autoren unter dem Jubel der Studenten den Flammen übergeben werden, ist nur ein erster, widerlicher Ausbruch des Hasses der neuen Machthaber auf den freien Geist. Bald werden weitere Maßnahmen folgen: Publikationsverbote, Entzug der deutschen Staatsbürgerschaft, Beschlagnahme von Hab und Gut, Morddrohungen ... Besonders abstoßend nimmt sich der beißende Spott aus, der sich bereits in jenen ersten Monaten des NS-Regimes vonseiten ehemaliger »Kollegen« über die in die Fremde Getriebenen ergießt. Ein beschämendes Beispiel hierfür ist Gottfried Benn. Der Lyriker, der von vielen, vor allem jüngeren Menschen verehrt wird (und auch Klaus Mann ist ein Bewunderer seiner Kunst), veröffentlicht am 25. Mai 1933 einen offenen Brief unter dem Titel *Antwort an die literarischen Emigranten* (tags zuvor verlas er das Pamphlet bereits im Rundfunk). Auslöser hierfür ist ein bewusst privat gehaltener und damals nicht veröffentlichter Brief Klaus Manns an den in Deutschland verbliebenen Dichter vom 5. Mai, worin er um Aufklärung der Tatsache bat, weshalb Gottfried Benn nicht wie all die anderen integren Kollegen aus der Preußischen Akademie der Künste ausgetreten sei. Zudem appellierte Klaus Mann an Benns Gewissen: »Was konnte Sie dahin bringen, Ihren Namen, der uns der Inbegriff des höchsten Niveaus und einer geradezu fanatischen Reinheit gewesen ist, denen zur Verfügung zu stellen, deren Niveaulosigkeit absolut beispiellos in der europäischen Geschichte ist und vor deren moralischer Unreinheit sich die Welt mit Abscheu abwendet?«[1] Benns Antwort, als offener Brief gehalten, begibt sich auf genau diese diskreditierende Niveaulosigkeit, die Klaus Mann eigentlich nur den Nationalsozialisten attestieren möchte:

»[...] wie stellen Sie sich denn nun eigentlich vor, daß die Geschichte sich bewegt? Meinen Sie, sie sei in französischen Badeorten besonders tätig? [...] Sie kämen den Ereignissen in Deutschland näher, wenn Sie die Geschichte nicht weiter als den Kontoauszug betrachteten, den Ihr bürgerliches Neunzehntes-Jahrhundert-Gehirn der Schöpfung präsentierte, – ach, sie schuldet Ihnen ja nichts, aber Sie ihr alles, sie kennt ja Ihre Demokratie nicht, auch nicht Ihren vielleicht mühsam hochgehaltenen Rationalismus [...]. Natürlich ist diese Auffassung der Geschichte nicht aufklärerisch und nicht humanistisch, sondern metaphysisch, und meine Auffassung vom Menschen ist es noch mehr. Und damit stehen wir vor dem Kern unseres alten Streites: Ihr Vorwurf, ich kämpfte für das Irrationale. [...] Verstehen Sie doch endlich dort an Ihrem lateinischen Meer, daß es sich bei den Vorgängen in Deutschland gar nicht um politische Kniffe handelt, die man in der bekannten dialektischen Manier verdrehen und zerreden könnte, sondern es handelt sich um das Hervortreten eines neuen biologischen Typs, die Geschichte mutiert und ein Volk will sich züchten. [...] Wollen Sie, Amateure der Zivilisation und Troubadoure des westlichen Fortschritts, endlich doch verstehen, es handelt sich hier gar nicht um Regierungsformen, sondern um eine neue Vision von der Geburt des Menschen, vielleicht um eine alte, vielleicht um die letzte großartige Konzeption der weißen Rasse [...]. [...] hinter dieser Bewegung steht friedliebend und arbeitswillig, aber, wenn es sein muß, auch untergangsbereit, das ganze Volk. [...] eine herrschaftliche Rasse kann nur aus furchtbaren und gewaltsamen Anfängen emporwachsen.«[2]

»Untergangsbereit« soll nach Benns Ansicht das deutsche Volk also sein, und er wird sich zwölf Jahre später in einem Berlin wiederfinden, das weitgehend in Trümmern liegt. Aber bis dahin wird für ihn wie auch für die meisten Deutschen noch ein mühsamer und bitterer Weg der Erfahrungen und Erkenntnisse zu gehen sein. Im Mai 1933 jedenfalls dürften ihm vor den Volksempfängern in Deutschland viele Hörer uneingeschränkt zugestimmt haben. Anders in der Emigration an den Ufern des »lateinischen Meers«: Thomas Mann bekommt Benns Elaborat gleich von mehreren Freunden zugesandt, und als Klaus Mann aus Paris auch noch einen Zeitungsausschnitt schickt, winkt der Vater müde ab: »[...] den Brief von Benn schicke ich Dir umgehend zurück, da wir das in jedem Sinn verlogene Produkt schon in zwei Exemplaren [...] besitzen. Es ist ja angenehm für ihn, daß er sich so in Harmonie mit den Ereignissen befindet, aber muß er uns in seiner Sattheit auch noch verhöhnen und so tun, als säßen wir zum Vergnügen in französischen Badeorten?«[3] Tatsächlich erreichen Thomas Mann in jenen Sommermonaten in Sanary nicht nur Spott und Häme. Es gibt vereinzelt Stimmen aus dem Reich, die ihn zur Rückkehr auffordern und die Möglichkeit einer »Versöhnung« mit dem Regime andeuten. Immerhin hat der Nobelpreisträger sich zwar öffentlich für Demokratie und Pazifismus ausgesprochen, sich aber seit Beginn der nationalsozialistischen Machtübernahme auffallend zurückgehalten (mit Rücksicht auf seinen in Berlin verbliebenen Verlag und den deutschen Buchmarkt). Auch sind bei der Bücherverbrennung am 10. Mai 1933 die Werke Thomas Manns nicht dem Feuer übergeben worden, und die Ausbürgerung hat ihn noch nicht ereilt (dagegen wird Heinrich Manns Name, der den Nationalsozialisten verhasste Autor von *Der Untertan,* auf der ersten Ausbürgerungsliste vom 23. August 1933 stehen). Nun gibt es also aus dem Reich Stimmen, die Thomas Mann eine Aussöhnung mit dem Regime in Aussicht stellen, sofern er geneigt wäre, sich an Franz von Papen, den ehemaligen Reichskanzler von 1932 und jetzigen Vizekanzler im Kabinett Hitler, demütig zu wenden. Erika Mann, die wenig versöhnlich, aber immer kämpferisch und um keine Fehde verlegen ist, weist den Vater, der diesen Gedanken nicht sofort verwirft, brieflich zurecht: »Du *schüttelst* Dich doch *wirklich* bei dem Gedanken, bei Papenfranz um Duldung einzukommen, – der Gedanke, in Dachau [dem Konzentrationslager], an den Eingekerkerten vorbei, spazieren zu fahren, und nicht mehr, – für alle Zeiten dieses Regimes nicht mehr, – die Möglichkeit zu haben, für einen von ihnen den Mund aufzutun, ist Dir doch *wirklich* unerträglich!?«[4]

Thomas Mann widersteht solchen Anfechtungen – wohl aber wird er noch bis zum Jahre 1936 zögern, bis er – in die Enge getrieben – sich öffentlich zu den Autoren des Exils und gegen Vereinnahmungsversuche aus dem Reich stellen wird. Doch jetzt, im Sommer 1933, in der Stille von »La Tranquille«, stehen zunächst andere Entscheidungen an. Die jüngsten Kinder, noch schulpflichtig, müssen unterrichtet werden, ihr musikalisches Talent (Elisabeth auf dem Klavier, Michael auf der Geige – er hat das Instrument seines Vaters bekommen) muss gefördert werden, wollen die beiden nicht den Anschluss verpassen. Nicht nur deswegen, sondern auch, weil Thomas Mann auf Dauer das Leben in Sanary inmitten einer Künstlerkolonie nicht behagt, schaut sich der Nobelpreisträger nach einer Unterkunft in der Schweiz um. Im August erreicht ihn die Nachricht, dass die politische Polizei sein Haus in München und die drei Automobile (ein Horch, ein Buick und ein DKW) »sichergestellt«, also beschlagnahmt hat. Thomas Mann wird bewusst, dass an eine Rückkehr nach München nicht mehr zu denken ist und er sich – den Anforderungen seines schöpferischen Prozesses gemäß – eine feste, repräsentative Bleibe in einem angenehmen Klima suchen muss, bevor die Herbststürme an der Côte d'Azur einsetzen. Es findet sich ein Haus zur Miete in der Schiedhaldenstraße 33 in Küsnacht bei Zürich. Im September ziehen Thomas und Katia Mann zusammen mit den beiden Jüngsten dort ein.

Elisabeth besucht seit Ende 1933 das Freie Gymnasium in Zürich und zeitgleich das dortige Konservatorium. Sie ist ehrgeizig bis zur Verbissenheit und zur Selbstaufgabe, vor allem, was die Musik anbelangt. Bereits morgens um fünf Uhr steht sie auf, um das Tagespensum im Lernen und Üben bewältigen zu können. Selbst dem so zielstrebigen und disziplinierten Vater (der gleichwohl ein eher lauer und verträumter Schüler war) wird dieses Übermaß an Eifer suspekt: »Sorge und Kummer Medi's [Elisabeths] wegen und ihres Konfliktes zwischen Schule und Musik. Sehe mit bitterer Enttäuschung die Entwicklung des Kindes sich ins Unselige verlieren.«[5] Doch der Eifer zahlt sich aus: Elisabeth absolviert, wobei sie sogar Klassen überspringt, bereits im September 1935 das Abitur. Da sie noch keine achtzehn ist, darf ihr nach dem Schweizer Schulgesetz die Urkunde noch nicht überreicht werden, wie die Mutter stolz an Klaus (der ja im Gymnasium jämmerlich versagte) berichtet: »Heute fand die Schlußfeier statt, der ich beiwohnte, und es war eine ganz wirkungsvolle kleine Szene, als sie daran war, mit Handschlag ihr Zeugnis vom Rektor zu empfangen und dieser erklärte, diese Schülerin habe ihre Jugend so gut angewendet, dass sie nach den eidgenössischen Gesetzen noch gar kein Zeugnis bekommen könne, es werde ihr bis zu ihrem achtzehnten Geburtstag am 24. April [1936] treulich aufgehoben; alles lachte und klatschte, und tatsächlich sah sie neben ihren Klassen-Kameradinnen wie ein rechtes Baby aus, sodaß das müde alte Nioben-Herz recht bewegt war.«[6] Auch ihr parallel geführtes Studium am Konservatorium beendet Elisabeth mit Erfolg: Anfang 1937 wird sie als Konzertpianistin examiniert. Einer musikalischen Laufbahn scheint nun nichts mehr im Wege zu stehen – durchaus zum Gefallen der Eltern, die ja selbst große Musikliebhaber sind (und speziell Katia war in ihrer Jugend eine gute Klavierspielerin). »K[atia]. in Medi's Konzert-Examen, guter Verlauf«,[7] notiert der Vater etwas lapidar im Tagebuch. Mit *einem* Widerstand hat die junge, burschikose Elisabeth, mit dem Konzertexamen in der Tasche, allerdings nicht gerechnet: der gesellschaftlichen Konvention. Noch in den 1960er-Jahren erinnert sie sich: »Ich wollte Musikerin werden. Ich trug die Musik in mir und ich arbeitete angestrengt. Und was bekam ich zu hören? Was lehrte mich die Vergangenheit? *Frauen können keine großen Musiker sein.*«[8] Als sie einige Zeit später wegen einer unglücklichen Liebesgeschichte einen Psychotherapeuten um Rat angeht, versucht dieser, ihr die Unvereinbarkeit von Kunst und Liebe zu vermitteln: »Treffen Sie eine Entscheidung. Wählen Sie zwischen der

Kunst und dem einfachen Durchschnittsfrauenleben.«[9] Elisabeth Mann lehnt sich dagegen auf: Noch als Frau von Mitte vierzig, die inzwischen zwar die Musikerlaufbahn aufgegeben, aber auf dem Gebiet der Ozeanologie Karriere gemacht hat, resümiert sie ihre Lebenshaltung: »Was für einen Sinn sollte es übrigens haben, auf das eine zu verzichten, wenn man von Natur aus zur Mittelmäßigkeit im anderen verdammt war? An den Verzicht habe ich, nebenbei bemerkt, nie geglaubt. Ich glaube an die Rebellion.«[10]

Mit Michael indes verhält es sich ungleich schwieriger und für die Eltern kummervoller. Auch er besitzt große Begabung. Die Violine (erst in Amerika wird er zur Viola wechseln) ist sein Instrument, und gemeinsam mit Elisabeth spielt er gern Duette. Der Umzug nach Küsnacht ist auch um seinetwillen geschehen, denn der Jüngste wird ebenfalls am Zürcher Konservatorium studieren. Die Aufnahmeprüfung besteht er mit Bravour, und Thomas Mann kann in den nunmehr vierzehnjährigen Jüngling große Hoffnungen legen. Im Tagebuch schreibt der Vater: »Es ist mir eine Freude und Genugtuung, daß [Konservatoriumsdirektor] Andrä den Bibi [Michael] entschieden begabt gefunden u. ihm eine gute Zukunft prophezeit hat, wenn er Fleiß u. Energie bezeigt [sic]. Es gäbe garnicht viele gute Geiger. Daß er ihn sofort dem Konzertmeister [Willem] de Boer, dem ersten Lehrer der Stadt, zugeteilt hat, ist ein Beweis der Aufrichtigkeit seiner guten Meinung. Der Junge wird auch das Klavier erlernen und auf der Akademie ein regelrechtes, auch theoretisches Musikstudium treiben [...].«[11] Die äußeren Voraussetzungen für eine gediegene Ausbildung und ein erfolgreiches Leben als Musiker scheinen gegeben, zudem bezieht Michael bald ein eigenes Zimmer in Zürich, nabelt sich also äußerlich vom Elternhaus ab. Doch besitzt er ein unausgeglichenes, impulsives, teils (auto-)aggressives Wesen, das es ihm selbst und seinen Mitmenschen nicht immer leicht macht. So kommt es im Januar 1936 zu einem Vorkommnis, über das Thomas Manns Tagebuch nur Andeutungen preisgibt: ein eigenwilliges Experiment mit Schlafmitteln als Ersatzdrogen oder gar ein Selbstmordversuch? »Bubenstreich Bibi's mit Phanodorm [einem Schlafmittel] und anderen Mitteln. Besuch des Küsnachter Arztes, Gespräche mit Golo, K[atia]. und dem jungen [Kai] Köster in der Halle über den harmlosen, aber das Haus einigermaßen verstörenden Fall.«[12]

Michael lernt zu jener Zeit in Zürich eine junge Frau kennen: Gret Moser. Sie ist die 1916 geborene Tochter wohlhabender Schweizer Unternehmer und eine Schulfreundin Elisabeth Manns. Doch trotz dieser an sich glücklichen Fügung auch im Privaten bricht sich bei Michael immer wieder ein unbeherrschter Zug Bahn. Im Jahre 1937 – Michael hat bereits das Lehrdiplom in der Tasche, möchte aber noch das Konzertdiplom absolvieren – kommt es am Zürcher Konservatorium zum Eklat: In einer Unterrichtspause begibt sich Michael Mann eigenmächtig in einen der Übungsräume und spielt dort Geige, als der Direktor, der wegen seiner autoritären Art bei Studenten und Dozenten gleichermaßen unbeliebt ist, hereinstürmt und ihn zur Rede stellt, was er denn hier in der Pause tue, das sei bekanntlich untersagt. Katia Mann erinnert sich: »Sagte es und packte Michael an der Schulter, worauf der den Mann ohrfeigte und sofort relegiert wurde. Alle Professoren haben ihn [Michael] dazu beglückwünscht, daß endlich jemand diesem Direktor zu Leibe gegangen war; aber die Gegenwehr endete halt mit schleunigem Abgang und ohne das zweite Diplom in der Tasche.«[13] Das vordergründige Unglück stellt sich im Nachhinein als Glück heraus: Michael Mann wird nach Paris gehen, um dort bei dem berühmten armenischen Virtuosen und Pädagogen Jean (Ivan) Galamian sein Studium fortzusetzen, eine Ausbildung, die ihm das vergleichsweise kleinstädtische Zürich nicht hätte bieten können. 1938 wird Michael Mann seinem Lehrer – zu dessen Schülern Geiger wie Itzhak Perlman, Pinchas Zukerman oder Ernst Walter Levin gehören – sogar nach New York folgen.

Golo Mann geht ebenfalls seinen eigenen Weg: Im Gegensatz zu seinen Eltern und den jüngsten Geschwistern, die nach wenigen Monaten Sanary verlassen und sich in der deutschsprachigen Schweiz ansiedeln, bleibt er zunächst in Frankreich, das ihm neue Heimat wird. Er nabelt sich ab, bereits in Sanary, wo er nicht »La Tranquille«, die Villa seines Vaters, bezieht, sondern in unmittelbarer Nähe ein Zimmer im Hause des Schriftstellers William Seabrook mietet. Zwar musste er in Deutschland sein Lehramtsstudium abbrechen, konnte aber immerhin im Jahr zuvor noch in Heidelberg seine Promotion bei Karl Jaspers über Hegel zu Ende führen. Nun, in Frankreich, richtet Golo Mann unter den Erfordernissen der Umstände seine Lebensplanung neu aus: Da ihm eine Laufbahn an einer deutschen Universität verwehrt ist, bewirbt er sich im Gastland um den Posten eines Lektors für deutsche Sprache an der Eliteschule École Normale Supérieure in Saint-Cloud bei Paris. Er wird – wohl durch Vermittlung von Félix Bertaux, dem Vater seines Freundes Pierre Bertaux – angenommen und tritt die Stelle Ende 1933 an. Ende 1935 wechselt er – wieder als Lektor für deutsche Sprache – an die Universität Rennes in der Bretagne. Es ist ein unaufgeregtes, diszipliniertes, arbeitsreiches Leben, das er führt. Seine Homosexualität bleibt weitgehend unausgelebt, die bisherigen Liebeleien mit jungen Männern waren eher enttäuschend. Andererseits muss er sich der Schwärmerei einer guten Freundin, Lise Bauer, erwehren, die in Deutschland geblieben ist und ihn trotz der Gefahr, die ihm bei einer Rückkehr droht, wiederholt nach Oberbayern einlädt. Sie weiß um Golos sexuelle Disposition, will sie aber nicht recht wahrhaben, und er hat zu tun, sie emotional auf Distanz zu halten. »Dein Brief hat mich recht gerührt«, schreibt er ihr aus Küsnacht, wo er in den Ferien bei den Eltern weilt, »aber das mit dem Besuch kann nicht sein. Es ist ganz unmöglich. Ich hätte es gern getan; obwohl ich glaube, dass mein Bild sich Dir in der langen Zeit der Trennung [des Exils] verklärt und obwohl ich mir nicht vorstellen kann, wie so ein düsterer, egoistischer und fremder, Tat und Rat selbst bedürftiger Bursche wie ich durch meinen Besuch Euch eine Weihnachtsfreude hätte bereiten können. Aber verstehe: es kann garnicht sein. Ich sehe von allen Nebengründen ab, von denen ich nicht sagen kann, ob sie für sich allein ein solches Unternehmen gestattet hätten oder nicht; der Hauptgrund ist: dass ich wahrscheinlich garnicht bis zu Euch käme, sondern schon an der Grenze –.«[14]

Anders als Golo, der sich früh emanzipiert und selbst im Exil von Anbeginn auf eigenen Beinen steht (auch wenn er dafür eine Arbeit annehmen muss, für die er als Doktor der Philosophie eigentlich überqualifiziert ist), bleibt Monika das Sorgenkind der Familie: Mehrfach begabt, aber undiszipliniert, etwas wehleidig und versponnen, missfällt sie sowohl der tatkräftigen Mutter als auch dem egomanen Vater, der in der mittleren Tochter zunehmend eine Bedrohung seines Haus- und Seelenfriedens sieht und sie nur ungern weiter um sich haben will. Im Oktober 1933, Thomas, Katia und die beiden Jüngsten sind bereits nach Küsnacht gezogen, schreibt Monika aus dem frühherbstlichen Sanary: »Heut ist es Sonntag und ein bisschen Leben hier und Musike, aber sonst ist's schon total leer. Recht komisch für die Morrnigga [Monika] und *tobende* Unwetter, Sturzbachregen und arger Donnerblitz, daß es zum Fürchten wäre! Aber irgendwie ist's schon recht so und ich spiel viel Klavier und geh spazieren. Morgen geh ich auch wieder baden, hoffentlich wird's endlich wieder schön Wetter, die gute Bräune geht ja auch zum Teufel!«[15] Dieses Briefexzerpt ist nicht untypisch für Monika Manns Stil und ihre Verfassung: Sie will komisch-geistreich wirken, imitiert den saloppen, ironisierenden Korrespondenzstil ihrer älteren Geschwister Erika und Klaus, suggeriert, sie sei unentwegt tätig (da sie angeblich ausgiebig Klavier übe) und genieße darüber hinaus (verdientermaßen) die Freuden des Lebens. Doch die Wirklichkeit sieht anders aus: Monika Mann leidet an einem Minderwertigkeitskomplex, sie ist unsicher und orientierungslos. Man mag das übergroße Vaterbild dafür verantwortlich machen, den schriftstellerischen Erfolg von Vater, Onkel Heinrich, Bruder Klaus und Schwester Erika, auch die Zielstrebigkeit der »Kleinen«, Elisabeth und Michael, in ihrer musikalischen Ausbildung – all das ermutigt nicht eben einen Menschen wie Monika, der sich selbst und seine Begabung länger als andere sucht. Man kann andererseits Monikas Verhalten auch als eitel, selbstverliebt, ja träge abqualifizieren – und gerade Thomas Mann empfindet so im Laufe der Jahre immer stärker. Monika gerät bereits von Anbeginn des Exildaseins ins familiäre, soziale und berufliche Abseits – und sie strickt, bis ins Alter hinein, ihr eigenes Image daraus: das der verkannten, zu Unrecht schlecht behandelten, gleichwohl als Musikerin und Schriftstellerin mehrfach talentierten Frau, der man eine Aschenputtelrolle zuweist, obgleich sie doch eine ungeküsste Prinzessin aus dem berühmten Hause Mann ist. Keine der beiden Positionen ist uneingeschränkt zu halten, die Wahrheit liegt – wie so oft – irgendwo in der Mitte. In späteren Jahren wird Monika Mann tatsächlich einigen Erfolg als Autorin ihrer Erinnerungen und als Literatin der »kleinen Form« ernten, aber da ist Thomas Mann, um dessen Lob und Anerkennung sie doch (wie auch Klaus Mann) zeitlebens buhlte, bereits tot, und die ältere Schwester Erika hält als Familienchronistin das Zepter in der Hand, was die Deutungshoheit über die Geschichte des berühmten Vaters und der ganzen Familie anbelangt.

Monika weiß, dass ihr das Leben im Elternhaus, das sich nun in Küsnacht in der Schweiz befindet, nicht guttut. Schon bald zieht sie von Sanary nach Florenz, nimmt dort – mit dem Geld der Eltern – Privatunterricht bei dem bekannten Komponisten und Pianisten Luigi Dallapiccola, will es also ihrer jüngeren Schwester gleichtun, ohne aber je offiziell ein Examen zu absolvieren oder den angestrebten Beruf (oder die Berufung) zur Pianistin ernsthaft weiterzuverfolgen und in die Realität umzusetzen. Immerhin lernt sie in der Stadt am Arno ihren späteren Ehemann Jenö Lányi kennen, einen ungarischen Kunsthistoriker, der über Donatello arbeitet. Doch selbst diese Verbindung kann Monika Mann nicht charakterlich festigen. Sie bleibt unstet.

Kein Wunder, dass sich Monika in jenen Dreißigerjahren immer mehr ihrem Bruder Klaus zuwendet – dem anderen gefährdeten Außenseiter –, für ihn in Florenz Recherchearbeiten zu dessen Roman über Peter Tschaikowsky übernimmt, um seine Sympathie und Anerkennung wirbt, seinen Rat einholt – eine Aufgabe, der der ältere Bruder nachkommt, wenngleich mit einem gewissen Gefühl von Überforderung und Gereiztheit, hat er doch schließlich selbst genug damit zu tun, seine Existenz im Exil zu sichern und mit eigenen Ängsten und Schwierigkeiten zurande zu kommen. Recht hilflos und verschwatzt nimmt sich denn auch ein Brief Monikas an Klaus vom 12. Januar 1936 aus – die bereits Fünfundzwanzigjährige hält sich wieder einmal für längere Zeit im Elternhaus in Küsnacht auf. Während im Hause Unruhe herrscht – die Eltern sind in Vorbereitung auf einen Winterurlaub in Arosa, und die beiden Jüngsten üben wie besessen auf Klavier und Geige moderne Stücke –, weiß Monika nicht so recht etwas mit sich und der Welt anzufangen: »Ich, was tu ich? Das ist garnicht das Einfachste. – Wenn die Monnigga nicht ihre regelmäßigen Arbeitsstunden hat, aus denen sie beglückt, manch mal nur ein bißchen verzagt, hervorgeht, – dann ist's ziemlich schwierig! – Da denkt sie viel zu viel Zeug zusammen und unter Umständen dummes. – Einmal huscht sie mit dem Hund durch den Wald, einmal meint sie, sie müßte zeichnen – liest und lauscht ein bißchen und sonst plagt sie sich. – Plagt sich mit Umsturz gegen Aufrecht, Zweifeln, Bangen, Nöten, Sehnsuchten [sic] – und findet nicht den rechten Frieden. [...] Jedenfalls gehör ich zu den Menschenkindern, die unsagbar glücklich und unsagbar unglücklich sein können. Auch die in Sekundenkürze von einem Extrem ins andre stürzen.«[16]

Klaus, selbst ein Getriebener, aber auch ein rastlos Tätiger, hat nicht gleich Zeit, auf diese hilflosen Klagen der Schwester angemessen und einfühlsam zu antworten, legt den Brief beiseite – und vergisst ihn wohl. Schon erhält die Mutter Katia von Monika aus Florenz einen zerknirschten Brief (natürlich mit einer weiteren Geldforderung): »O sorgenvolles Kind, das ich bin! Doch wenigstens nicht bös! – Ob ich mich für mehr halte, als ich wirklich bin, weiß ich nicht. – Auch weiß ich nicht, ob ich das Recht habe mich so abseits der Menschheit zu halten, woran aber (durch mich eben) die Menschen selbst Schuld tragen! – Es ist ungeheuer schwer für mich, mit einem Menschen warm zu werden. [...] Daher ward mir bisher die Solitüde aufgezwungen, in der es genügend Leid und Kraftaufwendung gibt, und in der die Musik das erfüllende, das rettende Element ist! – Ich zweifle nicht an meiner Musikalität, an meinem Musikverständnis und auch nicht an meiner pianistischen Begabung. [...] Und somit komm ich auf die Frage des Geldverdienens [...]. Es ist bei mir dies Zweifeln, muß es selbst erledigen, oder gibt es auf Gottes Erdboden eine Menschenseele, die mir hilft. [...] Den Menschen irgendwas Imposantes vorlegen, will ich so und so. – Sei es um die Existenzmöglichkeit, sei es um ideellere Gründe! – So will ich, daß es bald so weit ist, eine praktische Sache anzugreifen!«[17] Und sie schließt mit einem Verweis auf ihren Fleiß: »Ich halte mir jetzt die [Zeitung] *Nazione* und schreibe jeden Mittag 10 Vokabeln raus!«[18]

Kein Wunder, dass der Mutter der Geduldsfaden reißt. An Klaus schreibt sie: »Mönle schrieb mir einen recht törichten, verstiegenen Brief: Die Menschen hemmten sie so, weil sie so grausam seien, aber wenn sie das überwinde, werde sie bestimmt ›irgendwie produktiv‹ werden. Ich redete ihr gut zu, sich um die race maudite [das verfluchte (menschliche) Geschlecht] nicht so viel zu kümmern und irgend ein praktisches Ziel zu erstreben. Und darauf meinte sie, auf eigenen Füßen zu stehen, habe natürlich Hand und Fuß, aber auch sein Grausiges. Wieso?! Ich sage Dir, das Kind flüchtet sich in prätentiöse Verstiegenheit und hätschelt seine heilige Trägheit.«[19]

Klaus Mann erinnert sich nun des Briefes von Monika und versucht, begütigend und nachsichtig auf seine jüngere Schwester einzuwirken: »Diese Zustände sind zugleich arg und schön: das ist das Wunderliche wie das Wunderbare an ihnen. Ich kenne es: es kann *infernalisch* sein; gerade aber wenn es besonders infernalisch ist, ist es doch auch besonders schön; je mehr es quält, desto mehr bereichert es auch. Ja, der Schmerz bereichert [...]. Ohne den Schmerz – genauer gesagt: ohne den Liebesschmerz und den Schmerz der Einsamkeit [...] würde es keine Art von künstlerischer Bestätigung geben. [...] Der Schmerz – und das Glück [...] – wird dich schöner Klavier spielen lassen. Wenn du heftige und traurige Dinge erlebst, wirst du am Ende doch noch eine veritable Künstlerin werden. Natürlich genügen aber keineswegs die heftigen Erlebnisse; es muss auch eine artistische Energie da sein; ein wirklicher *Fleiss* – der es erst ermöglicht, das Gelittene zu verwandeln. [...]«[20] Und er fährt mit einer Erkenntnis fort, die er bereits vier Jahre zuvor in seinem Roman *Treffpunkt im Unendlichen* zum Thema erhob: »Alle Begegnungen zwischen Menschen endigen traurig; aber sie sind doch nicht alle von der gleichen Grausamkeit. [...] ›Abschied ist das ewige Motiv – aller Lieder, die wir singen.‹ [...] Lasse dich nicht umbringen, sondern stärker machen. Werde zielbewusster. Habe Absichten, Pläne. Bereite dich auf ganz bestimmte Ziele vor: Dann und dann will ich das und das tun – da oder dort auftreten, auch Geld verdienen, tüchtiger werden.«[21]

Klaus Manns wohlmeinende Ratschläge fallen durch Monikas Inneres wie Wassertropfen durch ein Sieb: Sie ist nicht fähig, etwas in sich aufzufangen und zu verwahren. Erst viel später, als sie wirklich durch tiefes menschliches Leid geschritten ist, wird es ihr gelingen, das Erlittene schöpferisch zu verarbeiten.

Keinesfalls träge und ziellos sind in jenen ersten Jahren im Exil die beiden ältesten Geschwister Erika und Klaus. Erika Mann, die in den ersten Wochen der NS-Herrschaft in München noch mit ihrem Kabarett »Die Pfeffermühle« die Menschen begeisterte, hofft nun, im Schweizer Exil, die Erfolge ihrer Theatertruppe fortsetzen zu können. Doch die Verhandlungen mit den Behörden ziehen sich hin: Der Einfluss rechter Parteien auf die Politik ist auch in der Eidgenossenschaft groß. Zudem will man es sich nicht mit dem großen und gefährlichen Nachbarn Deutschland verderben. Ein politisches, antinationalsozialistisches Kabarett im eigenen Land gefährde, so die Auffassung der Ämter, aber auch vieler Schweizer Bürger, den inneren und äußeren Frieden und damit die hochgehaltene Neutralität des Landes. Erika Mann, der Prinzipalin, werden allerlei Hürden in den Weg gestellt: So muss sie sich verpflichten, in ihrem Kabarett auf politische Äußerungen und Kampagnen zu verzichten. Zudem muss sie – um nicht die Arbeitslosigkeit zu fördern – eine Anzahl Schweizer Künstler beschäftigen. »Meine Kabaret-Sache ist noch immer nicht im Reinen«, vermeldet sie im August 1933 dem Vater. »Mit den Schwyzern ist nur ungemein langsam saure Kirschen essen – aber es geht täglich ein Ruckerl vorwärts.«[22] Erika Mann übertreibt ein wenig, denn bereits sieben Wochen später, am 30. September, kann die Premiere der »Pfeffermühle« im Zürcher Hotel Hirschen stattfinden. Der Saal ist ausverkauft, die Stimmung gut, die Mitspieler (darunter Therese Giehse, Magnus Henning, Lotte Goslar und die Prinzipalin selbst) in Höchstform, die Kasse stimmt, das Publikum versteht die Pointen und Anspielungen, auch wenn die Nummern – wie mit den Behörden vereinbart – nichts dezidiert Politisches beinhalten dürfen. Auch Thomas Mann ist – gemeinsam mit Katia und Golo – bei der Premiere zugegen. Stolz notiert er im Tagebuch: »Ein entgegenkommendes Publikum bereitete ihr zu unserer Freude einen fast stürmischen Erfolg, und es gab viele Hervorrufe und Blumen. Erikas geistige und organisatorische Leistung bewundernswert. [...] Die Gie[h]se hervorragend und schon Liebling des Publikums.«[23] Alles scheint bestens zu sein. Klaus Mann (der zur »Pfeffermühle« selbst ein paar Textnummern beigetragen hat) erinnert sich: »Erika war in großer Form, als Textdichterin, als Chansonette und Conférencière. Noch dort, wo sie bitter sein mußte, noch in der Anklage, im Protest gewann sie durch den Reiz ihres Lächelns, der Stimme und Gebärde. Ihr moralisch-politischer Appell wirkte, weil er aus dem Herzen kam und mit künstlerischer Phantasie präsentiert wurde. [...] Die ›Pfeffermühle‹ setzte sich durch: Sie gefiel. Die Züricher zeigten sich noch empfänglicher und dankbarer als ein Jahr vorher die Münchener. Es folgte eine Tournée durch die Schweiz, woran sich Gastspiele in der Tschechoslowakei, Holland, Belgien, Luxemburg schlossen.«[24]

Das ist wahr, aber es ist nur die halbe Wahrheit. Tatsächlich spielt Erika Manns Kabarett in den nächsten drei Jahren in all diesen von Klaus Mann aufgezählten Ländern, in über eintausend Aufführungen. Und auch der Erfolg ist (zunächst) überwältigend. Aber der Druck auf das Unternehmen und seine Prinzipalin nimmt von konservativ-nationalistischer Seite immer mehr zu. Immer mehr Gemeinden in der Schweiz verbieten Aufführungen aus Angst vor politischen Komplikationen. In Zürich kursieren Gerüchte, nationalsozialistische Agenten beabsichtigten, Erika Mann nach einer Aufführung zu entführen und nach Deutschland zu verschleppen. »Seither«, so berichtet Erika ihrem Bruder Klaus, »durfte ich abends nimmer [nach Küsnacht] heimfahren, übernachtete täglich woanders, – verdrießlich, verdrießlich.«[25] Wie viel an solchen Geschichten Hysterie, wie viel bewusst gestreutes Gerücht zum Zwecke der Einschüchterung war, ist nicht zu klären. Tatsache ist, dass das NS-Regime besonders verhasste Kritiker im Ausland immer wieder von Spezialkommandos verschleppen ließ. Besonders erzürnt ist Erika Mann, als sie erfährt, dass die Mutter ihrer Freundin Annemarie, die reiche, aus einer mit den rechtsradikalen »Frontisten« sympathisierenden Offiziersfamilie stammende Renée Schwarzenbach, ihren Einfluss geltend macht, um gegen die »Pfeffermühle« zu opponieren. Sehr bald kommt auch ein Schweizer Gesetz ins Gespräch, das die Beleidigung ausländischer Staatsoberhäupter (also in diesem Falle Adolf Hitlers) mit einer Freiheitsstrafe von bis zu drei Jahren belegt. Frustriert schreibt Erika im Dezember 1934 an ihren Bruder Klaus, Aufführungen der »Pfeffermühle« seien »im Aargau bereits verboten, auch aus St. Moritz soll nichts werden, – und ob aus Zürich das nächstemal, das ist offen wie eine Wunde. Nach Prag sollen wir auch nicht, denn dort waren doch die großen antideutschen Kundgebungen bei der deutschen Universität, – man verwechselt wieder mal Hitler und mich [...].«[26]

Unter solchen Einschüchterungen und Behinderungen leidet natürlich auch das Betriebsklima der »Pfeffermühle«. Es wird immer schwieriger, noch Aufführungsorte zu finden, Lust und Zuversicht schwinden, auch finanziell gerät das Unternehmen in Bedrängnis. Im Frühjahr 1936 steht die »Pfeffermühle« in Europa vor dem Aus.

Ein ähnliches Schicksal, gleichermaßen von Erfolg wie Scheitern geprägt, hat ein Projekt, das Klaus Mann in jenen ersten Jahren des Exils mit Herzblut verfolgt: Seine literarische Monatsschrift *Die Sammlung*. Zwei Jahre lang, vom September 1933 bis August 1935, erscheint die Zeitschrift im Querido Verlag in Amsterdam, dessen deutschsprachiger Zweig unter seinem Programmleiter Fritz Landshoff, einem engen Freund Klaus Manns, zu einem der wichtigsten Exilverlage wird. Klaus Mann ist Chefredakteur und Herausgeber, die Zeitschrift steht nominell unter dem »Patronat« dreier berühmter Autoren: André Gide, Aldous Huxley und Heinrich Mann. Das Triumvirat versinnbildlicht den internationalen Anspruch, den

Klaus Mann mit der *Sammlung* hegt: Die Zeitschrift soll ein Sammelbecken aller Autoren sein, die sich – gleich welcher Nation, welcher Geisteshaltung, welcher politischer Ausrichtung – gegen die nationalsozialistische Barbarei stellen. Dies macht Klaus Mann im Editorial der ersten Nummer deutlich: »Eine literarische Zeitschrift ist keine politische; [...] Trotzdem wird sie heute eine politische Sendung haben. Ihre Stellung muss eine eindeutige sein. [...] Die wir sammeln wollen, sind unter unseren Kameraden jene, deren Herzen noch nicht vergiftet sind von den Zwangsvorstellungen einer Ideologie, die sich selber ›die neue‹ nennt, während sie in Wahrheit alle bedenklichen Zeichen der ›Überständigen‹ trägt, und die wir verabscheuenswert finden; [...] Eben für dieses verstossene, für dieses zum Schweigen gebrachte, für dieses wirkliche Deutschland wollen wir eine Stätte der Sammlung sein [...].«[27] Der Zeitschrift wird von Anbeginn große Aufmerksamkeit zuteil, unter Sympathisanten wie Gegnern. Mehr als einhundertfünfzig zum Teil sehr bekannte Autoren verschiedener Nationen publizieren darin. Finanziell freilich ist es ein Zuschussprojekt, von einigen wohlhabenden Geldgebern, darunter Klaus Manns Freundin Annemarie Schwarzenbach, einige Zeit am Leben erhalten – bis die Zeitschrift nach zwei Jahrgängen schließlich eingestellt werden muss.

Doch nicht nur den Nationalsozialisten in Deutschland ist *Die Sammlung* ein Dorn im Auge, auch in Exilantenkreisen stößt die Ausrichtung der Zeitschrift mitunter auf Ablehnung und Kritik. Klaus Manns etwas sophistische Äußerung im Editorial, die Zeitschrift sei nicht politisch, sondern literarisch, müsse aber gleichwohl eine politische Sendung haben, lässt sich unterschiedlich interpretieren. Klaus Mann ist von Anbeginn daran gelegen, auch die eigene Literatenfamilie in das Projekt einzubeziehen: So veröffentlichen neben dem Herausgeber selbst auch Golo und Heinrich Mann. Mit Thomas Mann hingegen, der sich zunächst am Projekt des Sohnes interessiert zeigt, kommt es bald zur Kontroverse: Der

Nobelpreisträger, dessen Verlag noch immer seinen Sitz in Berlin hat und dessen Bücher nach wie vor in Deutschland erscheinen, fürchtet ein Verbot durch die nationalsozialistischen Machthaber und zieht, als er die durchaus politische, antinationalsozialistische Haltung der *Sammlung* zur Kenntnis nimmt, seine Zusage einer Mitarbeit erzürnt zurück. An Klaus schreibt er im September 1933 vorwurfsvoll: »[...] daß Du's Dir nicht versagen konntest, H[einrich]. M[ann].'s hochleidenschaftlichen Artikel [*Sittliche Erziehung durch deutsche Erhebung*] in die erste, das Bild bestimmende Ausgabe aufzunehmen [...] war die Rücksichtslosigkeit Eines, der vom ersten Tage an gründlich Schluß machen durfte, eine Rücksichtslosigkeit gegen mehrere Schriftsteller, die nicht in dieser Lage sind, und die Dir ihre Namen für die Mitarbeiter-Liste zur Verfügung gestellt hatten. [...] Auch ich kam sofort in eine böse Lage, der Fischer-Verlag war in Verzweiflung.«[28]

Klaus Mann ist zutiefst getroffen, hatte er sich doch von einer Mitarbeit seines berühmten Vaters eine größere Aufmerksamkeit für seine Zeitschrift erhofft. Zudem schlägt Thomas Manns Verweigerung erneut persönliche Wunden im schwierigen Verhältnis von Vater und Sohn. Auch andere bekannte Autoren – etwa René Schickele, Alfred Döblin, Robert Musil und Stefan Zweig – springen von dem Projekt trotz ihrer anfänglichen Zustimmung erbost ab. Besonders die Absage Stefan Zweigs, mit dem Klaus Mann bis dahin freundschaftlich verbunden war, trifft den Herausgeber der *Sammlung* schwer. In mehreren Briefen an die genannten Autorenkollegen versucht er zu vermitteln, zu differenzieren, zu retten. Persönlich ist Klaus Mann stark angeschlagen. Wie so oft klagt er seiner Schwester Erika, der engsten Vertrauten, sein Leid. Die, burschikos und angriffslustig, wagt sogar eine offene Auseinandersetzung mit dem Vater, was die Sache freilich nicht angenehmer macht und den Konflikt nicht löst. Ihrem Bruder Klaus berichtet sie in recht rüdem Ton:

»Ich habe Zwist [...] mit den Greisen [Thomas und Katia Mann] gehabt, – ei warum, des Bermanns [der neue Verlagschef Gottfried Bermann Fischer] wegen. Wagt dieser Schleimfrosch, an den Z[auberer]. zu schreiben und in einem *Ton* über Dich und Heinerle [Heinrich Mann] herzuziehen, den ich mir als Euer Blutsverwandter [...] nie und nimmer würde bieten lassen. Kein Wort ist ihm zu toll, keine Herabwürdigung zu unverschämt. Z[auberer]. lächelt und sagt: ›ja, auf den Aissi [Klaus Mann] ist er nicht gut zu sprechen.‹ [...] Daß die Bersau [Bermann Fischer] in allem und jedem darauf hinaus will und es deutlich schreibt – sämtliche Emigranten sollten auf Lebzeit den Mund halten, damit er, Berdreck, in Deutschland keinen Ärger habe, ist sonnenklar [...]. Ich habe also zunächst nur geschimpft, wobei ich vom unreifen und wankelmütigen Gölchen [Golo Mann] schmählich im Stich gelassen wurde [...]. Das Ganze ist so, wie ich es Deinem Vater schon vor Monaten voraussagte – der falsche Schritt, bei Fischer zu bleiben, zieht nichts als Falsches nach sich [...].«[29]

Die Positionen innerhalb der Familie sind verhärtet, selbst Katia, »das hohe Gericht Mama«, so Erika, steht aufseiten Thomas Manns, wobei sie »mir sehr unrecht gab und ein wenig massiv wurde, sodass ich mich nicht entschließen konnte, ganz gute Miene zu diesem miserablen Spiel zu machen«.[30] Der Konflikt bleibt ungelöst und schwelt untergründig weiter, bis er gut zwei Jahre später erneut ausbricht, diesmal mit Gewalt: Auslöser ist eine Glosse Leopold Schwarzschilds, des Herausgebers der Emigrantenzeitschrift *Neues Tage-Buch,* vom 11. Januar 1936, worin er behauptet, Gottfried Bermann Fischer, der seinen Verlag nach wie vor in Deutschland hält, sei ein »Schutzjude« der Nationalsozialisten und wolle im »Interesse des Propagandaministeriums« Joseph Goebbels' einen »getarnten ›Emigrations‹-Verlag«[31] im Ausland gründen. Bermann Fischer bittet daraufhin drei seiner bekanntesten Autoren – Thomas Mann, Hermann Hesse und Annette Kolb –, einen Protest gegen diesen haltlosen Anwurf zu veröffentlichen. Die drei kommen dem Ansuchen nach und nehmen ihren Verleger in der *Neuen Zürcher Zeitung* vom 18. Januar 1936 in einer offenen Erklärung in Schutz. Erika und Klaus fühlen sich angesichts dieser in ihren Augen nach wie vor mutlosen und zaudernden Haltung zutiefst verletzt – auch stellvertretend für all die anderen Exilanten, die in dem großen Thomas Mann einen Leuchtturm des freien Wortes sehen. Erika schreibt am 19. Januar empört an den Vater:

»Immerhin möchte ich Dir erklären, warum Deine Handlungsweise mir dermaßen traurig und schrecklich vorkommt, daß es mir schwierig erscheint, Dir in näherer Zukunft überhaupt unter die Augen zu treten. [...] Dein Appell für [Carl von] Ossietzky durfte nicht veröffentlicht werden, – Du schwiegst, als [Knut] Hamsun denselben Ossietzky öffentlich anpöbelte, und als der kleine [Armin] Kesser den ›Henry Quatre‹ [Heinrich Manns Roman *Henri Quatre*] [in einer Rezension] erledigte, schriebst Du einen (wunderbaren) Privatbrief. [...] Er [Bermann] bringt es nun zum zweiten Male fertig (das erste Mal anläßlich des ›Eröffnungsheftes‹ der ›Sammlung‹), daß Du der gesamten Emigration und ihren Bemühungen in den Rücken fällst, – ich kanns nicht anders sagen. [...] Deine Beziehung zu Doktor Bermann und seinem Haus ist unverwüstlich, – Du scheinst bereit, ihr alle Opfer zu bringen. Falls es ein Opfer für Dich bedeutet, daß ich Dir mählich, aber sicher, abhanden komme, –: leg es zu dem übrigen. Für mich ist es traurig und schrecklich.«[32]

Thomas Mann ist aufgeschreckt und aufgewühlt, bittet in einem konzilianten Brief an Erika um deren Verständnis und Nachsicht und versichert sie seiner väterlichen Liebe. Doch die Angelegenheit eskaliert unterwartet, als Eduard Korrodi am 26. Januar in der *Neuen Zürcher Zeitung* behauptet, man dürfe die emigrierten jüdischen Schriftsteller nicht mit der deutschen Literatur gleichsetzen, allenfalls die »Romanindustrie«[33] sei ins Exil gegangen, während die wirklich bedeutenden Autoren wie Thomas Mann weiterhin in

Deutschland publizieren könnten. Wieder sind Erika und Klaus Mann aufgebracht. Klaus und der Querido-Programmleiter Fritz Landshoff (in dessen Verlag ja namhafte deutsche Autoren des Exils veröffentlichen) fordern Thomas Mann in einem Telegramm auf, auf Korrodis Artikel zu entgegnen, es gehe »wirklich um eine Lebensfrage für uns alle«.[34] Und auch Erika schreibt dem Vater nochmals, diesmal eher liebevoll-versöhnlich, aber gleichwohl drängend: »Aber *was soll* mir am Herzen liegen, wenn nicht die Würde und Unbescholtenheit dessen, was Emigration heißt und Deine Würde und Unbescholtenheit in ihr?«[35] Thomas Mann, in die Enge getrieben, gibt endlich klein bei, auch unter der Gefahr, den deutschen Buchmarkt und damit einen Großteil seiner Einnahmen zu verlieren. Kein leichter Schritt. Am 3. Februar 1936 erscheint in der *Neuen Zürcher Zeitung* sein offener Brief an Korrodi, worin er sich mit der Exilliteratur solidarisiert. Erleichtert telegrafiert ihm Erika Mann: »Dank, Glückwunsch, Segenswunsch.«[36]

Die unmittelbaren Folgen für Thomas Mann und seine Familie sind eklatant. Nicht nur werden Thomas Manns Bücher in Deutschland verboten (erst als Bermann Fischer seinen Verlag zunächst nach Wien, 1938 nach Stockholm transferiert, können die Werke des Nobelpreisträgers weiter erscheinen, freilich nicht in Deutschland); ihm und den Seinen wird auch die deutsche Staatsbürgerschaft entzogen: Heinrich Mann wurde bereits 1933 durch die Nationalsozialisten aus der »Volksgemeinschaft« ausgeschlossen. Klaus Mann wurde die Staatsangehörigkeit im November 1934 aberkannt (Goebbels und seine Schergen hielten ihn – neben seinem Onkel – für den Gefährlichsten aus der Familie Mann). Nun, Anfang Dezember 1936, werden auch die anderen Mitglieder der Familie – Thomas, Katia, Golo, Monika, Elisabeth und Michael – von den braunen Machthabern in Berlin ausgebürgert. Doch der Entzug der Staatsbürgerschaft ist gegenstandslos, denn die Manns haben durch Vermittlung des tschechischen Textilfabrikanten

Rudolf Fleischmann aus Proseč und mit Bewilligung des Präsidenten der tschechoslowakischen Republik Eduard Beneš bereits am 19. November 1936 die tschechische Staatsbürgerschaft verliehen bekommen. Golo hat sogar seine Tätigkeit an der Universität Rennes beendet und wechselt im Oktober 1936 nach Prag, wo er an der *Neuen Weltbühne* (der Nachfolgezeitschrift der im Deutschen Reich verbotenen *Weltbühne*) mitarbeitet und an der Universität Tschechischkurse belegt. Sein Aufenthalt währt allerdings nicht lange: Bereits im Sommer 1937 kehrt er der Tschechoslowakei den Rücken und geht nach Zürich zurück. Eine neue Aufgabe erwartet ihn dort, zu der ihn der Vater ins Gespräch gebracht hat ...

Skurril verhält es sich mit Erika Manns Ausbürgerung: Auch sie trifft der von den Nationalsozialisten geführte Schlag zu spät, was die im Spiel mit Spott und Sarkasmus geübte »Pfeffermühlen«-Prinzipalin hämisch kommentiert: »[...] wie können Deutsche eine Engländerin ausbürgern, das Kunststück bringt nur Hitler fertig!«[37] Als nämlich im Juni 1935 die deutschen Behörden den Entzug ihrer Staatsbürgerschaft bekannt geben, sitzt Erika Mann im Zug nach England, um den homosexuellen Dichter Wystan H. Auden zu ehelichen. Die beiden kennen sich nicht, die Ehe wurde – wie so manche zu jener Zeit – arrangiert. Klaus Mann und einer seiner Freunde, Christopher Isherwood, haben das eingefädelt, und Auden telegrafierte an Erika Mann: »delighted«. Erika fährt also nach London, nimmt dort den Zug nach Malvern in Worcestershire, wo Auden wohnt und als Lehrer unterrichtet. Doch anstatt in Great Malvern steigt sie irrtümlich in Malvern Link aus, tritt auf einen am Bahnsteig wartenden Herrn zu und sagt freudestrahlend zu ihm: »It is so kind of you to marry me.«[38] Schließlich findet sie doch noch den richtigen Bräutigam, der Standesbeamte drückt auch ein Auge zu, als Auden, der das Aufgebot bestellen will, weder das Alter der Braut noch deren Nachnamen (»Mann« oder »Gründgens«?) kennt. Es wird also rasch geheiratet, sogleich nach der schmucklosen Zeremonie kehrt Auden in den Unterricht zurück, während Erika mit der begehrten Heiratsurkunde (und damit im Besitz der britischen Staatsbürgerschaft) wieder nach London fährt. Dort nämlich hat sie mit einem Theateragenten zu verhandeln: Die »Pfeffermühle« soll nach Amerika übersiedeln!

Auch Klaus Mann treiben bereits wieder neue Projekte um: Im Querido Verlag hat er bereits zwei Romane veröffentlicht: 1934 erschien *Flucht in den Norden,* die zärtliche Liebesgeschichte um eine junge deutsche Kommunistin namens Johanna, die sich von Paris nach Finnland begibt und dort einen märchenhaften Sommer in der finnischen Natur und in der Liebe zu einem jungen Gutsbesitzer verbringt (Klaus Mann hat hier persönliche Erinnerungen an seine Liebe zu dem Finnen Hans Aminoff einfließen lassen). Doch am Ende entscheidet sich Johanna für die Rückkehr zu ihren Genossen und für die Wiederaufnahme des Kampfes gegen den Nationalsozialismus. Der andere Roman, 1935 bei Querido erschienen, trägt den Titel *Symphonie Pathétique* und erzählt die letzten Lebensjahre des homosexuellen russischen Komponisten Peter Tschaikowsky bis zu dessen mysteriösem Selbstmord. Klaus Mann hat auch hierin eigene Erfahrungen als Künstler und Homosexueller verarbeitet, und gemeinsam mit der 1937 veröffentlichten Novelle *Vergittertes Fenster* um den Tod des bayerischen »Märchenkönigs« Ludwig II. bilden diese Werke nach eigenem Bekunden einen »Ausflug ins Melancholisch-Ästhetizistische, ins liebe, alte, traulich-morbide Märchenland«.[39]

Doch dieser »Ausflug« ist nur als eine Episode des Exils zu betrachten: Klaus Manns nächster großer Roman *Mephisto* wird den Kampf mit dem Typus des Mitläufers und Karrieristen im »Dritten Reich« aufnehmen und seinen Schöpfer bis heute zu einem der wichtigsten politischen Autoren des deutschen Exils machen ...

»Ein Gefühl von Sinn, Verstand und 1000 Möglichkeiten«

Abschied von Europa. 1936–1939

Mephisto. Roman einer Karriere erscheint im Oktober 1936 im Querido Verlag in Amsterdam. Er wird Klaus Manns größter Erfolg, bereits zu seinen Lebzeiten, besonders aber nach seinem Tod, nicht nur als Weltbestseller, sondern als lange indiziertes Buch, das die höchsten Gerichte beschäftigt und von Juristen geradezu als ein Präzedenzfall in der Frage gehandelt wird, ob die Freiheit der Kunst oder die einer Person höher zu werten sei.

Von solchen Querelen freilich kann Klaus Mann in den Dreißigerjahren nichts ahnen, für ihn und den Verlag scheinen die Fronten klar gezogen: Hier die freie Stimme der Exilliteratur, dort, in NS-Deutschland, die Gängelung von Kunst und freier Meinung durch eine völkische Gewaltherrschaft. Der Roman handelt vom Aufstieg des opportunistischen, regimekonformen Theatermannes Hendrik Höfgen, ein Typus, den Klaus Mann schon vier Jahre zuvor in *Treffpunkt im Unendlichen* in der Figur des Gregor Gregori gezeichnet hat. Bereits den Zeitgenossen ist klar, wer mit Höfgen gemeint ist: Kein anderer als Klaus Manns Ex-Schwager und -Freund Gustaf Gründgens. Und nicht von ungefähr setzt Klaus Mann bereits in der ersten Auflage eine Erklärung an den Schluss, alle Personen stellten Typen und nicht Porträts dar. Obgleich Querido seinen Sitz in

Amsterdam hat und Klaus Manns Bücher ohnehin nicht mehr nach Deutschland ausgeliefert werden dürfen, fürchtet der Programmleiter Fritz Landshoff juristische Schwierigkeiten und drängt seinen Autor, eine Stellungnahme in der *Pariser Tageszeitung* (einem bedeutenden deutschsprachigen Emigrantenblatt) einrücken zu lassen, wo der Roman ab Juni 1936 im Vorabdruck erscheint. Die Zeitung nämlich eröffnete ihren Lesern marktschreierisch die Aussicht auf einen »Schlüsselroman«, in dessen Mittelpunkt »die Figur eines Intendanten und braunen Staatsrates« stehe, »der die Züge Gustav Gründgens' trägt«.[1] Klaus Mann seinerseits veröffentlicht im selben Blatt eine »notwendige Gegenerklärung«: »Mir lag *nicht* daran, die Geschichte eines bestimmten Menschen zu erzählen, als ich *Mephisto. Roman einer Karriere* schrieb. Mir lag daran: einen *Typus* darzustellen [...]. Bin ich so tief gesunken, Romane um Privatpersonen zu schreiben? [...] Hier handelt es sich um kein ›Portrait‹, sondern um einen symbolischen Typus – der Leser wird beurteilen, ob auch um einen lebensvollen, dichterisch geschauten und gestalteten Menschen.«[2]

Diese Erklärungen nützen wenig: Selbstverständlich hat Klaus Mann, dem – ebenso wie seinem Vater – das Zeichnen von Figuren nach echten Vorbildern nicht nur nicht fremd, sondern geradezu eine künstlerische Voraussetzung ist, im Typus Höfgen seinen Ex-Schwager Gründgens porträtiert – wenn auch nicht in allen Facetten und Eigenheiten, so doch in den wichtigsten und eben »typischsten« – und dem einstigen, nun verhassten Weggenossen durchaus einen Denkzettel verpassen wollen. Gründgens *ist* eben der Typus des Konformisten und Opportunisten (zumindest nach Maßgabe dessen, was Klaus Mann damals, 1936, über den Generalintendanten und Staatsrat zu eruieren vermag); und um diesen Typus »lebensvoll« zu gestalten, war der Autor genötigt, eine reale Person als Modell zu verwenden. (Im Übrigen: Dass Gründgens gerade in seiner hohen Position etliche Menschen, darunter Kommunisten und Juden, vor dem Zugriff der NS-Schergen schützte, lässt ihn, den vermeintlich bösartigen »Mephisto«, zumindest nach 1945 als einen Mann erkennen, der nicht nur nach der Pfeife der Macht tanzte, sondern der, wie Mephisto selbst, durchaus sein eigenes Spiel mit anderen trieb und im Rahmen seines Einflusses auf die Macht diese auch zu benutzen wusste. Doch gerade diese Differenzierung fehlt Klaus Manns Typus des Karrieristen – und damit auch dem Roman, der leider bisweilen in die Kolportage abgleitet.)

Gleichviel: Für Klaus Mann ist *Mephisto* – trotz des politisch bedingt eingeschränkten Marktes – ein Erfolg – indes mehr ideell als finanziell. Kritiker und Kollegen sind voll des Lobes, bedenken ihn mit enthusiastischen Briefen und zählen ihn spätestens jetzt zu den bedeutendsten Gegenwartsautoren der freien Welt. Stefan Zweig, der damals weltweit wohl bekannteste und bestverdienende Autor, der nicht zuletzt große Hoffnungen in Klaus Mann setzte, als dieser von vielen noch als der minder talentierte Sohn des »großen« Thomas Mann abgetan wurde, schreibt seinem jüngeren Kollegen voller Anerkennung (wobei er der Mär vom »Typus« Höfgen keinen Glauben zu schenken vermag): »Den *Mephisto* habe ich endlich erhalten und mit viel Freude gelesen. Ach, es hilft nichts, daß Sie auf der letzten Seite liebenswürdig schwindeln, es handle sich nicht um reale Personen! Man erkennt sie doch und man erkennt, was wichtiger ist, die ganze Zeit in ihren Übergängen und Spannungen. Es war schon gut, daß Sie in so spannender Form ein Exempel der Charakterakrobatik gegeben haben und das Unterhaltsame, das Satirische und das Künstlerische so glücklich zu verbinden wußten.«[3] Auch Golo Mann hat für den Bruder rühmende Worte übrig, die in der Einschätzung gipfeln, *Mephisto* sei »immerhin mit dem *Untertan* [Heinrich Manns] in einem Atem zu nennen«.[4] Das für Klaus Mann, der zeitlebens unter dem übergroßen Vater (als Erzeuger, aber auch als literarischer Instanz) leidet, wohl wichtigste Lob indes kommt von Thomas Mann, der *Mephisto* ins allgemein Symbolische des entfesselten Bösen stellt (was wiederum, bewusst oder unbewusst, schon auf seinen eigenen Roman *Doktor Faustus* vorausdeuten mag): »Dein Roman also hat mir großes Vergnügen gemacht. Er ist leichtfüßig und amüsant, ja brillant, sehr komisch oft und auch sprachlich fein und sauber. [...] Unsere Zeit hat das Böse wieder entdeckt (es hat sich ihr ja kräftig genug aufgedrängt und zu erkennen gegeben) [...]. Es ist eine richtige Teufelsverschreibung. Daß es den Teufel wieder gibt, ist schon was wert für die Dichtung.«[5]

Klaus Mann ist indes boshaft genug, dem »Vorbild« für den Karrieristen Hendrik Höfgen ein Exemplar seines Romans zukommen zu lassen – über Fritz Landshoffs Ex-Freundin, die im Reich verbliebene Schauspielerin Ruth Hellberg. Die ist so mutig, dem allgewaltigen (und seit Juni 1936 in einer Schein- und Schutzehe mit der Aktrice Marianne Hoppe lebenden) Generalintendanten Gründgens *Mephisto* zu übergeben. Gründgens – so viel ist sicher – hat den Roman seines Ex-Schwagers durchaus gelesen. Über seine Reaktionen gibt es unterschiedliche Zeugnisse: Ruth Hellberg behauptet, Gründgens habe sich bei der Lektüre »totgelacht«: »›Das alberne Kläuschen‹, hat er gesagt.«[6] Marianne Hoppe hingegen bekennt, Gründgens habe »betroffen reagiert«.[7] Egal wie: Das geistige Exil amüsiert sich köstlich über den opportunistischen Karrieristen Höfgen alias Gründgens. Der indes verzeiht Klaus Mann diese literarische Bloßstellung nie: 1941 mimt er in dem DEFA-Spielfilm *Friedemann Bach* den talentierten, aber letztlich lebensunfähigen Sohn des großen Thomaskantors Johann Sebastian Bach, der als Mensch und Künstler kläglich scheitert und als heimatloser Vagabund im Elend endet. Aber Gründgens' Arm ist noch viel länger: Nach dem Zweiten Weltkrieg, aus kurzer Haft als Mitläufer entlassen und wieder als Schauspieler und Regisseur fulminante Erfolge feiernd, verhindert ein durch mehrere Instanzen geführter Prozess

Gustaf Gründgens' (und seit 1963 seines Erben Peter Gorski) gegen Klaus Manns Nachlassverwalterin Erika Mann und die Nymphenburger Verlagshandlung ein Erscheinen des Buchs in der Bundesrepublik Deutschland. So wird das Buch, das einst von den Nationalsozialisten mit einem Verdikt belegt wurde, erneut indiziert, nun unter dem gerichtlichen Verweis, die Persönlichkeitsrechte von Gustaf Gründgens wögen schwerer als die Freiheit der Kunst. Mehr noch: Dem Roman wird sogar jegliche künstlerische Qualität abgesprochen und ein Interesse des Publikums daran in Zweifel gezogen: Am 10. März 1966 verbietet das Hanseatische Oberlandesgericht Hamburg das Erscheinen des Romans *Mephisto* in der Bundesrepublik Deutschland, mit der Begründung, *Mephisto* sei eine »Schmähschrift in Romanform«,[8] es bestehe ein Interesse daran, dass Gustaf Gründgens' »Lebens- und Charakterbild nicht verzerrt und völlig entstellt der Nachwelt überliefert«[9] werde; und weiter: »Die Allgemeinheit ist nicht daran interessiert, ein falsches Bild über die Theaterverhältnisse nach 1933 aus der Sicht eines Emigranten zu erhalten.«[10] Eine Verfassungsbeschwerde der Nymphenburger Verlagshandlung wird 1971 vom Bundesverfassungsgericht zurückgewiesen. Erst seit 1980 darf *Mephisto* in Deutschland erscheinen, seit der Rowohlt Verlag als Inhaber der Rechte an den Werken Klaus Manns sich diesem Verbot widersetzte und das Buch ganz einfach auf den Markt brachte, ungeachtet juristischer Konsequenzen und Nachteile. *Mephisto* entwickelte sich innerhalb weniger Jahre zu einem Bestseller in Millionenauflage, wurde sogar als Theaterstück und Kinofilm adaptiert und widerlegte so fulminant die richterliche Feststellung eines Desinteresses der Allgemeinheit an diesem Stoff.

Mephisto mag für Klaus Mann ein großer Achtungserfolg sein, finanziell lohnt sich der Roman kaum. Die freien deutschsprachigen Länder Österreich und die Schweiz können das Wegbrechen des zentralen Absatzmarktes im Reich nicht wettmachen. Umso wichtiger ist es für Klaus Mann, sein Betätigungs- und Wirkungsfeld auszuweiten. Wie so manches Mal macht seine Schwester Erika in ihrer burschikosen und erfinderischen Art ihm das vor: Bereits im September 1936 reist sie – gemeinsam mit Klaus – in die USA, um dort ihr Kabarett »The Peppermill« neu zu etablieren. Denn der zunehmende Druck des mächtiger werdenden NS-Deutschlands auch auf das Kulturleben anderer Staaten zeitigt in immer mehr Ländern eine ängstliche Haltung von Veranstaltern gegenüber dem freimütigen Bühnenprojekt. Repressionen, bürokratische Hürden, ja sogar Verbote waren die Folge, sodass die Prinzipalin nach über eintausend Vorführungen schließlich entnervt den letzten Vorhang fallen ließ und sich nach einem Neubeginn für ihr Ensemble umsah. Den glaubt sie nun jenseits des Atlantiks gegeben. Doch die Premiere der »Peppermill« am 5. Januar 1937 im New Yorker »Chanin-Auditorium« floppt: Das amerikanische Publikum kennt die Kunstform des literarisch-politischen Kabaretts schlicht nicht, die Texte und Songs sind entweder unzureichend übersetzt oder zünden in ihrem Witz im fremden Idiom nicht, das Pfeffermühlen-Ensemble radebrecht die englische Sprache mehr schlecht als recht, und vor allem: Den durchschnittlichen Amerikanern ist es schlicht egal, was sich jenseits des Großen Teichs in Deutschland tut. Sie haben ihr schwer erarbeitetes Geld nicht für Einlasskarten ausgegeben, um belehrt zu werden, sondern wollen »fun«. Da nützt es wenig, dass sogar der große Thomas Mann in mehreren amerikanischen Blättern eine Empfehlung des Kabaretts lanciert. Der Misserfolg ist nicht zu leugnen, und in der Kasse des Ensembles, das im Übrigen die teure Überfahrt und die gehobene Hotelmiete in der Millionenstadt New York aufzubringen hatte, klafft ein Loch. Zum Glück hat Erika Mann einen reichen Verehrer, den Bankier Maurice Wertheim, zur Seite, der sie heftig, aber vergebens umwirbt und sich so spendabel zeigt, die Schulden der Peppermill-Truppe bedingungslos zu begleichen. Dank wird ihm dafür kaum zuteil. Erika Mann spottet in einem Brief an Klaus, »dass es sich bei alledem dann doch letztlich um einen kindischen älteren Banquier handelt, – und auch ich könnte nicht viel ratloser sein, wenn ich Stutz-Uhr, *wie* Spiegelkommode unterm Christbaum hätte vorfinden dürfen«.[11]

Erika Mann, die zu Beginn ihres Amerikaaufenthalts noch groß tönte, sie habe zum ersten Mal seit Langem »ein Gefühl von Sinn, Verstand und 1000 Möglichkeiten«,[12] wird nun in ihren Einschätzungen merklich zaghafter, nennt ihre Diseusen »die irren, wirren Weiber«[13] und klagt in einem Brief an Klaus (der sich unterdessen schon wieder nach Europa zurückbegeben hat), sie sei die amerikanischen Verhältnisse leid, sodass sie »andererseits überhaupt gerne *wegmöchte,* sei es nach Mexiko, sei es nach Shanghai, [...] das *nötige Moos* aber, der so lebenswichtige Gerstl und Diridari [bayerisch für »Geld«] fehlt so hinten wie vorn und so hier wie dort«.[14] Überdies werde sie in Amerika zwar nicht mit Erfolg verwöhnt, wohl aber von bösen Mären verfolgt: »[...] auch sonst lebt viel Klatsch besonders über *uns,* die Amerikaner, 20 Jahre zurück *in allem – beginnen* über unseren effektvollen alten Incest-Sagen zu brüten –, graben in ihren Gesprächen sogar *Wälsungenblut* [Thomas Manns frühe Novelle von 1906 über ein inzestuöses Geschwisterpaar] zu diesem Behufe wieder aus [...].«[15] Das Gerücht haftet den Geschwistern Erika und Klaus an, und noch während des Zweiten Weltkriegs wird das FBI, das die beiden als vermeintliche Kommunisten beschattet, ihnen in seinen Berichten auch ein intimes sexuelles Verhältnis unterstellen.[16]

Einen Ausweg aus diesen Kalamitäten bietet eine Form des Publikumskontakts, die sich in Amerika großer Beliebtheit erfreut und etlichen Autoren von Rang – abseits ihres Buchverkaufs – ein gutes Einkommen und eine enorme mediale Aufmerksamkeit gewährt: die »Lecture Tour«. Anders als bei der in Europa üblichen Lesereise, bei der ein Autor aus seinem neuesten Buch vorträgt, bietet die amerikanische Lecture Tour publikumsgewandten Rednern die Chance, sich eine große Zuhörer- und Leserschaft zu erobern, indem man eben nicht aus bereits gedruckten Erzeugnissen liest, sondern relativ frei, locker und gewitzt über gesellschaftlich relevante und strittige Themen spricht, dabei persönliche Meinungen in möglichst unterhaltsam-anekdotischer Manier kundtut und vor allem auch Einblicke in die eigene Persönlichkeit und das private (aber stets moralisch einwandfreie!) Familienleben gewährt. Erika Mann begreift das rasch (immerhin haben sie und Klaus bereits auf ihrer Reise »rundherum« ein wenig in diesen Betrieb hineinschnuppern dürfen), nimmt sich einen der besten Agenten des Landes und geht – ihr Englisch ist weit besser als noch 1928 – auf Tournee kreuz und quer durch den Kontinent. Sie hat in wenigen Wochen über einhundert Auftritte, vor Vereinen und Kirchengemeinden, in Schulen und Bibliotheken, vor Jung und Alt, vor kulturell Ambitionierten und kleinbürgerlich Begrenzten – egal, wenn nur die Kasse stimmt. Und sie stimmt. Stolz erinnert sich Klaus Mann an diese triumphalen Auftritte der geliebten Schwester: »Vom Vortragenden [...] verlangt das Publikum vor allem eines – *personality*. [...] Erika konnte eine der begehrtesten ›lecturers‹ des Kontinents werden, weil sie Hörenswertes zu sagen hat (›She has a message!‹) und weil sie das Hörenswerte mit liebenswürdiger Intensität zu Gehör bringt (›She has personality!‹).«[17] In ihrem Enthusiasmus will Erika Mann sogar den Vater dazu bewegen, Küsnacht und der trauten, aber engen Schweiz den Rücken zu kehren und nach Amerika zu fahren, um dort auf Vortragstournee zu gehen: »Und ob Ihr herkommt? Ach, es wäre sehr reizend und das New-School-Auditorium [in New York] [...] kann ich nur empfehlen, – wenngleich 6 neue englische speeches kein Spaß sind und ich von leichtem Nesselfieber ergriffen werde, denke ich nur an ihre Ausarbeitung.«[18] Tatsächlich reist Thomas Mann im April 1937 nach New York und spricht dort bei Banketten und Dinnern.

Den größten Erfolg als Rednerin feiert Erika Mann am 17. März 1937 bei einer Massenveranstaltung gegen den Nationalsozialismus im New Yorker Madison Square Garden, auf der sie neben bekannten Größen wie Bürgermeister Fiorello La Guardia, dem Roosevelt-Vertrauten Hugh S. Johnson und dem Gewerkschaftsführer John L. Lewis spricht und hierfür auch Teile ihres Tournee-Referats über »die Frau im Dritten Reich« auf Englisch zum Besten gibt. Der Park ist überfüllt, und Erika vermeldet stolz der Mutter: »Bloß von der Massenkistchen vorgestern will erzählt sein, – denn es war das glanzvollste, was ich je gegen die Säue [die Nationalsozialisten] habe abhalten sehn und ich war ganz entzückt, dabei zu sein. Überfüllt der Riesenplatz, – 23 000 in der Tat (mehr als Platz haben), und Tausende mußten weggewiesen werden.«[19] Der Vater hat an die Großveranstaltung ein Grußtelegramm gesandt; Erika berichtet nach Hause: »Als des lieben Z. [Zauberers, Thomas Manns] Name zum erstenmal laut ward, jubelte das ganze Haus, – es war sehr rührend und hübsch, – die Botschaft, – von mir auf deutsch und englisch zum besten gegeben, hatte größte Wirkung, – und selbst mein Eigenquätschlein fand regsten Widerhall (Frau im dritten Reich und ich übersetzte auch einiges aus den Nürnberger Gesetzen, die, vermittels der *rauchenden* Geisteskrankheit, so hinter ihnen steht, sich besonders eignen).«[20]

Tatsache ist: Das amerikanische Publikum, ein Jahr zuvor noch weitgehend gleichgültig gegenüber den Geschehnissen im vermeintlich fernen Europa, wird nun – auch dank dem Engagement von Erika Mann – immer sensibler und offener, beginnt sich für das zu interessieren, was die Exilanten zu verkünden haben, und begreift nach und nach die Gefahr, die vom Nationalsozialismus ausgeht. Auch Klaus wird von Erika als »Lecturer« gewonnen, wenngleich er sich anfänglich schwerer tut als die Schwester – nicht, weil sein Englisch unbedingt schlechter wäre, sondern weil er als der eher Introvertierte mit der Rednersituation als solcher sich zunächst nicht anfreunden kann. Erika vertraut der Mutter an: »[...] ich *leide* so schrecklich unter sowas und wäre schon bei Kläuschens erstem englischen Vortrag beinahe gestorben.«[21]

Auch publizistisch sind Erika und Klaus Mann weiterhin tätig: 1938 erscheint in englischer Sprache Erika Manns Buch *School for Barbarians* (und noch im selben Jahr bei Querido in Amsterdam in einer deutschen Fassung unter dem Titel *Zehn Millionen Kinder* – die »Kinderkacke«,[22] wie Erika Mann enerviert schreibt), eine Darstellung der nationalsozialistischen Schul- und Bildungspolitik und deren Auswirkungen auf die kindliche Persönlichkeit, die Familie und die Gesellschaft. Wenngleich man der Autorin einen guten Willen und ein feines psychologisches Gespür attestieren muss, mangelt es der Abhandlung doch an aktuellem statistischen und dokumentarischen Material aus Deutschland – ein Manko, das sie mitunter mit allzu viel Nonchalance und freier Fantasie zu überspielen versucht. Auf festerem Boden steht hingegen das von Erika und Klaus im Jahr darauf, 1939, publizierte Gemeinschaftswerk *Escape to Life,* der ambitionierte Versuch einer Gesamtdarstellung der Lage der deutschsprachigen Emigranten, ihrer Leistungen und Bedeutung für das Geistesleben, eine Art Who's Who des Exils, ein Kompendium, für das die Geschwister ihre zahlreichen persönlichen Kontakte nutzten und eigene Erinnerungen, Erfahrungen und Gespräche mit den Porträtierten einfließen ließen.

Im selben Jahr wie *Escape to Life* erscheint Klaus Manns Roman *Der Vulkan.* Es ist sein siebter – und letzter, doch davon ahnt der gerade einmal zweiunddreißigjährige Autor nichts. Dieser *Roman unter Emigranten* will in fiktionaler Weise das erzählen, was mit *Escape to Life* als feuilletonistischer Reportage versucht wurde: eine Gesamtschau des deutschen Exils zu inszenieren. Auch dieses Buch erscheint bei Querido in Amsterdam, doch wird ihm wegen des Kriegsausbruchs wenige Wochen später kaum noch Aufmerksamkeit zuteil. Nur wenige Autorenkollegen und Kritiker äußern sich dazu. Im Jahre 1940 wird der Querido Verlag von den deutschen Besatzern liquidiert, der Verleger Emmanuel Querido ins Konzentrationslager verschleppt und ermordet (während Klaus Manns Freund, der Programmleiter Fritz Landshoff, entkommen kann). Erst lange Zeit nach dem Zweiten Weltkrieg wird man den literarischen und zeitgeschichtlichen Wert dieses Romans erkennen, und in den 1980er-Jahren entwickelt sich *Der Vulkan* (das Buch wird 1999 unter der Regie von Ottokar Runze auch verfilmt) zu einem Bestseller. Im Sommer 1939 freilich ist es wieder einmal Thomas Manns Lob, das Klaus Mann am meisten mit Genugtuung und Stolz erfüllt. Am 23. Juli schreibt der Vater aus Noordwijk in Holland, wo er Urlaub macht: »Also denn: ganz und gar durchgelesen und zwar mit Rührung und Heiterkeit, Genuß und Genugtuung und mehr als einmal mit Ergriffenheit. Sie haben Dich ja lange nicht für voll genommen, ein Söhnchen in Dir gesehen und einen Windbeutel, ich konnt es nicht ändern.«[23] Dass Thomas Mann freilich selber seinen ältesten Sohn lange Jahre für nichtsnutzig und minderwertig talentiert hielt und dies in *Unordnung und frühes Leid* und in manchen Briefen recht unverblümt der Welt preisgab, verschweigt er hier peinlich. Und weiter: »Aber es ist nun wohl nicht mehr zu bestreiten, daß Du mehr kannst, als die Meisten – daher meine Genugtuung beim Lesen [...]. Ein Erbe bist Du schon auch, der sich, wenn man will, in ein gemachtes Bett legen durfte. Aber schließlich, zu erben muß man auch verstehen, erben, das ist am Ende Kultur. [...] Mit einem Wort, ich gratuliere herzlich und mit väterlichem Stolz.«[24]

Doch nicht immer sind Thomas und Katia Mann so von Genugtuung erfüllt, wenn sie vom Treiben des ältesten Sohnes hören. Allzu oft kommt das »kleinbürgerliche Laster« zutage, wie man im Familienjargon die Drogensucht nennt. Klaus Mann, aller Geschäftigkeit und allen äußerlichen Erfolgen – Buchpublikationen, Vortragsreisen, Redaktionstätigkeiten – zum Trotz, findet sich nicht recht ins Exil ein, bleibt ein Entwurzelter und Heimatloser (und genau das macht er ja zum Thema seines großen Romans *Der Vulkan*). Und auch in der Liebe bleibt er unstet, suchend. Dass er 1937 den amerikanischen Journalisten und Theaterkritiker Thomas Quinn Curtiss kennenlernt, mit dem er eine jahrelange (allerdings »offene«) Beziehung unterhält, macht Klaus Manns schiefe Seelenlage nicht wesentlich besser. All das trägt dazu bei, dass er falschen Trost in allerlei Rauschmitteln sucht – bis zum Zusammenbruch. Mehrmals versucht er, sich das Leben zu nehmen, mehrmals landet er in Kliniken. Vor den tief besorgten Eltern ist das nicht zu verheimlichen, sucht er in Krisensituationen doch oft genug bei ihnen Zuflucht, oder aber er geht sie um größere Summen Geldes an, um Klinikaufenthalte zu bezahlen. Einen solchen Kollaps infolge einer Überdosis Heroin erleidet Klaus Mann im Mai 1937, als er sich in Budapest aufhält. Er begibt sich auf Anraten des Mediziners Robert Klopstock zu einer mehrwöchigen Entziehungskur in das Sanatorium »Siesta«. Von dort schreibt er bemüht heitere Briefe, die gleichwohl seine Verzweiflung und Müdigkeit verraten: »Mir geht es idiotisch schlecht, das Ganze ist eine *infame* Quälerei, ich habe lieber fünf Lungenentzündungen – um an der fünften zu sterben –: aber in wenigen Tagen soll es, angeblich, besser sein. Ich darf *gar* keinen Besuch haben: die Kindsköpfe haben Angst, ich könnte mir etwas ›einschmuggeln‹ lassen –: warum wäre ich dann hergekommen? – Auch Curtiss-dear darf nicht herkommen ...«[25] Als es ihm besser geht und er Ende Mai nach Küsnacht schreibt, um den Eltern sein baldiges Kommen anzukündigen und ihnen darüber hinaus seine Verliebtheit zu gestehen, antwortet die Mutter mit Rücksicht auf den Seelenhaushalt des stets um seine »Verfassung« bemühten Gatten recht streng: »Ein *wenig* regt es mich natürlich auf, daß es so weit kommen mußte. Andererseits überrascht es mich ja nicht so sehr, denn die Gruben hinter den Ohren wollten mir garnicht gefallen und wenn es neben Deinem Bett auch nur

Kamillenthee für die Augen war, so machte ich mir längst meine Gedanken. [...] Bei unserem Lulchen [Thomas Manns Schwester Julia Löhr, die drogensüchtig war und 1927 Selbstmord beging], dem lauen, reichten Verstand und Lebensinhalt nicht hin, und so mußte sie im Kleinbürgerlichen [den Drogen] versinken, aber wo ein männlicher Wille und produktive Gaben vorhanden, da wird man damit schon fertig werden. [...] Laß Dir also Glück wünschen, auch zum Amerikaner [Thomas Quinn Curtiss], wenn mir auch, verwöhnt wie [ich] nun bis zur Hybris durch Eri [Erikas Ehe mit Wystan H. Auden] bin, eine Amerikaner*in* lieber wäre. Er soll mir natürlich auch hier willkommen sein, aber nur, wenn er wirklich präsentabel ist. Denn in diesem Punkt ist Z[auberer]. ganz besonders empfindlich, und größte Dezenz [Zurückhaltung] *muß* garantiert sein.«[26]

Nein, die Eltern haben es nicht immer leicht mit ihren sechs Kindern, die zu jener Zeit über ganz Europa und Amerika verstreut sind: Monika, das »Mönle«, gibt sich recht damenhaft und kosmopolitisch, seit sie den ungarischen Kunsthistoriker Jenö Lányi zum Partner hat und mit ihm in Florenz lebt (wo sie ihre pianistischen Studien bei Luigi Dallapiccola fortsetzt), bevor beide 1937 nach Wien ziehen, im März 1938 (gerade noch rechtzeitig vor dem »Anschluss« Österreichs) nach Zürich in die Pension »Fortuna« (wo auch Robert und Martha Musil wohnen). Klaus Mann, der die Schwester in der österreichischen Donaumetropole wiedersieht, vermeldet der Mutter nach Küsnacht fassungslos: »Kinder ich sags euch: das Mönnle [Monika Mann] ist ein ganz feines Ding geworden. Nicht ohne seltsame Züge freilich, aber auch durchaus nicht ohne gewinnende – und wenn ein Mensch von artigem Niveau, wie der Lányi, ihr mit so schwärmerischer Treue ergeben ist, *muß* überhaupt etwas an ihr dran sein. Wirklich, sie ist ganz leise und würdig, schwermütig halb, halb humorvoll, nicht ohne bizarre Einfälle, mit Anmut zurückhaltend, auch ziemlich hübsch. (Die seltsamen Züge an ihr kennst Du selber, da brauche ich nicht drauf einzugehen ...)«[27] Die Eltern wissen durchaus ein Lied von Monikas psychischen Ausfällen zu singen. Und sie sind nicht immer so nachsichtig und geduldig mit ihr, wie Klaus es ist (der sich um die jüngere Schwester bisweilen intensiv bemüht und sie sogar in seine Recherchearbeiten – etwa zu seinem Tschaikowsky-Roman – einbindet). Erbost hat der Vater am zweiten Weihnachtstag 1936 seinem Ältesten geschrieben, das Fest, das ihm seit der Lübecker Zeit mehr als alles andere bedeute, sei ihm diesmal etwas verleidet gewesen: »Unser Lichterabend, mit Reisi [der befreundete Literat Hans Reisiger] und [Erich von] Kahler, war reich und gemütlich, von Mielein [Katia] selbstaufopfernd und unter Ablehnung jeder Hilfe betreut und etwas getrübt nur durch das arme Mönle, die eine Krise hatte und sich auch durch den persönlichen Besuch beider Eltern an ihrem Bette nicht bewegen ließ, herunterzukommen.«[28] Gemildert werden des Vaters Unmut und Groll auch nicht durch Monikas verkrampft »poetische« Brieflein, die sie ihm zu seinen Geburtstagen schickt (Monika hat ja ihr Wiegenfest einen Tag nach dem des Vaters, wodurch sie sich stets weniger »beachtet« fühlt): »Lieber und verehrter Vater-Zauberer! [...] Ich kaufte mir, zu hohem Preise, einige der ersten Himbeeren [...]. Es waren der Duft, das Aroma, die Röte dieser Himbeeren, die in meiner Einbildung einen Traum hervorriefen [...] nach der Kindheit! – Tölz, tauchte auf – und der Wald, in dem wir die Beeren suchten! – Ich war, als Puppaliesa, mit ganz kleinen Gliedern, einem putzigen Gesichtchen und vielen wirren Haaren, – mit Mielein [Katia] und den Geschwistern im großen Wald und wir suchten Himbeeren. [...] Tränen, Lachen, Jubilieren, Traurigkeiten! – Ganze aufgeregte kleine Kindheitswelt! – Was ist aus ihr geworden? Das große, bittre, schöne, geheimnisvolle Leben! – Mein Geburtstag, von mir meist ›arm und klein‹ genannt! – ist ein leises Nachklingen Deines Festgeläuts!«[29] Ein Werben um Anerkennung spricht selbst aus Monikas Briefen an ihren großen Bruder Klaus, etwa als sie ihm zu dessen Roman *Der Vulkan* gratuliert und sie sich bemüßigt fühlt, es dem bedeutenden Autor in poetischer Erfindungsgabe »gleichzutun«: »Es mischt sich ein Prickelndes und Keusches, ein wunderhaft Leichtfüßiges und Edles zur Dichtung! – Die Combination des Tragischen und Gefälligen ist von fast spukhaftem Charme! –/Es gibt den gemächlichen und gespannten Aufbau der Composition – gleichsam wie eine zähe und herrliche Krebskrankheit frißt es sich durch, mit allen Prozessen des Erbarmungslosen, des grausamen Wohlausgerechneten, Ebensoseinmüssenden logischen – Das Verworrene geordnet zum großen standhaften Seufzer übertönt von noch größerer standhafterer Gläubigkeit – – – –«[30] Klaus Mann dürfte sich – wie auch wir – über den Sinn dieser Worte den Kopf zerbrochen haben.

Es wäre ungerecht, Monika Mann nur nach den – zugegeben bisweilen wirren – brieflichen Elogen beurteilen zu wollen. Sie hat in späteren Jahren in Feuilletons, Prosaminiaturen und in ihren Erinnerungen *Vergangenes und Gegenwärtiges* durchaus Fantasie und poetisches Talent bewiesen, wenngleich ihr – anders als ihren Geschwistern – ein analytisches Denken eher fremd war. Aus Monika Manns Briefen an die Familie spricht – auch in ihren fortgeschrittenen Jahren – stets ein verzweifeltes Heischen nach Liebe. Nur selten wird ihr diese geschenkt (am ehesten noch von der Mutter und von Klaus, während Erika und der Vater ihr gegenüber unduldsam, ja feindlich erscheinen). Umso mehr hängt Monika an ihrem Lebensgefährten Jenö Lányi (sie werden am 2. März 1939 in London heiraten). Aus Monika Manns Erinnerungen an jene schwierigen Jahre des Exils in Florenz und Wien spricht die Dankbarkeit, einem Menschen begegnet zu sein, der sie nicht um ihrer Herkunft, ihres Namens oder ihrer Leistung, sondern um ihrer selbst willen liebte:

»Wenn man eine Bindung eingeht und in ihr eine Vorsehung erkennt, so stellt man sie ins Außer- oder Übermenschliche, in Sphären, die einem kaum zukommen, und doch sind es diejenigen, wo unser Ahnen und Glauben, wo unser ›Schöpferisches‹ und Religiöses liegt. – Der vertraute Fremde, von dem ich träumte, wurde mein. Von Anfang an lag in dieser Verbindung ein frommer Hochmut, der ihr tiefe Bedeutung beimaß und sie mit Ahnungen schmückte und beschwerte. Aber das Perlmuttrig-Unstete, in dem das Dunkel spielte, leuchtete nur auf und verging wie ein Regenbogen, sonst war es eine wirkliche und gesunde und heitere Verbindung. Wir lebten zwischen Florenz, Zürich und Wien, bis wir nach London gingen [...]. Ich war stolz auf eine Verbundenheit mit einem Menschen der Passionen. Denn passioniert war er durch und durch. Seine Grundsätze und Ideale durchlitt er, als ob sie in Flammen stünden, er verlieh ihnen gleichsam kosmische Wichtigkeit, der er wiederum mit Humor begegnete.«[31]

Monika Mann wurde später besonders von Erika als humorlose, menschenscheue Person gezeichnet, die sich vor der Welt griesgrämig einigelte. Das stimmt nur in Teilen. Tatsächlich war sie eine unsichere Frau, die aber erst durch zahlreiche zwischenmenschliche Enttäuschungen, Verletzungen und Hintanstellungen zu einer Person gemacht wurde, die übergroße Vorsicht und mangelndes Selbstvertrauen vor sich hertrug. In jenen Jahren mit ihrem Lebensgefährten Jenö Lányi zeigt sie sich unvoreingenommenen Menschen gegenüber durchaus als herzlich, zuvorkommend, heiter, sodass Klaus Mann sie vor der Mutter verteidigt: »Es ist nicht zu verhehlen, dass sie [Monika] mancherlei vor der Medi [Elisabeth] voraus hat [...].«[32] Um sogleich einzuschränken: »[...] diese allerdings auch vielerlei vor ihr. Denn auch die Medi ist natürlich sehr droolig [sic], und durch Golos strenge Mienen an den Ernst des Lebens gemahnt, auch wieder viel vernünftiger geworden.«

Es scheint so, als habe Elisabeth Mann von allen sechs Geschwistern das Exil am besten in ihr Leben integriert, vielleicht auch, weil sie 1933 erst fünfzehn Jahre alt und durch Elternhaus und Schulpflicht noch sehr in einen schützenden Kokon eingebettet war. Sie hat in Zürich mit Erfolg mit nur siebzehn Jahren das Abitur abgelegt und anderthalb Jahre später am Zürcher Konservatorium das Diplom als Konzertpianistin erworben. Doch nun, im Frühjahr 1938, stellt sich für die inzwischen Zwanzigjährige die dringende Frage nach der weiteren Berufs- und Lebensplanung. Es scheint für sie (wie auch für den jüngsten Bruder Michael) die Musik zu sein, denn Elisabeth verzichtet einstweilen darauf, flügge zu werden und das Elternhaus in Küsnacht zu verlassen. Stattdessen setzt sie – unter der Obhut der Eltern und von diesen finanziert – ihre pianistischen Studien fort: Sie nimmt zeitweise Stunden bei Rudolf Serkin und Vladimir Horowitz, freundet sich auch mit dem jungen, 1916 geborenen Schweizer Pianisten und Komponisten Nico Kaufmann an. Elisabeth schwärmt gegenüber der Mutter, die sich wegen der teuren Unterrichtsstunden sorgt, von ihren Lehrern: »Serkin gibt mir *wunderbare* Stunden; ab nächste Woche ist auch Horowitz wieder in Luzern und würde den ganzen Mai Zeit für mich haben. Im Juni dann wieder Serkin, und Juli und August Horowitz. Das ist natürlich nicht zu verachten, und ich würde, glaube ich mehr lernen, wie in vielen Jahren auf dem Konservatorium. [...] ich spiele viel mit dem Nico [Kaufmann] zusammen: Wir geben uns gegenseitig Stunde [...].«[33] Kaufmann hat später seine Jugendfreundin und Klavierpartnerin so beschrieben: »Elisabeth hatte äusserlich ein sehr jungenhaftes Aussehen, kurz geschnittene Haare, was damals leicht exzentrisch wirkte. Ihr Gang war eher schwerfällig, ein wenig ungeschickt, der Gesichtsausdruck war leicht süffisant, manchmal fast mürrisch. Sie lachte eigentlich selten, wenn doch, war es ein sehr herzliches, fast überschwängliches Lachen, das sie bis heute beibehalten hat.«[34]

Freilich, da ist noch mehr als das Klavier: Die Liebe funkt auch in Elisabeths Leben hinein, und zwar gehörig. Nicht Nico Kaufmann ist es, wie die Eltern Mann zunächst vermuten (der hat vielmehr ein mehrjähriges Verhältnis mit dem mit Wanda Toscanini verheirateten Horowitz, was erst 2019 durch nachgelassene Aufzeichnungen Kaufmanns ans Tageslicht kommt), obgleich Elisabeth behauptet, Nico »würde sie gleich heiraten«.[35] Auch ein anderer Mann, ein Freund der Pfeffermühlen-Diseuse Lotte Goslar, bemüht sich um die jüngste Tochter Thomas Manns: Hans Sahl ist sein Name, ein Schriftsteller und Exilant, dem die literarische Welt erst Jahrzehnte später als einem der Letzten der Exilgeneration größere Aufmerksamkeit schenken wird (als Autor der Gedichte *Wir sind die Letzten* und der zweibändigen Erinnerungen *Memoiren eines Moralisten*). Doch Elisabeth Mann weiß mit dem sechzehn Jahre Älteren aller Sympathie zum Trotz nichts anzufangen. Sie beschreibt ihn in einem Brief an die Mutter als einen Mann, »mit dem ich mich inzwischen recht angefreundet habe und der mich, glaube ich, sogar heiraten will; aber das will ich *gar* nicht«.[36] Es ist keineswegs der Altersunterschied, der Elisabeth von einer Verbindung mit Sahl abhält. Im Laufe ihres Lebens wird sie mehrmals Beziehungen zu wesentlich älteren Männern eingehen (inwiefern ein Vaterkomplex eine Rolle spielt, sei dahingestellt). Einer dieser Herren mit einem gewissen Altersvorsprung ist auch der Programmleiter beim Querido Verlag in Amsterdam Fritz Landshoff, ein guter Freund Klaus Manns. In ihn verliebt sich Elisabeth Mann heftig – und einseitig –, so sehr und so lang während (fünf Jahre), dass sowohl Klaus als auch Thomas Mann in Briefen und Tagebüchern geradezu von einer Liebes*krankheit* sprechen, in deren Verlauf sich Elisabeth Mann sogar in psychiatrische Behandlung begeben muss. Thomas Mann, immer in besonderer Sorge um sein »Kindchen« Elisabeth, schreibt kopfschüttelnd im Tagebuch: »Medis [Elisabeths] eigensinniger Wille, Landshoff zu ehelichen erregt mein Bedauern.«[37] Klaus Mann klagt in einem Brief an die Mutter über die jüngste Schwester: »Freilich, die unselige und doch wirklich total aussichtslose Glut in ihrem [Elisabeths] Herzen scheint beängstigend dauerhaft, und

›L'Ersatz d'amour‹, auf den sie sich nun wohl, soweit ihr dies möglich, konzentriert hat, – der arme Hans Sahl – ist nicht sehr viel wert.«[38]

Das ist Anfang Juni 1938 geschrieben, als sich die Eltern mehrere Wochen in den USA aufhalten, wo Thomas Mann am 22. Juni die Ehrendoktorwürde der Universität Yale verliehen bekommt. Es wird im Familienkreis schon seit Längerem darüber diskutiert, ob die Eltern nicht besser die Schweiz verlassen und nach Amerika übersiedeln sollten (was sich für Thomas Mann schließlich mit der Übernahme einer Honorarprofessur an der Universität Princeton, New Jersey, nicht zuletzt vermittelt durch die einflussreiche Mäzenatin Agnes Meyer, bereits im September 1938 realisieren wird). Für diesen Fall soll auch Elisabeth mitkommen, was wiederum Klaus Mann für die jüngste Schwester hoffen lässt: »Aber, ich denke mir, gerade sie wird sich in den U. S. geschwind einleben, und es gibt doch so *nette* junge Leute dorten, sowohl an den Universitäten als auch in Hollywood.«[39] Im selben Brief Klaus Manns an die Mutter fällt der Name eines weiteren Mannes, und just dieser wird Elisabeths Gatte werden: Klaus Mann hat eine Besprechung des »besonders schönen und wichtigen«[40] Buches *Der Marsch des Fascismus* für *Die Neue Weltbühne* verfasst. Sein Autor: Giuseppe Antonio Borgese. In ihn, den 1882 geborenen italienischen Historiker und Literaturprofessor, verliebt sie sich.

Thomas und Katia Mann zögern zunächst, trotz des Angebotes der Princeton University, nach Amerika überzusiedeln. Klaus Mann versucht in einem übermütig-schnoddrigen Brief vom 1. Juni 1938 (die Eltern sind noch auf Visite bei einer Bewunderin in Rhode Island, wollen aber zurück nach Küsnacht), der Mutter den Neuen Kontinent schmackhaft zu machen und die biedere Schweiz zu verleiden: »Küsnacht ist jetzt hübsch und sommerlich; aber es ist doch *unrecht* und schier unvernünftig, dass Du Dich so nach dem verrotteten kleinen Erdteil sehnst. Erstens sprechen die Schweizer doch einen sehr hässlichen Dialekt, sind furchtbar aufs Geld aus [...], in den Geschäften wurde man langsam bedient, [...], die Leute mochten uns nicht wegen [des Hundes] Toby, wegen des deutschen Akzents und wegen des Bolschewismus [...], zu viele Menschen sind homosexuell, sogar Nico [Kaufmann] – dem es aber ganz nett zu Gesichte steht – [...], mir scheint, Du hast das alles etwas vergessen.«[41] Klaus hingegen, der schon mehrmals in den USA auf Vortragsreise war (wenn auch nicht mit dem gleichen fulminanten Erfolg wie seine Schwester Erika), sehnt sich geradezu nach der Neuen Welt: »Also, was ich bin, ich fahre ja *gar* nicht ungern nach Amerika retour. Die Leute dort haben sehr viel Sinn fürs Höhere, wenn sie auch manchmal etwas putzige questions fragen.«[42]

Als Klaus Mann diese Zeilen an die in den Vereinigten Staaten weilenden Eltern schreibt, sehnt er sich nicht von ungefähr »nach Amerika retour«. Europa sitzt auf einem Pulverfass. Tagtäglich rechnet man mit einem Ausbruch des Krieges, und solche Mutmaßungen und Prophezeiungen durchziehen den Briefwechsel und die Tagebücher der ganzen Familie Mann. Und tatsächlich gehen dem großen Weltkrieg ja mehrere kleinere Kriege, Annexionen und gesteuerte Volksbefragungen voran, in denen der Faschismus seine Macht ausbaut: Von 1922 bis 1935 eroberten italienische Truppen große Gebiete in Nordafrika, unter dem faschistischen Regime Benito Mussolinis wurden diese bis 1935 zur Kolonie Libyen zusammengefasst (dies fußt auf Mussolinis Traum von der Wiedererrichtung des Imperium Romanum an den Küsten des Mittelmeeres, des »mare nostro« – »unser Meer«); in den Jahren 1935 bis 1937 unterwarf das faschistische Italien in einem Angriffskrieg unter Einsatz von Giftgas das Kaiserreich Äthiopien, um auf diese Weise – neben seinen Besitzungen in Eritrea und Somaliland – ein zusammenhängendes koloniales Reich am Horn von Afrika zu schaffen; 1935 entschied sich die Bevölkerung des französischen Mandatsgebietes an der Saar (»Saargebiet«) in einem Referendum für eine Wiedereingliederung in das Deutsche Reich; im März 1938 marschierten deutsche Truppen in Österreich ein, das Land wurde dem nationalsozialistischen Deutschen Reich »angeschlossen«, die Annexion durch ein gelenktes Plebiszit legitimiert.

Doch nun, als sich Klaus Mann im Juni 1938 wünscht, wieder nach Amerika zu fahren und dort eine Lecturer-Karriere – gemeinsam mit Erika – zu verfolgen, greift das Weltgeschehen – zumindest indirekt – in beider Leben ein: Seit dem Frühjahr 1936 herrscht in Spanien eine sogenannte Volksfrontregierung, die sich aus Linksrepublikanern, Sozialisten und Kommunisten zusammensetzt. Doch im Juli desselben Jahres putschten in Spanisch-Marokko rechtsnationale Truppen unter General Francisco Franco. Kurz darauf setzten sie auf die Iberische Halbinsel über und bekämpfen seither die in freien Wahlen legitimierte sozialistische Regierung. Francos Truppen werden durch reguläre und freiwillige Verbände aus Mussolini-Italien und Hitler-Deutschland unterstützt, mit Soldaten, Waffen und Flugzeugen. Aufseiten der Republikaner stehen hingegen freiwillige Hilfsverbände (»Internationale Brigaden«) aus vielen Ländern Europas. Im Juli 1938 nun begeben sich Erika und Klaus Mann – durch ihr eigenes Exilschicksal politisch sensibilisiert – nach Spanien, um im Auftrag mehrerer Zeitungen und Zeitschriften von der Front und aus dem Hinterland über Kampfhandlungen, Versorgungslage und die politischen, ökonomischen und sozialen Umstände aufseiten der Republikaner zu berichten. Die Geschwister sprechen nicht nur mit Offizieren und Soldaten, sondern auch mit Menschen aus der Zivilbevölkerung, gleich welchen Standes, und sind beeindruckt vom Kampf- und Durchhaltewillen und der starken Loyalität gegenüber der legitimen Regierung. In einem Brief an Ludwig Hatvany fasst Klaus Mann seine überbordenden Eindrücke zusammen: »Wir haben unendlich viel gesehen: sehr viele Menschen – Soldaten und Generale und Dichter und den Außenminister und den Propagandaminister und Journalisten und nochmals Soldaten –, und Hospitäler und die Schützengräben und Gefängnisse und Theater und zerstörte Häuser und versenkte Schiffe und verbrannte Kirchen, und was weiß ich. Es war oft recht entsetzlich, immer höchst eindrucksvoll.«[43]

Zurück aus Spanien resümieren die Geschwister in der deutschsprachigen *Pariser Tageszeitung* recht optimistisch:

»Ja, Spanien befindet sich in einem Krieg für seine Unabhängigkeit. Aber das ist nicht alles. Zugriff und Aggressivität des Faschismus bedrohen nicht nur bestimmte andere Länder – etwa die Tschechoslowakei –; sie bedrohen die Welt, unsere ganze Gesittung samt allem, was uns jemals teuer war; sie sind die eigentliche eminente Gefahr der Epoche. Spanien, indem es seine nationale Freiheit verteidigt, kämpft auch für Begriff und Zukunft der Freiheit überhaupt, gegen ihren tödlichen Feind. [...] Den spanischen Krieg können die Faschisten nun schon nicht mehr gewinnen. [...] Begreifen wir doch endlich, daß dies die eine große Voraussetzung ist, um gegen den Faschismus aufzutreten: die Einigkeit aller derer, die den Faschismus nicht wollen. [...] Der Faschismus muß wissen, daß wir nicht nachgiebig und schwach sind, sondern zum äußersten Widerstand fest entschlossen [...]. Nur wenn der Faschismus dieses weiß, wagt er den Angriff nicht mehr. Dann – nur dann werden wir endlich befreit und gerettet sein.«[44]

Der Appell der Geschwister erreicht wohl viele Leser, die sich für die Ideen von Freiheit und Demokratie begeistern – doch die Regierungen der freien westlichen Welt reagieren konfliktscheu, hinhaltend und defensiv: Nur sechs Wochen nach Erscheinen dieses Artikels wird am 30. September das sogenannte Münchner Abkommen geschlossen: Die Regierungschefs Deutschlands (Adolf Hitler), Italiens (Benito Mussolini), Frankreichs (Édouard Daladier) und Großbritanniens (Neville Chamberlain) einigen sich darauf, dass das überwiegend von Deutschen besiedelte Sudetenland dem Reich angegliedert werden soll. Tags darauf besetzt die Wehrmacht diese Gebiete – die sogenannte Resttschechei wird im März 1939 (nachdem die Slowakei sich unabhängig erklärt hat) von deutschen Truppen okkupiert und als »Protektorat Böhmen und Mähren« der deutschen Verwaltung unterstellt.

Aber auch in Spanien siegt der Faschismus – anders, als von Erika und Klaus Mann prognostiziert: Der Bürgerkrieg, der rund einer halben Million Menschen das Leben kostet, endet Anfang April 1939 mit dem vollständigen Sieg Francos und der Installierung eines faschistischen und von der katholischen Kirche gestützten Regimes, das sich bis zu Francos Tod im Jahre 1975 halten wird.

Die unsichere politische Lage in Europa dürfte Thomas und Katia Mann die Entscheidung erleichtert haben: Am 14. September 1938 verlassen sie Küsnacht, fahren nach Paris (dort verabschieden sie sich von Erika und Golo) und weiter nach Boulogne, wo sie am 17. September den Überseedampfer *Nieuw Amsterdam* besteigen. Am 24. September erreichen sie den Hafen von New York. In Begleitung der Eltern ist Elisabeth Mann, die sich angesichts ihrer guten pianistischen Ausbildung Hoffnung auf eine Solistenkarriere in der Neuen Welt macht. Doch das Schicksal will es anders: Giuseppe Antonio Borgese und sie kommen sich näher, und bereits ein gutes Jahr später (nach der Scheidung Borgeses von seiner ersten Frau), am 23. November 1939, werden sie in Princeton heiraten. Thomas Mann verliert sein »Kindchen« an einen Schwiegersohn, der gerade einmal sieben Jahre jünger ist als er selbst. Seinem Tagebuch vertraut er an: »Tage von großer Bedrücktheit, Schwermut, Gemütsleiden. [...] Heute Medi's [Elisabeths] Hochzeit. [...] Kurze Ceremonie. Weinte vor Nervenschwäche.«[45]

Auch Klaus Mann ist nach Amerika übergesiedelt. Einen Tag nach der Ankunft der Eltern trifft er auf einem anderen Schiff in New York ein und gesellt sich zu ihnen. Thomas Manns jüngster Sohn Michael ist hingegen noch in Europa: In Paris hat er seine

Violinstudien bei Jean (Ivan) Galamian fortgeführt. Michael ist nach wie vor auf finanzielle Unterstützung durch die Eltern angewiesen. Seine Briefe aus jenen Jahren an Thomas und Katia Mann gefallen sich in einer eigenartigen Mischung aus Prahlerei und demütigem Schnorrertum. Im März 1937 gesteht er der Mutter aus Paris, er sei gezwungen, »einen regelrechten Bettelbrief [zu] schreiben«, er habe Schulden in Höhe von einhundertzehn Schweizer Franken, und er schwöre, »daß ich das von meinem ersten Konzertverdienst zurückzahle. Ja Maman: ich schäme mich, – aber kannst Du es mir gleich schicken? Ich pfeife aus dem letzten Loch.«[46] Während Michael im Juni 1937 noch groß tönt: »In Paris lässt es sich ja gut leben, und mit meiner Arbeit geht es auch ganz schön voran; – wer weiss, vielleicht werde ich am Ende noch eine Zierde der Familie?«,[47] wird er vier Monate später schon etwas kleinlauter, als er sich nämlich vor der grollenden Mutter dafür rechtfertigen muss, dass er sich – obgleich vom monatlichen Scheck der Eltern abhängig – einen Bugatti-Sportwagen gekauft hat: »Nun wegen des Wunderkaufes [des Bugatti]: dass Du Dir deshalb Sorgen machst, verstehe ich recht gut, dass Du Dir um *mich* Sorgen machst, ist auch nicht etwas, was mich *kränken* könnte, [...] – und trotzdem die strenge, scharfe Art, in der Dein letzter Brief gehalten war, hat mich ein bisschen erschreckt. Es ist vielleicht dumm und ungezogen von mir, vielleicht findest Du es *moni*-haft, weil ich auf Deine allgemeinen *sicher berechtigten* Mahnungen reagiere, aber ich müsste Dir wirklich etwas vormachen, wollte ich Dir anders schreiben: Ich weiss nicht genau, *was* Du mir eigentlich vorwirfst. Dass ich unvorsichtig *fahre*! [...] *Ich* hatte (im Gegensatz zu Medi [Elisabeth]) noch nicht das *kleinste* Unglück, obwohl ich, was Du immer ableugnest, garnicht *so* wenig gefahren bin [...]. Du bist gereizt gegen mich, – weil Du schwach gegen mich warst, und ich mich, wie Du durchblicken lässt, Deiner Schwäche wohl unwürdig gezeigt habe: nun höre mal: glaubst Du denn, dass mir Deine *Schwächen* gegen mich im

Grunde genommen eigentlich *angenehm* sind?«[48] Immerhin, Michael hat sich nicht nur ein teures Auto gekauft und einen Hund namens Billi erstanden (der an Staupe erkrankt ist und einer teuren tierärztlichen Behandlung bedarf), sondern er hat ja auch seine Freundin und künftige Frau Gret Moser kennengelernt. Aus Sicht der Eltern lässt das für den oft unsteten, wankelmütigen, zu Depressionen neigenden Michael hoffen. Und insbesondere das gutmütige Mutterherz verzeiht es dem Jüngsten auch, dass er mit seinem flotten Bugatti in Zürich ohne Nummernschild durch die Abenddämmerung gefahren, von der Polizei angehalten worden und mit einer saftigen Geldstrafe belegt worden ist, und dass dieser Michael, in manchem noch ein großes Kind, ihr vor Weihnachten eine Wunschliste schickt, die – eng beschrieben – einen großen Bogen Papier füllt: Manschettenknöpfe, Lederhandschuhe, Seidenhemden, Riemanns Musiklexikon, Grammofon, Geigenkasten, elektrisches Metronom, Armbanduhr, Zigarettenetui, Füllfederhalter, Perserteppich, Parfüm, diverse Kunst-Bildbände und, und, und …[49] Katia Mann sieht dem Sohn etliches nach (mehr, als der Vater es tut): Michael ist und bleibt ihr Sorgenkind (neben Klaus, der zu jener Zeit zum Entzug in einer Budapester Klinik liegt). Er leidet in den Jahren 1937/38 an diversen Krankheiten (Kinderlähmung und Meningitis),[50] gesundet aber wieder. Die Frage, ob und wohin man auswandern könne (denn in Europa wird jederzeit mit einem Kriegsausbruch gerechnet), treibt auch ihn um. Bereits 1938 hat er sich eine Zeit lang in den Vereinigten Staaten umgetan, ohne aber zu einem Entschluss zu kommen, geschweige denn, eine Anstellung als Musiker zu finden. In New York heiraten er und Gret Moser am 6. März 1939.

Danach kehren sie nach Europa zurück, immer noch über den weiteren Lebens- und Berufsweg im Unklaren. Als im September 1939 deutsche Truppen in Polen einmarschieren und zwei Tage später Großbritannien und Frankreich dem Deutschen Reich den

Krieg erklären, gibt das junge Paar dem Drängen der Eltern Moser und Mann nach und flieht nach England. Einige Wochen verharren sie in London, reisen dann nach Caernarfon in Nord-Wales, da sie sich in dieser abgeschiedenen Gegend vor deutschen Luftangriffen sicher glauben. Im selben Hotel hat auch Carl Flesch, der berühmte Geigenvirtuose und -pädagoge, mit ein paar Schülern Zuflucht genommen, und auch Michael Mann nimmt Stunden bei ihm. Der Mutter berichtet er nach Amerika: »Wir führen hier ja eigentlich ein recht sonderbares Dasein: Wohnen in einem furchtbar feinen Privathotel mit landschlösslichem Charakter, wo es viel zu teuer für uns wäre, wenn wir nicht das drollige Arrangement gemacht hätten, dass Gret im Haus eine Art ›*Haustochter*‹posten versieht, überall etwas mithilft, wenn die Serviertochter Ausgang hat [...].«[51]

Doch mit einer Überfahrt per Schiff nach Amerika wird es so bald nichts. Michael und Gret hoffen, gemeinsam mit der ebenfalls in England gestrandeten Monika und ihrem Mann Jenö reisen zu können – aber der Luftkrieg über London und anderen englischen Großstädten und die Bedrohung der Atlantikroute durch deutsche Schiffe und U-Boote lassen es ratsam erscheinen, eine Weile zu warten – wenngleich die Gefahr besteht, dass den Deutschen die Invasion des Inselreichs gelingt. Aus Wales kehren Michael und Gret nach London zurück, und von dort, unter besonderer nervlicher Anspannung, schreibt der jüngste Sohn seiner Mutter ein briefliches Geständnis, wohl ein Versuch, auch eigene Komplexe zu überwinden:

»Du wirst, um Gottes Willen, folgende Andeutung betreffs meiner Bindung an *euch,* an die Familie, nicht falsch verstehn. Aber muss man es denn noch aussprechen, wie problematisch und schwierig mein Verhältnis zu euch, seit jeher – zumindest aber seit einer ziemlich grossen Anzahl von Jahren war? Hat es denn der äussere Schein nicht schon oft genug deutlichst gezeigt, wie immer wieder von Neuem ungünstig der Einfluss war, welchen jede Berührung mit euch auf die Dauer auf mich ausübte. Zu unserm Papa stehe ich nicht weniger fremd, als er zu mir (wobei ich *mir* nicht die grössere Schuld glaube zuschieben zu müssen); die sehr grosse Angst und Traurigkeit, Dich vielleicht für sehr lange Zeit nicht mehr zu sehn, der Wunsch in Princeton bei Dir zu sein, – *kann* nicht genügen, alles andere, was dagegen spricht zu kommen, zu überwiegen. Ich kann doch nach diesem Gesichtspunkt nicht leben. *Besonders ich* nicht.«[52]

Schließlich, im Dezember 1939, besteigen Michael und Gret Mann, allen äußeren Gefahren und inneren Vorbehalten zum Trotz, ein Schiff, das sie ins sichere Amerika bringt – während Monika und Jenö Mann-Lányi weiterhin in London ausharren und Nacht für Nacht die Bombardements miterleben müssen.

Während Klaus Mann bereits Ende September 1938 Europa verlässt und nach New York übersiedelt und Thomas, Katia und Erika Mann – während einer Europa-Tournee, die sie nach Zürich, London und Stockholm führt – Anfang September 1939 vom Kriegsausbruch überrascht werden und mit viel Glück über Amsterdam und London den Alten Kontinent gerade noch verlassen und über den Atlantik zurück nach Amerika fahren können (wo Thomas Mann noch immer die Gastprofessur in Princeton bekleidet), bleibt Golo Mann einstweilen noch in Europa. Er ist nämlich zu jener Zeit durch ein Zeitschriftenprojekt an die Schweiz gebunden, das dem Dreißigjährigen ein großes Renommee verspricht: *Maß und Wert* wurde bereits im Herbst 1937 gegründet und erscheint als *Zweimonatsschrift für freie deutsche Kultur*. Das eher bürgerlich-konservative Periodikum wird von Thomas Mann und dem Schweizer Schriftsteller Konrad Falke im Zürcher Verlag Emil Oprechts herausgegeben. Redakteur ist der aus dem Elsass stammende, in der Schweiz lebende und mit Thomas Mann befreundete Schriftsteller Ferdinand Lion. Thomas Mann fungiert zwar als Editor, hält sich aber weitgehend im Hintergrund und nimmt nur indirekt Einfluss auf die Auswahl der Texte und die künstlerische und politische Richtung der Zeitschrift. Gleichwohl steht sein Name als Fixstern über dem Projekt, und sehr bald zeigt sich, dass noch andere Mitglieder der Familie ihre jeweils eigenen Ambitionen *Maß und Wert* gegenüber hegen. Klaus Mann gerät mehrfach mit Ferdinand Lion hart aneinander, der dessen großen Essay *Wiederbegegnung mit den deutschen Romantikern* zunächst nicht veröffentlichen will. Klaus, dessen eigene Zeitschrift *Die Sammlung* 1935 ökonomisch scheiterte und nach zweijähriger Existenz eingestellt werden musste, fühlt sich mehrfach pikiert: Weil er als – immerhin bekannter – Autor von Lion vorgeführt wird, weil ihm als Sohn des Herausgebers Thomas Mann nicht eine bessere Position zugestanden wird und weil er als ehemaliger Zeitschriftenredakteur gewisse Ambitionen hegt, in das Projekt des Vaters redaktionell einzusteigen – was ihm jedoch vom Vater nicht zugestanden wird. Nach schier endlosen Querelen mit Ferdinand Lion um die Frage des Abdrucks des Romantiker-Essays zieht Klaus Mann im März 1938 seinen Aufsatz beleidigt zurück (»Sie haben sich denkbar unkameradschaftlich, unaufmerksam, uninteressiert, oft sogar unkorrekt gegen mich verhalten.«[53]). Er kündigt Lion an, den Essay andernorts zu veröffentlichen, was ihm jedoch nicht gelingt, sodass er schließlich reumütig zu *Maß und Wert* und Lion zurückkehrt, der daraufhin (und das spricht immerhin dafür, dass er kein nachtragender Mensch ist) Klaus Manns Aufsatz in der Juli/August-Nummer der Zeitschrift veröffentlicht – allerdings stark gekürzt und dadurch entstellt. Nun reißt Klaus Mann endgültig die Hutschnur, und er schleudert dem Redakteur sarkastisch entgegen: »Ich hätte nicht mehr mit Ihnen zusammen arbeiten dürfen. Sie sind ganz unmöglich. […] Was sind das alles für unwürdige Tricks, für verzwickte Taktiken, für boshafte Mätzchen! […] Mit *Maß und Wert* will ich nichts mehr zu tun haben, so lange Sie noch Redakteur der Zeitschrift sind. […] schreiben Sie selber 150 Seiten über das Wesen des Langweiligen, das wäre stilvoll.«[54] Thomas Mann hält sich in dieser Angelegenheit vornehm zurück – wie so oft. Zunächst verliert er brieflich ein paar unverbindliche Lobesworte über Klaus Manns Essay (»ein sauberes, liebevolles, dabei Lob und Liebe kritisch abstufendes Referat«[55]), um es dem Sohn später doch mit feinen Nadeln gespickt zurückzugeben: »Dein Aufsatz ist ohne Frage viel zu lang im Verhältnis zur Sache und zu dem, was Deine Sache ist. [...] Kurz, es war eine umfangreiche Plauderei, graziös oft, aber doch recht unfundiert.«[56]

Klaus Mann ist tief getroffen. Das Vater-Sohn-Verhältnis ist in jenen Monaten angespannter denn je. In seinem Tagebuch notiert Klaus voller Bitternis:

»Empfinde wieder sehr stark, und nicht ohne Bitterkeit, Z.s [Zauberers/Thomas Manns] völlige *Kälte,* mir gegenüber. Ob wohlwollend, ob gereizt (auf eine sehr merkwürdige Art ›geniert‹ durch die Existenz des Sohnes): *niemals* interessiert; *niemals* in einem etwas ernsteren Sinn mit mir beschäftigt. Seine allgemeine Interesselosigkeit an Menschen, hier besonders gesteigert. – Konsequente Linie von der ungeheuer *oberflächlichen* – weil un-interessierten – Schilderung in *Unordnung* [*Unordnung und frühes Leid*], bis zu der Situation: mich in dieser Zeitschriftensache glatt zu *vergessen.* [...] Reizende Äusserungen, wie etwa gelegentlich ›Flucht i[n]. d[en]. N[orden].‹ oder ›Mephisto‹ *kein* Gegenbeweis. Schreibt an gänzlich Fremde ebenso reizend. Mischung aus höchst intelligenter, fast gütiger Konzilianz – und Eiseskälte. – Dies alles mir gegenüber besonders akzentuiert. Ich irre mich nicht.«[57]

Klaus Mann täuscht sich nicht: Der Vater, der irgendwann selber mit dem Redakteur Ferdinand Lion unzufrieden ist und in einem Brief an Klaus als Lions Ersatz und Nachfolger den Schweizer Schriftsteller Albin Zollinger[58] ins Gespräch bringt, führt schließlich einen anderen Schachzug, mit dem er seine eigenen Interessen zu sichern versteht, ein wenig Familienpolitik betreibt – und Klaus Mann erneut vor den Kopf stößt: Golo Mann übernimmt im Sommer 1939 als Lions Nachfolger die Redaktion von *Maß und Wert*. Doch das brüderliche Verhältnis ist so gefestigt, dass Klaus – großherzig, wie es seinem Charakter entspricht – dies dem jüngeren Bruder nicht nachträgt. Die erhaltenen Briefe zwischen den beiden aus jener Zeit sind durchaus herzlich und kollegial. Klaus Mann bietet seinem Bruder sogar Arbeiten für *Maß und Wert* an, etwa einen Aufsatz über André Gides *Journal*, den Golo auch beflissen redigiert und in der Zeitschrift veröffentlicht. Klaus schwingt sich – zwei Monate zuvor ist der Krieg ausgebrochen – sogar zu verzweifelten Scherzen auf: »Und wenn Deine Revue überhaupt nimmer erscheinen kann, versuche das Manuskript aufzuheben – aus Oprechts flammender Villa über die französische Grenze zu retten [...]. Wir sind wahrhaft närrische Käuze: uns immer noch mit den belles lettres zu befassen, während ...«[59] Golo Mann harrt also weiterhin in Europa aus – in der Schweiz in leidlicher Sicherheit (obgleich man nicht weiß, ob Hitler in seinem Größenwahn nicht auch diesen neutralen Staat überfallen wird). Selbst Thomas Mann, sonst emotional eher zurückhaltend, treibt die Sorge um seinen Sohn und Redakteur um: »Wärst auch Du erst da!«,[60] schreibt er aus Princeton am 26. September 1939. Gleichwohl: Am liebsten wäre es dem Herausgeber natürlich, wenn sein Periodikum weiter bestünde: »Mielein [Katia Mann] glaubt nicht an die Möglichkeit eines Fortbestehens der Zeitschrift [...], und meine eigene erste Vorstellung nach Eintritt des Kriegszustandes war die, daß sie schon aus technischen Gründen wohl vorläufig ruhen müsse. Im Grunde aber tut es mir wohl, zu hören, daß man in Zürich zugunsten ihres Fortbestehens, nun gerade, spricht [...].«[61] Golo Mann bleibt also zunächst in Zürich und redigiert *Maß und Wert* weiter. Die Zeitschrift wird im Oktober 1940 nach dreijährigem Erscheinen eingestellt – aber da ist Golo Mann bereits nicht mehr in der Eidgenossenschaft, sondern auf der Flucht vor den Nationalsozialisten – und damit in Lebensgefahr. Ebenso wie Monika Mann, die weiter in London unter dem Bombenhagel der deutschen Luftwaffe ausharrt …

Währenddessen machen sich die in die USA emigrierten Familienmitglieder um die in Europa Verbliebenen große Sorgen. Wie schön wäre es, *alle* im amerikanischen Exil zu wissen, vereinigt und in Sicherheit! Erika Mann, schon wieder kreuz und quer auf Lecture Tour, bringt es im November 1939 auf den Punkt: »Es *ist* ja ein *Elend,* daß amazing family an so verschiedenen Orten und Kampfabschnitten tätig zu sein hat und mir hängt das fürchterlich Gereise auch schon meterlang zum Hälschen hinaus.«[62]

»Der Zauberberg, aber ohne die geistigen Ansprüche desselben«

Zuflucht in der Neuen Welt. 1939–1941

Das »fürchterlich Gereise«, über das Erika Mann klagt, nimmt für die Familie Mann indes kein Ende. Am sesshaftesten und gesichertsten ist noch Thomas Mann, der nach wie vor eine Honorarprofessur in Princeton innehat und zusammen mit seiner Frau ein repräsentatives Haus in der Universitätsstadt bewohnt. Das Ehepaar wird wie einst in München von mehreren Bediensteten umsorgt, und wie einst geben sich bedeutende Vertreter des geistigen Lebens die Klinke in die Hand, um dem Nobelpreisträger und Haupt des deutschen Exils die Aufwartung zu machen.

Fast könnte man also glauben, man führe das einstige großbürgerliche Dasein weiter – wären da nicht die Sorgen um die noch in Europa ausharrenden Kinder Monika und Golo und auch der Umstand, dass die anderen vier, die sich vor Krieg und Nationalsozialismus nach Amerika retten konnten, hier erst Fuß fassen müssen und mit etlichen existenziellen Widrigkeiten zu kämpfen haben.

Am besten hat es noch Elisabeth Mann getroffen, die seit ihrer Heirat im traditionellen Sinne abgesichert ist. Ihr Mann Giuseppe Antonio Borgese unterrichtet bereits seit 1936 in den Fächern Literatur und Politische Wissenschaften an der Universität Chicago, seit 1938 besitzt er die amerikanische Staatsbürgerschaft. Zwar erhält seine Ehefrau nicht automatisch die US-Naturalisation, doch wird ihr diese durch ihre Heirat erleichtert, sodass sie bereits 1941 die Einbürgerungsurkunde in Händen hält. Immerhin hat Elisabeth seit ihrer Hochzeit ein festes eigenes Zuhause. Doch gerade der Umstand, dass sie das Elternhaus in Princeton verlässt und ihrem Mann nach Chicago folgt, ist für die Familie nicht leicht zu akzeptieren. Vor allem Thomas Mann trägt schwer am »Verlust« seines »Kindchens«. Die Hochzeitsfeierlichkeit im Haus in der Stockton Street (der »Stocki«, wie die Villa im Familienjargon genannt wird) wird recht bescheiden gestaltet. Außer den eigentlichen Familienmitgliedern sind nur der Komponist Roger Sessions und seine Frau geladen, zudem die deutschen Exilanten Erich von Kahler, Hermann Broch (der einige Zeit zuvor ein Auge auf Elisabeth geworfen hatte) und Erikas Schein-Ehemann Wystan H. Auden, der sich zu jener Zeit in Amerika aufhält und an der Tafel ein eigenes Gedicht vorträgt. Auch der Brautvater spricht ein paar Worte, allerdings fasst er sich ungewohnt kurz und zurückgenommen, wohl, weil ihm alles andere als zum Feiern zumute ist. Elisabeth erinnert sich im hohen Alter: »So eine Rede hat er nicht gehalten. Das war ja alles nicht so formal wie bei Eris Hochzeit. Es war ja doch eben eine Heirat im Exil. War nicht so aufwändig. Die Eri hat ja doch auch eine schöne Aussteuer bekommen, Silber und so. Ich habe nichts bekommen, nein.«[1] Das ist untertrieben, wie Elisabeth im selben Gespräch mit Heinrich Breloer einräumt: Immerhin bezahlen ihr die Eltern weiterhin den Klavierunterricht in Chicago, denn nach wie vor träumt die examinierte Pianistin von einer Konzertkarriere, wofür sie ihren instrumentalen Fähigkeiten den letzten Schliff verpassen will: »Denn ich habe noch mehr Klavierstunden genommen in Chicago. Aber ich hatte abgemacht, ab meinem 25. Geburtstag, der ja noch vier Jahre weg war, würde ich nichts mehr nehmen, und das habe ich auch eingehalten. Ich habe nichts mehr gekriegt, mit fünfundzwanzig Jahren wollte ich nicht mehr von zu Hause abhängig sein.«[2] Nach der Hochzeit reisen Elisabeth und ihr sechsunddreißig Jahre älterer Ehemann nach Chicago, wo der Professor ein Apartment im Hotel Windermere gemietet hat (erst später beziehen sie ein Häuschen etwas außerhalb der Stadt). Thomas Mann schreibt geknickt und sarkastisch gleichermaßen an seinen Bruder Heinrich: »Medi [Elisabeth] hat ihren antifaschistischen Professor geheiratet, der mit seinen siebenundfünfzig Jahren nicht mehr daran gedacht hätte, soviel Jugend zu gewinnen. Aber das Kind wollte es und hat es durchgesetzt.«[3] Immerhin gesteht er dem Schwiegersohn Qualitäten zu: »Er ist ein geistreicher, liebenswürdiger und sehr wohlerhaltener Mann, das ist zuzugeben, und der erbittertste Hasser seines Duce [Mussolini], den er aus purem Nationalismus für den Allerschlimmsten hält.«[4] Borgeses italienisches Temperament, seine Intellektualität und ein Gran Geltungssucht sind hingegen bisweilen eine Belastung für Thomas Mann: So verzeiht es der Großschriftsteller seinem selbstbewussten Schwiegersohn nicht, wenn der an gemeinsamen Familienabenden ins Monologisieren verfällt, dem Älteren an einer Zimmertür nicht den Vortritt lässt oder aber in politischen Ansichten keinen Widerspruch duldet. Es dauert fünf Jahre, ehe Thomas Mann dem Schwiegersohn das Du anbietet, und selbst dann noch zeigt er sich oft genug über Borgeses raumgreifende Art verschnupft. »Das triumphale Unken und I told you so-Gebahren [sic] Borgeses schrecklich enervierend«, vertraut Thomas Mann seinem Tagebuch an. »Ein guter, eitler, dankbarer, vulkanischer Mann, sehr schwer zu ertragen, wenn auch versöhnend zwischendurch. Mich verlangt, allein in meinem Haus zu sein.«[5] Auch die anderen Mitglieder der Familie Mann stellt der wortreiche, sich in eine Predigerhaltung hineinsteigernde Italiener auf die Geduldsprobe. Klaus Mann, der, obgleich protestantisch getauft, zeitlebens von der katholischen Konfession angezogen wird (ohne je zu konvertieren), zeigt sich über die Vatikan-Feindlichkeit des italienischen Schwagers amüsiert. »Borgi hat längst begriffen«, schreibt er an Golo, der sich noch in der Schweiz aufhält und dort *Maß und Wert* redigiert, »daß hinter allem Ungemach der Welt als lauernder Dämon der Heilige Vater steht. Was er über die alleinseligmachende Kirche zu sagen weiß, erinnert quälend an die Meinungen, die es bei gewissen deutschen Volksgenossen über das ›Weltjudentum‹ geben mag. Überhaupt hat unser bedeutender Schwager seine beunruhigenden Züge – Eitelkeit und fixe Ideen trüben seine Urteilskraft.«[6]

Elisabeths Ansinnen, in Chicago nicht nur ihre pianistischen Studien fortzuführen, sondern auch selbst ins Konzertleben einzusteigen, verflüchtigen sich indes alsbald. Keineswegs scheitert sie als Pianistin – vielmehr versucht sie es erst gar nicht. Denn sie schlittert, wie auch einst Erika Mann, eher nolens volens in die Rolle des »Lecturers«, wenn auch unter anderen Vorzeichen als die ältere Schwester. In Chicago nämlich kommt sie alsbald in die gelehrten Kreise ihres Ehemanns und wird als Vortragende entdeckt (ihr Mädchenname »Mann« mag hierbei sicherlich geholfen haben). Bei einer Wohltätigkeitsveranstaltung in einer Chicagoer Kirche hält sie ein Referat: »Und das Thema, was man mir gab, war, über die Selbstmorde in der Emigration zu reden. Also Stefan Zweig und Toller und Hasenclever und Tucholsky, und ich musste mich damals in deren Arbeit und Biographien etwas vertiefen und habe das also geschrieben, es war meine erste Arbeit.«[7] Freilich, zu einer Vortrags*reisenden,* wie die ältesten Geschwister Erika und Klaus sie darstellen, wird Elisabeth nicht. Sie verweigert sich diesem harten Geschäft, mithilfe eines Agenten kreuz und quer durch die USA zu tingeln und fast jeden Abend in einer anderen Stadt dem Publikum Rede und Antwort zu stehen. Vielmehr beginnt sie in jenen Jahren, an der Universität Chicago Vorlesungen in Mathematik zu besuchen. »Der ›Calculus‹ [Infinitesimalrechnung] ist nicht schwer, aber lustig«, berichtet sie der Mutter, die ja selbst, vierzig Jahre zuvor,

Mathematik in München studiert hat, »nur dass man für π Pai sagen muss, ist etwas verwirrend.«[8] Wie ihre Mutter versucht auch Elisabeth den Spagat zwischen eigenen Interessen und den traditionellen Aufgaben einer Hausfrau: »Um ½ 1 komm ich [von der Universität] heim, und erledige allerhand Kleinigkeiten, wie zum Beispiel jetzt. Um 1 essen wir. Nach dem Essen stenographiere ich ein Stündchen, danach studiere ich den gelehrten Unsinn, und die Zeit, die dann noch bis zum Dinner kochen frei ist, übe ich noch [Klavier]. Die Dinner werden immer besser und raffinierter.«[9] Über das universitäre Umfeld ihres Mannes lässt sich die junge Frau mit der typischen Burschikosität einer Mann-Tochter recht spöttisch aus: »Die meisten Leute sind ja recht langweilig. Halt Professoren und Professoren-Urscheln.«[10] Zudem unterstützt Elisabeth ihren Mann als Sekretärin und redaktionelle Assistentin bei dessen kultur- und politikwissenschaftlichen Projekten und wächst so unvermittelt nach und nach in ihr späteres Engagement als Verfechterin einer Weltverfassung hinein – aber bis dahin ist es noch ein weiter Weg. Zunächst nämlich wartet eine andere Aufgabe auf sie: Elisabeth Mann Borgese ist schwanger. Am 30. November 1940 bringt sie die Tochter Angelica zur Welt. Am 6. März 1944 folgt die zweite Tochter, Dominica. Angelicas Geburt verzögert sich, und die Eltern Mann, obgleich zur erwarteten Niederkunft eigens nach Chicago gekommen, reisen wieder ab, ohne dass das Kind zur Welt gebracht ist. Klaus Mann frotzelt in einem Brief an den befreundeten Schriftsteller Bruno Frank: »[...] die Eltern sitzen in Chicago und erwarten die Ankunft des Enkelkindes, das ebenso unpünktlich ist wie die italienischen Züge zu sein pflegten, ehe Il Duce sie in die Cäsarische Ordnung brachte.«[11] Schließlich kommt Angelica doch zur Welt, und Golo Mann, der die jüngste Schwester in Chicago besucht, berichtet spottlustig seiner Mutter: »Die Medy [Elisabeth] wartet auf mich. Sie erschien mir, nach zweijähriger Pause, sehr nett und couragiert und rührend; und das Kind [Angelica] keineswegs so hässlich wie ich befürchtet hatte. Er [Borgese] ist auch ein bedeutender und rührender Narr […].«[12]

Angelicas Geburt ist nicht das einzige frohe Ereignis jenes Jahres 1940. Bereits am 31. Juli ist Michael und Gret Manns erster Sohn, Thomas und Katia Manns erster Enkel, Fridolin, genannt Frido, in Monterey, Kalifornien, zur Welt gekommen. Schon im Dezember 1939 konnten Michael und Gret per Schiff England verlassen und in die USA reisen. Sie lassen sich in Carmel nieder, einem Küstenort südlich von San Francisco. Anfangs leben sie von Zuwendungen der Eltern Mann und Moser. Michael gibt auch ein wenig Geigenunterricht. Seine besorgte Mutter (die weiterhin als strenge Verwalterin der Finanzen fungiert) versucht er im Mai 1940 zu besänftigen: »Mamale –: Du mußt wohl schon ganz schlecht von mir denken, denn Du *kannst* es ja nicht realisieren, daß sich einfach nie eine freie Stunde ergibt, nämlich einfach nie, – so unglaubwürdig es sich anhört. […] Ich glaube ja, ich habe mit *wenig Intelligenz,* aber *gutem Instinkt* doch einmal wieder meine Sache ganz gut gemacht. Ich will zwar garnichts gesagt haben, weil man doch bekanntlich das Schicksal nicht herausfordern darf und, obwohl ich mich ungern als Sorgenkind betrachtet weiß, sei nur lieber gleich versichert, daß in *absehbarer* Zeit noch *nichts* aus mir werden wird – kann ich mich doch nicht beherrschen zu sagen, daß es die kleinen Orte ja doch in sich haben […]. Bei den Bach-Festspielen, die hier alle Jahre eine Juliwoche vom Stapel gelassen werden, soll ich den *Konzertmeister* machen – ich hätte es zuerst fast glatt als über meiner Würde abgelehnt. […] Mr. Hagemeyer [ein Fotograf] wird ein schönes Photo von mir machen und die Leute sollen erfahren, daß ich in Carmel Residence aufgeschlagen habe und mich auf children zu spezialisieren gedenke.«[13]

Zwei Jahre später – nach Mill Valley nördlich von San Francisco übergesiedelt – wird Michael Mann im San Francisco Symphony Orchestra unter dessen Dirigenten Pierre Monteux eine Stelle als

Geiger erhalten. Und hier, in Mill Valley, kommt am 20. Juli 1942 auch Michaels und Grets zweiter Sohn Anthony, genannt Toni, zur Welt.

Über Frido, Thomas Manns ersten Enkel, gibt es von Anfang an einen Strauß von Wünschen, Erwartungen, Mutmaßungen, Projektionen. Elisabeth, frisch verheiratet, in Chicago lebend, besucht den erklärten Lieblingsbruder Anfang 1940 in dessen neuem Wohnort in Carmel – Gret ist schwanger – und berichtet der Mutter nach Princeton: »Über Bibi [Michael] und Gret war ich noch lange aufgeregt. Hoffentlich wird das Kind [Frido] nicht zu närrisch. Für den Bibi *kann* es recht gut sein; er könnte sich doch durch die grosse Verantwortung mehr zum Arbeiten und Geld verdienen veranlasst fühlen.«[14] Da Michaels und Elisabeths Kinder – zuerst Frido und Angelica, dann Dominica und Toni – so kurz nacheinander auf die Welt kommen und Elisabeth sich dem jüngeren Bruder noch immer sehr verbunden fühlt, werden die Tauffeiern gemeinsam ausgerichtet. Elisabeth erinnert sich augenzwinkernd eines Missverständnisses, das gleichwohl rasch aufgeklärt wird: »Wir [Elisabeth und Michael] sind zusammen aufgewachsen, wir haben im gleichen Jahr geheiratet, wir haben fast im gleichen Jahr Kinder gehabt, wir haben unsere Kinder taufen lassen, erst die älteren und dann die jüngeren. Wie wir die Jüngeren haben taufen lassen, in der Unitarian Church, wollten wir gerne die Musik dazu machen, denn wir haben ja viel zusammen Musik gemacht. Und er ging also hin zum Pfarrer und sagte: ›Diese Kinder werden getauft, meine Schwester und ich, wir würden gern die Musik dazu machen, meine Schwester und ich, wir sind nämlich die Eltern von den Kindern.‹ Der Pfarrer wäre fast in Ohnmacht gefallen.«[15]

Frido, ein besonders hübscher Knabe mit lockigem Haar, wird zum Liebling des Großvaters Thomas Mann. Klaus Mann, der den (noch kahlen und etwas zerknautschten) Säugling im September 1940 zum ersten Mal sieht, macht sich über die Perspektiven des

Kindes so seine eigenen Gedanken: »Und das Baby – mein erster Neffe, Fridolin. (WARUM Fridolin??) – Das greisenhafte Gesichtchen, grosse Ohren, schaumige Backen, blicklose Transparenz des Blicks, zahnloses Lachen. Die Händchen und Füsse – so genau geformt. Nervöse Fleischblümchen. – – – – Was wird DER nun erleben?? – – – – Ach, und WIR?«[16] Wenige Jahre später nimmt Thomas Mann in seinem Roman *Doktor Faustus* den Enkel zum Vorbild für die Figur des Knaben Echo, der schließlich, verursacht durch die Teufelsverschreibung des Tonsetzers Adrian Leverkühn, eines furchtbaren Todes infolge Meningitis stirbt. Später hat sich Thomas Mann dieser literarischen Vereinnahmung geschämt (wiewohl solche »Übersetzungen« realer Personen in die literarische Fiktion eines der Wesensmerkmale seiner erzählerischen Kunst darstellen). Frido Mann indessen hat diesen literarischen »Anschlag« seines berühmten Großvaters gut überlebt: Später wurde er Musiker, Psychologe, Schriftsteller und ist heute (2023) viel gefragter Vortragsreisender zur Geschichte der Familie und Sachwalter ihrer Interessen.

Während man sich in Carmel, Kalifornien, über die Geburt des Knaben Fridolin freut, bangen auf der anderen Seite der Erdkugel viele Menschen um ihr Leben: Der Krieg hat mit dem deutschen Überfall auf die Niederlande, Belgien, Luxemburg und Frankreich am 10. Mai 1940 auch Westeuropa erreicht. Und auch über England toben die Kämpfe, »the Blitz«, wie die Inselbewohner die allnächtlichen Luftangriffe der Deutschen auf London und andere englische Großstädte selbst nennen. Erika Mann, eine der erfolgreichsten »Lecturers« auf Vortragsreisen durch die USA, auf denen sie den Amerikanern die Gefährlichkeit des Nationalsozialismus zu erklären versucht, erweitert nun unter dem Eindruck der schrecklichen Nachrichten aus Europa ihr Betätigungsfeld: Sie beschließt, als Korrespondentin nach London zu reisen, um von der Verteidigungsfront zu berichten und den Menschen in den USA, die zu weiten Teilen noch immer glauben, Europa und der Krieg seien fern und Amerika tue besser daran, sich nicht einzumischen und seinen althergebrachten Isolationismus zu leben, auf diese Weise die Augen zu öffnen. Für ihr Vorhaben hat Erika Mann sogar Kontakt zum britischen Informationsminister Duff Cooper aufgenommen (er ist zudem Schriftsteller und ein ausgesprochener Homme des lettres) und ihn um die Möglichkeit ihrer Mitarbeit beim britischen Rundfunk BBC gebeten. Per Flugzeug (denn eine Reise mit dem Dampfer erscheint angesichts deutscher U-Boote als zu gefährlich) gelangt Erika zunächst nach Lissabon. Portugal ist als neutrales Land nicht in die Kriegsgeschehnisse involviert, hier versammeln sich zahlreiche Exilanten, denen die Flucht aus dem von den Deutschen besetzten Frankreich und quer durch das franco-faschistische Spanien gelungen ist und die nun in der portugiesischen Hauptstadt verzweifelt versuchen, Tickets und Visa für die Überfahrt in die USA oder nach Brasilien zu ergattern. Erika trifft Toni Kesten (Hermann Kestens Frau), Alfred Döblin, Adrienne Thomas, doch von ihrem Bruder Golo und dem Onkel Heinrich, von denen zuletzt aus Frankreich Lebenszeichen kamen, findet sich keine Spur.

Also reist sie nach London weiter, mitten hinein in den Krieg, um dort ihrer Korrespondententätigkeit nachzugehen. Der besorgten Mutter schreibt sie beschwichtigend: »Ich meine: mir stößt gewiß nichts zu und wenn, dann mit dem Auto, denn die Portugiesen driven wie die Narren und töten täglich mehr Menschen, als die Stukas [deutsche Sturzkampfflugzeuge] in Great Britain.«[17] Die britische Hauptstadt wird jede Nacht von deutschen Kampffliegern terrorisiert. Es sind große Verluste zu verzeichnen: Zahlreiche Menschen lassen ihr Leben, viele Gebäude werden zerstört. Aber mit Erstaunen stellt Erika Mann fest, dass der Wille zum Widerstand und eine sprichwörtliche britische Gelassenheit Angst und Verzweiflung überwiegen. Auch sie selbst wird Opfer der Stukas:

Ihr Apartment wird von einer Bombe getroffen und zertrümmert. In ihrem Artikel *Eine Nacht in London,* erschienen in der jüdischen New Yorker Zeitung *Aufbau,* schildert sie ihre beklemmenden Erlebnisse:

»Meine Wohnung ist in die Luft geflogen, meine Schreibmaschine ist zerstört und fast alle meine Manuskripte und Notizen sind verbrannt; [...] Ich war nicht zu Hause, als die Decke einbrach und Feuer mein Zimmer in Brand steckte. [...] Ein Taxi ist während der Nachtangriffe nicht zu finden. So entschloß ich mich, zu einem Hotel, das zwölf Straßen entfernt war, zu Fuß zu gehen. Das Surren der Bomber über dem Kopf ist beängstigender als irgend etwas anderes [...]. Niemand schien nervös oder erschreckt. Der stärkste Ausdruck der Mißbilligung, den ich hörte, war: ›Frankly, I do not like it.‹ Er kam von einem jungen Beamten, der hinzufügte, daß ihm anfangs das ganze überhaupt nichts ausgemacht hätte, aber daß er seit vierzehn Tagen kaum Schlaf gehabt habe, was – ihn leicht zu ärgern beginne. Als ich endlich in ein großes Hotel im Zentrum der Stadt kam, floß Blut an meinem Bein herunter, und in meinen Schuhen war zuviel Glas, um bequem zu gehen. Es war ein Uhr früh. Im Keller spielte eine Jazzband. Tanzende Paare, die durch Explosionen in der Nähe oft dicht gegeneinander gepreßt wurden, schienen bester Laune zu sein. [...] Der Kampf hat kaum erst begonnen. Jeder ist sich dessen bewußt, aber niemand – ich glaube wirklich: *niemand* – träumt von Kapitulation. Die Rückwirkungen auf die breiten Massen sind mannigfaltig, und was man ›Moral‹ nennt, drückt sich verschiedenartig aus. Aber weder Hysterie noch Furcht, noch die leisesten Anzeichen von Panik sind irgendwo zu finden.«[18]

In London trifft Erika ihre Schwester Monika und deren Mann Jenö wieder. Beide warten noch auf ein Ausreisevisum nach Amerika. Da die US-amerikanische Regierung sich sperrt, wendet sich Thomas Mann an die kanadischen Behörden. Am 8. August kann er in einem Brief an die Gönnerin Agnes Meyer endlich einen Erfolg vermelden: »Gerade habe ich von Seiten der kanadischen Regierung inbetreff Monikas und ihres Mannes ein überraschend freundliches Entgegenkommen gefunden und zwar ausdrücklich mit folgender Begründung: ›It was only your own exceptional and distinguished service to the causes for which this country is at war that made it possible for an exception to be made in the general rule in the case of your daughter and her husband.‹«[19]

Monikas und Jenös geplante Überfahrt nach Halifax, Nova Scotia, verzögert sich indes noch. Diese Wochen im Ungewissen – hin- und hergerissen zwischen dem Faszinosum der Metropole London und dem allnächtlichen Terror der Stuka-Angriffe – hat Monika Mann später so beschrieben:

»Der Himmel über London war eingezirkelt von einem Ballonnetz, in dem die ›Heuschrecken‹ sich verfangen sollten, falls sie kämen: sie konnten ja jeden Moment kommen: sie kamen. Am gegenwärtigsten von jener Zeit – an die man sich gewöhnte wie an jede Zeit – ist mir jener Gleichmut der düster-monumentalen Stadt – wie sie äußerlich in eine Hölle verwandelt wurde und innerlich eine vollkommene Würde bewahrte. Dem Lärm, der Spannung, der Not und Verwüstung begegnete sie mit einem solchen Anstand, wie wohl nur der Engländer ihn besitzt. Gegenwärtig sind mir die Sirenen, von denen man im Schlaf, beim Kochen, beim Musizieren, im Hyde Park zwischen herrlichen Blumen und Bäumen überfallen wurde, die einen wie der Ruf zum Jüngsten Gericht erfüllten und denen die satanischen Geschwader folgten; das ›Blackout‹, das wie ein makabres Versteckenspiel anmutete und bei dem in einer verräterischen Mondnacht London unvergeßlich schön erschien; die Gasmasken, die man sich umhängte, als seien sie das Alltäglichste der Welt – ein Opernglas oder Einkaufsbeutel. Ja, so akzeptierte man im Grunde alles, und mitten im Haarsträubenden ging man seiner Arbeit, ja seinem Vergnügen nach.«[20]

Endlich trifft das Visum für Kanada ein, Schiffstickets für die

City of Benares sind gekauft, und am 13. September 1940 legt der Ozeandampfer in Liverpool ab. Mit an Bord sind Monika Mann und Jenö Lányi. Sie sind erleichtert, dem Krieg zu entkommen, haben aber zugleich ein schlechtes Gewissen. Monika erinnert sich: »Obgleich wir London nur als Durchgang nach Amerika, als Episode gewählt hatten, fühlten wir uns, als wir das kanadische Visum in der Tasche hatten, ein wenig als Deserteure. […] Aus dem Zug nach Liverpool winkten wir einem jungen Paar – ein Mädchen und ein Jüngling in englischer Uniform. Es schien, daß wir uns nicht von ihnen trennten, daß ihr Schicksal auch das unsere war.«[21]

Doch das Schicksal hat für Monika Mann und Jenö Lányi ganz anderes vorgesehen: Vier Tage später wird die *City of Benares* auf hoher See, westlich von Schottland, von dem deutschen U-Boot *U 48* torpediert. Das Schiff sinkt innerhalb kürzester Zeit. Einige der Rettungsboote sind zerstört, die verbliebenen reichen bei Weitem nicht für alle Passagiere und Besatzungsmitglieder. Von 406 Menschen an Bord verlieren rund 250 ihr Leben, darunter über achtzig Kinder, die nach Kanada evakuiert werden sollten. Der deutsche Schriftsteller Rudolf Olden, der vor allem durch sein vernichtendes Buch *Hitler der Eroberer. Entlarvung einer Legende* (Amsterdam 1935) bekannt geworden ist, bleibt – des Lebenskampfes müde – gemeinsam mit seiner Frau in seiner Kabine und geht mitsamt dem Schiff unter. Auch Jenö Lányi verliert sein Leben. Über sein und ihr Schicksal schreibt Monika Mann später:

»Es geschah alles in einer Viertelstunde. Die Explosion, die anfängliche Ordnung, die Panik, der Sturz in die Tiefe, das Chaos am brennenden Schiff, unsere Rufe, unser Verstummen […]. Es gab so einen Ruck, als sei man irgendwo aufgefahren – die Alarmglocke klingelte – nachts, ja, es war halb elf, ich hatte schon geschlafen, er [Jenö] kam aus dem Salon herunter, wo er Klavier gespielt hatte […] er zog erst mir den Rettungsgürtel an, dann sich selbst […] wir nahmen nichts mit, wir hatten keine Zeit, wir hatten Rettungsboot

Nummer sechs, da waren viel zuviel Menschen, viel mehr als in ein Rettungsboot gehen, es fehlten Rettungsboote, die waren durch den Torpedo kaputtgegangen, und wir fielen alle auf den Grund des Meeres fast, weil wir zu viele waren [...] und als wir wieder heraufkamen, schrien wir, so gut es ging, nahe am brennenden Schiff, wir hatten Petroleum geschluckt und waren zerschlagen und suchten nach etwas zum Anhalten, wir riefen einander, ich hörte seinen [Jenös] Ruf, dreimal, und dann nichts mehr. Und dann waren lauter Tote um mich rum und ganz schwarze Nacht und ganz hohe Wellen, und ich war durstig, und ich hatte keine Stimme mehr, und meine Hände waren unendlich kalt [...] die Wellen haben mich ganz zugedeckt, sie kamen wie schwarze Gebirge auf mich los – tote Kinder gab es, von Schreck und Kälte getötet, und Durst – ja der Durst!«[22]

Nach zwanzig Stunden werden Monika und andere Überlebende von einem britischen Kriegsschiff aufgelesen und nach Schottland gebracht. Monika Mann wird in ein Hospital in Greenock westlich von Glasgow eingeliefert. Man informiert Erika in London: Die eilt nach Schottland ans Bett der Schwester. Monika hat die Strapazen erstaunlich gut überstanden und kann nach kurzer Zeit entlassen werden. Die beiden Schwestern kehren nach London zurück. Doch obwohl Monika körperliche Zähigkeit bewiesen hat, ist und bleibt sie über viele Jahre traumatisiert. Erika Mann hat unterdessen den Eltern die Hiobsbotschaft nach Amerika telegrafiert. In einem Brief an die Mutter gibt sie Details dessen wieder, was die verstörte Schwester ihr erzählt hat: »Sturm und Wellen waren so, dass alle Boote kippten, – den Jenö hat das Möndle [Monika] noch 3 mal aus den Wellen rufen hören ›aber das dritte mal klang es schon sehr schwach.‹ Sie ist davon überzeugt, (und mag recht haben), dass er sich aufgegeben hat, weil er *sie* für verloren hielt.«[23] Doch was mit der verstörten, in Schmerz und Trauer aufgelösten Schwester anfangen? Erika Mann klagt ihrer Mutter im fernen Amerika: »*Was tu ich nun mit M[onika].?* Sie hat keinen Pass, kein Hemd, keinen Heller. All dies wird sich korrigieren lassen. Aber ich kann sie in London nicht lassen, wo die Nächte nachgerade auch für den Frackgewohntesten kein Spass mehr sind; will also versuchen, sie *vor* der Stadt provisorisch unterzubringen. Bloss: *was dann?* Natürlich soll sie nach drüben [...].«[24] Schließlich gelingt es recht unbürokratisch, für Monika Mann Visum und Schiffsticket zu erhalten. Am 28. Oktober 1940 trifft sie auf dem Dampfer *Cameronia* im Hafen von New York ein und wird dort von ihrer Mutter erwartet. Die Rettung der Tochter des Nobelpreisträgers Thomas Mann ist der amerikanischen Presse sogar eine Fotostory wert: Man sieht Katia Mann, die die weinende Monika in den Arm nimmt und küsst. Dann geht es mit dem Auto (die begeisterte Chauffeurin Katia Mann fährt natürlich selbst) die rund achtzig Kilometer nach Princeton, wo die »arme kleine Witwe« »in kläglichem Zustande«[25] vom Vater begrüßt wird.

Das Mitleid mit Monika hält sich indes in Grenzen: Thomas Mann geht sofort wieder zum literarischen Tagesgeschäft über, und auch die übrigen Geschwister zeigen angesichts des Todes Jenö Lányis und der Leidensgeschichte Monikas zwar zunächst Betroffenheit, bald jedoch äußern sie alle – die Mutter eingeschlossen – Verdruss, Ärger und Ungeduld mit der nun im Hause Lebenden, die sich in Selbstmitleid und Perspektivlosigkeit ergeht und ihr Schicksal zum Anlass nimmt, sich gegen die Umwelt und das Leben abzusondern. Selbst Klaus Mann, der eigentlich noch am meisten Empathie für Monika aufbringt, schreibt in einem Brief an die Mutter recht sarkastisch: »Eine *schwache* Chance [für Jenö Lányi] besteht ja wohl noch, dass er unter den seither Gefundenen ist, oder sonst plötzlich noch zum Vorschein kommt – vielleicht nah dem Nordpol, an ein Stück treibendes Holz geklammert, mit vor Grauen weiss gewordenem Haar. Solche Geschichten sind ja schon dagewesen. Wenn diese schöne Pointe aber ausbleibt – wie soll man sich

Die Familie im Garten der »Poschi«, 1927.
Von links: Monika, Michael, Golo, Katia, Thomas, Elisabeth, Erika, Klaus.

»Wir traten wie Zwillinge auf.« (Klaus Mann)
Klaus und Erika Mann, um 1930.

»Pamela wurde bald unsere beste Freundin; sie war unzertrennlich von Erika und mir.« (Klaus Mann)

Erika Mann, Klaus Mann und Pamela Wedekind, ein Trio im Privatleben und auf der Bühne, 1925.

»Sie gingen zur Schule in Zürich, später besuchten sie das Konservatorium. Michael wollte Geiger werden, Elisabeth Pianistin.« (Klaus Mann)

Elisabeth und Michael Mann in Küsnacht.

Elisabeth, Michael und ein unbekannter Begleiter, Bandol 1936, fotografiert von Annemarie Schwarzenbach.

Erika und Golo, 1936, fotografiert von Annemarie Schwarzenbach.

»Dies hier in Californien war ein kurzer, aber angenehmer Traum.« (Golo Mann)

Golo Mann mit Pudel Niko, Pacific Palisades, 1942.

»Aber wie ich all die Leute verköstigen soll, weiss ich auch noch garnicht.« (Katia Mann)

Kriegsweihnachten 1944, Pacific Palisades: Thomas Mann, Giuseppe Antonio Borgese, Katia mit Frido, Elisabeth mit Dominica, Michael, Angelica, dahinter verdeckt Gret, ganz rechts Toni.

»Seine Assistentin und Editorin, seine Unterhalterin und Hofnärrin.« (Golo Mann)

Erika und Thomas Mann in Oxford, 13. Mai 1949.

»Ich will und darf nicht der Vikar meines Vaters auf Erden sein.« (Golo Mann)

Golo Mann an der Tür des Hauses in Kilchberg; am Klingelschild steht noch immer der Name des Vaters.

»Schalten und dann mit Vollgas in die Kurve, das war meine Devise.« (Erika Mann)

Erika Mann mit ihrem Ford Mustang-Sportwagen, um 1966.

Michael Mann mit der Adoptivtochter Raju. An der Wand Franz von Lenbachs Kinderporträt von Katia Pringsheim.

»Ich habe hier auf Capri auch ganz bewußt sehr zurückgezogen gelebt in einer gewollten ›splendid isolation‹.«
Monika Mann auf Capri, 1972.

die Zukunft der armen Person [Monika] dann vorstellen? – Die Mutter im Spinnhause. Nun ist es völlig. Übrigens mochte ich den Lányi ja wirklich immer ganz gern, [...] ein höchst zivilisierter Parasit [...] ›Schnorrer braucht man immer,‹ [...]. Auch die Eri kann einem bitter leid tun. Nun muss sie immerzu die Moni trösten – mit der sie doch gar nicht so viel anzufangen weiss.«[26]

Tatsächlich wird Monika von der Familie recht unsanft hin und her geschubst. Sie ist nicht immer unschuldig an ihrem Dilemma, genährt durch ein gutes Maß an Lethargie, Selbstüberschätzung und die irrige Meinung, als Tochter Thomas Manns vom Leben eine besondere Behandlung erwarten zu dürfen. In den kommenden Jahren wird ihre Existenz für die Eltern zu einer steten Quelle des Verdrusses, vor allem, wenn sie sich wiederholt bei den Eltern – sei es in Princeton oder später in Kalifornien – wie selbstverständlich einnistet, sich dort bedienen lässt und kaum auf den Gedanken kommt, im Haushalt mitzuhelfen oder selbst einen Brotberuf zu ergreifen. Thomas Mann protokolliert im Tagebuch: »Zerwürfnis K[atia]. mit Moni, – unvermeidlich, sobald man das Kind als vollsinnigen Menschen behandelt. Schwierigster Grenzfall.«[27] Und die Mutter gesteht in einem Brief an Klaus, es sei »wirklich bitter, dass gerade dieses Kind [Monika] uns so unwandelbar zur Seite stehen soll«.[28]

Ein wenig »Luft« auf jenem schwierigen Feld, das Erika Mann als »ein ganz *unseliges* Problemata«[29] bezeichnet, verschafft ausgerechnet das Familienmitglied, das selbst oft als Sorgenkind und Tunichtgut gescholten wird: Michael Mann unterbreitet der Mutter am 21. November 1940 einen Vorschlag: »An Morniga [Monika] denke ich auch recht viel – und habe Dich im Verdacht, dass Du zu ungeduldig mit ihr bist. [...] Wie dem aber auch immer sei, so finde ich es auf alle Fälle zu viel verlangt, dass man, da es nun noch keine 2 Monate her ist, dass ihr Leben, ihre vermeintliche Zukunft, ihre vermeintliche Lösung der Probleme gegen ihre Familie etc., halt:

die letzten Jahre von einem Tag auf den anderen wie ein Kartenhaus zusammengefallen, nun schon wieder neue Iniziative [sic] erwartet; und es ihr verübelt, dass sie sich stattdessen nun ersteinmal um so mulmiger in ihre Musik hineinwühlt. Was ich bin, so halte ich das Opfer [...] nicht für zu gross, sie zu uns [nach Carmel in Kalifornien] zu bitten; [...] schliesslich können wir Carmeller-Egoisten ja auch einmal etwas tun, zumal es sich um etwas zu handeln scheint, wozu man in Princeton – ganz praktisch gesprochen, wohl einfach keine *Zeit* hat.«[30] Gesagt, getan: Monika zieht zu Bruder und Schwägerin (und deren kleinem Sohn Frido) nach Carmel – doch hält man es auch dort nicht lange mit ihr aus. Als Thomas und Katia Mann im Frühjahr 1941 nach Pacific Palisades bei Los Angeles umziehen, folgt ihnen Monika wie ein Schatten: Zeitweise bewohnt sie ein nahe gelegenes, von den Eltern finanziertes Apartment, dann wieder nistet sie sich bei den Eltern ein und geht den älteren Herrschaften (Thomas Mann ist immerhin bereits sechsundsechzig, Katia achtundfünfzig) gehörig auf den Geist.

Nicht weniger Sorge empfinden die Eltern im Herbst 1940 für das letzte noch in Europa verbliebene Kind (wenn man von Erika, die als Berichterstatterin auf den Alten Kontinent zurückgekehrt ist, einmal absieht): Golo. Ihn hält es nicht in der sicheren Schweiz und bei der Redaktion von *Maß und Wert*. Vielmehr geht er im Frühjahr 1940 nach Frankreich und versucht dort, nach dem Überfall der Deutschen im Mai, sich als tschechischer Staatsbürger einer Exillegion anzuschließen, um aktiv gegen die Nationalsozialisten zu kämpfen. Das Ansinnen scheitert. Golo Mann wird gefangen genommen und in diversen südfranzösischen Lagern interniert (wo er unter anderen Lion Feuchtwanger begegnet). Anfang August 1940 wird er freigelassen. In Marseille, wo sich zahlreiche Exilanten versammelt haben und verzweifelt auf Wege heraus aus dem »Mauseloch« sinnen, trifft er auf seinen Onkel Heinrich und dessen zweite Ehefrau Nelly, außerdem auf Franz und Alma Werfel. Über Varian

Fry vom »Emergency Rescue Committee« gelingt es ihnen, Ausreisevisa für die USA zu erhalten. Doch gehen von Marseille keine Schiffe ab. Sie müssen versuchen, auf eigene Faust nach Lissabon zu gelangen. Mit dem Zug fahren Golo, Heinrich und Nelly Mann sowie das Ehepaar Werfel bis zur spanischen Grenze. In Lourdes, dem berühmten Marien-Wallfahrtsort, legt Franz Werfel ein Gelübde vor der Muttergottes ab, er wolle die Geschichte des Mädchens Bernadette Soubirous, die im Jahre 1858 achtzehn Marienerscheinungen hatte, aufschreiben, sofern es ihm gegönnt sei, heil nach Amerika zu entkommen. Bereits ein Dreivierteljahr später, im kalifornischen Exil, wird der fertige Roman vorliegen: *Das Lied von Bernadette,* ein gewaltiges Werk, neben *Die vierzig Tage des Musa Dagh* das wohl wichtigste Buch des österreichischen Autors. Die Hilfe der Muttergottes ist wahrlich vonnöten: Denn die Grenze zu Spanien ist scharf bewacht, und immer wieder werden Flüchtlinge in den Pyrenäen aufgegriffen und erneut in die Internierungslager verschleppt oder gar nach Deutschland deportiert und dort ermordet. Dennoch gelingt es dem fünfköpfigen Grüppchen, auf Schmuggler- und Hirtenpfaden das schroffe Gebirge zu überqueren – für den beinahe siebzigjährigen Heinrich Mann sowie den herzkranken Franz Werfel eine lebensbedrohende Strapaze. In seinen Erinnerungen *Ein Zeitalter wird besichtigt* berichtet Heinrich Mann von dem gefährlichen Abenteuer:

»Mein Neffe Golo wollte sich auf die Suche machen, ich hielt ihn dringend zurück: zuletzt wäre jeder von uns einzeln durch die Berge geirrt. Wir fragten einen Einheimischen, der uns gleich verstand. ›Nach Spanien? Hier.‹ Die Hand des Mannes riet uns, von der Straße abzuweichen auf einen kaum gebahnten Anstieg. Bald verlor der Weg sich im Gestrüpp. Von einem Steinblock zum anderen mußten wir die leidliche Verbindung finden. [...] Der Ziegensteig nach dem Exil überhob vieler peinlicher Eindrücke, er strengte körperlich an. Ich hatte seit Jahrzehnten keinen beträchtlichen Berg mehr bestiegen, war nunmehr ungeschickt und nicht jung: ich fiel recht oft auf die Dornen. In die Füße drangen sie ohnedies, fehlte noch, mit den Händen hineinzugreifen. Mehrmals unterstützte mein Neffe mich, dann überließ er es meiner Frau, die an sich selbst genug gehabt hätte. Er nahm die noch steileren Abkürzungen, kehrte aber zurück, wenn wir gescheitert auf einem Stein saßen. Er verließ uns nicht, eher machte er den Weg dreifach.«[31]

Schließlich erreichen sie eine spanische Polizeistation, werden dort unter Vorweisung ihrer Papiere und Visa für Amerika mit den nötigen Stempeln für den Transit versehen, gelangen per Eisenbahn und Flugzeug über Barcelona und Madrid nach Lissabon. Dort endlich können sie nach einigen nervenaufreibenden Querelen Tickets für den Überseedampfer *Nea Hellas* erwerben. Am 13. Oktober 1940 (gut zwei Wochen vor Monika Manns Ankunft) landen sie am Pier von Hoboken, New Jersey, und werden von Thomas Mann empfangen. Außer Golo, Heinrich, Nelly und dem Ehepaar Werfel befinden sich noch Alfred Polgar, Hermann Budzislawski, das Verlegerehepaar Gottfried und Brigitte Bermann Fischer, Hermann und Toni Kesten und der Publizist Leopold Schwarzschild unter den Ankömmlingen. Auch Klaus Mann und Annemarie Schwarzenbach sind zum Pier gekommen. Es gibt bewegende Szenen, selbst die einst verfeindeten Brüder Thomas und Heinrich begrüßen einander herzlich. Abends versammelt man sich in Thomas Manns Villa in Princeton zu Essen und Gespräch. Leider verspätet sich das Dienstpersonal, das Ausgang hatte und nicht rechtzeitig zurückkommt, was der Hausherr missmutig bemängelt. Gleichwohl: Die Neuankömmlinge sind vom Empfang und dem noblen Domizil überwältigt, und Thomas Mann kann stolz vermerken: »Beifall für das Haus – auch von unserer Seite. Gefühl der Heimkehr.«[32]

Fast ist es wie in alten Tagen in der Poschingerstraße in München-Bogenhausen – zumindest für die Illusion eines Abends.

Denn sehr bald stellt sich die Frage, wie es mit den Neuankömmlingen weitergehen soll. Heinrich Mann begibt sich nach ein paar Wochen nach Los Angeles: Dort erhält er – wie andere deutsche Exilanten auch, etwa Leonhard Frank oder Alfred Döblin – einen Vertrag als Drehbuchautor eines Filmstudios mit eigenem Büro und einem Salär, das zwar nicht üppig ist, aber zu einer bescheidenen Existenz genügt. Die Arbeit für die großen Hollywood-Filmgesellschaften Warner Brothers und Metro-Goldwyn-Mayer, mitfinanziert von der Stiftung European Film Fund, verläuft im Sande: Die deutschen Literaten haben keine Ahnung von den Erfordernissen des Filmgeschäfts, sie mögen interessante, sprachlich und ideengeschichtlich herausragende Romane schreiben, aber ihre Kenntnisse vom Erstellen eines zugkräftigen, temporeichen Plots sind bescheiden. So dämmern sie in ihren Büros dahin, versuchen sich an der Umarbeitung eigener Bücher zu Filmskripten, sitzen – wie Pförtner – brav ihre Zeit ab und müssen sich ihre körperliche Anwesenheit auf die Minute bestätigen lassen. Leonhard Frank erinnert sich in der Figur seines Alter Ego Michael: »In Warner Brother's Studio bekam Michael ein Büro, eine Sekretärin, die Englisch und Deutsch sprach, und Schreibmaterial, genug für ein Dutzend Drehbücher. Wochenlang ereignete sich nichts. Michael las hin und wieder, und die Sekretärin kämmte und bürstete ihr Haar, zupfte die Augenbrauen, zog sie nach mit dem Stift, manikürte die Hände. [...] Die Schreibmaschine schlief. Michael mußte pünktlich um neun Uhr früh ins Studio kommen. Die Angestellte hinter dem Schalterfenster notierte sein Erscheinen. Um fünf Uhr ging er, nachdem er sich den ganzen Tag gelangweilt hatte, und dafür bekam er jeden Sonnabend einen Hundertdollarscheck.«[33]

Weniger langweilig ist es Golo zu jener Zeit (wenngleich er die Hundertdollarschecks nicht so »einfach« in Empfang nehmen kann): Er erhält – nachdem er mehrere Monate bei den Eltern in Princeton zugebracht hat – nach einigem Suchen eine Stelle als schlecht bezahlte Honorarkraft an einem College in Olivet, Michigan, wo er Vorträge über Vergleichende Geschichte hält (erst 1942 wird man ihm dort eine Professur anbieten). »Das College ist sehr nett und wäre, ach, leider vollständig das Rechte für mich«, schreibt er der Mutter. »Anmutig grüne Gegend, kleiner See, Hügel, ordentlich Kühe, freundlich kindisch offenherzige Jugend, Europa sehnsüchtige, nach neuem Blut gierende, übrigens allerdings arg ausgebeutete Professoren.«[34] Doch noch immer ist das elterliche Haus sein Rückzugszugsort und Anker. Thomas und Katia Mann ziehen indes im März 1941 nach Kalifornien, genauer: an den Amalfi Drive in Pacific Palisades, Los Angeles. Zum einen ist Thomas Manns Honorarprofessur in Princeton ausgelaufen, zum anderen sehnt er sich nach dem milden, mediterranen Klima Kaliforniens. Und schließlich glaubt er sich unter dem »Film-Gesindel«,[35] wie er es nicht unfreundlich nennt, wohler zu fühlen als im Dunst des professoralen Standesdünkels der Universität. Ein knappes Jahr später beziehen Thomas und Katia Mann ein eigenes, neu erbautes Haus im selben Ort, am San Remo Drive 1550. Auch dieses Domizil wird zum Sammelpunkt der inzwischen arg versprengten Familie, wenngleich es nicht genügend Gästezimmer hat, wie Katia bemängelt, und die Besucher bisweilen in nahe gelegenen Pensionen logieren müssen. Gleichviel: Golo und Monika sind des Öfteren und auch auf längere Zeit hier; Monika als blasser, bisweilen depressiver Schatten, der das Eheleben der Manns belastet; Golo als Assistent, Sekretär und Chauffeur. Dem Freund Erich von Kahler gesteht Golo Mann: »Es ist ganz gut hier, was die *animalischen* Lebensfreuden betrifft, sogar sehr gut. Täglich den Ozean, schönes Licht, Reinheit der Luft, Ruhe. Das Hausen mit den Eltern hat seine Vor- und Nachteile, wovon aber, verglichen mit dem, was sich mir sonst böte, die ersteren weit überwiegen.«[36] Freilich, auch Golo, inzwischen immerhin ein Mann von zweiunddreißig Jahren, probt die Abnabelung – umso mehr, als er noch immer keine feste Beziehung hat und ihm das Bekenntnis zu seiner Homosexualität – anders als dem älteren Bruder Klaus – schwerfällt. Nur Eingeweihte wissen davon. Einem ohnmächtigen Hilfeschrei gleicht ein Brief vom September 1941, den er aus Pacific Palisades an den Schweizer Freund Manuel Gasser schreibt (Golo verband mit dem Journalisten einst eine Liebelei): »Manchmal, wenn ich betrunken bin [...], sehe ich einen Augenblick die Wahrheit, wie sie ist, [...] und denke, wenn diese und jener jetzt in der Nähe wäre; [...] Die Stadt Los Angeles zu beschreiben gäbe einen zu wüsten, indezenten Bericht. Es ist das Unfertigste, Gemischteste, Wildeste, was ich noch gesehen habe: Mexiko, Wilder Westen, Italien, Spanien. [...] Hier gibt es sehr viele wohlgewachsene, gutgelaunte und anständige junge Leute, allerdings wohl meistens gedankenlose.«[37]

Und vier Wochen später:

»Da die Familie sich im Osten aufhält, so bin ich alleine in diesem Landhause zwischen Bergwüste und Meer [...]. Das Emigranten-Ghetto meide ich, soweit es ohne eigentliche Grobheit geschehen kann, und gelte bei demselben, mit Recht, als sehr hochmütig; das Film-Gesindel desgleichen. Von der makabren Langweile dieses Treibens macht man sich garnicht die richtigen Vorstellungen. Es läuft meistens auf eine gewisse besonders alberne Art von Scharadenspiel hinaus. Es ist der Zauberberg, aber ohne die geistigen Ansprüche desselben. [...] Die wahren Eingeborenen – ich bin, im Gegensatz zu Dir, der Meinung, dass allein in den drei oder vier Universitäten, welche sich hier herumtreiben, mehr als einer zu finden wäre, welcher dem kranken Herzen Ruhe bringen könnte, wie aber nur an ihn herankommen? Andererseits gibt es am Ozean die ungeheuersten Volksbelustigungsplätze, welche von Matrosen beherrscht werden. Hier aber bleibe ich meiner alten Taktik treu, bloss sie traurig anzusehen und im Stillen zu denken, sie müssten doch fühlen, wie wohl ich es meine und dass ich die schönsten Touren in die High Sierra weiss und das beste Grammophon zuhause habe. Ihr Herz bleibt aus Stein, und schliesslich läuft es auf das Geschäftmässigste hinaus, als zu welchem ich mich einer Vermittlung bediene.«[38]

Einen gewissen Trost bietet die Arbeit: Golo Mann schreibt zu jener Zeit an einer Biografie über den österreichischen Politiker und Metternich-Vertrauten Friedrich von Gentz. Darüber hinaus sucht er – abseits der Vergnügungen am Strand und in den Matrosenkneipen – auch Kontakte in der Boheme: Eine Zeit lang logiert der unruhig zwischen den Ozeanen hin und her Pendelnde in einer Art Wohngemeinschaft in einem alten Haus im New Yorker Stadtteil Brooklyn: Hier leben Künstler und Literaten wie sein Schwager, der britische Dichter Wystan H. Auden, dessen Lebensgefährte, der amerikanische Schriftsteller Chester Kallman, der Literat George Davis, die Erzählerin Carson McCullers (die 1940, erst dreiundzwanzigjährig, mit ihrem Romandebüt *Das Herz ist ein einsamer Jäger* berühmt geworden ist) und der englische Komponist Benjamin Britten und dessen Partner, der Sänger Peter Pears. Auch Golos Geschwister Klaus und Monika gehen in dem Haus, in dem »Mäuse und Totenwürmer [...] singen«[39] (so Golo), ein und aus: Es ist eine Mischung aus künstlerischem Arbeitskollektiv, Drogenumschlagplatz und Experimentierfeld für freie Liebe in unterschiedlichsten (auch schwulen und lesbischen) Kombinationen. Klaus Mann ist von der Atmosphäre und den lockeren Lebens- und Umgangsformen fasziniert und notiert im Tagebuch: »Dieses sonderbare Haus in Brooklyn, wo sich *George Davis* niederlässt und einrichtet. [...] George, in einem blau-rot karierten Hemd – das er nach bäurisch-orientalischer Sitte wie einen Kaftan über der Hose trägt –: inmitten eines Chaos von Möbeln, Papieren, Lampen, Farben, Werkzeugen. – – – – Zeigt mir das ganze wunderliche Anwesen: die Apartments vom *Wystan* – den ich, samt *Chester* [Kallman], ein paar Minuten sehe –, von Carson *McCullers,* die später mit ihrer Mutter aus dem Theater kommt. – Welcher Roman wäre hierüber zu schreiben! – George's Verlobung mit diesem populären Broadway-Star, Gipsy? – – – – McCullers, verzehrt von ihrem Talent, ihrer Schwindsucht und ihrer unsinnigen Liebe zu Miro [Annemarie Schwarzenbach] – – – (Dazu: Miro – E[rika]; E[rika] – Wystan; Wystan – Chester. – – –) – Welch ein Roman!!«[40]

Klaus Mann wohnt zu jener Zeit fast durchweg in New York. Anders als Golo, der sich mehr nach Wäldern und Wiesen sehnt – Wanderlandschaften, wie er sie von Oberbayern und der Schweiz her kennt und wie er sie in seinen späteren Jahren wiederentdecken wird –, benötigt Klaus das Quirlige, Hektische, Aufreizende einer Metropole – und New York, »the big apple«, ist und bleibt für ihn die Stadt der Städte, Paradies und Moloch, Anziehung und Herausforderung zugleich. Jenes Jahr 1941 wird für ihn zur besonderen Strapaze: Nach längerer Vorbereitung startet er im Januar erneut eine literarische Zeitschrift: *Decision. A review of free culture* erscheint monatlich und will die besten und namhaftesten Autoren der freien Welt versammeln. Klaus Mann ist Herausgeber und Redakteur in einem, zu den »Editorial Advisors« zählen (wenngleich mehr dem Namen als einer tatsächlichen Funktion nach) so berühmte Männer wie Somerset Maugham, Stefan Zweig und Thomas Mann. War *Die Sammlung* acht Jahre zuvor noch auf europäische (und hauptsächlich auf deutschsprachige) Autoren konzentriert, so gibt sich *Decision* wirklich international: Beiträger sind unter anderen Heinrich und Golo Mann, Aldous Huxley, Upton Sinclair, Janet Flanner, William Carlos Williams, Carson McCullers, Jules Romains, Christopher Isherwood, Jean-Paul Sartre, Franz Werfel, Bertolt Brecht, Virginia Woolf, Wystan H. Auden, Bruno Frank, Giuseppe Antonio Borgese, Julien Green, Robert Sherwood, Freda Kirchwey, Berthold Viertel. Im Geleitwort schreibt Klaus Mann:

»Diese Zeitschrift soll kein ›Sprachrohr‹ für europäische Emigranten sein; sie soll dazu dienen, die Beziehungen zwischen dem amerikanischen und dem europäischen Geist zu intensivieren –

eine Solidarität unter fortschrittlichen Geistern zu beweisen und zu stärken, die über alle nationalen Grenzen hinausgeht. [...] Wir nennen diese Zeitschrift *Decision – Entscheidung* – nicht, weil wir ein fest umrissenes politisches oder geistiges Programm haben. Vielmehr bedeutet dieser Titel, daß wir uns vorgenommen haben, ein Programm zu suchen, weiterzumachen, der Herausforderung zu begegnen, die der gegenwärtige Rückgang an Menschlichkeit bedeutet, und die allgemeine Verzweiflung mit den Waffen konstruktiven Denkens zu besiegen. Schon die Tatsache, daß wir gerade jetzt das Wagnis eingehen, eine literarische Zeitschrift – eine Zeitschrift, die der freien Kultur gewidmet ist – zu gründen, ist eine Geste des Protestes und der Hoffnung.«[41]

Decision läuft zunächst nicht schlecht an: Die Zeitschrift hat eine Auflage von rund 5000 Exemplaren und zählt bis zu 2000 Abonnenten. Doch die Auslagen sind enorm: Klaus Mann hat ein Büro zu mieten, ein Gehalt für einen Assistenten und eine Schreibkraft zu entrichten. Bald flattern die Rechnungen ins Haus: Setzer, Drucker, Vertrieb und Handel wollen bezahlt sein. Die Unkosten übersteigen bei Weitem die Einnahmen, und der Herausgeber sucht verzweifelt nach Sponsoren. Die gibt es anfänglich auch, aber Leute wie Max Ascoli wollen nicht Geld in ein Fass versenken, das keinen Boden hat. Sie erwarten nach ein paar Monaten Rendite – die aber hat der Leitende Redakteur nicht vorzuweisen. Also verfallen die Geschwister Klaus und Erika – beide stehen einander wie eh und je treu bei – auf die wahnwitzige Idee, an Agnes Meyer, die reiche Gönnerin des Vaters (und Ehefrau von Eugene Meyer, dem Eigentümer der *Washington Post*), einen Bettelbrief zu schreiben. Dies allein wäre noch nicht so unerhört und ungehörig, würden die Geschwister nicht ein falsches Spiel spielen: Da die Eltern sich am Amalfi Drive in Pacific Palisades nur zur Miete befinden, gern ein eigenes Haus besäßen und sich daher mit Bauabsichten tragen, aber die immensen Kosten scheuen, schnorren Erika und Klaus in des

Vaters Namen (der aber von dem Komplott nichts ahnt) die Millionärin um 15 000 Dollar an, angeblich nur zum Zwecke der »Heimführung« des am Exil leidenden Großschriftstellers. Doch die Geschwister haben die Rechnung nicht ohne den sprichwörtlichen Wirt gemacht: Agnes Meyer ziert sich, überweist nicht einfach das Geld, sondern knüpft es an Bedingungen, wie der Hausbau auszusehen habe, und nimmt Kontakt zu Thomas Mann auf. Das Komplott fliegt auf, Thomas Mann und Agnes Meyer sind verständlicherweise erbost, und Erika und Klaus stehen wie ertappte Betrüger da. Klaus Mann versucht in einem zerknirschten Brief an die Mutter, sich zu rechtfertigen: »[…] Ihr müsst es mir glauben, dass es ein vorzüglicher Schriftsatz war – sehr nett aufgebaut, warm und klug, vornehm und dabei dringlich, voll Kindes-Liebe und geschäftlicher Überlegung, kein bisschen taktlos und doch auch wieder nicht zimperlich. Es kam alles aufs natürlichste heraus: wie gerne ›Pa‹ das Haus im Grunde möchte, doch versagt er sichs lieber, als dass er die reiche, gescheute Freundin zur Hilfe riefe. […] Unsere Berechnung war, dass ihr Euch mit 12 000 Dollars etwas Reizendes bauen könntet, und mit 3000 wäre *Decision* zu retten. So hatten wir spekuliert. Die Eri hatte sichs ausgedacht, in Anbetracht der verzweifelten Situation […].«[42]

Es ist kein Retten mehr: Anstatt Thomas Mann (und dessen dreisten Kindern) einen Scheck zu schicken, verschafft Agnes Meyer dem Protegé erneut eine gut bezahlte Poetik-Dozentur (die Honorare sind so üppig bemessen, dass er tatsächlich rund ein Drittel des Hausbaus dadurch bestreiten kann). Klaus Manns Zeitschriftenprojekt hingegen gerät so in Schieflage und er selbst in solch eine tiefe Depression, dass er sich im Sommer 1941 das Leben zu nehmen versucht. Sein Redaktionsassistent findet ihn im letzten Moment und ruft den Notarzt. Klaus Mann überlebt, doch *Decision* muss nach einem Jahr liquidiert werden. Die Familie ist entsetzt, gleichzeitig aber erleichtert: Nicht nur darüber, dass der Sohn überlebt hat, sondern auch, dass die Zeitschrift, um deren Erhaltes willen Klaus auch die eigene Familie mit Bettelbriefen bombardierte, nun endlich den Weg alles Irdischen gegangen ist.

Erika, die in das Komplott um Agnes Meyer verstrickt war, gibt sich nassforsch, zumal sie bereits wieder nach Europa gereist ist, um als Korrespondentin aus Lissabon und London zu berichten. Vor der brutalen Wirklichkeit des Krieges erscheinen ihr die Probleme des Lieblingsbruders doch eher klein zu sein. In der portugiesischen Hauptstadt schleicht sie sich unter falschem Namen sogar ins Gestapo-Hauptquartier und bittet, »man möge mich zum nächsten Würstchen-Abend einladen, mein Mann, der als Geschäftsmann in Madrid lebe, sei auch hier auf unserer Spritztour so sehr beschäftigt und ich habe gar keine rechte *Ansprache*. Der Chef, der mich wohl erkannt haben würde, war nicht anwesend und ich durfte ungestört umherblicken, die Dinger lesen, die umher-lagen und -hingen und die *hassgelben* Augen schweifen lassen. *Dummer* Weise, – vergessend, dass sie *verboten* ist, bediente ich mich der *sächsischen* Mundart, machte auch nicht ›heil‹ (*physisch* unmöglich!), war aber trotzdem wohlgelitten, was für ein unsinniges, geisteskrankes kleines Unternehmen!«[43]

Nach solchem Schabernack ist Klaus in seiner schwierigen Lebenssituation freilich nicht zumute. Als Erika in London von dessen Selbstmordversuch erfährt, schreibt sie fassungslos an die Eltern (ihre Unschuld beteuernd): »So ein arms Verwundts ist völlig unberatbar und hat mich während der hektischen Abschiedswoche in New Yorklingen um die letzten Reste meines Verstandes sowie um *jedwede* Nachtruhe gebracht. *Wie* hab ich ihn nicht gebeten, [mit *Decision*] Schluß zu machen! Das dreimal verfluchte ›Meyergeld‹, allerliebster Z[auberer]., war ja auch *mit nichten* ›meine Erfindung‹, sondern vielmehr von eh und je *seine* Wahnidee.«[44] Erika zerbricht sich sehr wohl den Kopf über Klaus, kommt aber auch nicht zu einem Schluss, wie ihm zu helfen sei: »Natürlich will ich versuchen, für K[laus]. etwas zu finden, hege aber geringe Hoffnung auf Erfolg. Beim Radio kann man ihn nicht brauchen, – a) schon weil er keine [sic] Brite, b) und besonders aber, weil alles in einem Grade schwerfällig, involved und kompliziert, daß erst wenn man ihnen viele Stückchen erfolgreich hingelegt an feste Kommission zu denken ist.«[45]

Klaus Mann greift indessen zum letzten Rettungsanker – und das ist für den seit je wie im Rausch Tätigen das Schreiben: In jenen Sommerwochen, in seinem schlecht belüfteten Zimmer mitten im schwülheißen New York sitzend, beginnt er mit seinem »Lebensbericht«, der Autobiografie *The Turning Point* (später in deutscher, noch vom Autor selbst angefertigter Übersetzung und Überarbeitung unter dem Titel *Der Wendepunkt* erschienen). Es wird seine Lebensbeichte, eine schonungslose Abrechnung mit sich und seiner Generation, es ist – neben dem Roman *Der Vulkan* – sicherlich sein ehrlichstes und bestes Buch und kann als eine der großen, auch kulturgeschichtlich wichtigsten Autobiografien des 20. Jahrhunderts gelten. Als »Wendepunkt« versteht Klaus Mann die Erkenntnis, dass jeder Mensch in seinem Leben an eine Weggabelung kommt, an der er sich frei entschließen kann, welche Richtung er einschlagen will. Auch für ihn selbst stellt sich in jenen Monaten des Jahres 1941 diese Frage. Die Antwort findet er in seiner Schreibstube nicht allein und autonom, vielmehr wird sie ihm durch äußere Ereignisse nahegelegt: Im Juni 1941 haben deutsche Truppen die Sowjetunion überfallen und sind innerhalb weniger Wochen tief in das Riesenreich eingedrungen. Und am 7. Dezember 1941 überfällt die japanische Luftwaffe den amerikanischen Marinestützpunkt Pearl Harbor auf Hawaii und zerstört einen Großteil der dort vor Anker liegenden US-Flotte. Der Krieg, bislang auf Europa konzentriert, weitet sich global aus: Die USA erklären Japan den Krieg, und vier Tage später antworten das Deutsche Reich und Italien mit einer Kriegserklärung an die Vereinigten Staaten von Amerika.

Noch am selben Tag schreibt Klaus Mann eine Erklärung (eine Veröffentlichung erfolgt freilich erst lange nach seinem Tod): »[…] Ich bin stolz, mich in dem Land aufzuhalten, das dem apokalyptischen Monster den Todesstreich versetzen wird. Meine bescheidenen Kräfte stelle ich der amerikanischen Regierung zur Verfügung. Aus ganzem Herzen stimme ich in die Gebete der Amerikaner ein, der unabdingbare Sieg möge auf Seite[n] der gerechten Sache sein – möglichst bald und um keinen allzu schrecklichen Preis.«[46] Die »bescheidenen Kräfte«: Das sind nicht die literarischen und journalistischen Fähigkeiten des Schriftstellers Klaus Mann, sondern ganz wörtlich genommen seine körperlichen und geistigen Kräfte jedweder Art. Er stellt einen Antrag, als einfacher Soldat in der US-Army dienen zu dürfen. Bis zum offiziellen Eintritt in die Streitkräfte, nach einer Bearbeitung seines Antrags auf die Erlangung der amerikanischen Staatsbürgerschaft, einer Prüfung seiner körperlichen, geistigen und auch politischen Tauglichkeit – eine Bespitzelung durch den Geheimdienst FBI eingeschlossen –, vergeht noch ein ganzes Jahr, und wiederum ein weiteres Jahr muss er sich in Ausbildungscamps in den USA gedulden, bis er endlich an den Kriegsschauplatz in Europa verschifft werden wird. Aber in jenen Tagen des Dezember 1941 tritt Klaus Mann in eine neue Reifephase, die auch auf seine Geschwister Erika und Golo ausstrahlen wird und ebenso auf seine weitere literarische und journalistische Arbeit. Seinem Tagebuch (später in *Der Wendepunkt* aufgenommen) vertraut er am 31. Januar 1942 freilich auch seine psychischen Beweggründe an: »Ich will in die Armee. Ich will Uniform tragen wie die anderen. Ich will kein Außenseiter, keine Ausnahme mehr sein. Endlich darf ich mich einmal mit der Majorität solidarisch fühlen.«[47]

»Ein gespenstischeres Abenteuer ist nicht vorstellbar«

Die »amazing family« im Krieg. 1941–1945

Es gibt für jüngere Emigranten ein weiteres Argument, sich zum amerikanischen Militärdienst zu melden: Nach dem Kriegseintritt der Vereinigten Staaten wird offen darüber diskutiert, ob man Zuwanderer aus Deutschland, Österreich und Italien als »enemy aliens«, als »feindliche Ausländer« einstufen solle, ungeachtet der Tatsache, dass sie vor Nationalsozialismus und Faschismus aus ihren Heimatländern geflohen sind. Forderungen werden erhoben, sie mit Ausgangsbeschränkungen zu belegen oder gar in Lagern zu internieren. Einen Ausweg aus diesem Dilemma bietet der Militärdienst: So können die Exilanten ihre Loyalität zum US-amerikanischen Staat unter Beweis stellen. Auch in der Familie Mann wird dieses Thema erregt besprochen. Elisabeth Mann Borgese etwa schreibt im Februar 1942 ihrer Mutter einen besorgten Brief: »Alles ist schrecklich verwirrt, in what concerns the Alien Enemy business. Um endlich ins Klare zu kommen, haben wir gestern den Chief of the Immigration and Naturalization office in Chicago besucht, ein sehr netter, biederer, alter Herr, der der Meinung ist, dass wir nicht nur nicht registrieren müssen, sondern *überhaupt keine* Enemy Aliens seien, wenn wir nämlich beweisen könnten, dass wir in Deutschland ausgebürgert und in der Chechoslovakei naturalisiert seien. Die Pässe seien kein genügender Beweis, sagt er. Wir müssten ein *Decree,* einen Naturalisierungs-Schein haben; das hätten wir sicher am Tage unserer Naturalisierung bekommen, sagt er. Hast du etwas dergleichen?«[1] In diesem Fall löst sich alle Besorgnis wohlgefällig auf: Giuseppe Antonio Borgese ist bereits 1938 in die USA eingebürgert worden, und seine Frau Elisabeth erhielt die US-Staatsbürgerschaft 1941 – damit sind sie vor weiteren Nachstellungen und Verdächtigungen der Illoyalität seitens der Regierungsbehörden gefeit.

Weit mehr Grund, sich unter den »Schutzmantel« des Militärs zu flüchten, hat hingegen Klaus Mann, zumal er (neben seiner Schwester Erika) seit einiger Zeit im Visier des FBI steht. Vor allem beider Kontakte und Freundschaften zu »linken« Intellektuellen machen sie verdächtig (Klaus Mann nahm im Jahre 1934 sogar an einem Schriftstellerkongress in Moskau teil!). Seine Hoffnung, bald eingezogen und damit auch aus ganz persönlichen Konflikten und Komplexen erlöst zu werden, erfüllt sich indes nicht so rasch. Speziell Katia Mann will es ohnehin noch nicht wahrhaben, dass sie bald »Soldatenmutter« werden soll. In einem Schreiben an Klaus äußert sie ihre Hoffnung, er werde nicht angenommen: »Dein letzter Brief klang ja recht trübe, und dass Du Dich der Militärbehörde zur Verfügung stelltest, mutète mich etwas allzu radikal an. Ich denke aber, sie werden Dich nicht für geeignet halten, und damit hätten sie doch auch wirklich recht.«[2]

Katia Mann hat in diesen Monaten des Frühjahrs 1942 allzu viel um die Ohren: Die Manns haben endlich ein eigenes Haus bezogen, am San Remo Drive 1550 in Pacific Palisades, eine schicke, großzügige Villa mit palmenbestandenem Garten und Blick auf den Pazifischen Ozean. Freilich ist das Geld nun etwas knapp (nachdem die Gönnerin Agnes Meyer nicht auf das Komplott der Geschwister Erika und Klaus hereingefallen ist), auch sind wegen der Kriegswirtschaft bestimmte Güter (darunter Benzin und Autoreifen) defizitär, sodass Thomas und Katia nun zwar in einem schönen, neuen Domizil residieren, um das mancher sie beneidet, mitunter aber das »Publikum« fehlt, vor dem man »repräsentieren« könnte. Einzig die ebenfalls in Los Angeles hausenden Emigranten kommen bisweilen vorbei (mancher, um sich satt zu essen): Leonhard Frank, Lion und Marta Feuchtwanger, Heinrich Mann mit seiner trink- und amüsierfreudigen Frau Nelly (von Thomas und Katia abfällig »das Weib« genannt), Alma Mahler-Werfel und Franz Werfel (der freilich wegen seiner Neigung zum Katholizismus – er schrieb ja seinem Gelübde gemäß sogar die Geschichte der heiligen Bernadette von Lourdes auf – bei den Hauseigentümern am San Remo Drive eher auf literarisches Unverständnis stößt). Thomas Mann ist in jenen Monaten nicht nur wegen der Sorge um seine Kinder und der bisweilen anstrengenden Mitexilanten nervlich angegriffen. Der Wechsel ins neue, eigene Haus hat viel Unordnung und Aufregung verursacht, und der Hausherr (der am Umzugstag gleichwohl nur eine Aktentasche zu packen hatte, den großen Rest hatte seine Frau organisiert) sah sich am Ende jenes Tages, »müde und traurig«, genötigt, auf dem Sofa sitzend, »den Kopf auf K[atia]'s Schulter«[3] zu legen.

Auch der Konflikt mit Nelly Mann, geborene Kröger – eine Person wie aus dem Kuriositätenkabinett des *Zauberberg* – verschärft sich: Sie wird immer auf- und ausfälliger, und Katia Mann klagt in einem Brief an Klaus: »Auf Deinen baldigen Besuch rechnen wir ständig, und augenblicklich muss man ihn sogar als lebensnotwendig bezeichnen. Denn es ist ja so, dass zur Zeit der greise Ohm Heinerle [Heinrich Mann] Dein Zimmer inne hat, und wohl nur Deine bevorstehende Ankunft ihn aus demselben wird vertreiben können. Wie es dazu kommen konnte, ist eine komplizierte Geschichte, eine Konspiration zwischen Eri und seinem Arzt, mit dem Ziele, die vertrunkene Hüre [Nelly] zur Vorbereitung des Aufenthaltes dort nach dem Osten [der USA] abzuschieben, während der [...] bedenklich verkalkte Onkel sich bei uns erholen sollte und die Trennung sicher so geniessen würde, dass er garnicht mehr zu dem verderblichen Stück zurückkehren werde wollen.«[4] Indes, Klaus Mann ist mehrere Tausend Kilometer entfernt in New York und keineswegs gewillt, so bald nach Pacific Palisades zu kommen, wartet er doch auf seinen Einberufungsbefehl – bevor der aber eintrifft, will er partout mit seinem großen Lebensbericht *The Turning Point* zum Ende kommen. So müssen sich die Eltern Mann weiterhin ohne Klaus mit dem bedauernswerten Heinrich und seinen Eheproblemen herumschlagen, und auch die erneute Einquartierung von Monika (Michael und Gret haben sie nach ein paar Wochen wieder entnervt zu den Eltern abgeschoben) trägt nicht zu einer gehobenen Stimmung am San Remo Drive bei, wie Katia Mann durchblicken lässt: »Wohingegen unser Mönle ... ach, Du lieber Gott!«[5] Ein Lichtblick ist und bleibt Elisabeth, von der die Mutter berichtet: »Die Medi hat sich ja entschieden besonders nett entwickelt, ist aber so blass und dünn, dass es mir wirklich Sorge macht.«[6] Die Schuld an diesem körperlichen Abbau wird – wem sonst? – dem Schwiegersohn zugeschoben: »Dass der Antonio [Borgese] einem am Mark zehrt, kann ich mir schon vorstellen, aber soweit dürfte es nicht gehen.«[7]

Dann kommt aber doch noch Hilfe ins Haus: Erika Mann, wieder wohlbehalten aus London zurück, trifft in Pacific Palisades ein und unterstützt die Mutter bei der Hausarbeit (ein für den Haushalt angestelltes Ehepaar erweist sich als bisweilen unzuverlässig und eigenwillig) und den Vater bei Büroarbeiten (obgleich der seit einiger Zeit auch einen jungen, adretten Sekretär namens Konrad Kellen zu Diensten hat). Doch auch Erika kann nicht allzu lange bleiben. Sie hat zwar keine familiären Verpflichtungen, wohl aber berufliche: Kaum in die Vereinigten Staaten zurückgekehrt, nimmt sie wieder die Tätigkeit einer Vortragsreisenden auf und absolviert in wenigen Monaten neunzig Abende, an verschiedenen Orten, zu verschiedenen Themen. Sie nutzt die öffentlichen Verkehrsmittel, um an die »weithin verstreuten Örtlichkeiten«[8] zu gelangen, und prägt den Kalauer: »Wo aber eine Villa ist, ist auch ein Weg, und wo keine Eisenbahn fährt, fährt auch ein Bus.«[9]

Unterdessen kommt Klaus – er wartet noch immer auf seine Einberufung zur Army – doch nach Kalifornien und zieht für ein paar Wochen ins Elternhaus. Konflikte sind vorprogrammiert, wie üblich zwischen Vater und Sohn, aber ebenso zwischen den Geschwistern Erika und Klaus: In dem einst so hieb- und stichfesten Verhältnis der beiden zeigen sich Risse. Die Geschwister haben sich in ihren politischen Ansichten, aber auch in ihren emotionalen und charakterlichen Befindlichkeiten auseinanderentwickelt. Wiederholt kommt es zu hässlichen Auseinandersetzungen, Vorhaltungen, Verletzungen, wobei Klaus, der Sensiblere, schwerer daran trägt als Erika, die gleichwohl immer wieder versucht, begütigend auf den Bruder einzuwirken. Die Eltern merken das durchaus. Ratlos berichtet Katia der Tochter Elisabeth nach Chicago: »Im Hause geht es auch nicht besonders harmonisch zu, weil Aissiklaus ständig, speziell über diesen [politischen] Punkt, – er ist merkwürdig antirussisch und laulich pazifistisch – sich mit der Eri zankt und neulich auch mit Herr Papale aneinander geriet, was soviel Aufregungen im Gefolge hatte, dass dieser schier krank wurde und zwei Tage im Bett lag.«[10]

Ausgleichend wirkt in jenen Monaten Golo: Er unterrichtet noch immer am College in Olivet, Michigan, trägt sich aber mit dem Gedanken, es seinem Bruder Klaus gleichzutun und sich zur Armee zu melden. Die Semesterferien freilich verbringt er nun, da die Wohnverhältnisse bei den Eltern großzügiger sind, gerne in Pacific Palisades, wobei ihn das schöne Wetter und die waldreiche, hügelige Landschaft oberhalb des Ortes, die er auf Wanderungen erkundet, besonders reizen, während ihn die abendlichen Zusammenkünfte mit deutschen Emigranten im Hause der Eltern meist langweilen und abstoßen (nur dem Dichter Franz Werfel, der ihn zum Schreiben ermutigt, bringt er Sympathie und Bewunderung entgegen). Dem Freund Erich von Kahler gesteht er:

»Nein, leider solche, mit denen man wirklich gern zusammen wäre, ein mit unsern eigensten Interessen wirklich kommensurables Wort sprechen könnte, fehlen mir seit einem Jahr, da ist nichts als die Familie (augenblicklich durch Erikas angenehme Gegenwart verstärkt). Sonst bloss Deutsche, das was Erika ›Vogerl‹ nennt, und was seit zehn Jahren nichts gelernt und nichts vergessen hat: das Werfel'sche Ehepaar, das mich mit seiner Gunst beehrt, sind noch die *besten*. [...] Die Reize, die der Westen hat (und die durchaus nur der Natur angehören) fehlen dem Osten: aber dieser hat, was dem Westen fehlt: es ist dort nämlich doch ein klein wenig Ernst und Geist in der Luft. Hier haben wir das Meer, in dem ich täglich mit grossem Genuss bade: und neuerdings einen grossen Garten, in dem meine Mutter und ich einen verzweifelten, uns sehr erfrischenden Kampf gegen das Unkraut führen: und dann, dass man das ganze Jahr in kurzem Hemd geht, nie Krawatte, selten Schuhe trägt, nie schmutzig wird, nie etwas Elendes, Armes, Trauriges, Hässliches sieht – dies sind die Vorteile von Californien. Sie sind derart, dass man nur als alter Herr sich hier endgültig niederlassen darf.«[11]

Nein, um sich aufs Altenteil zu begeben ist Golo Mann wahrlich zu jung. Anregung verschafft ihm in jenen Jahren seine Biografie über den österreichischen Staatsmann Friedrich von Gentz. Dem Skript verpasst er in der hochgeistigen Atmosphäre des Elternhauses (immerhin beendet Thomas Mann hier den vierten Teil seiner *Joseph*-Romane) den letzten Schliff: »Das Buch [*Friedrich von Gentz*] ist übrigens endgültig fertig [...]. In den letzten drei Monaten habe ich es noch einmal völlig neu geschrieben, gekürzt, verflacht etc. – es blieben 502 Seiten. Der unerlöste Geist des Helden hätte mich bis ans Ende der Tage gequält, wenn ich es nicht zuende gemacht hätte, so gut ich irgend konnte: was nun geschehen ist. Und nun bin ich's los.«[12] Wie aber nun weiter? Diese Frage stellt Golo auch dem Freund Kahler und gelangt zu keinem Schluss: »Soll ich an ein neues Buch gehen? Wenn ja, welches? [...] Oder soll ich nicht an ein neues Buch gehen, sondern mittlerweile etwas Praktisches arbeiten? [...] soll ich während dieser Vorstudien nichts tun, als, bei ungedrucktem, unbezahltem ›Gentz‹, im Hause meiner Eltern sitzen und ab und an mit Feuchtwanger über Timoschenkos neue Offensive faseln?«[13] Die Antwort hierauf gibt sich Golo Mann selbst: »Der Nachteil ist, dass es mich noch mehr an die Familie bindet, welche, um die Worte meines zukünftigen Biographen zu gebrauchen, meinem Entwicklungsgang stets wenigstens ebenso hinderlich wie förderlich gewesen ist.«[14]

Innere Unruhe, Unzufriedenheit und Unausgeglichenheit also bei allen Protagonisten. Ein Lichtschimmer sind da im Hause Thomas Manns die Besuche der Enkel, allen voran Fridos, des Lieblings des Großvaters. Selbst Golo freut sich auf den Knaben: »Augenblicklich verbreitet mein kleiner Neffe, Sohn Michaels und der Schweizerin [...], etwas Licht: ein sehr wohlgeratener Californier. Ach, haben es die, welche hier aufwachsen, gut!«[15] Was Golo – und vielleicht auch die Großeltern – nicht ahnen: Ganz so sorgenfrei und lichtumflossen ist Fridos Kindheit (und später seine Jugend) nicht. Nach einiger Zeit in Carmel ist die Familie nach Mill Valley bei San Francisco umgezogen, da Michael Mann beim San Francisco Symphony Orchestra eine Stelle bei den dritten Geigen erhalten hat. In seinen Memoiren unter dem sprechenden Titel *Achterbahn* zieht der achtundsechzigjährige Frido Mann kritisch Bilanz. »Ganz anders als in Pacific Palisades fühle ich mich während all meiner Kindheitsjahre in Mill Valley am glücklichsten außerhalb des Hauses. Das Haus ist eng und sehr hellhörig [...]. Wenn ich nicht im steil den Hang hochsteigenden und verwilderten Garten, auf der Straße, auf dem Spielplatz am Waldrand oder bei Freunden spielen kann, halte ich mich im eigenen Zimmer auf. Aber auch da kann der Vater, wenn wir während seiner Mittagsruhe zu laut sind, die Treppe hochgepoltert kommen, ins Zimmer stürmen und uns mit wutverzerrtem Gesicht anzischen oder uns auf den Kopf schlagen. Ein weiterer sicherer Platz ist die Küche. Denn dort essen wir Kinder [Frido und sein jüngerer Bruder Toni] immer, auch abends, wenn beide Eltern ungestört im Esszimmer nebenan speisen wollen, manchmal sogar mit geschlossener Türe.«[16] Michael Mann, zu dieser Zeit erst Mitte zwanzig, ist augenscheinlich von den an ihn gestellten Pflichten als Ehemann, Vater und Orchestergeiger überfordert (und eine weitere Belastung stellt der unverarbeitete Komplex dar, der ungeliebte Sohn eines übergroßen Vaters zu sein). Doch er kann nicht nur gereizt reagieren. Oft genug ist er in Frido Manns Erinnerung auch ein lustiger, gar nicht strenger, unkonventioneller Vater, der mit seinen Kindern abenteuerliche Touren unternimmt (was Thomas Mann, der korrekte Bürger im Anzug, nie getan hätte): »So unberechenbar sich mein Vater als nervös überspannter Wüterich aufführen kann, so überraschend zugewandt, liebevoll und lebendig humorvoll kann er sein. Als einen der schönsten Augenblicke erinnere ich es, einmal auf seinen Schultern zu sitzen, während er von der Küche ins Esszimmer und wieder zurück geht und ich dabei aus dieser riesigen Höhe den abgründig tiefen Boden betrachten kann. [...] Unvergesslich geblieben ist mir auch eine Nachtwanderung mit meinem Vater und Toni bei Vollmond durch den unheimlich dunklen Wald am Fuß des Mount Tamalpais über Mill Valley. Auf dem Heimweg verirren wir uns hoffnungslos. Mein Vater versteht uns jedoch zu beruhigen. Mit dem kleinen Toni auf seinen Schultern leitet er uns wohlbehalten zurück nach Hause. Gelegentlich nimmt er uns zum Krebsefangen am Waldbach neben der alten Mühle mit, die unserem Wohnort seinen Namen gegeben hat. [...] Als er beim Krebsefangen einmal in den Bach stürzt, gibt er sein Missgeschick geistesgegenwärtig als eine Clown-Einlage für uns Kinder aus.«[17]

Während jedoch in der Poschingerstraße die Mutter stets das ausgleichende Element gegenüber dem eher steifen, verschlossenen

Vater darstellte, sind im Hause Michael und Gret Manns *beide* Elternteile überfordert, psychisch unausgeglichen und wenig spontan-herzlich. Gret Mann zeigt den Kindern gegenüber – so zumindest bezeugt es Frido Mann – kaum Interesse und Wärme und hängt bisweilen sehr altvorderen, harten Erziehungsprinzipien an: »Meine Mutter ist im Vergleich zu meinem Vater entschieden berechenbarer in ihrer gleichmäßig unterkühlten und eher desinteressiert wirkenden Art. Ihre Beziehung zu uns Kindern besteht hauptsächlich darin, uns zu verwalten. Sie ist immer ruhig und freundlich, versorgt uns und nimmt uns auch zum Einkaufen in den Ort mit. Aber an etwas anderes kann ich mich eigentlich nicht erinnern: an irgendeine körperliche Berührung von ihr. Auch ihre Bestrafungs- oder Androhungsmethoden zeichnen sich durch besondere, angsterzeugende Subtilität aus. Schon fast ein Ritual, vor dem ich mich jedes Mal fürchte, ist es, wenn sie abends im Bad meine beschmutzte Unterhose entdeckt, das Schiebefenster öffnet, die Hose hinausstreckt und sagt: ›Jetzt zeige ich deine Bäh-Hose dem lieben Gott im Himmel.‹«[18] Immer wieder »parken« Michael und Gret ihre Kinder bei den Großeltern in deren schönem Anwesen in Pacific Palisades, manchmal über mehrere Monate hinweg. Es sind Wochen des Balsams für Geist und Seele der Kinder, aber auch der Großeltern. »Frido bleibt wohl auch noch bis gegen Ende nächsten Monats, und ist ungemein lieb und drollig, auch garnicht ungezogen, wenn man ihn richtig behandelt«[19], berichtet Katia ihrer Tochter Elisabeth. Und Thomas Mann schreibt an Klaus voll großväterlichem Stolz: »Nächstens kommen vielleicht Fridolin und Tonio für einige Wochen zu Besuch, es können auch Monate werden, denn Gret will ja einen job annehmen. [...] Um sie [Katia] bin ich etwas besorgt, wegen der Überlastung, freue mich aber auch wieder auf das Kleinleben im Hause, besonders auf Fridolin, der jetzt schwätzen soll, was ich mir noch garnicht vorstellen kann. Bisher war er die stumme Schönheit.«[20] Klaus Mann dürfte dieses

Bekenntnis Thomas Manns mit Belustigung und zugleich Bedauern zur Kenntnis genommen haben – ist seine eigene Erinnerung an den Vater doch keineswegs nur von Güte und nachsichtigem Verständnis geprägt.

Weit weniger Freude bereitet Monika Mann, das »Mönle«. Sie hat in der Nähe ein eigenes Apartment, von den Eltern finanziert. Bisweilen gefällt es ihr aber auch, für ein paar Wochen in der Villa der Eltern unterzuschlüpfen – ohne daraus irgendwelche Verpflichtungen abzuleiten. Ungehalten berichtet die Mutter Katia der fernen Elisabeth nach Chicago: »Vom Mönle wäre kurz zu berichten, dass ich sie letzten Mittwoch, nachdem Eri[ka] die letzten Male immer allein gekocht, ersuchte, doch Donnerstag um halbeins sich einzustellen, da aller Voraussicht nach die E. in der Stadt werde aufgehalten werden. Dies war dann zufällig doch nicht der Fall, unsere Morniga [Monika] aber erschien pünktlich um halb zwei, um ihr Mahl einzunehmen, da ich sie ja nicht telephonisch noch einmal am Vormittag benachrichtigt habe [...]. Und äusserst gereizt sagte sie dann sofort in patzigem Ton, als ich mein Erstaunen über dies Missverständnis ausdrückte, sie habe es eben so verstanden, sonst würde sie es ja nicht sagen. Wieso es überhaupt nicht in Betracht kommen kann, dass sie kocht, selbst wenn die Eri da ist, und sie ihre Schwestern immer allein arbeiten lässt, erklärte sie nicht weiter. Und es ist halt wirklich schwer erträglich. Aber vorgestern Abend, da wir Gesellschaft hatten, mit Werfels und Arl[t]s, wusste [sie] sich ganz zirrlich [sic] und haustöchterlich zu benehmen. So viel von den Geschwistern.«[21]

Was aber tut Monika den lieben langen Tag? Sie liest, nicht wie ein gewöhnlich literaturinteressierter Mensch, sondern sie frisst die Werke der Weltliteratur geradezu wütend-besessen in sich hinein. Sie selbst erinnert sich an jene Zeit in Kalifornien: »Damals berauschte ich mich an Tolstoi, Dostojewski, Gogol, Turgenjew, Goethe und Balzac, Fontane, Dickens, Shakespeare und Dante, deutschen Romantikern, Maupassant, Whitman, modernen Amerikanern ... Ich las und las in verschiedenen Sprachen Hunderte von Bänden, die ich bei Antiquaren kaufte und mit denen ich meine verschiedenen ›möblierten‹ Zimmer schmückte.«[22] Die Frage mag erlaubt sein, inwiefern solch eine extensive Lektüre einer inzwischen über Dreißigjährigen noch mit dem üblichen Lese- und Bildungshunger erklärt werden kann oder ob nicht vielmehr eine Art Flucht vor den drängenden Forderungen des Lebens und des Alltags vorliegt. Jedenfalls träumt Monika auch in jenen schwierigen Kriegsjahren, in denen viele Exilanten nur mit Müh und Not ihren bloßen Lebensunterhalt verdienen oder andere (wie auch Klaus, Erika und Golo Mann) mit dem Dienst in der Armee ihren Beitrag zur Niederringung des Nationalsozialismus leisten, von einer eigenständigen Karriere – sei es als Pianistin oder Literatin –, ungeachtet der Tatsache, dass man auch in den Künsten Fleiß, Beharrlichkeit, Disziplin und vor allem messbare Leistungen vorweisen muss, ehe man Anerkennung oder gar »Ruhm« erwarten darf. Ihre Lesewut ummantelt sie mit einem Eintauchen in die Geheimnisse der Sprache und bastelt sich daraus eine eigene Theorie (die beiläufig gewisse Ähnlichkeiten mit der Kunstphilosophie der deutschen Romantiker aufweist): »[...] welche Bereicherung sind fremde Sprachen! Kennt man sie, kommt man der Sprache als solcher gewissermaßen ›auf den Schlich‹. Wenn man ein Klavierstück für die Geige transponiert, liegt auf dem Wege der Transkription oder Transponierung das ›Instrumentlose‹, die ›absolute Musik‹: während ich es transponiere, höre ich es zugleich auf zwei verschiedenen Instrumenten, also auf gar keinem Instrument. Ähnlich ist es mit den Sprachen – zwischen den verschiedenen Sprachen liegt die ›sprachlose‹, die ›absolute Rede‹. Ich könnte weitergehen und sagen, daß zwischen den verschiedenen Kunstsprachen – Malerei, Musik, Dichtung – die ›absolute Rede‹ liegt. Ich könnte auch sagen, daß in jener ›Aufhebung‹ alle Künste sich treffen. Also, ist der Künstler auch nur Herr einer Kunst, so weiß er doch um alle Künste.«[23]

Auch ihre Briefe versieht Monika Mann immer öfter mit solchen literarisch-philosophischen Sentenzen – was freilich von den Eltern nur mit Ungeduld und Unwillen quittiert wird. »Nur das Mönle schreibt und schreibt unentwegt munter verstiegene Briefe«, berichtet Katia Mann ihrem ältesten Sohn, »und anhänglich ist das Kind ja zweifellos, wenn es uns auch diesen Sommer nicht besuchen will, weil der Arzt es für ihren sinus nicht für zuträglich hält.«[24] Und vier Monate später: »Vom Mönle heringegen [sic] hatte ich heute ja einen ganz desperaten, wenn auch für mein Gefühl nicht völlig aufrichtigen und etwas peinlich literarischen Brief, indem sie zerknirscht über die Sinnlosigkeit und Verfehltheit ihres Daseins klagt. Dass sie sich in ihrer Haut höchst unwohl fühlt, kann keinem Zweifel unterliegen. Aber wenn man irgendwie an freien Willen glaubt, so hat sie es sich ganz allein zuzuschreiben, und obgleich sie von sich in erlesenen Ausdrücken der Geringschätzung spricht, will sie das eben keineswegs zugeben und wird sich, fürchte ich, auch niemals ändern. Wenn ich denke, wie sie seit ihrem achtzehnten Jahr alle Ermahnungen und Ratschläge in den Wind geschlagen – noch Deine so liebevollen in Princeton – und ihre abgründige Faulheit immer hinter dem fadenscheinigen Musik-Mäntelchen verborgen hat, das nun eben offenbar doch nicht mehr hält, ist es schwer, ihr zu raten und zu helfen.«[25]

Auch Erika, die ja wenige Jahre zuvor der knapp dem Tode entronnenen, um ihren ertrunkenen Ehemann trauernden Schwester beigestanden hat, zeigt nun statt Empathie nur noch Widerwillen und Häme. In einem Brief an die Mutter konstatiert sie recht harsch (und im üblichen verklausulierten Familienjargon): »Moni beinah so lange nis desehn wie Bodensee. Sie will NICHTS tun, übt bei Ach-Ohm's [Katias Bruder Peter] Francoise und bleibt wohl am besten *ungeschoren,* bis sie Zicken macht, pekuniär oder sonst.

Urmimchens [Hedwig Dohms] Putzvasen, – soviel ist richtig, – *können* nicht nutzloser gewesen sein als diese, meine Schwester.«[26]

Dem vorausgegangen ist ein handfester Eklat im Hause Thomas Manns: Der Paterfamilias nämlich hat seiner mittleren Tochter nach einer Auseinandersetzung mehr oder weniger die Tür gewiesen. Erregt schreibt er im Tagebuch: »Nach dem Abendessen Einreden Bibi's [Michaels] auf Moni. Sprach mit Erika, dann auch mit K[atia]. über diese und ließ meiner Erbitterung über ihre Existenz die Zügel schießen. Drang auf ihre Entfernung.«[27] Gut ein halbes Jahr später ist es schließlich so weit: Monika Mann verlässt am 9. November 1942 Pacific Palisades und siedelt nach New York über, was der Vater im Tagebuch nur mit dürren Worten festhält. Ein anderes Licht auf den »Fall Monika Mann« wirft hingegen viel später der Neffe Frido: »Monika ist und bleibt die Verfemteste unter allen Geschwistern, über den Tod ihres Vaters hinaus. Auch ihre Mutter verhält sich entsprechend.«[28]

Die Zeit in New York empfindet Monika Mann als Befreiung – so zumindest stellt sie es in ihren Erinnerungen dar: »Sprach ich von der ›absoluten Kunst‹, so ist New York die ›absolute Stadt‹. Die All-Stadt, in der die Städte sich aufheben, Stadt bis zur Abstraktheit. Die Architektur, das Licht, das Tempo, das Klima, die Größe, das Kosmopolitische sind Komponenten, viel bleibt, das Geheimnis ist. [...] Die Energie der Menschen ist fabelhaft. Ich kannte manchen, der am Sonntag eine Filmmatinee besuchte, nachmittags das Symphoniekonzert und abends den ›Rosenkavalier‹ oder den ›Tannhäuser‹. Dazwischen sah er ›en famille‹ auf dem Kanapee ›Fußball‹ in der Television, den ›Scotch‹ neben sich, die ›Lucky‹ im Mund.«[29] In jenen New Yorker Jahren nimmt Monika Mann erneut Klavierunterricht, diesmal bei dem Pianisten Kurt Appelbaum. Bald schon kursieren Gerüchte, Monika habe ein Verhältnis mit dem verheirateten Mann, Klatsch, der vor allem von der ohnehin schlecht auf die Schwester zu sprechenden Erika verbreitet wird.

Die schreibt ihrem Vater Ende Januar 1943 aus dem New Yorker Hotel Bedford: »Moni, so höre ich, soll es *doch* mit Appeli [Kurt Appelbaum] haben; wäre ja vollends entzöckend, wenn er sie heimführte! Am Ende tut ers noch, in Unkenntnis der Tatsache, dass er damit *nicht* so recht eigentlich T.M.'s Schwiegersohn würde. Ich meinerseits habe des Undinges [Monikas] Nummer verkramt und begehre im Grunde auch gar nicht, sie zu sehn.«[30] An den Gerüchten ist wohl nichts dran. Monika hat sich indes in New York recht gut eingerichtet. Eine Zeit lang teilt sie die Wohnung mit Kadidja Wedekind, der jüngeren Tochter Frank und Tilly Wedekinds und Schwester von Klaus Manns Ex-Freundin Pamela. In gewisser Weise sind sich Monika und Kadidja nicht unähnlich: Beide gelten als schwierig, unausgeglichen, wenig zielstrebig. Kadidja steht – ähnlich Monika – seit jeher im Schatten: ihres berühmten Vaters, ihrer in Deutschland verbliebenen, als Chansonnière und Schauspielerin glänzenden Schwester. Zwar hat sie früh, 1933, mit damals erst zweiundzwanzig Jahren, einen literarischen Erfolg mit dem Kinderroman *Kalumina* gefeiert, doch gelang es ihr seither nicht, beruflich weiter Fuß zu fassen. Die fremden Umstände des Exils sind ein Grund hierfür, ihr unstetes Wesen ein anderer. Jedenfalls arrangieren sich die beiden Frauen, die gerade einmal ein Lebensjahr trennt, eine Zeit lang recht gut miteinander. Es dürfte für Monika eine der glücklichsten Phasen ihres Lebens sein. Vor allem ist sie kein unwillkommener Gast im Hause der Eltern mehr und kann insofern Vater und Mutter gelassener gegenübertreten. Über diese Jahre, mitten im Krieg, schreibt sie rückblickend: »Zweimal im Jahr kamen die Eltern durch New York. Manchmal traf ich dort meine Geschwister: besonders hatte ich mit meinem seligen ältesten Bruder [Klaus] dort innige Stunden. Auch kam gelegentlich meine jüngste Schwester [Elisabeth] mit Aktenmappe aus Chicago ›herüber‹. Ich frühstückte mit meiner ältesten Schwester [Erika], die im Bett lag, da sie eben eine ›lecturetour‹ von 52 Städten absolviert hatte, oder mein jüngster Bruder [Michael] besuchte mich, mit seiner Geige auf dem Wege von San Francisco [...] zu einem rotweinseligen Abend. Ich verbrachte gute Tage mit den Eltern in ›streamlined‹ Hotels bei traulichen Gesprächen.«[31] Selbst die sonst so strenge Mutter zeigt sich nun der »unguten« Tochter gegenüber nachsichtiger: »Sie [Monika] lebt aber seit einigen Monaten mit Kadidja zusammen«, berichtet Katia ihrem Sohn Klaus, »was eine glückliche Kombination zu sein scheint, und jedenfalls unendlich besser wie das trübselige alleine Hausen. Sie scheint auch zu kochen – was entschieden sittlich höher zu werten ist als das Stenographieren –, einige Menschen um Monika [...] haben sich auch gefunden, und ihre Briefe klingen eigentlich ganz vergnügt. Am Ende wird sie in New York noch ein ebenso ehrenvolles Renommée hinterlassen wie in Florenz. Es ist seltsam, die Leute finden ja auch ihre Briefe reizend, und am Ende bin ich es, die bees und ungerecht ist. Glaubs aber nicht.«[32] Die Wohngemeinschaft mit Kadidja Wedekind währt nicht sehr lange: Die beiden »Dichterkinder« zerstreiten sich, und Monika bezieht ein eigenes Apartment in New York.

Erikas Lecture Tours, von denen Monika Mann in ihren Erinnerungen schreibt, stellen für die älteste Schwester während der Kriegsjahre hingegen nur das »Ferienprogramm« dar. Denn ihr Hauptberuf wird – nach ihren Jahren als BBC-Mitarbeiterin in London und nach dem Kriegseintritt der USA Ende 1941 – die Tätigkeit als Kriegsberichterstatterin für die Zeitschriften *Liberty* und *Toronto Star*. Hierzu ist sie – obgleich britische Staatsangehörige – bei der Neunten US-Armee am Persischen Golf akkreditiert und bereist die Kriegsschauplätze des Mittleren Orients: Ägypten, Palästina, Persien (es sind die Länder, die sie 1932 gemeinsam mit Klaus, Annemarie Schwarzenbach und Ricki Hallgarten im Automobil erkunden wollte – was dann durch Rickis Selbstmord vereitelt wurde). Als die Alliierten mit der Landung in der Normandie im Juni 1944 die Befreiung Frankreichs und schließlich die Eroberung des Deutschen Reichs einläuten, ist auch Erika Mann mit von der Partie: Im militärischen Rang eines Captains der amerikanischen Neunten Armee kommt sie, den Invasionstruppen folgend, nach Frankreich, Belgien und in die Niederlande und schließlich, als einer der ersten Exilanten, in das von den Alliierten befreite und besetzte Deutschland. In jenen Monaten intensiviert sich die Korrespondenz zwischen Erika und Klaus (der ebenfalls als amerikanischer Soldat an der Front steht) wieder. Militärisches darf wegen der Geheimhaltungspflicht und der Zensur nur angedeutet werden, doch das Persönliche, das in den Jahren zuvor zwischen den Geschwistern bisweilen zu kurz kam, wird nun auf dem Papier erneut ausgebreitet. Erika gesteht ihrem Bruder, sie habe sich in eine Frau verliebt, Betty Knox, die wie sie Kriegskorrespondentin ist: »Hier bei mir [in Paris] ist eine junge Frau – eine Amerikanerin, die für den London *Evening Standard* arbeitet –, gentille comme tout, wenn auch überaus verrückt und gefährdet. Mein Tomsky [Thomas Quinn Curtiss] sozusagen. Wir sind durch reinen Zufall zusammen herübergekommen und haben seitdem Feldbetten, Jeeps und Autos geteilt.«[33] Im Familienjargon ist bezüglich der häufig wechselnden intimen Freunde und Freundinnen der Geschwister gern von den »Eulen« die Rede. Nicht immer finden sie vor Katia Manns strengem Mutterauge Gnade: Hatte sie bereits mit »Tomsky« ihre Schwierigkeiten (immer fürchtend, die Besuche junger Männer könnten im Seelenleben ihres Gatten eine zerstörerische Lawine lostreten), so ist sie mit der burschikosen, amerikanisch-nonchalanten Betty Knox auch nicht glücklich: »Dass die magere E[rika]. nun wieder in den ja doch auch mehr oder weniger bedrohlichen Elendsgebieten herumfuhrwerkt ist mir schon kein bisschen lieb. Und auch ihr Verhältnis zur Eule beunruhigt mich etwas – musste sie auf ihre älteren Tage auf dergleichen verfallen?«[34]

Das verschlossene Gefühlsleben der eigenen Kinder: Auch aus Golo, inzwischen ein Mann von über dreißig Jahren, werden die

Eltern nicht recht klug. Heiratsgerüchte werden kolportiert, obgleich man nie eine Freundin zu Gesicht bekommt, ja nicht einmal deren Namen in Erfahrung bringt. Die Mutter gibt sich dennoch ihren Wunschträumen hin: »Rührend nett ist eigentlich der Golo mit ihm [Frido], und es wäre wirklich schade, wenn er nicht einmal eine eigene kl[eine]. Familie hätte. Aber in Olivet wird er wohl kaum die Rechte finden, und am Ende gibt es sie hierzulande überhaupt nicht.«[35] Indes, Golo hat sehr wohl seine sexuellen Erfahrungen, auch in Olivet, auch in Los Angeles (bisweilen gegen Bezahlung). Und dass er sich schließlich für die US-Army entscheidet, hat – ebenso wie für seinen Bruder Klaus – nicht nur seinen Grund darin, dem Gastland Dank zu erweisen und mitzuhelfen, den Nationalsozialismus in die Knie zu zwingen. Vielmehr stellt auch für Golo der Militärdienst in gewisser Weise eine Befreiung dar, insofern er eine Loslösung von den engen und mitunter unerfüllten privaten und beruflichen Lebensverhältnissen verheißt. Im Sommer 1943 tritt Golo Mann in die US-Army ein. Seine Grundausbildung absolviert er in einem Camp in Alabama. Bei der ärztlichen Untersuchung freilich wird seine Blutprobe versehentlich mit der eines geschlechtskranken Kameraden vertauscht, und es kommt zu einer peinlichen Verwechslungskomödie, wie Golo seinem Bruder Klaus berichtet: »Um Dir aber doch die lächerlichste der Geschichten nicht vorzuenthalten: so wie wohl ein Douanen-Inspektor die Schmuggelware nicht finden mag, weil er nur von einem unschuldigen Koffer fasciniert ist: so kümmerte man sich nicht um ein Knie [Golo hatte seit einem Unfall in jungen Jahren ein lädiertes Kniegelenk] weil man mich – einer gewissen Krankheit verdächtigte, wie sich später herausstellte, weil eine meiner Blutproben verwechselt wurde, und mich also nach abgeschlossener Examination erbarmungslos nach Fort Dix ins Hospital schleppte, zusammen mit meist coloriertem Gelichter, es war kein Spass. Dort nun die grässlichsten Zeremonien, Rückenmarksextractionen, trotz alles meines bitteren Lachens und Protestierens: bis ich endlich Gelegenheit hatte, dem leitenden Arzt auf seine Frage: When did you first know that you had syphilis? die Antwort zu erteilen: I didn't know it until this moment, etc. und dann, nach drei Tagen, mit matten Entschuldigungen entlassen wurde.«[36]

Anfang November 1943 erhält Golo Mann das amerikanische Bürgerrecht, im Dezember wird er nach Washington, D. C., beordert und dem dortigen Office of Strategic Services (OSS) zugewiesen. Seine Kenntnisse des Deutschen befähigen Golo Mann zu besonderem Einsatz: Er sammelt und übersetzt militärisch wichtige Informationen und leitet sie an höhere Dienststellen weiter. Wenige Monate später, im April 1944, wird Golo Mann, nunmehr in den militärischen Rang eines Sergeants erhoben, vom OSS nach London geschickt: Dort ist er im Nachrichtendienst tätig und wechselt wenig später zur deutschen Abteilung der American Broadcasting Station in Europe, die dem Office of War Information (OWI) untersteht. Im März 1945 schließlich, die westeuropäischen Länder sind befreit, große Teile Deutschlands besetzt, wechselt Golo Mann nach Luxemburg: Der dortige Rundfunksender Radio Luxemburg ist unzerstört, von hier aus bündeln die Alliierten ihre Radiosendungen für und nach Deutschland, und Golo Mann wird politischer Kommentator.

In Pacific Palisades erfährt man von den Einsatzgebieten und -feldern Golos nicht allzu viel: Er unterliegt – wie auch seine Geschwister Erika und Klaus – der Geheimhaltungspflicht. Dennoch ist man im Hause Mann mächtig stolz auf die Tätigkeiten der Kinder, die, »endlich groß« geworden, aktiv daran teilhaben, den Nationalsozialismus niederzuringen und den Krieg siegreich zu beenden. Aus dem Haus am San Remo Drive kommen denn auch wiederholt Belobigungen und wohlmeinende Ratschläge. Thomas Mann an Golo: »Eine Genugtuung war es mir doch, wenn auch eine halb verdrießliche, nicht wirklich versöhnende, daß Du nun endlich Sergeant geworden bist, und ich gratuliere Dir dazu, hoffend, daß es nur der Anfang rasch nachholender weiterer Beförderung ist.«[37] Und im Juni 1945 – der Krieg in Europa ist vorbei – räsoniert der Vater, wiederum in einem Brief an Golo: »[...] ich freue mich Eurer und habe es schon an Klaus geschrieben, dass es ja schliesslich für den Vater spricht, wenn die Kinder, begabte und ehrenvoll ihren Mann stehende Kinder, es sich so angelegen sein lassen, ihm Liebes [zum Geburtstag] zu erweisen.«[38] Für den beim militärischen Rundfunk arbeitenden Golo hat der Vater gleich noch einen Wunsch parat: »Du solltest Offizier werden, um dann bald zurückkehren und auf Grund Deines Buches [*Friedrich von Gentz*] eine schöne Lehrstelle zu gewinnen und immer die Ferien bei uns zu verbringen.«[39] Es wird anders kommen ...

Im Gegensatz zu Golo, der niemals an die Kampffront beordert wird, dient Klaus Mann im Range eines Sergeants von Anbeginn seines Einsatzes in Europa im Februar 1944 an vorderster Linie. Zwar liegt auch er nicht, das Gewehr in Händen, im Schützengraben, doch folgt er dem Vormarsch der Amerikaner auf ihrer Rückeroberung Italiens: von Sizilien über Unteritalien nach Rom und Oberitalien – und schließlich weiter nordwärts über den Brenner nach Tirol und Oberbayern. Klaus Mann wird in der psychologischen Kriegsführung eingesetzt: Er verfasst Flugblätter, die zu Abertausenden über den feindlichen Stellungen abgeworfen werden und zur Kapitulation und Desertion aufrufen, er schreibt Artikel für die Armeezeitung *The Stars and Stripes,* nimmt auch an Verhören deutscher Kriegsgefangener teil und wertet diese in Protokollen aus. Sein Einsatz ist nicht im eigentlichen Sinne lebensgefährlich, wohl aber lernt Klaus Mann die schmutzige, angstgebeutelte Seite des Krieges kennen. Entsprechend sind die Eltern zu Hause, im friedlichen Kalifornien, in steter Sorge (zumal sie wegen der bestehenden Militärzensur keine genauen Informationen über den Ort und die Art des Einsatzes ihres Ältesten erhalten). Thomas Mann kommt angesichts der Wandlungen seiner drei ältesten Kinder aus dem Staunen nicht mehr heraus: »Wie der Krieg nun auch in die amazing family eingreift, es ist unerwartet, obgleich nicht verwunderlich. Erika schwimmt schon wieder gen Portugal, wird nach England und Schweden, womöglich zu den Bolschewiken gehen. Nun Du [Klaus] als amerikanischer Offizier irgendwo in fernen Kampfgefilden. Und Golo wird gewiß, zur Stillung seines Neides, auch bald an die Reihe kommen. Kurios, kurios.«[40] Ganz pragmatisch-mütterlich handelt hingegen Katia, wenn sie dem in Italien stehenden Klaus »*Pyjamas mit Hartwurst*«[41] schickt und »ganz beunruhigt und trübäugig«[42] ist, wenn sie längere Zeit von ihm kein Lebenszeichen erhalten hat. Burschikos und kalauernd wie stets gibt sich Erika in Briefen an Klaus: »Pass auf, mit dem *Schiessgewehr,* stich Dich nicht mit dem Bajonett ins Bein, fall nicht vom Reck!«[43]

Freilich gibt es auch Todesnachrichten, allerdings nicht von der Kriegsfront, sondern aus friedlichen Regionen: Erikas und Klaus' langjährige Freundin, die Schweizer Schriftstellerin Annemarie Schwarzenbach, stürzt am 6. September 1942 in Sils im Engadin vom Fahrrad und erleidet schwerste Kopfverletzungen. Sie stirbt einige Wochen später, am 15. November. Erika schreibt voller Entsetzen an Klaus: »Das *arme* Kind! In welch gespaltenen Finsternissen es umhergeirrt sein muss! Unheimlich ist auch, dass ich, mit ihr ihren Tod discutierend, immer gesagt habe: ›mir ist lieber Du stirbst bei Deiner Mutter und schreist nach mir, als Du stirbst bei mir und schreist nach Deiner Mutter.‹ Nun hat sie gewiss etwas nach uns geschrieen.«[44] Eine weitere Todesnachricht erreicht die Geschwister aus Kalifornien: Nelly Mann, Heinrich Manns alkoholkranke zweite Ehefrau, begeht am 17. Dezember 1944 Selbstmord durch die Einnahme von Schlaftabletten. Katia Mann berichtet es ihrem ältesten Sohn: »Die wichtigste Nachricht ist ja wohl, dass Deine Tante Nelly, nach vier vorangegangenen Fehlschlägen, nun vermittels Schlafmittel endgültig dahingegangen ist. Es wurde ja immer katastrophaler mit ihr, neuerliche, diesmal bestimmt ins Gefängnis führende

Auto-Prozesse standen bevor, und es musste ja wohl schliesslich so kommen. Auch mag es für den armen alten Ohm [Heinrich Mann] à la longue wohl eine Erleichterung sein, aber zunächst ist er natürlich, gänzlich vereinsamt wie er ist, schwer betroffen [...].«[45] Ob Klaus Mann, als er diese Zeilen liest, ahnt, dass ihm einmal ein ähnliches Schicksal bevorstehen wird?

Zum Sinnieren freilich kommt er in jenen Monaten des Kriegsendes wenig. Die Ereignisse überschlagen sich. Eben noch war er in Rom, ein Dreivierteljahr später steht er bereits in seiner Vaterstadt München. Die Eindrücke und Begegnungen in der italienischen Hauptstadt waren von seltsamer Natur. Klaus berichtet seiner Mutter: »Immerhin war ich in Rom, das ich nur sehr flüchtig kannte. Ziemlich aufregend, das alte Prachtstück wiederzusehen – fast gar nicht beschädigt, da ist es die glückliche Ausnahme – seinem Ruhm als Ewiger Stadt zu verdanken und der Anwesenheit des Heiligen Vaters [...].«[46] Klaus Mann begegnet einem Theaterdirektor wieder, der einst eine italienische Fassung seines Stücks *Anja und Esther* herausgebracht hat: »Früher war er ein liberaler Bohémien [...]. Je länger die Faschisten an der Macht blieben, desto mehr ließ er sich allerdings auf sie ein, und nach 1933 oder um diese Zeit wurde er Direktor eines Staatstheaters [...] und hat alle möglichen Titel und Auszeichnungen von Mussolini angenommen. Jetzt ist er natürlich nervös und aufgescheucht – fürchtet die Rache der Antifaschisten.«[47] Der Theatermann und nunmehr »bekehrte« Wendehals bittet den deutsch-amerikanischen Autor in Armeeuniform, dass er doch »ein gutes Wort bei den alliierten Behörden für ihn einlege«.[48] Klaus Manns Kommentar: »Die ganze Sache war ziemlich peinlich und deprimierend – und es werden Hunderte, Tausende ähnlicher Fälle kommen, in Deutschland nach Hitler. Das wird ein ganz schönes Dilemma [...].«[49]

Er wird recht behalten: Als Klaus Mann im Mai und Juni 1945, wenige Wochen nach der deutschen Kapitulation, seine Heimatstadt München und das ihm seit der Kindheit vertraute bayerische Oberland besucht, ist ihm einerseits etwas wehmütig ums Herz, andererseits ist er über die äußeren Verheerungen entsetzt und von den inneren Verwüstungen abgestoßen. Er fährt durch die fast gänzlich zerstörte Innenstadt und kommt auch an der Stelle des einstigen Palais der Großeltern Pringsheim vorbei: »Es ist buchstäblich kein einziges Gebäude ganz geblieben – ausgenommen seltsamerweise der neue Block von Parteibauten in der Arcisstraße, an der Stelle der alten Arcissi.«[50] Dann kommt er ins weniger betroffene Bogenhausen, sieht das in Ruinen liegende Elternhaus in der Poschingerstraße. Von einer jungen Frau, die sich auf dem Balkon vor Klaus Manns einstigem Jugendzimmer provisorisch einquartiert hat, erfährt er von der Zweckentfremdung des Gebäudes in den Jahren der NS-Diktatur (eine Geschichte, die sich später durch Quellen bewahrheitet): Demnach richtete die Organisation »Lebensborn« hier eine Niederlassung ein; junge, »arische« Frauen konnten hier die von »rassereinen« blonden SS-Männern gezeugten Babys zur Welt bringen – ein verächtlicher Affront des NS-Staates gegen die bürgerlich-humanistische Welt des Nobelpreisträgers Thomas Mann.

Als noch schlimmer empfindet Klaus Mann jedoch die Begegnung mit einstigen Bekannten, die sich mit dem Nationalsozialismus arrangiert oder aber ihm willig gedient haben und die nun alle Mitschuld von sich weisen und weiterhin verblendet in ihrer eigenen Welt leben, als hätte nicht ein globaler Krieg getobt und das nationalsozialistische Regime nicht den Tod von Abermillionen Menschen zu verantworten. Klaus Mann trifft Richard Strauss in dessen Villa in Garmisch. Der greise Komponist erkennt den Besucher nicht wieder und schwadroniert recht offen über seine Karriere im Dritten Reich: Sein größtes Unglück habe darin bestanden, dass die Behörden ihm eine ausgebombte Familie ins Haus einquartierten: »Eine Bande Fremder in meinem Heim. [...] Stellen Sie sich das vor! Eine Familie mit *Kindern,* ich bitte Sie. Ich war ratlos. Wirklich, ich dachte daran, Deutschland zu verlassen und in die Schweiz zu ziehen. Aber wie hätte ich es mir leisten können, meiner Haupteinnahmequelle den Rücken zu kehren. Wir haben etwa achtzig Opernhäuser in diesem Land: Daher kommen die meisten meiner Tantiemen.«[51] Auf Klaus Manns Einwand, Deutschland verfüge nun, 1945, nicht mehr über achtzig Opernhäuser, da die meisten im Krieg zerstört worden seien, bleibt Richard Strauss seltsam stumm: »Es dauerte einige Zeit, bis er mich verstand. Ausschließlich beschäftigt mit seinen eigenen Angelegenheiten, hatte er wohl noch keine Zeit gehabt, eine Bagatelle wie die Zerstörung der deutschen Städte zur Kenntnis zu nehmen.«[52]

Ähnlich ernüchternd-deprimierend sind Klaus Manns Begegnungen mit anderen einstigen Weggenossen, die sich schamlos dem NS-Regime anbiederten: dem Schauspieler Emil Jannings, dem Operettenkomponisten Franz Lehár, dem einst mit ihm befreundeten Schriftsteller Wilhelm Emanuel Süskind und dem einstigen Schwager Gustaf Gründgens, Vorbild für den Karrieristen Hendrik Höfgen in Klaus Manns Roman *Mephisto*. Klaus Mann sieht im Mai 1946 Gründgens am Deutschen Theater in Berlin wieder (dieser aber nicht ihn), und zwar – nach recht kurzer Zeit der Inhaftierung, des Berufsverbots und der anschließenden »Entnazifizierung« – in der Titelrolle der Komödie *Der Snob* von Carl Sternheim (dem Vater von Klaus und Erikas Freundin Mopsa). Klaus Mann ist niedergeschlagen: Es ist, als ob es keine Katastrophe des NS-Staates gegeben hätte, als knupfte die Kultur, die durch den Weggang Abertausender Exilanten weitgehend ausgeblutet war, nun scheinbar bruchlos dort an, wo sie mit der NS-Barbarei zu existieren aufhörte: »Es war eine außergewöhnliche Ovation, die sich nach der Vorstellung wiederholte. Die Bühne war ein Blumenmeer; das Publikum – außer sich vor Begeisterung – hätte wohl noch stundenlang geklatscht und gerufen, wenn nicht die Polizei am Ende das Haus geschlossen hätte. [...] Feierte man den schönen Gustaf als politischen Märtyrer? Sollte der ungewöhnliche Applaus eine Demonstration sein gegen jene, die ihn eingesperrt hatten? [...] War er bewegt oder peinlich berührt? Wenn ja, so zeigte er es nicht; er stand einfach da und lächelte. Jedenfalls hatte er diese unerwartete Gefühlsregung bald überwunden. Rasch fand er wieder zu seinem gewohnten, glamourösen Selbst zurück – attraktiv wie immer, mit weißer Krawatte, rosigem Teint und blondem Toupet: Berlins unverwüstlicher Liebling vor, während und nach der Nazizeit.«[53]

Klaus Manns Resümee in einem Brief an den Vater in Kalifornien, der in seinem innersten Herzen eine Rückkehr in die einstige Heimat erwägt: »Höchstwahrscheinlich würdest Du ermordet werden. Es wird Jahre oder Jahrzehnte in Anspruch nehmen, diese Städte wieder aufzubauen. Diese beklagenswerte, schreckliche Nation wird Generationen lang physisch und moralisch verstümmelt, verkrüppelt bleiben. Du wirst wesentlich mehr zu dem langsamen Prozess von Deutschlands geistiger Wiederherstellung beitragen, wenn Du Dein Lebenswerk irgendwo zwischen Pacific Palisades und Küsnacht abschließt als durch die Übernahme einer hoffnungslosen und undankbaren politischen Mission oder Position.«[54]

Besonders erschütternd ist eine Wiederbegegnung Klaus Manns mit Heinrich Manns erster Ehefrau Maria (Mimi) und deren Tochter Leonie (Goschi) in Prag. Mimi hat die NS-Zeit im Konzentrationslager Theresienstadt überlebt (sie wird 1947 an den Folgen von Haft und Entbehrung sterben). Klaus Mann berichtet seinem Onkel Heinrich nach Kalifornien: »Sie muß sehr viel durchgemacht haben, und sie hat ihren ganzen alten Schwung und ihre Selbstsicherheit verloren. Ich konnte sie zuerst kaum wiedererkennen. Eine Art nervöser Schlag hat sie an einem Bein und einem Arm gelähmt und auch ihr Gesicht in Mitleidenschaft gezogen – die eine Hälfte ist permanent verzerrt. Ihr Haar ist völlig ergraut, und sie ist ganz dünn geworden – da sie einige Jahre lang von Hungerrationen gelebt hat. Sie befindet sich wirklich in einem traurigen Zustand.«[55]

Ähnlich triste, erschütternde Erfahrungen macht zu jener Zeit Erika Mann, die als Beobachterin an den Nürnberger Kriegsverbrecherprozessen teilnimmt. Zuvor bereits hatte sie mit einigen NS-Größen eine kurze, aber dekuvrierende Begegnung in einem zum Gefängnis umfunktionierten Hotel im luxemburgischen Mondorf. Erika Mann berichtet darüber ihrer Mutter: »Ein gespenstischeres Abenteuer ist nicht vorstellbar. Göring, Papen, Rosenberg, Streicher, Ley – tout le horreur monde (einschließlich Keitel, Dönitz, Jodl etc.) eingesperrt in einem ehemaligen Hotel, das zum Gefängnis wurde und aus dem seine Insassen ein regelrechtes Irrenhaus gemacht haben. Da ich mit den Idioten nicht selbst sprechen durfte, schickte ich hinterher Vernehmungsbeamte zu ihnen und ließ sie wissen, wer ich [...] war. Ley schrie: ›Assez!‹ und schlug die Hände vors Gesicht; Rosenberg murmelte: ›Pfui Deubel!‹ Und Streicher lamentierte: ›Du *lieber* Gott, und diese Frau ist in meinem Zimmer gewesen!‹ Göring war am erregtesten. Hätte ich mich doch nur vorgestellt, sagte er, dann hätte er alles erklärt; und hätte *er* den Fall Mann bearbeitet, dann hätte er die Sache anders gehandhabt. Ein Deutscher von T[homas]. M[ann].s Format hätte dem Dritten Reich sicherlich angepasst werden können.«[56]

Unterdessen, im Sommer 1945, entbrennt in Deutschland ein Streit über die Frage, ob die »äußere Emigration« überhaupt das Recht und die Fähigkeit habe, über die Beweggründe der »inneren Emigration«, während der NS-Zeit in Deutschland zu bleiben, zu urteilen. Der Schriftsteller Walter von Molo fordert Thomas Mann in einem offenen Brief auf, nach Deutschland zurückzukehren und als »guter Arzt« dem deutschen Volk beim geistigen Wiederaufbau beizustehen. Der Autor Frank Thiess legt nach und erklärt, er halte die »innere Emigration« zu diesem geistig-moralischen Heilprozess für weit geeigneter. Darauf antwortet Thomas Mann in einem offenen Brief vom 12. Oktober 1945 unter dem Titel *Warum ich nicht nach Deutschland zurückgehe,* er sei enttäuscht über die Intellektuellen, die in Deutschland verblieben und sich nicht widersetzt hatten; zudem könne er die Schrecken der NS-Zeit nicht einfach hinter sich lassen; und schließlich seien er und seine Familie inzwischen amerikanische Staatsbürger und in der neuen Heimat fest verankert; außerdem spricht Thomas Mann Autoren, die noch während der NS-Zeit in Deutschland publizierten, ihre Integrität ab, deren Büchern hafte »ein Geruch von Blut und Schande«[57] an.

Auch Golo Mann befindet sich inzwischen im besetzten Deutschland, genauer, in Bad Nauheim: Hier ist er im Dienst der amerikanischen Streitkräfte für Radio Frankfurt tätig und bereitet den Wiederaufbau des deutschen Rundfunks vor. Er ist sowohl über die geistigen Zustände in Nachkriegsdeutschland enttäuscht als auch über Erikas harsche Verdikte und über des Vaters einseitige, steife Haltung im Streit mit der »inneren Emigration«. »Aber«, so schreibt Golo in einem Brief an den Schriftsteller Joseph Breitbach, »*Sie* und *ich* mögen ihm [Thomas Mann] zürnen: die *Deutschen* haben kein Recht dazu: Ich mag den Ausbruch ihrer nationalistischen Raserei gegen ihn nicht, ihre Selbstgerechtigkeit, die schamlose Anmaßung dieser Schriftsteller, die den Umstand, dass sie 1933 in Deutschland blieben, nun als heroische Tat präsentieren!«[58]

Den im Dienste der amerikanischen Armee stehenden Geschwistern Klaus, Erika und Golo wird in jenen ersten Nachkriegsmonaten rasch klar, dass Deutschland zwar besetzt und äußerlich befriedet ist, innerlich vielfach aber an Uneinsichtigkeit, Verblendung und unaufgearbeiteten Schuldkomplexen leidet. Die Geschwister sind nach Deutschland zurückgekehrt, heimgekehrt sind sie freilich nicht. Desillusioniert geben alle drei um die Demission aus dem Militärdienst ein, alle drei werden 1945/46 ehrenvoll in den zivilen Stand entlassen. Klaus Manns kurzes, bitteres Resümee nach seinen Erlebnissen im besetzten Deutschland: »You can't go home again!«[59]

»Ruiniert in einem Land, das ich liebe«

Entfremdung und Rückkehr nach Europa. 1946–1952

Die Freude über den Sieg der Alliierten und die Niederlage des Nationalsozialismus währt nicht lange. Allzu sehr waren die Exilanten auf ihr Heimatland fokussiert, das es nun – dies ist ihre bittere Erfahrung – so, wie sie es in Erinnerung hatten, nicht mehr gibt: Die Städte sind zerbombt, einstige Weggenossen, Freunde und Familienmitglieder gefallen oder ermordet, körperlich und seelisch verwundet, etliche hatten sich opportunistisch dem NS-Regime angebiedert oder sich gar offen dessen menschenverachtender Ideologie angeschlossen. Die Erfahrungen, die die drei Rückkehrer in Uniform – Klaus, Erika und Golo Mann – in Deutschland machen, sind ernüchternd und zum Teil abstoßend, sodass sie sogar die Eltern davor warnen, mit dem Gedanken einer Übersiedelung zu spielen. Das sehen die Eltern auch ein, obgleich das Heimweh, besonders bei Thomas Mann, bisweilen überhandzunehmen droht. Katia Mann beruhigt den in Rom weilenden Klaus (er hat dort mit dem Filmregisseur Roberto Rossellini Kontakt aufgenommen und wird als Skriptautor bei mehreren seiner Filme mitarbeiten): »Wir haben unsere Reise dorthin *endgültig* für dieses Jahr [1946] aufgegeben, der Vater scheint ja verhasster zu sein, als in blühendsten Nazi-Zeiten, alles von wegen des Molo-Briefes [...]. Ach, welch Volk! Schon aus Gesundheitsgründen könnten wir die Reise garnicht unternehmen.«[1] Mit den »Gesundheitsgründen« meint Katia Mann nicht nur die psychische Anspannung Thomas Manns, sondern unleugbare körperliche Beschwerden: Er leidet unter Fieber und Unwohlsein, bei Röntgenuntersuchungen entdeckt man im Frühjahr 1946 einen Tumor im rechten Lungenflügel. Dem Patienten selbst wird die Diagnose verhehlt – man fürchtet bei seiner sensiblen Veranlagung um einen seelischen Kollaps. Katia gelingt der Spagat, ihren Mann zwar zu einer Operation zu überreden, ihm den wahren Sachverhalt jedoch zu verschweigen. Ihren Kindern freilich schüttet sie ihr sorgenvolles Herz aus: »Das Schlimme und auch wieder Gute ist, dass Z[auberer]. keine *Ahnung* hat. [...] An Eri[ka] habe ich gestern nach Berlin – hoffentlich erreicht es sie noch dort – ein Kabel [Telegramm] geschickt [...]. Denn *wenn* es zu einer Operation kommt so möchte ich sie doch im Lande haben. Den Golo setzte ich gleichzeitig ins Bild [...]. So ist es, lieber Aissi [Klaus] – dein tief bekümmertes Mielein.«[2] Thomas Mann wird in Chicago operiert, bei dem Eingriff wird ihm ein Großteil des rechten Lungenflügels entfernt. Wider Erwarten erholt sich der immerhin schon Siebzigjährige gut, nach fünf Wochen kann er das Krankenhaus verlassen und zur Erholung ins Hotel Windermere in Chicago ziehen (wo einst auch Elisabeth Mann und Giuseppe Antonio Borgese wohnten). Katia kann ihrem ältesten Sohn nach Europa berichten: »Es handelte sich also leider um Lungen-Krebs. Der Patient *weiß* es aber absolut nicht, und wenn er je den Verdacht hatte, was ich allerdings sicher glaube, so hat er ihn radikal verdrängt und völlig die ihm dargebotene Version eines harmlosen Lungen-Abszesses angenommen. Daran halten wir *eisern* fest der Welt gegenüber [...].«[3] Im selben Brief weist sie Klaus als Illusionisten zurecht, der nach Pacific Palisades zu kommen beabsichtigt, sich aber in der Nähe einmieten will und auch eines Fahrers und Kochs bedarf, am besten alles recht günstig: »Nein, dass Du zu lärmend sein wirst, das glaube ich ganz bestimmt nicht, und Du sollst im Juni oder Juli jederzeit im Kinderhaus willkommen sein [...]. Denn was Deine übrigen Pläne betrifft – ach Du lieber Gott, Ihr Überseer habt denn doch *keine*

Ahnung von unseren desaströsen Verhältnissen hier: ein Häuschen mieten und ein Auto und einen kochenden Fahrer, der auch sonst noch nett aussieht! – Wenn man *grosses* Glück hat, kann man von 100 Dol[lar]. aufwärts ein *Zimmer* bekommen, und an Auto und Bedienung ist ebensowenig zu denken, wie an Strümpfe, Hemden, Anzüge und die meisten sonstigen Kommodidäten [sic], weil unsere Inflationslüsternen doch schlechthin *alles* zurückhalten und auf dem Black Market feilbieten. This is democracy!«[4]

Katia und Thomas Mann sind in jenen Jahren nicht nur wegen der Inflationskrise von Amerika enttäuscht, eine Krise, die nun um sich greift, nachdem die auf den Krieg umgestellte und mit riesigen Anleihen künstlich aufgeblähte Wirtschaft mit einem Mal zusammenschrumpft. Auch politisch fühlt man sich immer unwohler. Nachdem sich im April 1945 bei Torgau an der Elbe Soldaten der US-Army und der Roten Armee noch kameradschaftlich die Hände reichten, schlägt die Stimmung zwischen Ost und West mit einem Mal ins Frostige um: Der Kalte Krieg beginnt, nachdem Deutschland aufgeteilt ist und die Sowjetunion ihren Machtbereich auch auf die Länder Osteuropas ausgeweitet hat. Unter dem amerikanischen Senator Joseph McCarthy verschärft sich die Stimmung gegen politisch Andersdenkende im eigenen Land. Besonders im Visier stehen dabei die Exilanten, die man – da sie ja vor dem Nationalsozialismus flohen – dem anrüchigen linken Spektrum zuordnet. Der Geheimdienst FBI überwacht immer mehr Emigranten, selbst die, die inzwischen die amerikanische Staatsbürgerschaft erworben haben: Es werden Dossiers von Literaten wie Bertolt Brecht, Leonhard Frank, Alfred Döblin, Erich Maria Remarque, Oskar Maria Graf und Anna Seghers angelegt, selbst der zum Katholizismus tendierende Jude Franz Werfel wird bespitzelt. Was die Familie Mann anbelangt, so stehen fast alle schreibenden Mitglieder im Fokus der Überwachung: Thomas, Heinrich, Klaus und Erika. Während aus Deutschland Schmähbriefe eintreffen, die den

Manns Landesverrat und Feigheit vorwerfen und ihnen im Falle einer dauerhaften Rückkehr mit Tätlichkeiten drohen, sind sie im Gastland, in dem sie doch brav Steuern zahlen und dem sie im Krieg sogar in der Army dienten, nun plötzlich »enemy aliens«, »feindliche Ausländer«. In welchem Umfang sie überwacht werden, ist ihnen nicht bewusst. Die Akten des FBI werden erst Jahrzehnte später freigegeben (und selbst dann in vielen Passagen geschwärzt). Dass sie aber im Visier des Geheimdienstes stehen, ahnen sie. Erika Mann macht ihrem Ärger in einem polemischen Brief an Manfred George, Chefredakteur der deutsch-jüdischen New Yorker Wochenzeitung *Aufbau,* Luft: »Überdies dürfte mein ›file‹ ähnlich aussehen wie der oder das meines Bruders Klaus – damals, als nur seine Vorgesetzten und Gönner in der Armee ihn vor einem Refus bewahrten. Ebendiese machten ihn auch mit dem ungefähren Inhalt jener Dokumente bekannt. Politisches, natürlich, spielte eine Rolle (›premature anti-fascist‹, in Spanien gewesen, von Schwarzschild als Kommunist denunziert, etc.). Aber auch ›Persönliches‹ figurierte stattlich (von der Gestapo, dem Sicherheitsorgan einer befreundeten Macht, hatte man sich sagen lassen, es habe zwischen Klaus' und meinem Zimmer in München eine Verbindungstür gegeben, und überhaupt seien unsere inzestuösen Beziehungen in die Weltliteratur eingegangen. Tür, needless to say, gab es keine, und ›Wälsungenblut‹ ward geschrieben, ehe es *uns* gab).«[5] Aber nicht nur in Amerika, auch in Deutschland werden Erika und Klaus Mann als Kommunisten verunglimpft. Eine unrühmliche Rolle nimmt hierbei der Journalist und Chefredakteur Harry Schulze-Wilde ein (selbst ein kommunistischer Renegat und einst Privatsekretär Theodor Plieviers), der in der Münchner Zeitschrift *Echo der Woche* die beiden Geschwister als führende Agenten Stalins denunziert. In einem von Erika und Klaus Mann gemeinsam gezeichneten Artikel im New Yorker *Aufbau* verteidigen sich die Geschwister: »Dieser sehr mittelmäßige und völlig gewissenlose Zeitungsschreiber gehört zu der unangenehmen Kategorie von ›bekehrten‹ Kommunisten, die jetzt aus der Verleumdung einen Beruf und eine Karriere machen. Jeder politische Abenteurer, der einmal ein Mitglied der Dritten Internationale war, glaubt sich heute berechtigt, anständige Leute, die nie etwas mit Kommunismus zu tun gehabt, öffentlich zu begeifern. Wer nicht für den Präventivkrieg ist, muß sich von einem Schulze-Wilde als ›Stalin-Agent‹ beschimpfen lassen! Nein, das muß er nicht. Es gibt – wir wollen es hoffen – noch Richter in München.«[6] Tatsächlich strengen die Geschwister gegen Schulze-Wilde einen Prozess an, doch vergebens: Der Anwalt hat »deutschrechtliche« Bedenken. Auch die amerikanische Besatzungsbehörde schaltet sich nicht ein. Schulze-Wilde bleibt unangefochten auf seinem Posten als Chefredakteur.

Das wohl tiefgreifendste Trauma Klaus Manns in jenen Jahren besteht jedoch nicht in der äußeren Heimatlosigkeit, sondern im Verlust der inneren Heimat, der Muttersprache. Seit 1942 schreibt er seine Bücher, Artikel und Tagebücher fast durchweg im fremden Idiom – als Ausdruck seiner Assimilation an die amerikanische Kultur, aber auch aus einem Ekel vor der Vereinnahmung und Beschmutzung seiner Muttersprache durch die Nationalsozialisten. Als er nach dem Krieg, aus der Army entlassen, wieder vor die Möglichkeit gestellt wird, für seinen Beruf, seine Berufung als Schriftsteller ganz und gar zu leben, stellt er mit einem Mal entsetzt fest, dass ihm die »neue« Sprache, das Englische, nicht vollendet zur Verfügung steht, während die »alte« Sprache, das Deutsche, ihm zusehends entgleitet. In seinem 1947 verfassten Aufsatz *Das Sprach-Problem* konstatiert er: »Das Vaterland kann man verlieren, aber die Mutter-Sprache ist der unverlierbare Besitz, die Heimat der Heimatlosen. Sogar wenn uns der Vater verstößt, die Mutter wird uns stets die Treue halten. Ihr Segen ist mit uns, auch in der Fremde. Wenn man Glück hat, findet man ein zweites Vaterland. Aber findet man auch eine zweite Sprache? Läßt die Mutter-Sprache sich je vergessen? Oder können wir zwei Sprachen haben – zwei Mütter? [...] Es ist wohl etwas wie eine psychologische Spaltung, ein schizophrener Prozeß, den man durchmacht, wenn man zweisprachig zu werden versucht – interessant, aber beunruhigend. Wird es darauf hinauslaufen, daß man sich der Muttersprache entfremdet, ohne mit der neuen Zunge jemals ganz vertraut zu werden? Solchen Befürchtungen gibt man sich manchmal hin. Vielleicht war es ein schwerer Fehler, sich auf diese linguistische Metamorphose einzulassen?«[7] Die erhaltenen erzählerischen Versuche Klaus Manns aus dessen letzter Lebensphase bezeugen in der Tat eine tiefe existenzielle und sprachliche Krise, so die unveröffentlichte Skizze *The Cage* und das Romanfragment *The Last Day.*[8]

Eine pragmatischere Weise, ähnlichen negativen Existenzerfahrungen zu begegnen, zeigt Erika Mann: Da ihr in jenen späten Vierzigerjahren Engagements für »Lectures« in eklatantem Ausmaße wegbrechen (sie selbst erklärt sich das mit den gegen sie erhobenen Kommunismusvorwürfen), eröffnet sie sich ein Betätigungsfeld, das sie bis zu ihrem Lebensende zeitlich und mental ganz in Beschlag nehmen wird. Was sie zunächst als Erfüllung begreift, wird ihr jedoch nach und nach zur Last, zu einer Art Ersatzdasein, das ihr kaum noch Luft für ein eigenes, individuelles Leben lässt. Die Rede ist von ihrer Tätigkeit als Beraterin, Assistentin, Lektorin und Managerin für den Vater (und nach dessen Tod auch als Nachlassverwalterin), der nun, nach dem Ende des Zweiten Weltkriegs, als Großschriftsteller, Bestsellerautor und Repräsentant bürgerlich-humanistischer Werte in einer freien Welt auftritt und von dieser auch so verehrt wird, dessen Kräfte aber altersbedingt abnehmen. Erika Manns Rolle wird bis heute zwiespältig bewertet: Die einen sahen und sehen in ihr die unverzichtbare Mitarbeiterin und Kennerin der Werke Thomas Manns (und im Übrigen auch derer Klaus Manns), die anderen dämonisieren sie als Cerberus, der sich bisweilen eigenmächtig vor dieses Werk stellte und eine freie, unvoreingenommene Beschäftigung mit Leben und Werk Thomas Manns behinderte oder zumindest in ihrem Sinne beeinflusste. Beides ist wohl wahr. Ungeschmälert bleibt jedoch die gewaltige Leistung, die Erika Mann für die Verbreitung, Vermarktung und das memoriale Erbe Thomas und Klaus Manns vollbracht hat.

Die engere Zusammenarbeit beginnt mit ihrem Lektorat von Thomas Manns Roman *Doktor Faustus,* der überzeitlichen Deutung der deutschen Katastrophe des 20. Jahrhunderts. Nachdem er ihr Ende 1946 die maschinenschriftliche Abschrift nach New York geschickt hat, kabelt Erika dem Vater ein begeistertes Telegramm: »Ganze Nacht gelesen. Werde mit geröteten Augen, doch glücklichen Herzens ins Neue Jahr gehen. Möchte nur wissen, wie in aller Welt Du das schaffst.«[9] Thomas Mann schafft das – aber eben nicht ohne Erikas Hilfe: Sie lektoriert und kürzt in den folgenden Monaten den gewaltigen Roman, der im Herbst 1947 erscheint und dem Nobelpreisträger innerhalb kürzester Zeit international erneut Ruhm und Bewunderung einbringt (wie wohl zuvor nur *Buddenbrooks* und *Der Zauberberg*). Sehr bald äußert Erika jedoch in privaten Briefen an Freunde Bedenken ob ihres Einsatzes, der selbstverneinende Züge annimmt. »Mich selber betreffend«, gesteht sie der Jugendfreundin Lotte Walter, »so wäre zu sagen, daß ich emsig war – als Z[auberer].'s Secretario, Lecture- und Broadcast-Zubereiter (Bearbeiter und Kürzer), Public Relations Officer et cetera. Zu dumm, daß mir nun die Stimme wieder abhanden gekommen ist, und zwar zur Gänze.«[10] Auch die Geschwister sehen Erikas neue Rolle skeptisch, vor allem Klaus, der eine zunehmende Entfremdung zur Lieblingsschwester verspürt und deren Hinwendung an den Vater als Verrat und Liebesentzug interpretiert. Golo Mann sieht dies später ähnlich, polemisch konstatiert er: »Ich füge hinzu, daß er [Klaus] auch zu seiner Schwester [Erika] nicht mehr ganz so stand wie ehedem. Sie unternahmen nichts Gemeinsames mehr. Erika hatte sich nun ganz auf den Vater konzentriert, seine Assistentin und Editorin, seine Unterhalterin und Hofnärrin. Sie reiste mit den Eltern, und die reisten häufig – ›diese Ehrenreisen‹, wie Alma Mahler schiefen Mundes einmal fallen ließ. Auf solcher Ehrenreise – Oxford, Stockholm – war sie auch, als das Letzte geschah; ein Zufall, aber ein nicht uncharakteristischer.«[11]

»Das Letzte«: Klaus Manns Tod im Mai 1949. Er hält sich in Cannes auf, hat sich in einer Pension eingemietet. Ein Treffen mit Michael und Monika, die mit dem Schiff von Amerika nach Italien fahren, ist geplant. Mit Erika und den Eltern, die sich auf Reisen befinden (Thomas Mann bekommt in Oxford die Ehrendoktorwürde verliehen, und in Stockholm hält er eine Rede), wechselt Klaus Mann in jenen Wochen mehrere Briefe, in denen er einen verzweifelt-heiteren Ton anschlägt, der seine innere Seelenlage jedoch kaum verschleiern kann: Er fühlt sich ausgebrannt, hat seit Längerem wieder Drogenprobleme und kommt soeben aus einer Entzugsklinik in Nizza; Liebeleien mit wechselnden Partnern verlaufen glücklos; die literarische Arbeit stockt. Hinzu kommt die Enttäuschung über die kurz zuvor erhaltene Absage des Langenscheidt-Verlags, den Roman *Mephisto* herauszubringen (der Verleger Georg Jacobi fürchtet negative Konsequenzen, da Gustaf Gründgens im kulturellen Leben Deutschlands inzwischen wieder eine »sehr bedeutende Rolle«[12] spiele). Die Gründung eines eigenen westdeutschen Staates, der Bundesrepublik Deutschland, steht mit der Verkündung des Grundgesetzes am 23. Mai 1949 unmittelbar bevor – Klaus Mann sieht dies skeptisch und ist über die damit endgültig vollzogene Spaltung Europas in Ost und West enttäuscht. Die seiner Ansicht nach akute Gefahr eines Dritten Weltkrieges lässt ihn schier verzweifeln. In seinem letzten großen Essay, erst nach seinem Tod von Erika Mann ins Deutsche übersetzt und publiziert, *Die Heimsuchung des europäischen Geistes,* legt Klaus Mann nochmals ein Bekenntnis zu einer freien Welt auf der Grundlage christlich-humanistischer Werte ab, einer Welt, die er infolge des Machtanspruchs der Blöcke der USA und der Sowjetunion und angesichts der atomaren Aufrüstung als akut bedroht sieht. Aus dieser bitteren Einsicht heraus ruft er die Intellektuellen in Ost und West auf, kollektiv Selbstmord zu begehen, um so ein Statement gegen Unfreiheit und Bevormundung zu setzen und sich der geistigen Gängelung durch jegliche Ideologie zu entziehen: »Wir sind an einem Punkte angelangt, wo nur die dramatischste, die äußerste Geste noch irgend Aussicht hat, bemerkt zu werden und den blinden, hypnotisierten Massen ins Gewissen zu reden. [...] Eine Selbstmordwelle, der die hervorragendsten, gefeiertsten Geister zum Opfer fielen, würde die Völker aufschrecken aus ihrer Lethargie, so daß sie den tödlichen Ernst der Heimsuchung begriffen, die der Mensch über sich gebracht hat durch seine Dummheit und Selbstsucht.«[13]

Dies sind Sätze, die Erika Mann erst nach Klaus Manns Tod lesen wird, als sie sich an die Sichtung seines literarischen Nachlasses macht. Die Briefe, die sie auf der »Ehrenreise« ihres Vaters mit dem Bruder wechselt, sind wie eh und je ein Feuerwerk von Kalauern, Wortspielen und Andeutungen. Doch hinter allen Witzeleien verbergen sich tiefe Sorge vonseiten Erikas und zunehmende depressive Mutlosigkeit aufseiten von Klaus. Am 15. Mai – Klaus hat soeben die Klinik St. Luc in Nizza verlassen und sich in der Pension »Pavillon Madrid« in Cannes einquartiert – ermahnt Erika (sie ist in London) den Bruder: »Ach, vermutlich schlecktest Du ohn' jedweden Unterlaß [Drogen], und wenn Sie Schlafmittel nehmen, wie wollen Sie denn dann schlafen?«[14] Sie unterbreitet ihm auch das vage Angebot, sich Ende Juni in Österreich treffen zu wollen, und versucht, ihn mit einer Anekdote aufzuheitern: Sie erfuhr von einem Bekannten, Gustaf Gründgens, auf Gastspiel in Edinburgh, habe von ihrem kürzlichen Aufenthalt in Schottland gehört und befürchtet, er könne ihr begegnen. Erika machte sich einen Spaß daraus, verlautbaren zu lassen, sie wolle durchaus nach Edinburgh zu den Theaterfestspielen kommen. »Und jetzt«, jubiliert sie in dem Brief an Klaus, »hat also der arme, jrundjrundhäßliche Mensch keinen ruhigen *Augenblick* mehr. Nett, – gellja?«[15]

Am selben Tag schreibt Klaus Mann einen Brief an Mutter und Schwester, worin er sich über die bevorstehende Reise des Vaters nach Frankfurt am Main mokiert und über die Rolle der »amazing family« im neu gegründeten westdeutschen Staat fantasiert: »Da die Frankfurter Visite ja so ziemlich mit der Etablierung des Westdeutschen Staates koinzidiert, läge es doch nahe, dass man dem Vater die Präsidentschaft anböte. [...] Das Dichterschicksal würde sich bedeutend ründen, es wäre eine fette Pointe für die Biographen da. [...] Und was für eine schöne Familienpolitik wir machen könnten! Major Hindenburg und Papen sind nichts dagegen. Ich würde dafür sorgen, dass nur Schwule gute Stellungen kriegen; der Verkauf des heilsamen Morphium wird freigegeben; E[rika] amtiert als graue Eminenz in Godesberg, während der Vater in Bonn mit dem russischen Gesandten Rheinwein schlürft ...«[16]

Tags darauf, am 16. Mai, steht Klaus Mann am Pier des Hafens von Cannes, als der Dampfer, auf dem sich seine Geschwister Michael und Monika befinden, anlegt. Doch seine Hoffnung auf ein kurzes Rencontre wird enttäuscht: Der Zoll erlaubt nur Passagieren, die tatsächlich hier ihre Fahrt beenden, das Schiff zu verlassen. Alle anderen, die bis Italien gebucht haben, müssen an Bord bleiben.

Noch einmal schreibt Klaus Mann dem »*lieb Zweigestirn*«,[17] Mutter und Schwester, einen Brief: Am 20. Mai lässt er sie wissen: »*Wann wollt Ihr in Österreich sein? Wo?* Vielleicht, dass ich Euch dort treffe – so um den 29. Juni rum. Nach der Schweiz zieht mich eigentlich nichts; höchstens käme eine kurze Visite, auf dem Weg nach Salzburg, in Frage ... Mein Freund *Mucha* [Jirí Mucha, tschechischer Schriftsteller] [...] hat mich wieder sehr herzlich nach Prag eingeladen. Vielleicht fahren wir dorthin gemeinsam, Erika – im Automobil, mit [Betty] Knox?«[18]

Klaus Mann stirbt in den Abendstunden des 21. Mai 1949 an einer Überdosis Schlaftabletten, nachdem er den ganzen Tag im Koma gelegen ist. Die Eltern und Erika sind in Stockholm, als die Todesnachricht sie erreicht. Thomas Mann fasst die Tat beinahe als persönlichen Affront auf: »Mein Mitleid innerlich mit dem Mutterherzen und mit E[rika]. Er hätte es ihnen nicht antun dürfen. [...] Viel über ihn und den von langer Hand unwiderstehlich wirkenden Todeszwang. Das Kränkende, Unschöne, Grausame, Rücksichts- und Verantwortungslose.«[19] Erika überredet den Vater, das Reiseprogramm zwar zu kürzen, nicht aber abzubrechen. Als Klaus Mann in Cannes bestattet wird, ist von der Familie nur Michael anwesend, der auf seiner Viola eine Abschiedsmusik spielt.

Erika Mann sucht ihre Trauer in Briefen zu verarbeiten. Der Freundin aus Jugendtagen Pamela Wedekind, mit der sie sich lange Jahre entzweit hatte und die ein Kondolenzschreiben geschickt hat, klagt sie: »Wüßte ich meinerseits nichts weiter über den Zustand unseres unseligen Planeten, als daß Klaus nicht mehr leben konnte, auf ihm, mir bangte erheblich. [...] Wie ich leben soll, weiß ich noch nicht, weiß nur, daß ich muß; und bin doch gar nicht zu denken, ohne ihn.«[20] Ähnlich beschwört sie in einem Brief an Eva Herrmann (die in spiritistischen Séancen Kontakt mit Verstorbenen aufzunehmen versucht) die Symbiose mit dem Bruder, eine Symbiose, die freilich schon längst verloren gegangen ist – und mit ihr ein Großteil der Lebenskraft Klaus Manns: »Sogar reden tu ich mit ihm, – wenn freilich nicht in Deinem Sinne, sondern bloß, wie man mit sich selber spricht. Waren wir doch Teile von einander, – so sehr, daß ich ohne ihn im Grunde gar nicht zu denken bin.«[21] In einem weiteren Brief an Pamela Wedekind umreißt Erika Mann, in welcher Haltung sie die in den folgenden Jahren zu leistende Trauerarbeit zu bewerkstelligen gedenkt: »Aber mir stand völlig fest, daß man *nichts,* – keinen Zettel, keinen Gruß, – *gar* nichts finden würde. Hätte er unser, – unserer Mutter und meiner auch nur *gedacht,* oder hätte er uns gar angeredet, er hätte es nicht vermocht. – So mischt sich in meinen Jammer kein Vorwurfstropfen und keine Bitterkeit. – Ich möchte, daß Du dies wissest und daß auch Dir sein Bild rein bleibt.«[22] Die Erinnerung an Klaus Mann, den so geliebten (und bisweilen doch so im Stich gelassenen) Bruder, soll »rein« bleiben – das ist Erikas Anspruch. Sie wird ihn eisern durchfechten, gegenüber Freunden und Gegnern, Kritikern und Verlegern. Bereits 1950, ein Jahr nach Klaus Manns Tod, gibt Erika Mann im Amsterdamer Querido Verlag den Erinnerungsband *Klaus Mann zum Gedächtnis* heraus, worin sich Freunde und Weggefährten mit dessen Person und Werk befassen. Die eigentliche Arbeit als Nachlassverwalterin folgt in den Sechzigerjahren in der Auseinandersetzung um eine mögliche Neuauflage des Romans *Mephisto.* Immerhin kann Erika Mann noch die Neuausgabe der wichtigsten Romane ihres Bruders in der angesehenen Nymphenburger Verlagshandlung initiieren.

Auch Golo Mann wird lange von Erinnerungen an seinen Bruder Klaus verfolgt. Noch mehr als acht Jahre nach dessen Tod wird er von quälenden Träumen heimgesucht: »Einmal hatte ich im Traum das Gefühl von einer wirklichen Erscheinung. Er [Klaus Mann] fuhr in unserem alten Münchener Benzwagen mit dem Chauffeur vor unserer Haustür vor, wie er es im Jahre 1928 tat und machte eine ungeheure, widernatürliche Anstrengung, zu uns durchzubrechen; worüber ich erwachte.«[23]

Die Forderungen des Alltags freilich verwischen nach und nach die Bilder des Unterbewusstseins. Erika Mann geht bereits seit 1947 in ihrer Tätigkeit als »Adjutantin« des Vaters ganz auf. Mit ihm zusammen feiert sie seine Erfolge und vielfältigen Ehrungen – persönlich jedoch bleibt sie unbefriedigt. Sie verbittert immer mehr, gilt als streitbar und Streit suchend, nachtragend und starrsinnig. Überall wittert sie Intrige und Verrat, legt sich mit Kritikern, Zeitungen, Verlagen an, ebenso mit einstigen Weggenossen. Thomas Mann, der nun immer mehr auf Gedeih und Verderb an seine Assistentin gebunden ist, missfällt diese charakterliche Metamorphose der Tochter, die doch einst, in Münchner Tagen, so heiteren Sinnes war und so viel Schabernack treiben konnte. In seinem Tagebuch vermerkt er: »Mit K[atia]. über sie [Erika]. Sorge und Kummer. Unwohl. Ihre bittere Entstellung der Dinge, auch was Klaus und das eigene Leben betrifft. Beschämend in seiner Rigorosität noch in seiner Halb-Wahrheit. Aber zuviel Charakter macht ungerecht.«[24] Erika Manns Verbitterung ist freilich nicht grundlos. Besonders schwer trifft sie die Ablehnung ihres bereits 1947 gestellten Einbürgerungsantrags durch die amerikanischen Behörden. Dass sie, durch ihre Heirat mit Wystan H. Auden britische Staatsangehörige, in ihrem Anliegen zurückgewiesen wird, obwohl sie jahrelang als »Lecturer« unablässig durch den Kontinent tingelte, um das Publikum über die Gefahren durch den Nationalsozialismus aufzuklären, und zudem als Korrespondentin im Dienst der Army ihren Beitrag im Krieg leistete, empfindet sie als üblen Affront. Dass sie seit einiger Zeit vom FBI überwacht wird, ist ihr bewusst. Dass der Geheimdienst so viel Einfluss hat, um ihre Einbürgerung bei anderen Behörden zu hintertreiben, enttäuscht sie. Schließlich, im Dezember 1950, zieht Erika Mann ihren Antrag auf Erteilung der amerikanischen Staatsbürgerschaft zurück. In einem mehrseitigen Brief an Edward J. Shaughnessy, Direktor für Immigration und Naturalisation, New York, legt sie ihre Beweggründe und ihre Enttäuschung in aller Offenheit dar:

»[...] Als sich herausstellte, daß ich weder Kommunistin, noch ›Mitläuferin‹, noch Mitglied einer als ›subversiv‹ registrierten Organisation, noch sonst irgendwie politisch unerwünscht war, begannen die Behörden in meinem Privatleben herumzustochern in einer Weise, die alle Befragten äußerst schockierte. Barkeeper, Büroangestellte, Manager, Redakteure, gute Bekannte und Leute, die mich fast gar nicht kennen, wurden gleichermaßen verhört. Kein Wunder, daß potentielle Arbeitgeber eine heftige Abneigung verspürten, mich zu engagieren. Während der letzten drei Jahre ist die Zahl meiner Lecture-Termine von gut 75 in einer viermonatigen Saison auf 1 in diesem Jahr (Winter 1950/51) zurückgegangen. […] Erst als ›Einbürgerungsbewerberin‹ mußte ich die allmähliche Vernichtung von allem, was ich in mehr als einem Jahrzehnt aufgebaut hatte, mit ansehen. Dieses Schauspiel war um so quälender, als es die dritte Existenz betraf, die ich mir selbst geschaffen hatte. Der Nazismus vertrieb mich aus meinem Geburtsland Deutschland, wo ich ziemlich erfolgreich gewesen war; Hitlers wachsender Einfluß in Europa veranlaßte mich, den Kontinent zu verlassen, in dem ich auf Gastspielreisen mit meiner eigenen Show über tausend Vorstellungen gegeben hatte; und jetzt sehe ich mich – ohne eigenes Verschulden – ruiniert in einem Land, das ich liebe und dessen Staatsbürgerin zu werden ich gehofft hatte.«[25]

Es ist nicht zuletzt Erika Manns Einfluss auf die Eltern zuzuschreiben, dass diese sich im Jahre 1952 dazu entschließen werden, den USA endgültig den Rücken zu kehren und in die Schweiz überzusiedeln. Mehrere Europareisen sind dem vorausgegangen, »Ehrenreisen«, die auch in beide deutsche Staaten führten (was von der westdeutschen Presse, die »ihren« bürgerlichen Repräsentanten ganz für sich beanspruchen wollte, zum Teil heftig kritisiert wurde). An eine Rückkehr nach Deutschland indes denkt Thomas Mann nicht mehr (auch das ein Veto Erikas), obgleich ihm das Grundstück in der Poschingerstraße in München rückübertragen wurde (die Ruine der zerstörten Villa wurde beseitigt, einem Neubau wäre prinzipiell nichts im Wege gestanden). Doch dem Schriftsteller, der als gebürtiger Norddeutscher so sehr an der Münchner Lebensart hing, ist dieses Gedankenspiel unheimlich, wie er in einem Brief an Theodor W. Adorno bekennt: »[…] wenn es auch das

Einfachste wäre, uns auf unserem schönen Grundstück an der Isar (die Ruine ist nun abgerissen) ein neues kleineres Haus zu bauen, und ich ginge wieder zum Aumeister [Biergarten im Englischen Garten] spazieren. Wäre aber doch zu gespenstisch.«[26] Letztlich dürfte für Thomas Mann neben der von McCarthy befeuerten fremdenfeindlichen Atmosphäre in den USA der Umstand ausschlaggebend gewesen sein, dass er sich angesichts seines hohen Alters, schwindender Kräfte und des immer kleiner werdenden Kreises emigrierter Weggefährten in Kalifornien (am 26. August 1945 war Franz Werfel gestorben, am 12. März 1950 Thomas Manns Bruder Heinrich) eine Seelenheimat wünschte, so zumindest formuliert er es in seinem Aufsatz *Comprendre:* »Trotz bequemster Lebensbedingungen ließ mein schon weit vorgeschrittenes Alter den fast ängstlichen Wunsch nach Heimkehr zur alten Erde, in der ich einst ruhen möchte, immer dringender werden. Ich [...] will nur zugeben, daß, ähnlich wie im Jahre 1933, das Politische nicht unbeteiligt war an diesem Entschluß.«[27] Nach längerer Suche findet sich ein Haus zur Miete in Erlenbach bei Zürich, in einer Gegend, die die Manns bereits aus den Jahren ihres ersten Exils kennen und schätzen. Am 24. Juni 1952 verlassen Thomas, Katia und Erika Mann Pacific Palisades. In New York besteigen sie ein Flugzeug, das sie über Amsterdam nach Zürich bringt.

1952 wird auch für andere Mitglieder der Familie Mann ein Jahr tiefgreifender Entscheidungen und Umwälzungen. Golo Mann bleibt einstweilen noch in den Vereinigten Staaten. Sein 1946 in Amerika erschienenes Buch *Friedrich von Gentz* verkauft sich zwar nicht gut, verschafft ihm als Historiker aber doch einen gewissen Ruf. So konnte er 1947 endlich das College in Olivet, Michigan, verlassen und nach Kalifornien ziehen, wo er am Claremont Men's College, am östlichen Rande von Los Angeles, eine Professur erhielt. Auch diese Stelle ist nicht gut bezahlt, doch kann er nun intensiveren Kontakt zu den Eltern in Pacific Palisades pflegen.

Seinem existenziellen Fremdheitsgefühl tut dies gleichwohl keinen Abbruch. Viel später gesteht er: »Von Haus aus war ich ein Provinzler; es war mir nicht an der Wiege gesungen, mich jahrelang heimatlos herumzutreiben, einmal da, einmal dort, und andere lange Jahre in Nordamerika zu verbringen. [...] Es sollte ein hartes Stück Arbeit sein, mir fremde Landschaften zu erobern; bei den fremdesten, den Wüsten von Kalifornien und Nevada, gelang mir das ganz und gar nicht.«[28] Immer noch ist Golo häufig zu Gast im Haus der Eltern, wo er sich heimisch und fremd zugleich fühlt: Dort ist die Mutter, ist der Vater (dem er – ähnlich Erika – mehr und mehr zum Berater wird), dort sind aber auch quälende Einflüsse: falsche Erwartungen der Mutter, die nicht wahrhaben will, dass auch Golo homosexuell ist; der übergroße Vater, der mit seinem *Doktor Faustus* noch einmal einen Gipfel seiner erzählerischen Kunst erklimmt, während Golo mit seinem *Gentz* zwar einen respektablen Beginn markiert, danach aber orientierungslos erscheint und nur eines weiß: dass er nicht dazu bestimmt ist, fast kindlichen College-Schülern die Grundzüge europäischer Geschichte nahezubringen. Dem befreundeten Schriftsteller Joseph Breitbach klagt er: »Das Traurige ist, dass ich das Buch [*Gentz*] im Jahre 36 begann, nach langem Verschleppen im Frühling 42 endgültig beendete [...] und dass ich seitdem nichts Neues gemacht habe und noch immer mit nichts schwanger bin und fühle, wie ich verdorre. Zwischen Deutsch und Englisch, zwischen Ozean und Wüstenbergen, zwischen den Stühlen, den Kontinenten. [...] Eben habe ich in fünf Tagen 170 fürchterlich geschmierte *Schulaufsätze* lesen und benoten müssen, täglich acht oder neun Stunden lang; worüber sich meine Augen entzündeten und mein Hirn in einen Zustand fürchterlicher Irritation geriet.«[29] Auch er leidet – wie der Vater, wie die älteste Schwester – unter dem Fremdsein im Gastland wie auch unter dem Wissen, dass Deutschland, das einstige Vaterland, zur geistigen Fremde geworden ist. An Alma Mahler-Werfel schreibt Golo: »Dass man Franzels

Bücher hier [in Nachkriegsdeutschland] noch nicht kaufen kann, ist wirklich ein Jammer. Man wird oft danach gefragt. Hier erscheint viel, aber fast durchweg wertloses Zeug: die Leute schreiben ständig dicke Essays über die Frage, ›wie denn das möglich war‹ – als ob nicht *ein* Gespräch in der Eisenbahn genügte, diese Frage zu beantworten [...]. Es ist zum Lachen oder Weinen, vor allem aber zum schleunigen Fortgehen.«[30] An ein Fortgehen ist für Golo Mann aber so lange nicht zu denken, wie er keine andere Existenzgrundlage als die im Claremont Men's College vorzuweisen hat. Zwar erhält er 1951 ein angesehenes Guggenheim-Stipendium, doch bleibt das geschichtsphilosophische Werk, das er zu schreiben gedenkt, Fragment.

Privat scheint ihm hingegen ein kurzes Glück: Die Beziehung zu Ed Klotz, einem fünfzehn Jahre jüngeren Studenten, der sogar in das von Golo Mann gepachtete Haus einzieht (offiziell als »Untermieter«), gestaltet sich eine Zeit lang gut. Golo unternimmt mit dem kulturinteressierten Freund im Jahre 1950 eine Europareise. Bereits zu Weihnachten 1949 brachte er Ed mit ins Elternhaus. Thomas Mann ist von dem heiteren, gut aussehenden, europabegeisterten jungen Mann angetan und erheitert gleichermaßen. Über Eds Freude an einem »deutschen« Weihnachtsfest stellt der Paterfamilias in einem Brief an die befreundete Buchhändlerin Ida Herz amüsiert fest: »Der junge Amerikaner [Ed Klotz], der sowas Kontinentales noch nie mitgemacht hatte, war ganz berauscht. ›Gee, Golo!‹, sagte er. ›That was quite an evening! The champaign [sic], the conversation – it was out of this world!‹«[31] Immerhin verwendet Thomas Mann Golos jungen, sportlichen Freund als Vorlage für die Figur des Ken Keaton in der Erzählung *Die Betrogene*. Betrogen wird indes Golo: Die Beziehung zu Ed zerbricht. Ed heiratet 1953, seine Frau bringt eine Abfindung von zwölftausend Dollar aus ihrer ersten Ehe mit, was den tief verletzten Golo Mann zu der polemischen Bemerkung veranlasst, Ed sei darüber »sehr erfreut«,

»seither verfolgt er die Börsenkurse«.[32] Mit dem Abschied von Ed Klotz zerbricht in Golo Mann erneut ein Stück Lebensfreude: »Milde, trübe lächelnd sehe ich ihm nach ...«[33]

Immerhin, die Reise nach Europa mit Ed Klotz hat in Golo Mann doch etwas ausgelöst: Auch in ihm hat sich der dringliche Wunsch eingenistet, auf den Alten Kontinent zurückzukehren, wie er der befreundeten Leonore Gräfin Lichnowsky gesteht: »[...] ich will das Leben in Europa versuchen, gleichzeitig mir aber den Weg zurück offen halten. [...] Eine wirkliche Aufgabe wäre freilich beglückender als alles das bedrückend ist. Hier kann ich im Grunde nichts tun als mich ernähren und in fremder, obgleich nicht übler, Landschaft spazieren gehen.«[34] Das Gefühl der Verlassenheit verstärkt sich im Herbst 1952, als die Eltern bereits nach Erlenbach in der Schweiz umgesiedelt sind. Golo Mann wohnt eine Zeit lang im verlassenen Haus am San Remo Drive (das im Übrigen der Cousin Klaus Pringsheim jr. so lange hütet, bis es – zu immensem Verlust – endlich »abgestoßen« wird und Thomas Manns Bibliothek zu einem Spottpreis bei einem Antiquar landet). Ebenfalls an Leonore Lichnowsky schreibt Golo: »Ich fuhr zunächst hier ins schöne, melancholisch verwahrloste Haus, das ein Vetter von mir hütet, er ist aber meist nicht da, und liess niemanden meine Ankunft wissen, um etwas auszuruhen und an meinen Cursen zu arbeiten.«[35] Und wenige Wochen später klagt er dem Freund Erich von Kahler: »Mir geht's nicht gut. Die freie Zeit in Europa war, alles in allem, schön und leidlich fruchtbar. Die Kehrseite ist, dass der Schuldienst mir jetzt so verhasst ist, dass er eine wahre Neurose in mir produziert hat [...].«[36] Golo Mann wird sich indes noch gedulden müssen: Hin und wieder kehrt er für ein paar Monate den beengenden Verhältnissen in Kalifornien den Rücken, reist nach Europa, zu Vorträgen nach Berlin, Kiel und Heidelberg, aber auch in die Schweiz, bewegt sich meist im Dunstkreis der Eltern, bis er endlich, 1958 (als ein Mann von fast fünfzig Jahren!), seine verhasste Tätigkeit am Claremont

College aufgeben und einem Ruf als Gastprofessor für Geschichte in Münster, Westfalen, folgen wird.

Auch Monika Mann sucht nach wie vor ihre Unabhängigkeit. Mit dem Tod ihres Bruders Klaus im Jahre 1949 hat sie den einzigen Fürsprecher in der Familie verloren. Immerhin wirkte Klaus in Briefen an die Mutter immer wieder vermittelnd, wenn es im Haus am San Remo Drive wieder einmal zu Streit gekommen war. Zudem vertraute er der Schwester wiederholt Recherchearbeiten und auch Teile der Übersetzung seines Lebensberichts *The Turning Point* (genauer: die ersten sechs Kapitel) ins Deutsche an. Golo Mann erkennt später das ausgleichende Moment, das Klaus für die Familie darstellte: »Wo sechs Geschwister sind, gibt es kleine Gruppen, Parteien, die sich bilden und wieder umbilden. Klaus stand gut mit allen. Er war es eigentlich, der den Laden freundlich zusammenhielt.«[37] Nachdem Monika Mann den Dunstkreis des Vaters in Pacific Palisades verlassen hat und nach New York übergesiedelt ist, gelingt ihr die geistige Abnabelung: Sie beginnt zu schreiben, kleine Feuilletons, Stimmungsbilder, autobiografische Skizzen, zunächst eher für sich, manchmal auch als »Überraschung« in Briefen an den Vater (der freilich mehr »überwältigt« denn überzeugt ist). Den Spleen, doch noch Konzertpianistin zu werden, begräbt sie in jenen Jahren und widmet sich stattdessen ihrer neu entdeckten »Berufung«. Um sich ganz darauf konzentrieren zu können, verlässt sie New York und bezieht ein Zimmer auf dem Land, in dem beschaulichen Ort Interlaken bei Boston, Massachusetts. In einem Brief an das befreundete Ehepaar Hermann und Toni Kesten schreibt sie: »Nun ist es eine Woche, daß wir zusammen am Broadway spazierten und auf der verwüsteten Allee am Hudson. Der Umbruch New York – Interlaken ist so groß, daß es mir hundert Jahre lang her scheint. Ein Eremit bin ich zwar hier wie dort – aber die Steinmassen, der Menschenlärm brüten anderes aus meiner Seele als der Wind, die Kühe, das Laub. Übrigens ist *beides* elementar, aber von elementarem Unterschied.«[38] Auch besucht sie in Tanglewood, Massachusetts, die bekannten Musikfestspiele (hier begegnet sie ihrem ehemaligen Klavierlehrer Luigi Dallapiccola wieder). Auf dem Land verfasst sie ihren Aufsatz *Über das nationale Gefühl.* In diesem Essay befasst sie sich mit der Seelenlage der deutschen Emigration. Er erscheint im März 1952 in der von der Deutschen Akademie für Sprache und Dichtung herausgegebenen Zeitung *Neue Literarische Welt.* Weitere Feuilletons und Essays werden bald von den Redaktionen des New Yorker *Aufbau,* des *St. Galler Tagblatts,* der *Neuen Zürcher Zeitung,* der *Frankfurter Rundschau* und der *Süddeutschen Zeitung* angenommen. Ihr Aufstieg zur gefragten Feuilletonistin glückt Monika Mann also schneller, als wohl von ihr selbst erwartet – wobei der Name »Mann« sicherlich dienlich ist.

Weit weniger beeindruckt von dieser publizistischen Fortune zeigt sich die Familie, allen voran Erika (die wenige Jahre später sich darüber mit Monika entzweien wird) und der Vater. Ihm schickt Monika zum Jahreswechsel 1951/52 eine Erzählung mit dem Titel *Sylvester bei Woolworth,* worin sie mit anklagendem Duktus eine Party unter kaltherzigen New Yorker Millionären schildert. Thomas Mann mokiert sich über die sprachlichen Ausrutscher und schiefen Bilder und versucht in seiner Antwort eine gelinde ironische Kritik, ohne das »Sorgenkind« dadurch zu verletzen: »Garnicht übel, liebes Mönchen! Das heißt: ein ganz ehrenhafter Ausbruch von Übelkeit angesichts des wahrhaftig Üblen. Der angewandte Impressionismus ist mir zuweilen nicht recht geheuer. Zerknüllter Alabaster? Knuspriger Mythos? Verkleistert von chirurgischen Juwelen? Ich frage mich. Aber woher denn auch in der Übelkeit die rechten Worte nehmen!«[39] Etwas gröber reagiert Katia Mann. Monika hat, nach Anerkennung heischend, ihre Texte an den Schwager Giuseppe Antonio Borgese gesandt. Katia zeigt sich in einem Brief an Elisabeth entrüstet: »Ach das Mönle! Wie konnte sie sich nun erlauben, Antonio mit ihren Ergüssen zu molestieren.

Mir schrieb sie erst, sie hätte eine schwere Depression gehabt, und nun schickte sie mir ein ungewöhnlich sinnloses [unleserlich] namens ›Der Unfall‹.«[40]

Schließlich kehrt Monika Mann, der »Steinmassen« und des »Menschenlärms« müde, Amerika den Rücken, obwohl sie im Juni 1952 noch die amerikanische Staatsbürgerschaft erhält. Drei Monate später, im September, fährt sie gemeinsam mit den Borgeses nach Europa – für immer. Sie kehrt nach Italien zurück, wo sie bereits vor dem Krieg einige Jahre lebte, Jahre, in denen sie – gemeinsam mit ihrem späteren Mann Jenö Lányi – wohl am glücklichsten war. Nun, 1952, kommt sie zunächst in Bordighera an der italienischen Riviera unter, nach ein paar Monaten zieht sie nach Rom, wo das Ehepaar Kesten lebt und die Freundin einige Zeit bei sich aufnimmt. Monika Mann ist von Italien, seiner Kultur, seiner Lebensart, seinen Menschen erneut begeistert. Aber noch hat sie nicht den genauen Ort gefunden, an dem sie sich endgültig niederlassen will. Noch ist da der Vater, dieser starke Magnet, der in der Schweiz sein Domizil aufgeschlagen hat. Mehrmals besucht Monika die Eltern (zunächst in Erlenbach, später in Kilchberg), immer wieder kommt es zu Spannungen und Auseinandersetzungen. Jedes Mal kehrt sie enttäuscht nach Italien zurück. Rom ist faszinierend, aber hektisch und laut. Sie sucht einen Ort der Besinnung, des Friedens, wo ihre Seele zur Ruhe kommen kann, und wird ihr Herz wenig später an eine Insel und an einen Mann verlieren ...

Anders als Monika Mann verlassen Elisabeth Mann Borgese und ihre Familie Amerika nicht aus Resignation, sondern weil Giuseppe Antonio Borgese Aussicht auf einen Lehrstuhl an der Universität Mailand, in seiner Heimat Italien, hat. Und anders als die meisten Exilanten haben sich die Borgeses in den USA durchaus etabliert. Dabei gründet ihr Erfolg nur bedingt auf einer optimistischen Weltsicht. Vielmehr sind auch sie über den Abwurf zweier Atombomben über Hiroshima und Nagasaki im August 1945 durch die

Amerikaner und über den in den folgenden Jahren einsetzenden atomaren Wettlauf der Supermächte tief besorgt. Doch anders als etwa Klaus Mann, der in letzter Konsequenz eines humanistisch gesinnten Menschen nur die Selbstauslöschung sieht, fassen Giuseppe Antonio und Elisabeth Borgese einen idealistischen Plan: Gemeinsam mit dem Kanzler der Universität Chicago, Robert Hutchins, gründen sie das »Committee to Frame a World Constitution«. Das hochgreifende Ziel: die Erarbeitung einer Weltverfassung in Vorbereitung einer neuen Weltordnung, die die ideologischen, militärischen, politischen und ökonomischen Ungleichgewichte überwinden und damit einen dauerhaften Frieden schaffen soll. Mit diesem hehren Plan liegen Hutchins und die Borgeses durchaus im Geist der Zeit: Sosehr die Jahre nach dem Weltkrieg auch von einer Konfrontation der Machtblöcke geprägt sind, so groß sind aber auch der ehrliche Wille und das Bedürfnis, die Völker der Welt zu versöhnen und den Menschen unabhängig von ihrer sozialen und geografischen Herkunft ein würdiges Leben in Freiheit, Wohlstand und Gerechtigkeit zu ermöglichen. Nicht von ungefähr gründet sich am 26. Juni 1945 auf der Konferenz von San Francisco die Organisation der Vereinten Nationen (UN) (mit damals fünfzig Mitgliedern, denen jedoch bald etliche weitere folgen). Am 10. Dezember 1948 wird die Charta der UN um die »Allgemeine Erklärung der Menschenrechte« ergänzt. Parallel dazu arbeitet das von den Borgeses gegründete Komitee an einer Weltverfassung, die 1948 im Entwurf vorgelegt wird (*Preliminary Draft of a World Constitution*). Dieser Entwurf wird bald in fünfzig Sprachen übersetzt und in Millionen von Exemplaren weltweit verbreitet. Elisabeth Mann Borgese ist in jenen Nachkriegsjahren als Assistentin ihres Mannes tätig (der als Generalsekretär des Komitees fungiert), zugleich aber auch als Herausgeberin der Verbandszeitschrift *Common Cause*. Im Jahre 1950 wird sie zur Präsidentin des Dachverbands der Weltföderalisten gewählt. Bei den Geschwistern stößt ihr Engagement auf eine

Mischung aus Bewunderung und spöttischer Skepsis, Elisabeth wird zuweilen gar als »Weltpräsidentin« aufgezogen. Sie nimmt das mit selbstbewusster Nachsicht hin, ist sie doch von ihrer Sache und der ihres Mannes überzeugt. Die Utopie einer Weltregierung scheint ihnen – ungeachtet des einsetzenden Kalten Krieges – eine Notwendigkeit der menschlichen Vernunft und damit eine greifbare Realität zu sein. In ihrem Buch *Mit den Meeren leben* (1999) erinnert sich Elisabeth Mann: »›Internationale soziale Gerechtigkeit‹, dessen waren wir uns sicher, verlangt grundlegende Änderungen in der Weltwirtschaft. Gedanken des damaligen Dekans von Canterbury, Hewlett Johnston, aufgreifend, schrieb unsere Weltverfassung vor, daß alle vier Elemente des Lebens – Wasser (die Meere, Flüsse, Seen und Grundwasser), Erde (Land und Bodenschätze), Luft (Atmosphäre) und Feuer (Energie in allen ihren Formen) – als Gemeinschaftsgüter der gesamten Menschheit betrachtet werden müssen.«[41] Ein radikaler Ansatz, der gleichwohl heute, angesichts zunehmender Ausbeutung und Privatisierung der Ressourcen zum Zwecke ökonomischer Gewinnmaximierung durch internationale Großkonzerne, aktueller und dringlicher ist denn je.

Trotz all dieser gemeinsamen Erfolge und positiver Rückmeldungen: In der Ehe von Giuseppe Antonio und Elisabeth kriselt es gewaltig. Elisabeth hat zeitweise ein Verhältnis mit Pierre Hovelaque, einem jungen Argentinier, der zum neuen Generalsekretär des Komitees avanciert. Borgese erfährt von der Liaison, sein italienisches Temperament kocht. Doch weit mehr als der Argentinier liegt Borgese etwas anderes im Magen: die Tatsache, dass seine junge Frau sich immer mehr emanzipiert, eigene berufliche Wege gehen will und sich nicht mit Küche und Kindern begnügt. Die Wellen der Querelen erreichen sogar das beschauliche Pacific Palisades. Thomas Mann vermerkt im Tagebuch: »Große telephonische Aufregung. Borgese teilt mit, daß Medi [Elisabeth] ›has a lover‹ und ›she told him so‹. Der Argentinier, den sie zum Generalsekretär ihrer W[orld]. Gov[ernment].-Organisation gemacht hat. B[orgese]. ruft dringlichst K[atia].'s Vermittlung an. Will alles vergeben, aber nach Italien, um dort ›ein neues Leben anzufangen‹. Großes Problem. Die Scheidung der Kinder wegen fast unmöglich. B[orgese].'s Lage, bei all seiner Unmöglichkeit, wirklich beklagenswert. Notwendigkeit, daß K[atia]. heute abend nach Chicago fährt.«[42] Katia Mann tut, wie ihr geheißen. Doch in Chicago gerät sie geradezu in eine italienische Opera buffa. Eher amüsiert denn verzweifelt berichtet sie ihrem Mann nach Kalifornien: »[...] wie ich mir dachte, ist es viel weniger leidenschaftliche Liebe zu jenem Argentinier, als der Wunsch, einem längst unleidlich gewordenen Zustand ein Ende zu machen, wobei natürlich der Gedanke, die Kinder herzugeben, ihr auch unerträglich, und ausserdem der Zustand des gänzlich ver- und zerstörten Gatten, an dem sie ja doch hängt, ebenfalls äusserst bedrückend. Kaum angekommen, wurde ich von diesem in sein Study gezogen, wo er mir denn in zweistündigem Monolog die Lage zu erklären suchte. [...] Natürlich kamen wir zu keinem Ergebnis, als er aber, bleich und bebend zum lunch erschienen, sich sofort wieder zurückzog, folgte ihm Medi [Elisabeth], und wenige Minuten später kamen sie beide zurück und er sagte mit schwerer Zunge [...]: ›Medi bleibt bei mir!‹ Sie brächte es nicht übers Herz, und eine Weile wird es wohl nun jedenfalls besser gehen, ob auf die Dauer, ist freilich zweifelhaft, obwohl er sich bestimmt zunächst Mühe geben wird. [...] Nach dem Lunch ging die Dulala [Elisabeth] in ihr Office, und dass ich nun nochmals Stunden lang angeredet wurde, war ein bischen viel.«[43] Katia Mann kehrt also einigermaßen beruhigt nach Kalifornien zurück, doch bereits eine Woche später erreicht sie ein weiterer Brandbrief Elisabeths: »Hier geht es noch immer mit ups und downs; mehr downs als ups. [...] Der arme Pierre [Hovelaque] hat mir sowohl wie auch Dir geschrieben, ich solle nun natürlich sofort nach Paris kommen, was er sich aber denn doch einfacher vorstellt, als es gewesen wäre.«[44] Ein Mitstreiter im Komitee, der Ethnologe Robert Redfield, äußert sich Elisabeth gegenüber sogar dahingehend, Giuseppe Antonio solle sich doch besser mit einer Ehrenposition begnügen und ihr, Elisabeth, die eigentliche Arbeit überlassen. »Aber dann«, so Elisabeth an die Mutter, »ginge doch der Teufel wieder los.«[45]

Irgendwann glätten sich die Wogen etwas, Borgese gewöhnt sich wohl oder übel an das Engagement seiner Frau, und diese lässt ihren Argentinier fahren. Im September 1952 schließlich entscheiden sie sich zur Rückkehr nach Italien. Doch die hochfliegenden Pläne Giuseppe Borgeses – einschließlich eines Lehrstuhls an der Universität Mailand – und seiner Frau Elisabeth zerschlagen sich: Sie haben sich nach ihrer Rückkehr aus Amerika kaum in Fiesole, oberhalb von Florenz, ein Zuhause geschaffen, als Giuseppe Antonio Borgese am 4. Dezember 1952 im Alter von siebzig Jahren an einer Gehirnthrombose stirbt. Er hinterlässt seine vierunddreißigjährige Witwe und die beiden Töchter Angelica und Dominica, zwölf und acht Jahre alt. Elisabeth Mann Borgese steht vor einem Scherbenhaufen. Doch sie verzagt nicht. Die Arbeit für das »Committee to Frame a World Constitution« freilich wird aufgegeben, da mit Borgese der Kopf des Unternehmens fehlt. Elisabeth ist nun primär gefordert, für sich und ihre Töchter den Lebensunterhalt zu erwirtschaften und sich im Gastland Italien eine Existenz aufzubauen. Bald schon findet sie neue, sie erfüllende Tätigkeiten ...

Unruhige Zeiten verlebt auch Michael Mann. Nachdem er und seine Familie einige Jahre in Mill Valley zugebracht haben und er seinem Engagement als dritter Geiger im San Francisco Symphony Orchestra nachgekommen ist, wagt er, der sich schon seit Längerem immer mehr der Viola zuwendet, eine Karriere als Solist: Gute Bratschisten gibt es bei Weitem nicht so viele wie Geiger, und so konzentriert er sich auf dieses Instrument und beginnt, vor allem zeitgenössische Musik einzustudieren und in Konzerten und auf Schallplattenaufnahmen zu propagieren: Darunter finden sich

Werke von Darius Milhaud, Arthur Honegger, Ernst Křenek, Roy Harris, Lennox Berkeley, Elisabeth Lutyens und René Leibowitz (der sogar eigens Stücke für Michael Mann komponiert). Natürlich wird er als Thomas Manns Sohn überall bevorzugt empfangen; außerdem hat er Referenzen bedeutender Musiker vorzuweisen: Bruno Walter, Igor Strawinsky und Ernst Křenek äußern sich lobend über Michael Manns instrumentale Fähigkeiten. Während andere Mitglieder der Familie noch lange glauben, eine Karriere in Europa nach dem Krieg sei nicht möglich oder nicht erstrebenswert, unternimmt Michael Mann bereits 1947 eine Konzertreise auf den Alten Kontinent. Seine Frau und die Söhne Frido und Toni begleiten ihn. Zunächst nehmen sie Quartier im Hause von Grets Eltern in Zollikon. Frido Mann, der in Zollikon die Grundschule besucht, erinnert sich:

»Großmutter Mams [Paula Moser] nimmt uns dafür oft zu ihren ›Kommissionen‹ in Zürich mit, wo wir meistens auch in einer Konditorei ›einkehren‹ und wo ich die besondere Schweizer ›Confiserie‹ schätzen lerne sowie die bei heißem Wetter angenehm durstlöschenden, landestypischen Limonaden, deren Marken es teilweise heute noch gibt. In dem sonst streng und fast asketisch sparsamen Haushalt meiner Großeltern sind dies herausragende lukullische Unternehmungen. Den Schweizer Dialekt lerne ich in kürzester Zeit in der Schule und durch Nachbarfreunde. Später bekennt mir meine Großmutter ihre Erleichterung darüber. Denn bei unseren ersten gemeinsamen Stadtgängen habe sie sich, wie sie mir etwas später erzählt, wegen unserer Unterhaltung auf Hochdeutsch geschämt, weil dies damals die Sprache der Nazi-Aggressoren gewesen war.«[46]

Frido Manns Erinnerungen sind nicht nur ungetrübt. Im Sommer 1947, die Eltern sind auf Reisen, die Großeltern machen Urlaub, werden er und sein Bruder in ein Heim in Zuoz im Engadin »abgeschoben«: »Ich habe die in jeder Hinsicht kargen Wochen im

Kinderferienheim an sich in ganz guter Erinnerung. [...] Als belastend empfinde ich es nur, dass der knapp fünfjährige Toni die Heimatmosphäre partout nicht akzeptiert und mit seinen unkontrollierten Jähzornausbrüchen, die ich so schlimm von zu Hause gar nicht kenne, das ganze Heim in Atem hält, während ich nur hilflos und beschämt danebenstehen kann.«[47]

Bereits im Herbst 1947 reisen Michael, Gret und die Kinder zurück nach Kalifornien. Thomas Mann zeigte sich in jenen Monaten, als Frido in der Schweiz weilte, misslaunig. Eifersüchtig notiert er im Tagebuch: »Nachrichten über die Enkel in Zürich. Freundschaft zwischen Frido u. dem dortigen Großvater, der aber doch keinen Echo schreiben kann.«[48] Immerhin werden die Enkelsöhne zu Beginn des Jahres 1949 – Michael und Gret begeben sich auf eine dreimonatige Mexikoreise – nach Pacific Palisades gegeben, was speziell für Thomas und Frido zu einem unvergesslichen Erlebnis wird.

Doch es steht erneut eine Europareise an: Im April 1949 besteigen Gret Mann und die Kinder in New York ein Schiff, das sie nach Genua bringen wird. Michael und Monika Mann kommen wenig später nach (es ist jene Fahrt, auf der die Geschwister vergebens hoffen, in Cannes kurz von Bord gehen zu dürfen, wo Klaus Mann, eben aus der Entzugsklinik entlassen, am Pier wartet). Wieder wohnt die Familie zunächst bei den Großeltern Moser in Zollikon. Die kümmern sich diesmal besonders um Toni, der infolge von Komplikationen bei der Geburt eine Sprachbehinderung und Sehstörung davongetragen hat, und »werden auch nie müde«, so Frido, »dem Jungen gut zuzureden und sein Selbstvertrauen aufzubauen, was ihnen allerdings nur schwer gelingt«.[49] Dann reisen Michael und Gret weiter, es geht nach Italien, die Kinder dürfen mit. Frido Mann erinnert sich, bei einem dieser Italienaufenthalte zufällig ein Gespräch des Vaters mit Gästen belauscht zu haben. Michael Mann habe laut verkündet: »Half a year of family life is enough!«[50] Frido, inzwischen bereits neun Jahre alt, empfindet sehr wohl das distanzierte Verhältnis zwischen Vater und Mutter, aber auch zwischen Vater und Großeltern Moser. Nicht eben feinfühlig verhält sich Michael Mann auch gegenüber seinem ältesten Sohn, als dieser sich in Zollikon ganz natürlich und recht schnell in den Dialekt und die Gepflogenheiten des Landes einfindet: »Bei den seltenen Besuchen meiner Eltern in Zollikon kann es vorkommen, dass ich ihnen in meiner Pfadfinderuniform begegne, was zur Folge hat, dass sich mein Vater über meine Aufmachung mokiert und mich, wie er mir später einmal bekennt, als ›dicken, unglücklichen Pfadfinder mit großem, rotem Gesicht‹ bezeichnet. Zu dieser Zeit beklagt er sich auch in einem Brief an seine in Amerika weilenden Eltern über mein Bemühen, mich in die Schweiz zu integrieren, und bezeichnet mich als *a little speassing* (was wohl eine Anglifizierung des deutschen Wortes ›spießig‹ sein soll). Meine Tante Monika verrät mehr Charme und weniger Missgunst, wenn sie, laut Tagebucheintragung ihres Vaters [Thomas Mann] vom 14. Oktober 1949, diesem nach Pacific Palisades schreibt: *Frido als Schweizer Boy Scout sieht aus wie ein Tänzer in einer Soldatenrolle.*«[51]

Schließlich, im Frühjahr 1950, holen Michael und Gret Mann ihre Kinder bei den Großeltern Moser ab und ziehen mit ihnen nach Strobl am Wolfgangsee im Salzkammergut. Dort mieten sie die geräumige »Villa Pietz«. Für die Kinder werden die folgenden Jahre zu einem einzigartigen Abenteuer: Sie leben in und mit der Natur und der dörflichen, von Traditionen geprägten Gemeinschaft. Noch mehr als ein halbes Jahrhundert später erinnert sich Frido Mann voller Entzücken an jene Zeit auf dem Lande: »Ansonsten verbringe ich meine Freizeit mit Bootsfahren, Schwimmen und Angeln im See, oder ich besuche einen Mitschüler auf dem Bauernhof seiner Eltern, wo ich beim Melken und Käsemachen zuschaue. Besonders gern streife ich mit der dreizehnjährigen, hübschen und blondzöpfigen Tochter unseres Hausmeisterehepaars, die Christl heißt, durch die Wälder oder durchs Dorf, oder wir sehen uns am Sonntag zusammen im Dorfkino Tarzan- oder Wildwest- oder Heimatfilme an.«[52] Höhepunkt jenes Sommers 1950 ist sicherlich das Wiedersehen mit den Großeltern Mann, die aus dem fernen Amerika gekommen sind und ein paar Tage in Zürich im Hotel Baur au Lac zubringen, wo Michael und seine Familie sie besuchen. Thomas Mann äußert gegenüber dem Sohn den dringlichen Wunsch, die Kinder wieder nach Pacific Palisades zu schicken, zumal der recht luxuriöse Aufenthalt in Strobl ohnehin von den Großeltern Moser finanziert werde. Doch Michael verweigert sich dem Vorschlag seines Vaters. Er und seine Familie reisen zurück nach Strobl, Thomas und Katia ins Engadin. Mitte August macht sich Thomas Mann trotz seines vorgerückten Alters (er ist bereits fünfundsiebzig) eigens nach Innsbruck auf, um sich von Frido zu verabschieden. Er ist tief bewegt, weiß er doch nicht, wann und ob er den geliebten Enkel wiedersehen wird. Im Tagebuch schreibt er: »Dort [in Innsbruck], im Café, Begegnung mit Gret und Frido. Dieser sehr lieblich. Freundschaft mit ihm. Lift-Fahrten mit ihm. Chokolade. [...] Bibi [Michael] kam von München hinzu. Frido geht endgültig nicht mit uns, sondern bleibt wenigstens noch ein Jahr bei seinen Eltern in Oesterreich. [...] Langer, inniger Kuß auf des lieben Kindes Schläfe zum Abschied. Gab Gret die goldne Armbanduhr für ihn, falls ich ihn so bald oder überhaupt nicht wiedersehe.«[53]

Frido vergisst den geliebten Großvater nicht. Dennoch: Das Erleben der Jahreszeiten in der alpinen Natur des Salzkammerguts und die vielfältigen Begegnungen mit den Dörflern, aber auch mit internationalen Musikern, die die »Villa Pietz« besuchen, nehmen sein Interesse und seine Aufmerksamkeit ganz in Beschlag. Besonders erinnert er sich einer jungen Pianistin, Yaltah Menuhin-Rolfe, die jüngere Schwester des berühmten Geigers Yehudi Menuhin: »Später im Winter [1950] trifft eine neue Klavierbegleiterin meines Vaters bei uns ein. Die beiden werden über mehrere Wochen die

Vortragsstücke ihrer Konzerttournee einstudieren, bei der auch meine Mutter begleiten wird. Die Pianistin logiert im Gästezimmer in der obersten Etage der Villa und übt dort, zwischen den Proben, auf ihrem mitgebrachten stummen Klavier.«[54]

Wenige Monate später – Michael Mann ist wieder zurück in Kalifornien, während seine Familie noch in Strobl bleibt – kommt es zu einem Eklat, der ihn und seine Familie in eine existenzielle Krise stürzt. Die Aussagen hierüber gehen – je nach Position – etwas auseinander, doch lässt sich Folgendes rekonstruieren: Michael Mann und Yaltah Menuhin sitzen an einem Tag im November 1951 im Taxi auf dem Weg zu einem gemeinsamen Rundfunkkonzert in Los Angeles, veranstaltet von der New Music Society. Michael Mann, seit jeher zu unkontrollierten Gewaltausbrüchen neigend (einmal tötet er sogar seinen geliebten Hund ohne jeglichen Anlass), gerät mit Yaltah Menuhin in Streit. Er schlägt auf sie ein und verletzt sie im Gesicht (die Wunde muss später genäht werden). Als das Taxi hält, verlässt er panisch den Wagen und rennt davon. Das Konzert wird wegen eines »Unfalls«, so die Meldung im Radio, abgesagt. Als Thomas und Katia Mann von dem Vorfall erfahren, sind sie aufgelöst, zumal sie die Menuhins seit Jahren gut kennen. Katia begibt sich zu Yaltah und redet begütigend auf sie ein – vergebens. Yaltah Menuhin und ihr Ehemann Benjamin Rolfe beabsichtigen, Michael Mann zu verklagen. Yaltah behauptet sogar, Michael Mann sei mit einem Messer auf sie losgegangen, was Michael wiederum abstreitet. Schließlich gelingt es Thomas und Katia Mann, die Sache abzubiegen. Yaltahs Bedingung: Der Aggressor solle nach Europa geschickt werden, da sie sich im eigenen Land nicht mehr sicher fühle. Katia Mann wäscht dem Sohn den Kopf: »Du hast dich um vieles gebracht.«[55] Thomas Mann ist voller Groll gegen den jüngsten Sohn und bezeichnet ihn im Tagebuch als den »Zügellose[n] und durch extreme Anstrengungen Überreizte[n]«.[56] Schließlich wird – das ist Katia Manns Bedingung – Michael nach Zürich zu dem befreundeten Psychiater Erich Katzenstein zur Untersuchung geschickt. Thomas Mann atmet erleichtert auf: »Gestehe mir, daß ich froh sein werde, wenn er [Michael] weg ist. Sein Wesen ist mir nicht lieb, einschließlich seines Lachens.«[57] Einige Zeit später kommt aus Zürich Katzensteins beruhigende Diagnose, es liege bei Michael keine »tiefergehende Störung« vor, vielmehr sei er »geistig vollkommen gesund«.[58] Die Beschwichtigung nützt wenig: Der Vorfall spricht sich in Musikerkreisen herum. Verstörend wirkt ein Brief Michael Manns an seine Schwester Erika vom 26. Dezember 1951, worin er, anstatt die ganze unangenehme Sache möglichst unter den Teppich zu kehren, sie bittet, sie möge einen Anwalt einschalten und diesem eine Erklärung übermitteln, wonach Yaltah Menuhin mit ihren Anschuldigen lediglich davon habe ablenken wollen, dass sie »mit persönlichen und erotischen Problemen« belastet sei, sie habe einen »schwierigen Charakter (welcher wohl auf ihre schwere Kindheit zurückzuführen wäre)« und habe eine Liaison zu Michael Mann gesucht, während er, Michael, sich vergeblich bemüht habe, »eine sachliche Arbeitsgemeinschaft zwischen sich und Mrs. R[olfe]. herzustellen«. Und weiter: »Es versteht sich, dass eine Beleuchtung dieses durchaus nicht nebensächlichen Gesichtspunktes, Dinge persönlichster und intimster Art zur Sprache zu bringen [sic] müsste, was in einem öffentlichen Verhöre gewiss keinem der Beteiligten angenehm wäre.«[59] Erika Mann geht auf diesen schlicht unverschämten und nicht der Wahrheit entsprechenden Vorschlag nicht ein. Die Angelegenheit verläuft im Sande, zu einem Prozess kommt es nicht. Für Michael Mann ist dies jedoch der Anfang vom Ende seiner Karriere als Solo-Bratschist in Amerika. Eine Weile macht er sich Hoffnung auf eine Stelle als Filmmusiker bei Metro-Goldwyn-Mayer in Hollywood, doch wird daraus nichts. Im Jahre 1952 kehren Michael und Gret Mann schließlich nach Europa zurück. Frido und Toni werden in Strobl abgeholt und Ende September 1952 in ein Internat, das Landschulheim Oberried in Belp bei Bern, gebracht. Eigentlich sollten die Knaben nach Salem in Oberschwaben geschickt werden (das ist Golos Eingebung Michael gegenüber), doch Thomas Mann, vor Kurzem nach Erlenbach bei Zürich gezogen, will die Enkel in seiner Nähe haben und hat all seine Autorität eingesetzt, damit Frido und Toni zumindest auf Schweizer Boden, nicht allzu weit von ihm entfernt, untergebracht werden. Nun haben Michael und Gret Mann wieder »freie Hand«: Sie planen eine große Konzerttournee nach Japan und Indien. Nach dem Eklat um Yaltah Menuhin will Michael das Ruder seiner Karriere noch einmal herumreißen. Er glaubt, in Fernost eine zweite Chance zu haben.

»Um ein bißchen Gold und Ehr zu ernten«

Karrieren und Absonderungen. 1953–1969

Tatsächlich kann Michael Mann auf seiner Konzerttournee in Japan Erfolge feiern. Die Reise bietet auch Gelegenheit zur Wiederbegegnung mit Verwandten: Klaus Pringsheim (Katias Zwillingsbruder, der in Tokio als Professor an der Musikhochschule wirkt) und dessen Sohn Hans Erik. Michael berichtet der Mutter über die fremdartig erscheinenden Sitten und Gebräuche: »Der Vetter [Hans Erik Pringsheim] hat uns ja in einem völlig japanischen Haus untergebracht, wo man schon an der Haustüre seine Schuhe auszieht, auf dem Boden auf einer Matratze schläft und auf der Strohmatte kauernd liest, schreibt und isst. Die Stadt [Tokio] ist, wie man weiss, ein Gemisch aus amerikanischer Scheusslichkeit und japanisch Merkwürdigstem [...]. Von den sonderbarsten Speisen leben wir, die man im Restaurant der Kellnerin um sie zu bestellen zeigen muss im Schaufenster, wo sie in einem Dutzend Schüsselchen ausgestellt werden: roher Fisch mit Reis, Oktopus, das Innere von Bambusröhren und dergleichen: doch ein Glück, dass wir geimpft sind [...].«[1] Trotz des Achtungserfolgs als Solist wird Michael Mann in jenen Monaten bewusst, dass ihm die große Karriere versagt bleiben wird – nicht zuletzt wegen des Skandals um Yaltah Menuhin. Ein anderes Licht auf Michael Manns Talent wirft eine Bemerkung Thomas Manns, die dieser etwas leichtfertig, aber sicherlich nicht ganz unbegründet gegenüber seinem Enkel Frido macht: »Was ich dir jetzt sage, darfst du deinem Vater nie sagen. Ich finde, dass dein Vater sehr schön spielt, aber er hat doch einen etwas dünnen Ton.«[2] Noch ein paar Wochen verbringen Michael und Gret in Japan, dann kehren sie über Indien und Ägypten nach Europa zurück. Zunächst lassen sie sich in Italien nieder, wohnen eine Zeit lang in Elisabeths Ferienhaus in Forte dei Marmi an der ligurischen Küste und holen die Kinder Frido und Toni aus dem Internat zu sich. Doch das Verhältnis zu ihren Kindern ist kühl, bald werden Frido und Toni wieder in die Schweiz gebracht und abwechselnd bei den Großeltern Moser und Mann oder in einem Internat untergebracht. Thomas Mann leidet darunter, mitansehen zu müssen, wie seine Enkelsöhne so hin und her geschoben werden. Er bespricht sich darüber mit seiner Frau und mit Elisabeth, bringt sogar – wenige Monate vor seinem Tod – die Möglichkeit einer Adoption Fridos und Tonis durch Elisabeth ins Gespräch – ohne freilich etwas ausrichten zu können.

Thomas Mann feiert in seinen letzten Lebensjahren weitere Erfolge und Triumphe: Er veröffentlicht seine Romane *Der Erwählte* (1951) und *Bekenntnisse des Hochstaplers Felix Krull* (1954; ein Werk, dessen Entstehung bis ins Jahr 1910 zurückreicht). 1953 und nochmals 1955 besucht er seine Vaterstadt Lübeck, steht nachdenklich vor dem zerbombten Buddenbrook-Haus, erhält die Ehrenbürgerschaft der Hansestadt (die ihn einst, da sich einige Patrizierfamilien in den *Buddenbrooks* verunglimpft sahen, als Persona non grata behandelte). 1955 auch bereist er nochmals beide deutsche Staaten und wird überall jubelnd empfangen und mit Ehrungen überhäuft. Doch seine Gesundheit ist unterhöhlt, auch wenn er dies – wie eh und je – mit ungeheurer Selbstdisziplin überspielt. Golo Mann, der zu jener Zeit in Zürich lebt und häufig im Elternhaus in Kilchberg am Zürichsee (dem Wohnsitz seit 1954) zu Besuch ist, berichtet von den dortigen Belastungen: »Die Eltern solala. Der Alte [Thomas Mann] ist ergreifend glücklich mit dem neuen Haus, das wirklich recht hübsch und passend geworden ist; aber doch recht klapprig und müde; die Mahlzeiten mit ihm sind eine corvée [Plage], weil er so entsetzlich langsam isst. Indessen mag er es wohl noch ein paar Jahre machen.«[3] Golo Mann täuscht sich: Zwar erlebt Thomas Mann noch die Feiern zu seinem 80. Geburtstag am 6. Juni 1955, doch danach ist er erschöpft und begibt sich wenig später zur Erholung nach Noordwijk in Holland. Viele Stunden sitzt er im Strandkorb, betrachtet das Meer und erinnert sich an seine Kindheit in Lübeck und Travemünde. An Carl Jacob Burckhardt schreibt er: »Die Küste ist mir unendlich lieb, schon längst, auch im Nebel, wie er jetzt herrscht. Dies schreibe ich in meiner Strandhütte, die dem sehr sanft rollenden Meere zugekehrt ist.«[4] Im Urlaub erkrankt Thomas Mann an einer Thrombose im Bein, er wird nach Zürich geflogen und ins dortige Kantonsspital gebracht. Am 12. August 1955 stirbt er in Katias Beisein. Erika Mann berichtet zwei Cousinen ihrer Mutter: »Er hat nicht sehr gelitten, glauben wir, nicht um seinen Zustand gewußt. Etwas Atemnot zuzeit, durch Sauerstoffgaben schnell abgestellt, – einige Übelkeit, unendliche Schwäche. Aber am Abend, als, bei aller Unerklärlichkeit der Lage, deutlich geworden war, daß niemand sie ändern könne, war der Oberarzt – ein Westschweizer – menschlich und mutig genug, Morphium zu verabfolgen. – Z[auberer]., der den ganzen Tag bei hellem Bewußtsein gewesen war, wurde ruhig und schläferig. Im Einschlafen verlangte er nach seiner Brille; als er sie hatte, schlief er zufrieden ein und ist, etwa eine Stunde später, hinübergegangen, ohne daß Mielein [Katia Mann], die neben ihm saß, den Augenblick hätte unterscheiden können.«[5]

Die Beisetzung erfolgt vier Tage später, am 16. August 1955, unter großer öffentlicher Anteilnahme auf dem Friedhof in Kilchberg. Die noch lebenden fünf Geschwister sind – seltene Eintracht – vereint, als sie mit Ehepartnern, Kindern und der Mutter Katia Mann hinter dem Sarg von der Kirche zur Grabstätte defilieren. Zwei Personen im Trauerzug stechen rein äußerlich heraus: Katia Mann hat einen schwarzen Witwenschleier angelegt, desgleichen Erika: Sie ist bereits so vollkommen in ihrer Rolle als »Adjutantin« des Patriarchen aufgegangen, dass sie manchem aus der Trauergemeinde als die »Nebenwitwe« erscheinen muss.

Kaum ist Thomas Manns Leichnam beerdigt, begibt sich Erika Mann, seine Assistentin und nunmehriger »Nachlassschatten«, an die Trauerarbeit: Sie sichtet Skripte, sammelt und ordnet Briefe und sonstige biografische Materialien, führt – auch im Namen von Mutter und Geschwistern – Verhandlungen mit Verlagen über bisherige und neue Textausgaben, kümmert sich, wie schon in den Jahren zuvor, bei der Verfilmung von Romanen und Erzählungen des Vaters um Drehbuch, Casting und Set. Und sie »webt« – wie sie es bereits nach Klaus Manns Tod getan hat – am Bild des Verstorbenen vor der Nachwelt: Bereits 1956 erscheint ihr Buch *Das letzte Jahr. Bericht über meinen Vater*. Diese Erinnerungen an die letzten Monate des Vaters an der Seite seiner Adjutantin sind – so persönlich sie auch erscheinen – von Erika durchaus als offizieller »Abschlussbericht« über ein langes, in jeglicher Hinsicht herausragendes Leben des Großschriftstellers und Repräsentanten deutscher Kultur gedacht. Umso ärgerlicher für Erika (und die von ihr bald aufgestachelte Mutter) ist der Umstand, dass Monika es wagt, zeitgleich ein Buch unter dem Titel *Vergangenes und Gegenwärtiges. Erinnerungen* auf den Markt zu bringen, was so mit der Nachlassverwalterin nicht abgesprochen war. Es entbrennt ein heftiger Streit über Monikas Darstellung des elterlichen Hauses und speziell des Vaters aus einem sehr subjektiven, intimen Blickwinkel und über die Frage der »Berechtigung«, der alleinigen »Deutungshoheit«, diese Memoiren vor das Auge der Öffentlichkeit zu bringen. Monika Mann schwant Schlimmes, versucht sie doch bereits im Vorfeld, die Schwester gnädig zu stimmen: »Meine im vorigen Mai begonnenen und im September beendeten Erinnerungen erscheinen jetzt auch. Freilich hat das eine mit dem anderen kaum etwas zu tun, und im

Grund ist es wohl völlig wurscht, daß Deins und meins gleichzeitig erscheint. [...] So lassen wir einige Dümmlinge chattern und mackern – es ist doch sicher nicht ernst zu nehmen. Um geschäftlich zu reden – dem Verkauf wird es ja auch nicht schaden, vielleicht sogar im Gegenteil ... Let's hope for the best!«[6] Erika Mann hat Monikas Buch noch nicht gelesen, wohl aber einen Umschlagentwurf zu Gesicht bekommen: Auf dessen Bauchbinde prangt ein Fotoporträt des verstorbenen Vaters. Erika findet das ungehörig und herrscht die Schwester an: »Wenn ich Dir raten darf, so veranlasst Du noch heute Deinen Verleger [Kindler], Z[auberer].s Name auf Bauchbinde, in Klappentext, etc. *nicht zu nennen,* soweit nicht die Tatsache betroffen ist, dass Du als viertes seiner Kinder zur Welt kamst. Deine Autobiographie muss auf eigenen Füssen stehen, wenn sie denn stehen will. Z.s Beziehung zu Dir war durchaus unvermögend, auch nur einer Seite dieses Buches Inhalt und Gewicht zu geben, und ein Akt tiefer Unredlichkeit wäre es, wolltest Du [...] mit einem Pfunde wuchern, das Dir niemals gehört hat. [...] Die Lektüre, freilich, müsste erweisen, wer hier legitimiert war. Aber schon der Anblick in den Schaufenstern (es sei denn, Du *verbötest* den Namen T.M. auf Deinem Memoirenwerk!) wird genügen. Nein, wirklich, dies Ganze ist ekelhaft!«[7]

Monika Mann ist eingeschüchtert, erst einen Monat später meldet sie sich zaghaft zu Wort, erklärt, sie habe weder den Andruck noch den Schutzumschlag zu Gesicht bekommen (»das erkläre ich unter Eid«),[8] und führt – ganz in der Defensive – weiter aus: »Glaubst Du, mir hat es Spaß gemacht, als mein Verleger mir die Anzeige von Deinem Büchlein schickte? Auch mich überraschte und schockierte das Zusammentreffen. (Ich wußte nicht, wann Deines erscheint. Auch wußte ich nicht, wann meines erscheint [...]). Und was *ist* denn im Grund geschehen? Geht diese Fatalität nicht im ›Strudel der Welt‹ unter, und steht nicht jeder für sich selber ein, hängen wir denn von dem (eventuellen!) Gerede ab? Ist nicht ein bißchen Humor am Platz?«[9] Doch Erika ist unversöhnlich, wie stets, wenn es um den »Zauberer« geht. Sie warnt die Schwester davor, sich im Elternhaus in Kilchberg blicken zu lassen, solange sie, Erika, dort anwesend sei. Fassungslos schreibt Monika: »Mielein [Katia Mann] schreibt uns, am 12. zu kommen, da Du am 11. verreist. Ist das Versteckenspiel unser würdig? I ask. Findest Du? *Was* willst Du? *Ich* will nicht durch meine Gegenwart in K[ilchberg]. Ungemütlichkeit und Peinlichkeit hervorrufen. Andererseits scheint mir das Meiden des Elternhauses ebenso absurd wie traurig. Es erscheint mir aber nötig, von Dir ein Wort der Gleichgültigkeit und des Friedens zu erhalten, ehe ich mich zu einem Besuch in Kilchbergs Alter Landi [Alte Landstraße] entschließe.«[10]

Monika Manns Versuche, Druck aus der Angelegenheit abzulassen, sind vergebens. Vollends zürnt Erika, als beide Bücher auf dem Markt sind und das von Monika bei Publikum und Kritik (so etwa bei Oskar Maria Graf) gut ankommt und sich im Verkauf sogar als erfolgreicher erweist. Auch die Mutter Katia steht nun ganz auf Erikas Seite und lässt sogar Dritten gegenüber verlautbaren: »Von allen sechs Kindern stand sie [Monika] ihm [Thomas Mann] am fernsten, und was [in diesem Buch] an Tatsächlichem über ihn gesagt ist – viel ist es ja nicht – entspringt ausschließlich ihrer Phantasie.«[11] Gleichviel: Der Stab der Familie ist über Monika Mann gebrochen, sie gilt als verfemt, im Elternhaus in Kilchberg lässt sie sich eine Zeit lang nicht mehr blicken.

Erikas Zorn verraucht indes nicht. Noch acht Jahre später schießt sie wie aus vollen Rohren, sobald Monika es nur wagt, ihr ein unschuldiges Brieflein zu schicken. So gratuliert Monika der Älteren Anfang Januar 1964 zu deren Edition des zweiten Bandes ausgewählter Briefe Thomas Manns mit freundlichen und arglosen Worten, um sich freilich gleich danach mit ihrer Absicht, sie plane eine Anthologie mit Texten aller schreibenden Familienmitglieder, in die Nesseln zu setzen: »Übrigens – ich plane eine Anthologie.

Wir sind elf (einschliesslich Omama [Hedwig Pringsheim] und Urminchen [Hedwig Dohm]), elf Schreibende nämlich. Kein prunkvolles Denkmal, vielmehr ein *heiteres* Ding, eine anmutige Statuette.«[12] Doch von solcher Anbiederung und Gleichmacherei will Erika Mann, die gestrenge Nachlassverwalterin von Vater und Bruder Klaus, nichts wissen. Ihr polemischer Antwortbrief ist ein Vernichtungsschlag, wobei sie auch Katia und Golo Mann auf ihrer Seite weiß:

»Die hier Versammelten – also Mielein, Golo und ich – halten die Idee der Anthologie für völlig abwegig. Und dies aus zwei Hauptgründen:

1. Scheint es uns überhaupt äusserst untunlich, so inkommensurable Grössen, wie etwa Urmimchen und Z[auberer]. sie darstellen, mit weiteren inkommensurablen Grössen aus der Familie unter einen anthologischen Hut zu schustern.

2. Aber, und vor allem: sollte jemals ein Aussenstehender auf die Liköridee kommen, etwas Ähnliches zu tun, – wir würden es ihm zwar auch verwehren. [...] Dass aber ein Familienmitglied selbst und höchstpersönlich ein Buch dieser Art zusammenstellte, deucht uns [...] schlicht geschmacklos, und da ich meinerseits weder für Klaus noch für mich irgendwelche Beiträge autorisieren könnte, muss der schöne Plan wohl entfallen. [...]

Du bist Deine eigene Herrin und magst dichten, was Du willst. [...] Du weisst, ich war und bin – aus eben diesem Grunde – sehr eingenommen gegen Dein Erinnerungsbuch [*Vergangenes und Gegenwärtiges*]. Du hast es aber dabei nicht bewenden lassen, sondern fährst fort, ›Plaudereien‹ zu veröffentlichen, die den Zauberer und uns alle nicht nur einbeziehen, sondern zum Mittelpunkt haben, und die so ziemlich von A bis Z unstimmig und erfunden sind. [...] Missverstehe mich nicht: wenn Du den Leuten – etwa – über Deine Pensionserlebnisse in Lausanne (oder wo immer das war) Unwahrheiten auftischen willst, so tu Du das getrost. Aber den

Zauberer und die Seinen musst Du von nun an eisern aus dem Spiel lassen. [...] solltest Du noch ein einziges Mal ›Erinnerungen‹ öffentlich auskramen, in denen Z. oder (und) sein Haus figuriert oder figurieren und die Unwahres enthalten, so werden Mielein und ich an die Presseagenturen eine Notiz versenden, derzufolge solche Erinnerungen [...] als Quellenmaterial unbrauchbar und daher unzulässig sind.«[13]

Nach diesem Schlag reagiert Monika tief verletzt – aber in ihrer Replik zeigt sich die scharfgeistige Fähigkeit, Erikas Schwachpunkte – Eifersucht, Narzissmus, Machtgier – zu benennen:

»Und lohnt es sich, gegen im kategorischen Gouvernantenton vorgetragene Anschuldigungen vorzugehen, die viel weniger einer heiligen Empörtheit als einer vertrackten Eifersucht entspringen? Und die bei ihrer Erstmaligkeit seit Jahren die Luft infizieren, geatmet von Mutter, Bruder und Freund? Der Eingeweihte meiner Schriften weiss – ich liefere kein Quellenmaterial, ich schreibe lyrisch-impressionistische Stimmungsbilder, zuweilen autobiographischer Art, aus denen jeder wie er kann und will, Schluss und Gefallen zieht. Ich setze niemanden Verleumdungen aus [...]. Dagegen mache ich manchem, auch, ja gerade dem, der uns kennt, eine Freude, abgesehen davon spricht die positive Meinung der Öffentlichkeit für mein Werken [...]. Jago hat man Dich [Erika] genannt bei einer Filmerei – hast es selbst lachend den Eltern berichtet, und warsts in der Übertreibung der Kamera. Aber aus Nichts kommt nichts, und der Übertreibung lag zugrund die schlanke ranke Jaga ... Von der schwermütigen und intriganten Eifersucht wählte sie die letztere. Mags ihr angedeihen, doch lasse sie mich aus dem Spiel, sonst schlag ich Alarm – nicht wie sie beim Pressebüro, sondern bei den Mächten!«[14]

Die »Mächte« – das ist die Mutter, die Matrone des Familienclans, die trotz ihrer achtzig Lebensjahre eine geistig wache, scharfzüngige und agile Frau ist (die noch immer gerne Auto fährt, meist viel zu schnell, und sich mitunter mit Verkehrspolizisten uneinsichtig Wortgefechte liefert). Monika also setzt sich bereits anderntags hin und schreibt der Mutter einen Brief in der Hoffnung, diese möge ein klärendes Urteil fällen:

»Deine älteste Tochter [Erika], der Du Dich mit Leib und Seele opferst, zahlts Dir und dem Heiland nicht mit Dankbarkeit, sondern mit verzerrter vertrackter intriganter Eifersucht. [...] Denn es geht ihr [Erika] darum, vom Unheilslager Unheil auszubrüten. Es geht ihr besonders darum, eine kluge gute und – heillos! – fügsame Mutter zu infizieren. [...] Sie wagt es, ihre – und auch meine Mutter groben Lächerlichkeiten auszusetzen, und ich möchte sie dafür hassen, wäre nicht ein großes Stück Pathologie im Spiel dieser Eifersucht. Die Eifersucht führt das Blut des Herzens dem Verstande zu – leer, ausgeleert ist dies, berstend, aber überstrudelnd jenes, gewaffnet, gespickt mit dem blutigen Argument. [...] Und legt sie ihre Tatze nicht auch auf Klaus – dem ich – so wollts der Herr! – gemütsmäßig viel näher stehe als sie?«[15]

Monikas Hoffnung auf ein klärendes Machtwort der Mutter zerstiebt: Katia Mann steht zu sehr unter Erikas Einfluss und Nähe, als dass sie parteilos und objektiv urteilen könnte. Der Konflikt wird nicht weiter ausgetragen, Erika Mann behält weiterhin die Position der Nachlassverwalterin und Herrin über Tantiemen, Lizenzen und die Deutungshoheit. Sie und Monika wechseln indes zeitlebens kein Wort mehr und gehen sich peinlich aus dem Weg.

Rückzug und Absonderung fallen Monika Mann umso leichter, als es ihr kurz nach ihrer Rückkehr nach Europa gelingt, sich ein Refugium zu wählen, in dem sie geografisch, kulturell und mental weit vom Dunstkreis Thomas Manns und der Seinen entfernt ist: Capri im Golf von Neapel wird bereits 1954 ihre Zuflucht, und auf der Insel, die seit Jahrhunderten Sehnsuchtsort etlicher Künstler und Literaten ist, wird sie zweiunddreißig Jahre leben. In der Villa Monacone an der Via Pizzolungo mietet sie sich ein. Von der Terrasse genießt man einen Blick auf die spektakuläre Felsengruppe der Faraglioni, die schon von so vielen Fotografen und Malern im Bild festgehalten wurden. Das Haus, in dem vierzig Jahre zuvor Oskar Kokoschka eine Zeit lang wohnte und es mit Wandmalereien ausstattete (die später in Unkenntnis des Wertes leider übertüncht wurden), ist im Besitz der Familie Spadaro, die als Fischer, Bauern und Maurer arbeiten. Bald verbindet Monika Mann mit dem Sohn des Hauses, dem 1907 geborenen Antonio Spadaro, eine Liebesbeziehung (wiewohl beide weiterhin getrennte Wohnungen haben). Spadaro ist ein gut aussehender Mann mit markanten Gesichtszügen, seiner Herkunft und Bildung nach kein Intellektueller, wohl aber ein Mensch mit Verstand, eigenem Kopf und voller Menschenliebe und Güte. In der Familie Mann wird dieser »einfache Mann aus dem Volke« freilich belächelt und gering geschätzt, er passt nicht ins hochgeistige, spätbürgerliche Milieu. Monika und Antonio ficht das nicht an: Capri ist eine eigene Welt, als Insel abgeschieden, und auch vom mannschen Kosmos durch die katholische Konfession, die neapolitanische Kultur und das italienische Wesen getrennt und autonom. In einem Interview aus dem Jahre 1979 gibt Monika Mann ihrem Gesprächspartner Gabriel Laub Auskunft über ihr inneres Verhältnis zu Capri und ihre dortige Lebensweise:

»Ich bin hierhergekommen, eigentlich aus reinem Zufall. Wie alles bei mir im Leben eigentlich. Ich hab' mich erst sehr lange herumgetrieben in der Welt, wie das die Zeit so mit sich brachte, und dann hatte ich es ein wenig satt und wollte irgendwo *sitzen,* und da saß ich plötzlich in Capri. Der Wind hat mich hergetragen. [...] Es ist so schön, man fühlt sich in keiner Weise eingesperrt, mit dieser riesigen Aussicht, nicht wahr? [...] Nun muß ich sagen, daß mir das Haus ziemlich viel Arbeit gibt. [...] Dann bleibt mir mit Mühe noch Zeit, etwas zu schreiben, wenn ich Glück habe. Dann wird es auch schon Abend, und da mach' ich Musik. [...] Im Winter gibt es nur Capreser. Ich habe gar nichts gegen Capreser, im Gegenteil. Ich bin mit einem Capreser seit zwanzig Jahren sehr befreundet, aber wir sind nicht verheiratet, wir leben seit einer langen Zeit zusammen. Also, im Gegenteil, ich bin sehr für schlichte Menschen, denn ich hab' das Intellektuelle gehabt, in der Emigration, das waren ja lauter ›intellectuals‹, und ich sagte: ›So, jetzt nur mal schlicht!‹ Und dann kam's, so wie ich es wollte! Also, man ist natürlich, vor allem im Winter, vollkommen isoliert. Aber es ist sehr schön, ich finde das wunderbar.«[16]

Langweilig wird es Monika Mann wirklich nicht, auch nicht im Winter: Das Schreiben wird ihr mehr und mehr zur inneren Natur, das bekennt sie auch in einem an die Mutter gerichteten Rechtfertigungsbrief: »Nicht wie der Schuster oder Schneider greife ich zum Zeug und sag, ich machs. Vielmehr fällt es mir ein, strömt es mir zu von innen her und will gemacht sein. Ist es gemacht und durch Glück wie Arbeit gerundet, freuts mich, und ich sehe keinen Grund, es nicht auszuweiten, um ein bißchen Gold und Ehr zu ernten. Wer gibt es mir, schreibt es mir vor, das Zeug? Die Natur, die nicht zuletzt aus rückwärtigen Bindungen besteht, aus dem Schoß und Nest, aus dem Anbeginn [...].«[17] Das ist keine ausgefeilte Poetologie und will es auch nicht sein. Es sagt vielmehr etwas aus über das Intuitive, Improvisierte von Monika Manns Literatur. Und um Literatur handelt es sich (was Erika Mann in ihrer Verbissenheit nicht sehen und anerkennen will): Mag man auch über manches schiefe Bild, über manche ungeschickte Formulierung in Monika Manns Texten kritisch die Stirn runzeln – in ihren glücklicheren Momenten besitzt die Autorin tatsächlich ein ausgesprochen feines dichterisches und sinnliches Talent. Das haben Weggenossen wie Oskar Maria Graf oder der Neffe Frido durchaus erkannt und anerkannt. »Sich über Monikas Schriftstellerei herablassend«, so Frido Mann, »ja angewidert zu äußern gehört die ganzen Jahre und Jahrzehnte hindurch zum guten Familienton. [...] heute teile ich auch die einmal bei einer Lesung von Monika-Mann-Texten geäußerte

Ansicht, Monika habe über die stärkste poetische Begabung unter den Geschwistern verfügt.«[18] Tatsächlich verfasst Monika Mann in den Jahrzehnten auf Capri eine Vielzahl an Feuilletons, Kurzprosa, Aphorismen, Erinnerungssplittern, die in namhaften Zeitungen erscheinen, die sie aber auch in mehreren Bänden sammelt: *Der Start* (1960), *Tupfen im All* (1963), *Wunder der Kindheit* (1966), *Der letzte Häftling* (1967) lauten die Titel dieser Büchlein, die in kleinen Verlagen, zum Teil bibliophil gestaltet, veröffentlicht werden. Auch wenn sie damit nur ein kleineres Publikum erreicht, weiß sie doch um das eigene Talent (ohne die übergroße literarische Majestät ihres Vaters jemals kleinreden zu wollen) und lässt an der Tür ihrer Wohnung auf Capri selbstbewusst ein Schildchen mit der Inschrift »Monika Mann. Scrittrice« anbringen.

Doch der Rückzugsort Capri ist keineswegs ein Exil ohne Wiederkehr: Immer wieder fährt Monika nach Rom und in die Schweiz – freilich nur dann, wenn sie Erika außer Haus weiß. Frido Mann erinnert sich: »Ihre [Monika Manns] alljährlichen Besuche aus dem hochsommerlichen Capri im klimatisch zuträglicheren Kilchberg, die sie auch für Zahnarzt- und Friseurgänge in Zürich nutzt, werden ihr als Schmarotzertum ausgelegt. Während dieser Wochen sind sie und ich manchmal allein im Haus, weil selbst ihre Mutter vor Monika in Medis [Elisabeths] Sommerhaus in Forte dei Marmi am Mittelmeer flüchtet. Ich denke heute ausgesprochen gern an unsere gemeinsamen Abende zurück, an denen wir zusammen Schallplatten hörten und uns über die betreffenden Aufnahmen und alles Mögliche angeregt unterhielten.«[19]

Ähnlich Monika versucht auch Michael Mann, Erikas Regime und Katias Autorität nach Möglichkeit aus dem Weg zu gehen. Nach dem Tod des Vaters kehren er und seine Frau Gret endgültig in die USA zurück, während der Sohn Toni bei den Großeltern Moser in Zollikon, Frido bei der Großmutter Katia Mann in Kilchberg zurückbleibt. Michael – der steten Unwägbarkeit des Freiberuflertums überdrüssig – nimmt wieder ein festes Engagement an, diesmal beim Pittsburgh Symphony Orchestra. Doch er mag sich nicht mehr so recht in die Gruppendisziplin eines großen Klangkörpers einfügen. Schließlich entscheidet sich Michael, mittlerweile immerhin schon Mitte dreißig, ein Studium aufzunehmen – noch mit unklaren Vorstellungen einer Berufswahl. Zunächst studiert er Musikwissenschaft an der katholischen Duquesne University in Pittsburgh und schließt im Jahre 1957 mit dem Grad eines Master of Music ab. Dann sattelt er um und beginnt an der Harvard University in Cambridge bei Boston, Germanistik zu studieren. Halb belustigt, halb verärgert berichtet Michael seiner Mutter: »Denn wenn Deine Tochter Mönle [Monika Mann] – in ihrem letzten mir zugestellten Frido-Aufsatz [...] meint, dass der Mensch nicht ganz durch seine beruflichen Schickungen beherrscht werde, so mag das ja wohl auf sie selbst zutreffen; in meinem Falle stimmt es aber eben leider so garnicht. [...] Als ich das neulich Lotti Sternberg – die hier zu Besuch war – gegenüber erwähnte, fragte sie fast angewidert, ob ich denn eigentlich nur Literatur studiere, um die Werke meines Vaters besser zu verstehen. Und dabei mag daran etwas Wahres sein ...«[20] Tatsächlich macht Michael als Germanist lange Zeit einen großen Bogen um das Werk seines noch immer als übergroß empfundenen Vaters. 1961 promoviert er über Heinrich Heines Musikkritiken und übernimmt im selben Jahr eine Dozentur an der University of California in Berkeley, östlich von San Francisco gelegen. Seinen Wohnsitz nimmt das Ehepaar in Orinda bei Berkeley. 1964 erhält Michael Mann eine Professur. Er ist nach außen ein wohlsituierter, angesehener Mann. Er forscht über Heine, den Sturm und Drang, Schubart, veröffentlicht in der von seinem Bruder Golo herausgegebenen *Propyläen Weltgeschichte,* hält Seminare, Vorlesungen und Vorträge (später auch – nach Überwindung einiger autobiografisch fundierter Skrupel – als Sohn und Germanist über das Werk seines Vaters). Doch so recht glücklich wird

Michael Mann nicht: Er ist – ähnlich wie sein Bruder Klaus – im Innersten haltlos, getrieben, ohne seine eigene Mitte zu finden, ohne aus dem bedrängenden Schatten des Vaters heraustreten zu können. Dies gibt er erzieherisch an seinen Sohn Frido weiter, der zunächst die Laufbahn eines Musikers einschlagen will. Michael Mann, der als Musiker zwar nicht gescheitert ist, in seiner Karriere aber doch den großen Durchbruch nicht schaffte (teils auch als Folge seines cholerischen Temperaments), will dem Sohn genau diesen Weg verwehren (oder ihm die »Ochsentour« einer Musikerlaufbahn ersparen – je nach Blickwinkel). Recht unsensibel und grob äußert sich Michael in einem Brief an Katia aus dem Jahre 1957 (der siebzehnjährige Frido lebt zu jener Zeit bei der Großmutter), wenn er von der »völlig schief-gewickelte[n] Lebenshaltung«[21] Fridos spricht. Und weiter: »[...] sie [Fridos Lebenshaltung] erinnert mich, um es deutlich zu sagen, recht an die Deines Mönnles [Monika Mann] – und nur Intelligenz, Sensitivität und ein großes Bedürfnis zu gefallen streichen Glassur [sic] über diese Tatsache. [...] Das Leidwesen – Arroganz, Lebens-Faulheit und mangelnder Realismus – liegt wohl in seinen Jahren; [...] Im Hause eines ungewöhnlich erfolgreichen Künstlers (wie der Jüngling berichtet wird er oft in Zürich nicht für den Enkel sondern für den Sohn T[homas]. M[ann].'s gehalten, was ihm sehr behagt!) *und* dazu noch all der Reichtum bei den Schweizer Großeltern [Moser] – wie sollte ihm da nicht der Sinn für Durchschnitts-Realitäten verkümmern.«[22] Frido will Dirigent werden, und Michael Mann, mit großer Erfahrung als einstiger Orchestermusiker, weist klarsichtig auf die praktischen Voraussetzungen hin: »Er soll vorallem einmal richtig Klavierspielen lernen (Dirigenten, die nicht wenigstens *ein* Instrument, sei es Contrabass, Viola oder Klavier, meisterhaft beherrschen, gibt es überhaupt nicht); [...] Außerdem möchte man ihm das Elend des heutigen Musikerberufes drastischst vergegenwärtigen [...]. Und wenn man ihn doch nur lehren könnte zwischen

Musik-Beruf und Musik-Liebe zu unterscheiden! Aber dies lernt man wohl erst mit vierzig ...«[23]

Michael Mann hat mit seiner Warnung recht – und wird doch nicht recht behalten: Zwar schließt der hochbegabte Frido Mann ein in Zürich begonnenes Studium der Musik 1964 an der Accademia Nazionale di Santa Cecilia in Rom erfolgreich ab, doch hängt er dem – vom Protestantismus zum Katholizismus konvertiert – ein Studium der katholischen Theologie und Philosophie in München an und promoviert 1969 an der Ludwig-Maximilians-Universität mit einer Dissertation über *Das Abendmahl beim jungen Luther*. Er erhält eine Assistentenstelle bei Karl Rahner an der Universität Münster, studiert parallel dazu Psychologie, absolviert 1972 mit dem Diplom und arbeitet anschließend am Psychiatrischen Krankenhaus in Gütersloh, später als Dozent für Medizinische Psychologie an der Universität Münster, wo er sich im Jahre 1981 habilitiert. Im selben Jahr schlägt Frido Mann seine vierte Laufbahn ein: als Schriftsteller – und macht damit Klaus Manns Bonmot erneut wahr, der auf der Reise »rundherum« im Jahre 1927 seiner Schwester Erika prophezeite, auch sie werde dereinst dem »Familienfluch« des Schreibens erliegen. Frido Mann veröffentlichte bis heute (2023) eine Reihe von Romanen, Erinnerungen und Essays, die sich vielfach mit der eigenen Herkunft und Sozialisation und der darin waltenden Rolle der »amazing family« Mann beschäftigen.

Michael Mann freilich bleibt lange Zeit dem mäandernden Lebensweg des Sohnes gegenüber voreingenommen. Auch dass Frido Mann im Jahre 1966 Christine Heisenberg, die Tochter des Physikers Werner Heisenberg, heiratet (1968 wird beider Sohn Stefan geboren), kann Michael Mann nicht vollends umstimmen. Gleichzeitig aber ist er stolz auf ihn, etwa, als Frido Mann im Hause Heisenberg ein kleines Konzert mit Liebhaberorchester (und mit Werner Heisenberg am Klavier) dirigiert und dies auf Schallplatte aufgenommen wird. Elisabeth trifft sich an Weihnachten 1966 mit

Michael und Gret Mann in Orinda, Kalifornien, und weiß der Mutter nach Kilchberg zu berichten: »Bibis [Michael und Gret] waren lieb und munter [...]. Zwar sprachen sie abfällig von Frido *und* Christine, sind aber doch väterlich interessiert. Der Bibi [Michael] musste unbedingt sofort die Platte hören, und da das Grammophon zuhause nicht funktionierte mussten wir sofort zu Freunden im German Department, um deren Grammophon zu benutzen! Und der Bibi war sichtbar stolz auf seinen Sohn.«[24] Es fällt auf, wie seltsam sich in der Vater-Sohn-Beziehung ein Schema in der nächsten Generation wiederholt: Wie einst Thomas Mann seinem Sohn Michael skeptisch, bisweilen ablehnend gegenüberstand, so gilt das auch für Michael seinem Sohn Frido gegenüber. Elisabeth Mann hingegen macht im selben Brief eine Beobachtung, wie sich Michael rein äußerlich von seinem Vater immer mehr entfernt: »Im übrigen geht eine seltsame Veränderung in ihm [Michael] vor: er sieht nunmehr dem Herrpapale [Thomas Mann] gar nicht mehr so ähnlich, sondern dem Onkel Heinz [Pringsheim].«[25]

Das dritte der Geschwister, das sich nach dem Tod des Paterfamilias (und eigentlich schon vorher) recht gut auf eigene Beine stellt und dem zerstörerischen »Magnetberg« in Kilchberg zu entgehen weiß, ist Elisabeth Mann. Zwar hat sie im Dezember 1952 den Tod ihres Mannes Giuseppe Antonio Borgese zu verkraften gehabt (eine Ehe, die zumindest in den letzten Jahren recht konfliktgeladen war), doch findet sie sich in ihr »neues« Leben als Witwe und alleinerziehende Mutter recht bald ein. Anfangs, in San Domenico bei Fiesole, verdingt sie sich noch mit Unterrichtsstunden und Übersetzungen (daneben bezieht sie natürlich eine Witwenpension aus dem Professorengehalt ihres verstorbenen Mannes). Immerhin kann sie sich nicht nur ein Haus in Fiesole einrichten, sondern auch einen von dem Architekten Leonardo Ricci erbauten Bungalow in Forte dei Marmi, an der ligurischen Küste, erwerben (in diesem Ort machten im August 1926 Thomas, Katia, Elisabeth und Michael Urlaub, und hier wurde der Vater zu seiner Novelle *Mario und der Zauberer* inspiriert). Bald eröffnen sich für Elisabeth Mann neue, sie erfüllende Tätigkeiten. Und sie ist darüber hinaus eine junge, attraktive, intelligente Frau, die von Männern umworben wird. Der bekannte italienische Schriftsteller Ignazio Silone (wie auch Borgese Autor eines Standardwerks über Entstehung und Entwicklung des italienischen Faschismus) will die junge Witwe heiraten – doch verlaufen die Pläne im Sande (obgleich Elisabeth noch den »väterlichen Segen« hätte – Thomas Mann notiert am 28. März 1953: »Zärtlichkeit für Medi [Elisabeth], – die daran denkt, Silone zu heiraten. Dieser Welt-Präsident des Pen-Clubs. Gut«).[26] Stattdessen findet Elisabeth in dem Schriftsteller Corrado Tumiati einen neuen Lebensgefährten. Auffallend ist, dass fast alle Partner Elisabeth Manns deutlich älter sind als sie: Borgese wurde 1882 geboren, Silone 1900, Landshoff (den sie gleichwohl vergebens begehrte) 1901, Tumiati 1885. Letzterer betreut die italienische Ausgabe des von der Ford Foundation herausgegebenen Kulturmagazins *Perspectives*. Die Erfahrungen, die Elisabeth in Amerika in der Schriftleitung der Zeitschrift *Common Cause* gesammelt hat, helfen ihr nun entscheidend, ebenso wie bei der wenig später übernommenen Redaktion der von der UNESCO unterstützten Zeitschrift *Diogenes*. Doch nicht nur im Redigieren fremder Texte ist Elisabeth Mann tätig: Auch sie ereilt der »Familienfluch«, das Schreiben literarischer Texte: So veröffentlicht sie 1960 in englischer Sprache die Erzählungen *To Whom It May Concern* (deutsch unter dem Titel *Zwei Stunden. Geschichten am Rande der Zeit,* 1965, und in einer Neuauflage, 1998, unter dem Titel *Der unsterbliche Fisch*). Freilich wagt Elisabeth Mann dieses literarische Debüt – anders als Monika – erst nach dem Tod des übergroßen Vorbildes Thomas Mann. Gleichwohl sieht sie sich – anders als Klaus, Erika oder Golo – nie als Literatin. Ihr Interesse gehört immer der Politik, der Soziologie, der Ökologie, der Friedensforschung, der Frage nach der Vereinbarkeit und Aussöhnung von Zivilisation und Natur in der modernen Welt. Nachdem sie sich bereits in den Vierzigerjahren im »Committee to Frame a World Constitution« an der Universität Chicago engagierte (damals eher zum Leidwesen ihres Mannes), schlägt sie nun einen ganz ähnlichen Weg ein: Sie ist seit 1964 am »Center for the Study of Democratic Institutions« in Santa Barbara, Kalifornien, tätig (ihr Lebensmittelpunkt bleibt aber bis zu Tumiatis Tod im Februar 1967 Italien). Auch ist sie an der Ausarbeitung eines ersten Seerechtsentwurfs *The Ocean Regime* (1968) beteiligt. Hierzu wird sie durch eine Rede Arvid Pardos, des damaligen Botschafters Maltas bei den Vereinten Nationen, inspiriert (mit Pardo, 1914 geboren, unterhält Elisabeth auch bald eine Partnerschaft): Demnach sind die bisherigen Prinzipien »Seehoheit und -freiheit« überholt und einer modernen, friedlichen Koexistenz der Nationen, aber auch der Zivilisation und der Ökologie im Wege stehend. Vielmehr wird in einer neuen Seerechtsverfassung, die 1967 auf der UNO-Generalversammlung angestoßen und von Elisabeth Mann in den nächsten Jahren in einem Projekt mit dem Titel »Pacem in Maribus« (»Friede den Meeren«) mit ausgearbeitet wird, die Idee des Meeres als eines gemeinsamen Menschheitserbes formuliert und erklärt.

Und sie erhält – als damals erste und einzige Frau! – einen Sitz im neu gegründeten »Club of Rome«. Aufsehen erregt sie zudem mit ihrem Buch *The White Snake* (1966) (deutsch unter dem Titel *Wie man mit den Menschen spricht,* 1970), worin sie ihre Beobachtungen zur kommunikativen Intelligenz von Tieren dokumentiert: So konstruiert sie für ihre Hunde eine spezielle Schreibmaschine und ein Klavier und bringt ihnen bei, einfache »Mitteilungen« zu machen oder »Melodien« zu spielen, und zeigt damit, dass Tiere intelligente, lernfähige Wesen sind, die mit den Menschen kommunizieren können.

Aber nicht nur als Erzählerin, Verfassungsrechtlerin und Friedensaktivistin macht Elisabeth Mann in jenen Sechzigerjahren von sich reden: Auch als Reisende gerät sie in die Schlagzeilen: So unternimmt sie gemeinsam mit dem jungen Schweizer Journalisten Peter K. Wehrli im Jahre 1964 eine Reise im Auto von Italien über Jugoslawien, Bulgarien, die Türkei, Syrien, Jordanien, den Irak, Persien, Pakistan und Afghanistan nach Indien. Äußerer Anlass ist ein Interview, das sie im Auftrag einer zahlungskräftigen amerikanischen Zeitschrift mit dem indischen Staatspräsidenten Jawaharlal Nehru führen soll. Doch der Aufwand stellt das Ziel in den Hintergrund. Vielmehr liegt für Elisabeth Mann das Abenteuer im Mittelpunkt (und seltsamerweise ähnelt die Reiseroute jener, die einst, 1932, ihre Geschwister Klaus und Erika gemeinsam mit Annemarie Schwarzenbach und Ricki Hallgarten nach Persien geplant hatten – bis Rickis Selbstmord dem Unternehmen ein Ende setzte). Wehrli schreibt später bewundernd über die Expeditionsleiterin: »Je weiter wir vorstießen, umso fremder wurden die Dinge um uns. Du hast mich gelehrt, daß es darum gehe, sich Fremde anzueignen, sich Fremde einzuverleiben, damit das Fremde – als Fremdes! – zum Vertrauten werden könne. Du hast gezeigt, daß das Wirken eines solchen dauernden Antagonismus Vorurteile und nationalen Dünkel im Keime zu ersticken fähig ist.«[27]

Und auch als Verfechterin der Emanzipation (gleichwohl recht gemäßigter Art) wird Elisabeth Mann international bekannt: 1963 erscheint ihr Buch *Ascent of Woman* (deutsch 1965 unter dem Titel *Aufstieg der Frau. Abstieg des Mannes?*), worin sie, die Urenkelin der einst so bedeutsamen Frauenrechtlerin Hedwig Dohm, die These vertritt, Frauen seien von ihrer Natur her eher dem »Kollektiven«, der Gemeinschaft, verpflichtet, Männer dem »Individuellen«, weshalb Frauen eher in gruppenbezogenen Gesellschaften dominant seien, Männer hingegen in individualistischen. In interdisziplinären Betrachtungen versucht die Autorin, ihre Beobachtung zu stützen. Einen eigentlichen feministischen Ansatz verfolgt sie hingegen nicht. Vielmehr sieht sie in ihrer Utopie einer künftigen, geschlechtergerechten Gesellschaft die Frau an der Seite eines wesentlich älteren, klugen Mannes, nach dessen Tod diese – durch die Erfahrungen der Partnerschaft gereift – selbst in die Rolle eines Mannes wachsen könne. Diese Betrachtungen erscheinen uns Heutigen anachronistisch und skurril. Gleichwohl hat auch Elisabeth Manns Buch – wenige Jahre vor den Studentenrevolten und dem Aufbruch des Feminismus erschienen – die Diskussion um eine geschlechtergerechte Gesellschaft mit angestoßen. Nicht von der Hand zu weisen ist indes, dass Elisabeth Manns eigene Vorliebe für wesentlich ältere Partner bei ihrem gedanklichen Konstrukt eine Rolle spielte. Im Übrigen: Gerade mit zunehmendem Alter ist sie selber für andere Frauen zu einem Vorbild für eine selbstbestimmte, individualistische Lebensgestaltung geworden, hat also ganz aus der Praxis heraus das gelebt, was sie in ihrem Buch von 1963 eher vorsichtig formulierte.

Nicht nur vor ihrem einstigen Mann Borgese musste Elisabeth Mann ihre beruflichen Ambitionen verteidigen, seltsamerweise wird sie auch von einer Frau, ihrer eigenen Schwester Erika (die doch selbst ein bewegtes, vielfältiges und erfolgreiches Berufsleben führte und führt), mit Vorwürfen überzogen. Der Streit entzündet sich an der leidigen Frage, wer sich um die nunmehr auf die achtzig zugehende Mutter kümmern soll. Erika Mann lebt im Haus in Kilchberg, ist ganz in die Rolle der Nachlassverwalterin Thomas und Klaus Manns eingebunden, führt »nebenher« noch Haushalt (gleichwohl gibt es noch immer Bedienstete), betreut die nicht immer leicht zu handhabende Mutter – und merkt, selbst zunehmend krank, wie ihre Kräfte nachlassen und sie mehr und mehr überfordert ist. Vor allem aber fragt sie sich, wo eigentlich sie selbst bleibe. Sie gesteht im Jahre 1963: »Ich bin ein bleicher Nachlaßschatten und darf hienieden nichts mehr tun, als Briefbände, Anthologien und dergleichen meiner lieben Toten herausgeben.«[28]

Erikas Frust, Zorn und Verbitterung (sie befindet sich nach einer Embolie in der Klinik Hirslanden in Zürich) bekommt nun auch die erfolgreiche, in Italien lebende Elisabeth zu spüren (die es zudem »gewagt« hat, soeben einen Erzählband vorzulegen):

»Mielein [Katia] befindet sich, wie Du gewiss weisst, gesundheitlich weit schlechter als mässig. [...] And what about you? Schon lange, mein Schatz, deucht mich, dass Du Dich Deiner lieben Mutter in ungemein geringem Grade annimmst. Wenn Dir und Deinen Kindern nach Skifahren zumute ist, so fahrt ihr Ski. [...] Jetzt bin ich nicht nur hilflos, sondern ihr [Katia], seit nunmehr vier Monaten, eine Bürde, deren Scheusslichkeit wesentlich zu mildern Dir vorzüglich zu Gesicht gestanden hätte und bis auf weiteres stünde. Ernsthaft: mein dringender Vorschlag und meine herzliche Bitte gehen dahin, Du möchtest Dich in möglicher Eile zu Hause frei machen und herkommen. [...] ihr [Katias] Gesamtzustand wird noch immer so sein, dass die Anwesenheit des erklärten Lieblingskindes wünschenswert wäre zum äussersten. Dichten kannst du auch hier, Trachten gleichfalls [...]. Lass es Dir nur bloss nicht beifallen, anzurufen und nachzufragen, ob denn Dein Besuch, um den ich gebeten, wirklich gar so wichtig wäre, – wichtiger, vielleicht, am End, als die tausend Wichtlingsdinge, die Dich zu Hause festhalten.«[29]

Elisabeth ist nicht auf den Mund gefallen – und sie besitzt Selbstvertrauen und Chuzpe genug, es der älteren, rechthaberischen und in ihrer Rechthaberei ungerechten Schwester zurückzugeben: »Im Moment geht es schlichthin nicht. Ich will Dich nicht erst mit allen meinen Verpflichtungen langweilen – genüge es zu sagen, dass es deren zu viele sind, ich täglich 12 Stunden arbeite, und auf Bücher, Bibliotheken, und Mitarbeiter angewiesen bin. [...] Was Deine überraschenden Vorwürfe anbetrifft, so haben sie mich eben überrascht und geschmerzt, ich ziehe aber vor, nicht darauf einzugehen.«[30] Die Verstimmung hält indes nicht lange vor – auch das ist eine helle Fähigkeit des »Kindchens« Elisabeth, sich mit keinem wirklich zu überwerfen. Einige Zeit später berichtet sie der Schwester Erika von einem unerwarteten Treffen mit deren Schein-Ehemann Wystan H. Auden auf einer Party in New York: Auden sei »mit einem Packerl unterm Arm« erschienen, »welches, wie sich sehr schnell herausstellte, seine zerschliessenen [sic] Pantoffel enthielt, die er sofort anlegte, für die Party. Auch war sein Hosentürl offen, und er war recht schmutzig. Aber lieb wie eh und je; das Gesicht, verschönert und vergeistigt – getting ready for the Nobel Prize.«[31]

Amüsantes hat Elisabeth zu berichten, als sie am »Center for the Study of Democratic Institutions« in Santa Barbara, Kalifornien, arbeitet. Mit Erika hat sie sich versöhnt, und sie schildert ihr (mit Hinblick auf den homosexuellen Bruder Golo) die institutsübergreifende Arbeit ihres hübschen siebenundzwanzigjährigen Assistenten Wolfgang Graf Vitzthum: »Der wäre etwas für den Golo! [...] Graf Wolfgang wohnt bei mir im Haus, ist wirklich sehr nett; hilft mit dem Geschirr-Abwaschen, dem Auto, den Gästen, und den Hunden, und ist ungeheuer fleissig, zuverlässig, intelligent, und voller Initiative beim Bunzeln [im Familienjargon: gutgemeinte, aber aussichtlose Projekte]. Im Mittelalter hatten Gelehrte wohl solche Gehilfen oder Assistenten; aber heutzutage ist es rar.«[32]

Tatsächlich: Golo Mann gelingt der Sprung vom Dozenten an einem »gewöhnlichen« amerikanischen College zur Professur in Europa. Bereits seit dem Ende des Krieges war er wiederholt zu längeren Aufenthalten auf dem Alten Kontinent. Als er 1958 eine Gastprofessur an der Universität Münster erhält, kehrt er (als einziges der Geschwister) auf längere Zeit nach Deutschland zurück. In jenem Jahr erscheint auch seine zweibändige *Deutsche Geschichte des 19. und 20. Jahrhunderts,* die ihn in Fachkreisen, aber auch bei einem breiteren Publikum schlagartig als Historiker bekannt macht und darüber hinaus ein großer Verkaufserfolg wird. Bewusst sieht sich Golo Mann in der geistigen Nachfolge Ricarda Huchs, die er persönlich kannte (sie starb 1947) und die als Historikerin ausgesprochen erzählerischen Talents (immerhin war sie auch eine bekannte Romanautorin) hervortrat und mit ihren Darstellungen des Dreißigjährigen Krieges (*Der große Krieg in Deutschland,* 1912), der Revolution von 1848 (*1848. Die Revolution des 19. Jahrhunderts in Deutschland,* 1930) und der dreibändigen Geschichte des »Alten Reichs« (*Römisches Reich Deutscher Nation,* 1934; *Das Zeitalter der Glaubensspaltung,* 1937; *Untergang des Römischen Reiches Deutscher Nation,* 1949) Maßstäbe setzte. An dieses große Vorbild versucht Golo Mann nun anzuknüpfen (und er wird es auch mit seinem *Wallenstein,* 1971, erneut tun). In einem Brief an Erich von Kahler bekennt er seine Skrupel während der Niederschrift der *Deutschen Geschichte:* »Bei der deutschen Sache handelt es sich, wie glaube ich schon erwähnt, um die Complettierung des Werkes von Ricarda Huch um einen letzten Band: 1815 bis 1950 ... Wie soll man denn so etwas anfangen? Auch *weiss* ich nicht genug und muss furchtbar viel lesen ...«[33] Trotz dieser Selbstzweifel: Das zweibändige Werk erscheint und bringt ihm viel Bewunderung ein. Selbst die sonst so kritische und ängstlich auf den Alleinruhm des Vaters bedachte Erika zollt dem jüngeren Bruder ihre Anerkennung (freilich mit einem ironischen Understatement und mit gewissen kritischen, aber nicht näher definierten Einschränkungen): »Im Monumentalwerk lese ich immer wieder und noch immer, wobei ich freilich – nach echter Weiberart – recht willkürlich darin hin und her springe und keine rechte Disziplin halte, – wünschenswert, wie eine solchene zweifellos wäre. Daß ich – besonders, was die jüngste Geschichte angeht, nicht immer einer Meinung mit Dir sein kann, versteht sich. Während aber ein Buch, das genau den eigenen Ansichten und Überzeugungen entspräche, gewiß eine tröstliche Lektüre abgäbe, so wäre eben diese doch auch wieder langweilig, und man täte nichts, als immerzu befriedigt mit dem Kopf nicken. Wieviel lustiger ist es doch, ›Ha!‹ an den Rand zu schreiben, oder auch ›Barmherziger Himmel!‹ und was dergleichen Kommentare mehr sein mögen.«[34] Eifersucht und Neid klingen immer wieder an, auch bei Michael Mann, wenn er in einem Brief an die Mutter polemisch anmerkt, welch teures Briefpapier die »Golette«[35] doch benutze, es solle »ja doch auch ein gewisser *Secretary* mit von der Partie sein. Freilich: mit *so* feinem *Briefpapier* kann man sich dergleichen ja wohl leisten (Professor Dr.... Kilchberg – Clairmont – der Herausgeber ... etc. etc.).«[36] Gleichwohl: Als Golo Mann wenig später Mitherausgeberschaft, Redaktion und Co-Autorschaft der großen zehnbändigen *Propyläen Weltgeschichte* übernimmt (sie erscheint in den Jahren 1960–1965 und wird ein fulminanter Verkaufserfolg), ist Michael Mann dennoch dankbar, dass der Bruder auch ihn mit einem Auftrag bedenkt (er schreibt das Kapitel *Die Europäische Musik von den Anfängen bis Beethoven*).

Trotz all dieser Erfolge und Ehrungen bleibt Golo Mann in jenen Jahren in Münster allein und unglücklich. Nach der gescheiterten Beziehung zu Ed Klotz ist er keine dauerhafte Partnerschaft mehr eingegangen, und im restaurativen Nachkriegsdeutschland, in dem Homosexualität nach Paragraf 175 des Strafgesetzbuches noch immer mit Gefängnis bestraft wird, ist es gerade für einen Mann, der im Lichte der Öffentlichkeit steht, besonders schwer, einen Lebensgefährten zu finden. Die engen, konservativ-katholischen Umstände in der Universitätsstadt Münster (in der viele gut aussehende Studenten leben) tun ein Übriges. Golo Mann leidet unter diesem Dilemma und fügt sich nolens volens in Melancholie. Der Freundin Eva Herrmann schreibt der Fünfzigjährige Ende Dezember 1959: »Du fragtest [...], ob ich in Münster auch etwas für das Gefühl gefunden hätte? Nein, ma chère, habe ich nicht und kann es auch gar nicht. [...] Münster ist eine ganz gemütliche deutsche Stadt alten Stils, [...] im Dezember alles hell im amerikanischen Christbaumstil erleuchtet. Da gehe ich nun abends durch die Strassen spazieren, darf doch aber niemanden auch nur anschauen, da es ein

Student, wenn nicht ist so doch sein könnte und da ich ein bekannter Professor bin, und so ist man halt von allem ausgeschlossen, wie es auch wieder jenem Lebensalter entspricht.«[37]

Das oft eitle akademische Gewese ist Golo Mann zuwider, die Professur ebenso (wenn sie ihm nicht ein geregeltes Auskommen verschaffte). »Akademische Tage voller Sprechstunden, Fleissprüfungen und kernichtem Kollegen-Zusammensein bei saurem Mosel und hechelnden Gesprächen über unseren englischen Gast, Professor Soundso [...]«,[38] so beschreibt er seinen Alltag in Münster. Und noch drastischer, ein Jahr später: »[...] die ganze Professorerei ist der reine Unsinn, niemand weiss das besser als ich selber.«[39] Die »Professorerei« geht indes weiter: 1960 nimmt Golo Mann eine ordentliche Professur am Lehrstuhl für Politische Wissenschaften in Stuttgart an – auch hierbei ist die gesicherte Existenz ausschlaggebend, denn »die Stadt Stuttgart ist affreuse [abscheulich], ich nahm sie bloss wegen der Nähe zur Schweiz«.[40] Mit der »Nähe zur Schweiz« meint er nicht unbedingt das Haus in Kilchberg, wo noch die Mutter wohnt und Erika das Regime führt. Vielmehr lässt sich Golo Mann Anfang der Sechzigerjahre ein Ferienhaus oberhalb von Berzona im Tessin bauen, das so abgeschieden ist, dass man es nur zu Fuß, nicht mit dem Auto, erreichen kann. Der begeisterte Wanderer hat indes wieder mit Knieproblemen zu tun, sodass ihm die Freuden langer Bergtouren versagt bleiben: »Übrigens geschah mir im letzten Oktober [1960] das Ungemach, dass ich beim Wandern mein linkes Knie völlig ruinierte, weil ich es wohl zu lange überanstrengt hatte, um das rechte, kranke zu schonen. Mehrere Monate lang musste ich an Krücken gehen [...].«[41]

Der Erfolg der *Propyläen Weltgeschichte* ermöglicht es Golo Mann im Jahre 1965, die ungeliebte Professur in Stuttgart aufzugeben und fortan als freier Publizist zu leben. Nun zieht er doch ins Haus von Mutter und Schwester in Kilchberg, ein Schritt, vor dem er sich lange scheute. Allein, der übergroße Schatten des Vaters ist verblasst, das Arbeitszimmer Thomas Manns mit Skripten, Büchern und Möbeln ist leer geräumt (sie kamen ins Thomas-Mann-Archiv der ETH Zürich), und so kann Golo – nun selbst ein bekannter Autor – das »Allerheiligste« beziehen, ohne dass es ihm Bange macht. Weiterhin zieht er sich oft und gerne in sein Häuschen nach Berzona zurück und schreibt dort große Teile seines nächsten Buches, *Wallenstein,* das 1971 erscheinen und ihn berühmt machen wird.

Berzona (dort leben auch die Autoren Alfred Andersch und Max Frisch) wird weiterhin ein nötiger Fluchtpunkt sein, denn im Haus in Kilchberg, wo noch immer der Name Thomas Manns auf dem Klingelschild prangt, herrscht oft eine Atmosphäre aus Verbitterung, Unmut und Krankheit. Privat richtet sich Golo Mann ins »Onkelhafte« ein: Mit Hans Beck, einem 1936 geborenen Medizinstudenten, den er 1955 auf einer Zugfahrt kennengelernt hat, verbindet ihn bald eine tiefe freundschaftliche Beziehung, die nach Becks Heirat Mitte der Sechzigerjahre eine neue Qualität bekommt. Golo Mann adoptiert den Freund, um ihm weiterhin nahe sein zu können (und um dem Verhältnis vor der restaurativen Gesellschaft einen »geordneten« Anstrich geben zu können). Hans Beck leidet unter einer schweren Stoffwechselerkrankung. Als er durch das Staatsexamen fällt, vermittelt ihm Golo Mann eine Stelle beim Chemiekonzern Bayer in Leverkusen und kümmert sich einige Zeit lang auch finanziell um den Adoptivsohn und dessen Familie (es kommen bald zwei Mädchen zur Welt).

All das macht Golo Manns Existenz und seine Seelenlage nicht leichter. Auch von seiner alten, kranken Mutter kommen sorgenvolle Töne. Katia Mann klagt Elisabeth gegenüber: »Gololo ist mit seinem genesenden Hänschen [Beck] in Altnau. Objektiv ist das Befinden des letzteren ganz befriedigend, und die Ärzte erklären, bei vernünftiger Lebensweise könne er wieder ganz gesund und arbeitsfähig werden. Aber zu welcher Arbeit? [...] die ganz Familie wird bis an sein Ende dem armen Golo zur Last fallen; dabei sind diese Leutchen geradezu schamlos unsparsam, und seit die grossen Einnahmen von der Weltgeschichte und das Professorengehalt weggefallen, ist der Ernährer diesen Ansprüchen [in] keiner Weise mehr gewachsen und macht sich schnell Sorgen.«[42]

Kilchberg und die darin vorherrschenden Wehklagen, Vorhaltungen und Krankheitsgeschichten machen dem inzwischen sechzigjährigen Golo Mann immer mehr zu schaffen. Es ist wohl in erster Linie ein dumpfes Pflichtgefühl der Mutter gegenüber, das ihn noch dort hält. Ähnlich seiner Schwester Erika hat er bisweilen Angst, zum »Nachlassschatten« des Vaters zu werden. An Hans-Martin Gauger schreibt er: »Ich will und darf nicht der Vikar meines Vaters auf Erden sein.«[43] Zur düsteren Atmosphäre im Hause tragen insbesondere Erika Manns Unverträglichkeit und die Last ihrer schweren Krankheiten bei. Golo Mann ist erschüttert, empfindet Mitleid, muss aber hilflos zusehen, wie seine ältere Schwester immer mehr verfällt und die Medizin kein Heilmittel weiß. »Hier steht's unverändert melancholisch«, berichtet er seinem Wanderfreund Jens-Peter Otto im Juni 1969. »Die Schwester lebt immer noch, leider: denn leben kann man es eigentlich nicht nennen. Seit vielen Wochen schon hat sie kein einziges Wort mehr gesprochen: nur ihre Augen blicken unsagbar traurig, angstvoll, fragend, vorwurfsvoll. Ich gehe nun garnicht mehr hin [in die Klinik], muss aber der Mutter beistehen. So mag es, entsetzlich zu sagen, noch Monate gehen, kann auch jeden Tag plötzlich aufhören, die Ärzte wissen nicht.«[44]

Das ist bereits in der Endphase des körperlichen Niedergangs Erika Manns, der sich fast ein Jahrzehnt hinzieht. Zu Beginn der Sechzigerjahre erleidet sie mehrere Unfälle – mit dem Auto, beim Skifahren, zu Fuß. Sie muss mit gebrochenen Beinen und Hüftschäden ins Krankenhaus, wird gegipst und operiert, geht an Krücken, erholt sich langsam wieder – bis zum nächsten Zusammenbruch. Man diagnostiziert Knochenatrophie. Auch psychisch wird sie immer labiler: Alkohol, Schlafmittelmissbrauch und das »Kleinbürgerliche« (Drogen), das sie einst an Klaus so rügte, nehmen einen immer größeren Raum in ihrem Leben ein. Mehrfach muss sie zum Entzug in eine Klinik – einmal noch zu Thomas Manns Lebzeiten. Der schreibt ihr in quälender Sorge: »Geschehen mußte ja etwas, wir fühlten alle, daß Du ziemlich weit abgetrieben warst und es *so* nicht weiter ging und mußten auch wissen, daß es mit dem Zurechtrücken keine Kleinigkeit sein werde.«[45]

Die Arbeit als Nachlassverwalterin und Editorin des Vaters und des Bruders reibt sie auf und gibt ihr gleichzeitig einen Lebenssinn. Bisweilen versucht sie, aus der Mühle der Aufgaben und Verpflichtungen auszubrechen. Gemeinsam mit ihrem einstigen Kollegen aus der »Pfeffermühle« Magnus Henning kauft sie sich in Ehrwald in Tirol ein Haus. Doch die Arbeit lässt ihr kaum Zeit, das Feriendomizil inmitten von Bergen und blühenden Wiesen zu nutzen. Wenige Jahre später wird das Haus wieder veräußert. In den letzten Lebensjahren führt Erika Mann, die so viele gescheiterte Liebesbeziehungen – zu Männern wie Frauen – hatte, eine Partnerschaft mit der zehn Jahre jüngeren Schauspielerin und Sängerin Signe von Scanzoni, die nach Erikas Tod ein Buch voller persönlicher Erinnerungen an jene Zeit unter dem Titel *Als ich noch lebte* verfassen wird (es wird erst posthum, 2010, acht Jahre nach Scanzonis Tod, veröffentlicht). Eine weitere große Leidenschaft Erika Manns, seit sie 1931 eine Zehntausend-Kilometer-Rallye gewann, ist das Autofahren, sportlich und schnell. Im Jahre 1966 – sie ist bereits stark gehbehindert – kauft sie sich einen weißen Mustang-Wagen mit Automatikschaltung, was freilich »das sportliche Fahren, das ich seit so vielen Jahrzehnten betrieb und liebte, auf läppische Weise unmöglich macht. Schalten und dann mit Vollgas in die Kurve, das war meine Devise. Jetzt heißt es bremsen und nochmals bremsen, – pfui Spinne im Quadrat.«[46]

In diesem Dilemma zwischen den Extremen bewegt sich Erika

Mann in den letzten Lebensjahren. Vage Aussichten auf eine philologische Mitarbeit des Bruders Michael, der ja zum Germanisten umsattelt, zerschlagen sich – und entsprechende Vorschläge Erikas sind auch nur halbherzig geäußert, denn im Grunde will sie von ihrem eifersüchtig beherrschten Terrain doch nichts an andere abtreten. Aus der Klinik Hirslanden in Zürich schreibt sie – polemisch wie eh und je – im Juni 1962 an Michael, der seit Kurzem eine Dozentur in Berkeley innehat: »Bist ungern Professerl?«[47] Im selben Brief klagt sie (über sich in der dritten Person) über ihr editorisches Autodidaktentum: »Stets aufs neue stellt man sie vor die *Berufswahl,* pausenlos muss sie, völlig von vorn beginnend, *lernen* – vor Jahr und Tag hatte sie plötzlich vor, Philologin zu werden und gibt nun einen Briefband nach dem anderen heraus, einer Galeerenarbeit verschrieben, deren sie sich, weiss der Satan, nicht versah.«[48] Als sich Michael Mann Jahre später – er ist bereits ein anerkannter Literaturwissenschaftler mit eigenem Lehrstuhl – der todkranken Schwester als Editor der Tagebücher Thomas Manns anbietet, weist sie ihn unter Vorwänden zurück: »*Halt!* Von wegen grösserer Zusammenarbeit in (mir) kongenialerem Zusammenhang: freilich, das wär schön. Nur, dass leider die Entfernung Kilchberg-Orinda erheblich bleibt, die ›Abstimmung‹ daher schwierig, der ›Generationsunterschied‹ existent, meine Bildungslücken unverschweigbar, Deine Überlegenheiten dito – und, kurz, *ganz* kann ichs noch nicht erkennen. Vielleicht in naher Zukunft einmal.«[49]

Es gibt für Erika keine »nahe Zukunft« mehr: Wenige Tage nach der Abfassung dieses Briefes an den »konkurrierenden« Bruder wird bei ihr ein Gehirntumor diagnostiziert. Sie wird im April 1969 erfolglos operiert, verbringt die letzten Monate bettlägerig, ohne sprechen zu können, teils ohne Reaktionen zu zeigen. Erika Mann stirbt am 27. August 1969 und wird drei Tage später neben dem Vater, für dessen Werk sie seit den Vierzigerjahren alles gab, auf dem Friedhof in Kilchberg beigesetzt.

In das Haus Alte Landstraße 39 in Kilchberg kehrt nicht nur die Trauer ein, sondern die Traurigkeit als solche. Erika hielt das Haus lebendig, war – neben der bereits sechsundachtzigjährigen Mutter – das Bindeglied zwischen der trüben Gegenwart und der leuchtenden Zeit, als Thomas Mann hier noch lebte und wirkte. Mit dem Tod der »Adjutantin« endet eine Epoche im Dasein der »amazing family«. Das spüren auch die verbliebenen Geschwister und die Mutter. Die Greisin schreibt an ihre jüngste Tochter nach Kalifornien: »Melancholisch: nun ja, natürlich *fehlt* sie mir, sogar die trübseligen Klinikbesuche [...]. Gololo ist so furchtbar depressiv, auch enerviert ihn die Schwester [Monika Mann] so sehr, Anita [Naef, die Sekretärin] ebenfalls, ist ja wirklich ein trauriges Weiberhaus.«[50] Michael Mann beurteilt sein Verhältnis zur verstorbenen ältesten Schwester so: »[...] dass ich bei allen Reibereien und kleinen gegenseitigen Missgünstigkeiten eben doch viel mehr an ihr hing, ihr verbunden war, die Gemeinsamkeiten, ja sympathischen Ähnlichkeiten zwischen uns viel tiefer gingen, als mir zeitweilig klar war.«[51] Elisabeth Mann resümiert viel später, mit dem Abstand von über dreißig Jahren: »Erika war ganz ungeheuer begabt [...]. Und sie besaß einen Charme, wie ihn nur wenige haben. Also, was will man mehr im Leben? Aber sie hat sich eben ihr Leben sehr zerstört und ist doch eigentlich sehr traurig verendet. Und man fragt sich immer: warum, wieso?«[52] Und Golo Mann bekennt der befreundeten Prinzessin Margaret von Hessen und bei Rhein:

»Der Tod meiner Schwester als solcher konnte keine scharfe Cäsur mehr machen: nicht, weil er längst sicher war, sondern, weil sie längst wie tot war, gar kein Kontakt mehr mit ihr möglich. Die Augen waren wohl manchmal traurig und fragend, aber wie die eines Hundes. Was denn in einem Menschen vorgeht, der noch lebt, aber gar nicht mehr denken kann, wer kann sich das vorstellen. Schon im Mai [1969] meinten die Ärzte, es könnte nur noch Stunden dauern, und dann noch vier Monate so. Die letzten fünf Tage schlief sie ununterbrochen. Im letzten Jahr war ihre Reizbarkeit und Depressivität schier unerträglich, weil, was man nicht wissen konnte, der Tumor schon in ihr wütete. [...] Praktisch fehlt sie. Ich bin nun allein in dem öden Haus mit der Mutter und einer Sekretärin [...]. Das wird noch mehr Isolierung bedeuten als bisher, meine Bewegungsfreiheit noch stärker einschränken. Es ist aber nichts daran zu ändern, denn auflösen kann man das hier nicht mehr, dazu ist's zu spät, und ehe ich meine Mutter in etwas Altersheim-Ähnliches brächte, würde ich mich totschiessen. Meine jüngeren Geschwister, obgleich im Elternhaus von altersher die Beliebteren, gehen mittlerweile ihren Geschäften und Vergnügungen nach: ich beobachte das von weitem, mit mehr Amusement als Ressentiment. Le monde comme il va.«[53]

Die Geschwister, so scheint es, sind alle in der Trauer vereint – nur Monika nicht. Ihr wirft man vor, dass sie nicht zu Erikas Beerdigung gekommen ist. Sie verteidigt sich der Mutter gegenüber: »Bedeutet denn ein Fehlenlassen an äusseren Formen, Konventionen ein schwarzes Herz? Spricht nicht mancher, manches dafür, dass es so schwarz nicht ist? [...] Wer mich nur ein bisschen kennt, weiss doch, ich bin ein gehemmter, introverter [sic] Mensch, dem es deshalb keineswegs an Gefühl, Mitgefühl, Teilnahme fehlt, mag sie eine stille, abgewandte sein.«[54] Und dann folgt Monikas hellsichtige Einschätzung des Generationenkonflikts innerhalb des Familienclans und der Gesellschaft: »Wir Mittelalten haben es schwer. Ihr Alten steckt in festem Grund, der unsere war schon locker. Die Jungen wiederum sind immun, gemacht für das Heute, das Euch nur ein Nach- und Gaukelspiel ist, uns aber Realität. Wir haben uns umzukrempeln, gleichzuschalten, einzureihen, bei unseren Sechzig die Kühnen, Erneuerer zu spielen, zum Hohn der Jungen und Mitleid der Alten, wir haben keine Wahl.«[55]

»Le monde comme il va.« – So läuft die Welt nun einmal. Hinter dieser banalen Weisheit verbirgt sich Golo Mann in seinem Brief an die Prinzessin Margaret. Er selbst weiß, dass die Welt sich weiterdrehen wird und dass er im kleinen Kosmos Kilchberg nun mehr denn je gefragt ist, die Dinge am Laufen zu halten, ob er will oder nicht. Sein Verstand sagt ihm: Ich will. Aber im Innersten widersteht es ihm. So läuft die Welt nun einmal …

»Der eine Pfeil, den ich durch viele Jahrzehnte im Köcher trug«

Triumphe, Tagebücher, Todesfälle. 1970–1980

Es mag ein biografischer Zufall sein, aber ein symbolisch relevanter, dass Golo Mann seinen großen Durchbruch als Schriftsteller erst nach dem Tod der literarischen »Konkurrenten« Klaus, Thomas und Erika hat. 1970 ist er nicht nur das älteste noch lebende Geschwister, sondern auch der Einzige unter ihnen, der vor den Augen einer breiteren Öffentlichkeit als Autor wahrgenommen wird. Bereits seit seinem Rückzug von der Universität arbeitet Golo Mann an einer umfangreichen Biografie über den berühmtesten Feldherrn der Epoche des Dreißigjährigen Kriegs, den in kaiserlichen Diensten stehenden Albrecht von Wallenstein. Darin versucht er – inspiriert von Ricarda Huchs Arbeiten über den Dreißigjährigen Krieg – eine Verbindung von historiografischer Wahrhaftigkeit und erzählerischer Raffinesse. Bereits während der Niederschrift wird ihm bewusst, dass es sich dabei um sein Meisterwerk handelt und es als Höhepunkt und Unikat in seinem Lebenswerk stehen wird. Nicht von ungefähr unternimmt er alles, um seinem Buch einen publicityträchtigen Start zu ermöglichen, und auch die Honorarverhandlungen mit dem S. Fischer Verlag (dem »Hausverlag« des Vaters) sind durchaus von Golo Manns gewachsenem Selbstbewusstsein geprägt. In einem Brief an seinen Bruder Michael berichtet Golo Mann (da ist er bereits der umworbene Bestsellerautor) von seinem gewagten Auftreten dem Verlag gegenüber: »Als ich von noch viel geringerer Statur war, als ich heute bin, lange vor dem Wallenstein, hat mich der Verlag mit dem gleichen Vorschlag [eines ungünstigen Generalvertrags] belästigt. Meine Antwort: Ich sehe, was ihr bekommen würdet, ich sehe nicht, was ich bekomme. Dergleichen ist für Anfänger, die, um nur ihr erstes oder zweites Buch überhaupt anzubringen, sich dafür in ewige Knechtschaft begeben müssen. Aber ich? – Kurz und gut, ich habe es mit Hohnlachen abgelehnt. Ich habe auch für den Wallenstein dann, ehe ich das Buch hergab, eine Garantiesumme von 200 000 Mark verlangt, was mir konzediert wurde, it being most uncertain, ob das je hereinkäme. So war dies.«[1] Das Risiko, das S. Fischer eingeht, ist hoch. Dennoch: Vorabdrucke, Interviews, Pressekampagnen befeuern die Erwartung des Publikums – und das, obwohl kurz zuvor, 1969, bereits eine andere Wallenstein-Biografie (von Hellmut Diwald) erschienen ist. Golo Mann wird wenige Wochen vor dem Erscheinen seines *Wallenstein* denn auch ein wenig bange, wie er dem Verlagslektor Peter Härtling gesteht: »Nun ist aber um das Buch ein Trara, von dem ich mir nicht den gewünschten Effekt erhoffe, von dem ich vielmehr einen Gegeneffekt befürchte. [...] Ein ›Meisterwerk‹ in Empfang nehmend, wird die Kritik das Unmeisterliche suchen und natürlich auch finden. Boshafte Kritiker werden mit Diwald vergleichen und herausfinden, dass bei Diwald gewisse Informationen stehen, die bei mir nicht zu finden sind; [...] Ich verstehe ja an sich von dem Gewerbe nichts; aber mein Instinkt sagt mir, dass ein ›grosser Erfolg‹ nicht so ganz vorweggenommen werden darf, bevor er da ist. Freilich habe ich ihn selber durch meine Vorlesungen und Vorabdrucke auch ein wenig fehlerhaft vorweggenommen;«[2] Golo Manns Skrupel sind unbegründet: Als *Wallenstein. Sein Leben* im Herbst 1971 erscheint, wird das Buch innerhalb kürzester Zeit ein fulminanter Erfolg, beim Publikum wie auch bei der Kritik. Vereinzelte Einwände aus dem linken Spektrum, der Autor sei nicht auf der Höhe der »derzeit verfügbaren Mittel der geschichtswissenschaftlichen Reflexion«, vielmehr betreibe er eine »Flucht in die Literatur«,[3] kann Golo Mann angesichts der vielen Dankesbriefe begeisterter Leser und der bereits im ersten Jahr verkauften einhunderttausend Exemplare leichten Herzens beiseiteschieben. An die befreundete Prinzessin Margaret von Hessen und bei Rhein schreibt er im Dezember 1971 enthusiasmiert: »Der Verkauf des *Wallenstein* übertrifft jede und jede Erwartung.«[4] Im gleichen Atemzug schränkt er freilich ein: »Aber so recht glücklich macht's mich nicht. Es ist heute alles so verfälscht und ›Ruhm‹ bei weitem nicht mehr, was er ehedem war. [...] Das etwas Melancholische ist, dass ich weiss, sowas kann ich nie wieder machen. Es war der eine Pfeil, den ich durch viele Jahrzehnte im Köcher trug. An eine Wiederholung, eine neue Biographie, ist überhaupt nicht zu denken.«[5] Tatsächlich: *Wallenstein* bleibt zugleich der Höhepunkt der literarisch-biografischen Karriere Golo Manns. Einen Vorschlag des befreundeten Verlegers Ernst Klett, eine Lebensbeschreibung Napoleons III. zu verfassen, weist er müde zurück: »Es wäre ein falscher Nachklang und Absturz: Operette nach der Oper.«[6]

Golo Mann genießt die Anerkennung als Schriftsteller, als der er sich selbst seit vielen Jahren sieht, aber das mediale Getriebe verabscheut er. Margaret von Hessen und bei Rhein gegenüber klagt er im Dezember 1971: »Aber diese Epoche, beginnend mit der Buchmesse, war gar zu närrisch und hektisch und schädlich; [...] Von Frankfurt damals direkt nach England: London, Wales, St Donats, Cambridge. Zurück nach Zürich, gerade eben Zeit, meine Wäsche waschen zu lassen, dann Norddeutschland: Vorlesungen aus dem Buch in acht Städten, von Hamburg bis zu dem berühmten Eckernförde bei Schleswig. [...] dann nach Bonn [...]. Von Bonn nach Rom und Mailand [...]. Gleich zwei Fernseh-Interviews, drei Radio-Interviews und was noch; und Artikel zu schreiben, die leichtsinnig versprochen wurden im Sommer, als ich glaubte, *nach* dem Buch wäre ich ein freier Mann; [...] Keine ernste Lektüren, keine Zeit zur Besinnung, zum Wiederaufladen der entleerten Batterie. Wenn es so weiter geht, so weiss ich wirklich nicht.«[7]

Es sind noch die Zeiten, als Schriftsteller als Personen des öffentlichen Lebens wahrgenommen und auch um politische Stellungnahmen gebeten werden. Als solcher freilich eckt Golo Mann vielfach an: Er ist einem einfachen »Lagerdenken« nicht zuzuordnen, sitzt scheinbar zwischen den Stühlen und beweist sich doch gerade dadurch als wahrhaft freier, unabhängiger Geist. Immer mehr wendet sich der einstige überzeugte Sozialist dem konservativen Lager zu: Zwar steht Golo Mann durchaus im brieflichen Austausch mit sozialdemokratischen Politikern wie Hans-Jochen Vogel und Willy Brandt (dessen Ost-Politik er gutheißt), doch ist es vornehmlich der bayerische Ministerpräsident Franz Josef Strauß (CSU), dem Golo Manns Sympathien gelten und den er als Kanzlerkandidaten im Bundestagswahlkampf 1980 unterstützt. Schon längst gilt Golo Mann in linken Kreisen als Persona non grata. Aber auch bei revanchistischen Gruppierungen macht er sich wegen seines Eintretens für eine Normalisierung der Beziehungen zur DDR verhasst. Nach der Vergabe des Mannheimer Schiller-Preises 1965 an Golo Mann kommt es zu heftigen Protesten aus Kreisen rechtsnationaler studentischer Verbindungen, die dem Geehrten stattdessen den fiktiven »Mauerorden« verleihen wollen. Dessen ungeachtet erhält Golo Mann im Jahre 1968 (also noch vor Erscheinen des *Wallenstein!*) den bedeutendsten Literaturpreis der Bundesrepublik Deutschland zuerkannt, den Büchner-Preis. 1972 wird er mit dem Großen Bundesverdienstkreuz ausgezeichnet. Es sind Jahre großer gesellschaftlicher Umbrüche, der »Studentenrevolte« und der »Außerparlamentarischen Revolution«, die schließlich in deren radikaleren Strömungen in den Terror der »Rote Armee Fraktion« münden. Golo Mann – obgleich zunächst den studentischen Anliegen mit Sympathie gegenüberstehend und sich an Podiumsdiskussionen mit deren Vertretern beteiligend – wendet sich bald enttäuscht ab und zieht sich zurück: Er verträgt nicht die leeren, linksideologisch verbrämten Parolen, die zunehmende Fanatisierung, er vermisst bei den Diskussionspartnern den grundlegenden Willen zum Gespräch, zum intellektuellen Austausch, zum Respekt voreinander. Halb belustigt, halb enttäuscht schreibt er an Agnes Meyer, die amerikanische Gönnerin des Vaters: »Für mich persönlich hat die ›Revolution der Jugend‹ die Folge gehabt, dass ich recht plötzlich, binnen knapp drei Jahren, zu den hoffnungslosen, bösartigen alten Reaktionären herabgesunken bin: was ich mit einem gewissen Amüsement betrachte. The way of all flesh.«[8]

Doch hat er in jenen Jahren noch andere Rollen inne – neben denen des Erfolgsautors und des zu Talkshows und akademischen Runden eingeladenen politischen Diskutanten. Er ist seit Erika Manns Tod Oberhaupt der Familie und vertritt sie (de facto auch für die bereits greise und zunehmend verwirrte Katia Mann) in Fragen der Rechte und Lizenzen. Eine lästige Pflicht, zumal auch innerhalb der Familie nicht immer Einigkeit über vertragliche Fragen und editorische Pläne herrscht. Dies zeigt sich bereits wenige Jahre nach Erikas Tod. Hatte die es noch verstanden, den Bruder Michael – inzwischen Germanistikprofessor an der University of Berkeley, Kalifornien – von der Idee einer Herausgabe der Tagebücher Thomas Manns mit recht unwirschen Worten abzuhalten, so werden nun, 1975, die Karten neu gemischt: Die Feiern zum 100. Geburtstag Thomas Manns stehen an, und Michael Mann hält den Festvortrag in Lübeck. Einige Zeit zuvor ist er während eines Vortrags vom Podium gestürzt und hat sich einen komplizierten Beinbruch zugezogen. An Krücken absolviert er den offiziellen Zentenarvortrag in der Hansestadt. Seit einigen Jahren wird man auf den jüngsten Sohn Thomas Manns aufmerksam, auch und gerade weil man ihn, den promovierten Literaturwissenschaftler mit eigenem Lehrstuhl, zunehmend als legitimen Interpreten von Leben und Werk des großen Schriftstellers sieht. Aufmerksamkeit zieht Michael Mann zudem mit einer Publikation auf sich, die im Jahr zuvor, 1974, erschienen ist: Er hat Gespräche mit der Mutter, Erinnerungen an ihr bewegtes Leben an der Seite von Thomas Mann, auf Tonband aufgenommen, transkribiert, arrangiert und bei S. Fischer unter dem Titel *Katia Mann: Meine ungeschriebenen Memoiren* veröffentlicht. Das Buch wird ein sensationeller Erfolg. Und obgleich die bereits einundneunzigjährige Katia Mann in einer Vorbemerkung beteuert, sie habe eigentlich nie ihre Erinnerungen schreiben wollen, in der Überzeugung, dass es »in dieser Familie [...] einen Menschen geben [müsse], der nicht schreibt«,[9] und dass sie sich nur aus »Schwäche und Gutmütigkeit«[10] auf diese Interviews eingelassen habe, ist sie insgeheim doch stolz, in ihren späten Jahren als treue Gefährtin des Ehemannes und fürsorgliche Familienmutter nochmals so viel Aufmerksamkeit geschenkt zu bekommen. Auch finanziell ist das Buch ein Erfolg, wie Michael der Mutter offenbart: »Bist Du Dir eigentlich darüber klar, dass wie ich aus der gestern eingelaufenen Fischer Abrechnung ersah, Du mit deinen *Ungeschriebenen Memoiren* allein von Oktober–Dezember 1974 *ziemlich* reich geworden bist? Ich meine ja nur ...«[11]

Nicht immer gelingt die editorische Arbeit so unkompliziert und zu aller Zufriedenheit: Wieder steht die Idee der Herausgabe der Tagebücher Thomas Manns im Raum, da die Sperrfrist von zwanzig Jahren nach dem Tod, vom Autor noch selbst verfügt, im Sommer 1975 endet. Michael Mann bringt das Projekt nun an sich, lässt die Tagebücher, die im Thomas-Mann-Archiv in Zürich unter Verschluss waren, von wissenschaftlichen Mitarbeitern nach und nach entziffern und abtippen und sich die einzelnen Hefte peu à peu nach Kalifornien schicken. Die Aufzeichnungen beginnen im Jahre 1918 und reichen bis 1921, dann klafft eine Lücke von zwölf Jahren (Thomas Mann hat diese Jahrgänge im Garten in Pacific Palisades verbrannt), von 1933 bis zu des Autors Tod 1955 sind sie vollständig erhalten. Für Michael Mann wird die Begegnung und Auseinandersetzung mit den Diarien des Vaters zu einer seelischen Herausforderung: Er, das wenig geliebte Kind, muss erfahren, dass die Eltern in Erwägung zogen, ihn abtreiben zu lassen. Auch Erlebnisse aus der Kindheit, von den Jahren in den Schlick des Unterbewusstseins gerieben, werden nun anhand der Tagebucheinträge des Vaters nicht nur nach oben gespült, sie entfalten auch eine ungeahnte Kraft und strahlen oft genug negativ auf Michael Manns Psyche aus. Er, der scheinbar so gefestigte Mann mittleren Alters, ein anerkannter Literaturprofessor und einst erfolgreicher Bratschensolist, sieht sich mit einem Mal vom Vater wie von einem Dämon heimgesucht, belastet, dekuvriert. Aber auch jenseits der sehr persönlichen Komplexe im Zusammenhang mit der geplanten Edition der Tagebücher Thomas Manns wird das Projekt zur steten Belastung: Über Auswahl und Umfang gibt es Kontroversen. Michael Mann erarbeitet eine zweibändige Auswahlausgabe. Beim S. Fischer Verlag zweifelt man am editorischen Wert der Auswahl und des Kommentars und bittet den Biografen Peter de Mendelssohn um ein Gutachten, das recht schlecht ausfällt. Michael Mann verwarnt daraufhin den Verlag, die Edition einem anderen Publikationshaus übertragen zu wollen. Nun schalten sich die Geschwister ein, allen voran Golo Mann. Der droht dem Bruder, ihm die Vollmacht zur Edition zu entziehen, woraufhin Michael verständlicherweise beleidigt reagiert und Golos Ankündigung als »nicht gerade geschmackvoll« bezeichnet, er, Michael, »versuche schließlich nur einen Ausweg aus diesem ganzen Unsinn zu finden«.[12] Das Projekt der Edition hat sich festgefahren, der Karren wird – einstweilen – liegen gelassen.

Auch privat läuft es für Michael Mann in jenen Jahren nicht eben rund: Das Verhältnis zwischen den Eheleuten ist belastet, ebenso das zwischen ihnen und dem Sohn Frido: Jahrelang haben sie keinen Kontakt zueinander. Frido geht seine eigenen Wege, beruflich und privat, hat wachsenden Erfolg und leidet gleichwohl unter dem Zerwürfnis. 1970 adoptieren Michael und Gret das siebenjährige indische Mädchen Raju (wodurch Frido Mann mit dreißig Jahren noch eine Stiefschwester bekommt). Als sich Frido Anfang der 1970er-Jahre kurz vor seinem theologischen Studienabschluss ein Herz fasst und bei den Eltern brieflich anfragt, welche Möglichkeiten für eine theologische Dozentur sie denn in Kalifornien sähen, erhält er nach einiger Zeit einen vom Vater verfassten, von der Mutter abgetippten Brief, worin Michael Mann dem Sohn zwar anbietet, in die Vereinigten Staaten zu kommen, um sich dort selbst nach einer Stelle umzusehen, gleichwohl aber in seinen Ratschlägen und Mahnungen auf Frido belehrend wirkt: »Als besonders störend empfinde ich, dass er mehrere seiner Sätze mit der stereotypen Wendung *Wisse denn* beginnt, sodass ich mich von ihm nicht wirklich ernst genommen fühle. Ich bedanke mich brieflich bei ihm in einem bewusst ironischen Ton, den ich mir in meinem neuen Selbstbewusstsein als Familienvater inzwischen zugestehe. Aber ich bin mir dabei nicht im Klaren darüber, wie wenig er seinerseits diesen Stil erträgt und welche Folgen mein an ihn gerichteter Antwortbrief haben wird.«[13]

Die zaghaft begonnene Korrespondenz bricht ab. Frido Mann wechselt nicht nach Amerika und beginnt stattdessen ein Studium der Psychologie in Münster, Westfalen. Doch die ganz persönliche Auseinandersetzung mit dem Vater, der zu jener Zeit selbst unter den Äußerungen seines Vaters Thomas Mann in dessen Tagebüchern zu leiden hat, geht weiter: Einige Jahre später erfährt Frido Mann – er hält sich gerade in Hamburg auf –, dass sein Vater wenige Tage darauf den Zentenarvortrag in Thomas Manns Geburtsstadt Lübeck halten wird. Obgleich beide Städte nur sechzig Kilometer voneinander entfernt sind, fährt Frido nicht dorthin... Wenige Wochen darauf allerdings, Ende Juli 1975, reist er nach Kalifornien. Sechsundzwanzig Jahre ist er nicht mehr dort gewesen – nun wagt er die Rückkehr in ein Land, in dem er seine Kindheit verbrachte und wo seine nun schon in die Jahre gekommenen Eltern noch immer leben. Frido Mann stellt sich diesem Rencontre: In Orinda, wo seine Eltern einige Jahre zuvor ein Haus gekauft haben, trifft er auf seine Mutter und zum ersten Mal auf seine inzwischen zwölfjährige Stiefschwester Raju. Der Vater hingegen hat sich in sein Wochenendhäuschen in Napa Valley zurückgezogen. Die Wiederbegegnung mit der Mutter ist von höflicher Gleichgültigkeit geprägt, und auch das Kennenlernen der Stiefschwester wirkt auf Frido ernüchternd: »Raju wirkt auf mich eher unglücklich, schon damals recht übergewichtig und allgemein desinteressiert, und es kommt zwischen uns, so wie auch später, keinerlei wirklich persönliche oder gar geschwisterliche Nähe auf.«[14] Frido Mann gibt nicht so schnell auf: Immerhin ist er um den halben Globus gereist, um eine Aussprache mit dem Vater zu führen. Also schreibt er ihm einen Brief und äußert darin den Wunsch, den jahrelangen Konflikt zu beenden. Nach einigen Tagen trifft Michael Manns Antwort ein, die Fridos Erwartung weit übertrifft. Michael Mann schlägt einen überraschend versöhnlichen, gleichzeitig aber etwas resignativen Ton an: »Die Distanz, zu der wir uns entschieden haben, sollte kein störender Punkt in Deinem Leben sein. Väter und Söhne sollten sich viel öfters aus dem Wege gehen, als dies gemeinhin der Fall ist. Und mir scheint, wir haben unsere Sache relativ gut gemacht. [...] Die berühmten ›Blutsbande‹ (bitte nimm das nicht persönlich) halte ich im Ganzen für einen gesellschaftlich überschätzten Faktor. Es ist doch mehr das Bewusstsein als die Tatsache. [...] Nun siehst Du: Wir leben geistig, menschlich etc. etc. in zwei ganz verschiedenen Welten. Das soll nicht bedeuten, ›dass wir deshalb uns consequent aus dem Wege zu gehen‹ haben. Nur jetzt, gerade nach dieser Auseinandersetzung (für die ich Dir danke), wäre es doch unvermeidlich ein wenig zu feierlich. Lass doch mal wieder von Dir hören, von Deiner Arbeit und Deinen Problemen.«[15]

Frido Mann und seine Familie reisen nach einiger Zeit wieder ab, ohne dass sich Vater und Sohn gesehen haben. Nach Neujahr 1976 kommt es doch zu einer Wiederbegegnung, als Michael Mann auf einer Deutschlandreise auch in Münster, Frido Manns Wohnort, vorbeikommt und Geschenke für seinen Enkel Stefan mitbringt. »Das Abendessen mit ihm war richtig nett und gemütlich«,[16] erinnert sich Frido Mann. Michael Mann ist spontan einverstanden, dass sein Sohn im Sommer mehrere Wochen lang im Rahmen eines Bildungssemesters in einem Krankenhaus in San Francisco hospitiert und man sich dann hin und wieder in Orinda trifft.

In Kalifornien angekommen musizieren Vater und Sohn sogar miteinander. Frido Mann erinnert sich: »Aus dem Bratschenspiel meines Vaters klang immer noch seine frühere Meisterschaft heraus, aber er spielte für mich schmerzhaft hart und verkrampft, geradezu klirrend spröde.«[17] Gemeinsam unternehmen sie in Michael Manns offenem Cabriolet Ausflüge in die Umgebung. Doch die heitere Stimmung des Vaters, das merkt Frido, ist aufgesetzt: »Die psychische Verfassung meines Vaters war, trotz seiner zur Schau gestellten, unverwüstlichen Fröhlichkeit, sehr schlecht. Seine Heiterkeit wirkte auf mich oft brüchig und überspannt. Er konnte wegen Nichtigkeiten jäh aufbrausen [...].«[18] An den Abenden wird Frido wiederholt Zeuge der väterlichen Sucht: »Aber sein allabendliches Gemisch aus hochprozentigem Alkohol und Beruhigungstabletten beförderte meinen Vater beim Musikhören nach dem Abendessen auf der Chaiselongue jedes Mal rasch in einen Tiefschlaf. [...] Erst irgendwann in den frühen Morgenstunden zog er sich in sein Schlafzimmer zurück. Vor Mittag um zwölf Uhr stand er nie auf.«[19] Von seiner Mutter Gret erfährt Frido, dass Michael bereits wiederholt wegen einer lebensgefährlichen Überdosis von Barbituraten zum Auspumpen des Magens ins Krankenhaus gebracht werden musste. Mit gemischten Gefühlen reist Frido Mann nach einigen Wochen an die Ostküste und verabschiedet sich vor dem Rückflug nach Europa telefonisch von den Eltern. Michael Mann spricht von einem »gelungenen« Aufenthalt des Sohnes, während dieser vergeblich auf das Wort »schön« wartet. Dann hängt Michael Mann ein. »Dieses kurze, bewegende Gespräch mit ihm«, so Frido Mann, »war das letzte, das ich mit ihm führte.«[20]

Keine vier Monate später trifft aus Orinda die Nachricht von Michael Manns Tod ein. Er wurde nur siebenundfünfzig Jahre alt. Über die Todesursache wurde viel gerätselt, oft war von einem Selbstmord die Rede – was jedoch spekulativ ist. Vielmehr lässt sich Folgendes rekonstruieren: Am Nachmittag des 31. Dezember 1976 kommt es zwischen Michael und Gret Mann zu einem Streit. Eine Teilnahme an einer Silvesterveranstaltung bei Bekannten wird daraufhin abgesagt. Michael Mann begibt sich früh zu Bett (die Ehepartner haben getrennte Schlafzimmer), steht um 22 Uhr nochmals auf, geht in Rajus Zimmer und spricht ein wenig mit ihr. Dann begibt er sich wieder in sein Schlafzimmer. Am anderen Tag, dem 1. Januar 1977, findet ihn die Tochter gegen Mittag leblos im Bett. Die ärztlichen Untersuchungen stellen den Tod durch eine Überdosis Medikamente fest. Ob diese von Michael in der Absicht eines Freitodes eingenommen wurden oder ob – wie des Öfteren – ein Medikamentenmissbrauch vorlag, bleibt ungeklärt.

Vielfach wird auch Michael Manns Beschäftigung mit der Edition der Tagebücher seines Vaters in Zusammenhang mit seinen Depressionen gebracht, vor allem Thomas Manns Notat über die zwischen ihm und Katia besprochene Möglichkeit einer Abtreibung. Doch auch dies erscheint als (alleiniger) Auslöser für Krankheit und Selbstmord nicht hinlänglich und eine zu einfache Erklärung. Gleichwohl: Die Stimmen, die Thomas Mann posthum eine Mitschuld am frühen Tod des jüngsten Sohnes anlasten, reißen nicht ab, auch aus dem persönlichen Umfeld des Verstorbenen. So erklärt Michael Manns Kollege in Berkeley, Andrew Jaszi: »Bei der Tagebucharbeit endlich verlor er sich selber. Diese Tagebücher seines Vaters haben ihn verrückt gemacht, umgebracht. Ich wünschte, er hätte sie verbrannt.«[21]

Man würde Michael Mann unrecht tun, wollte man ihm Humor, Güte und Menschenliebe absprechen. Ein befreundeter Kollege an der Universität, der Germanist Frederic C. Tubach, erinnert sich der folgenden Szene: »Wir saßen einmal in einer Bar in San Francisco. Da gesellte sich eine abstoßende, zahnlose, heruntergekommene Frau zu uns, mit alkoholverdunsenem Gesicht. Ich war angeekelt und ließ Michael wissen, daß wir uns schnellstens von ihr absetzen sollten. Er verwickelte sie aber in ein intensives Gespräch. Es stellte sich dabei heraus, daß diese seltsame Bardame ausgesprochen gebildet war. Michael redete mit ihr über Shakespeare und Chaucer, ohne dabei die leiseste Spur von Herablassung zu zeigen. Er konnte in einer an sich doch beklemmenden Szene ungespielt offen sein.«[22]

Michael Manns Tod geht groß durch die Presse. Das Interesse an diesem Ereignis entzündet sich weniger an der Bedeutung seiner Persönlichkeit als am öffentlichen Rang der »amazing family«. Vor der bereits dreiundneunzigjährigen Katia Mann wird der Tod des Sohnes verschwiegen, um sie zu schonen. Golo Mann erklärt dies der Freundin Eva Herrmann: »[...] wir haben ihr, alles bedacht und erwogen, den Tod von Michael überhaupt nicht mitgeteilt. Aufgefasst hätte sie's kaum noch oder doch nach ein paar Minuten wieder vergessen; aber ein völlig überflüssiger Choc könnte es in einer tieferen Schicht doch gewesen sein, wer kann das wissen.«[23] Auf Wunsch der Familie wird Michael Manns Urne wenige Wochen später im Familiengrab in Kilchberg bestattet. Frido Mann, der sich zu jener Zeit von seiner Frau getrennt hat, erinnert sich: »Wenige Wochen später findet am Kilchberger Familiengrab die Urnenbeisetzung meines Vaters statt, nur mit meiner Mutter, Toni und mir. Bei dieser Gelegenheit sehe ich zum ersten Mal seit langer Zeit meinen Patenonkel Golo wieder und – zum letzten Mal – meine [...] schon recht verwirrte Großmutter Mielein [Katia].«[24]

Michael Manns Tod wird von Golo Mann ehrlich betrauert. Ebenfalls der befreundeten Eva Herrmann gesteht er: »Mir wird der Bruder fehlen. Er war der letzte von dieser Familie, von dem ich was hielt, insofern ich überhaupt je von irgend jemandem aus dieser Familie etwas hielt. Und jetzt ist er auch weg, und die anderen sind übrig. Umgekehrt wäre es mir lieber gewesen.«[25] Das sind harsche Worte, die er in späteren Briefen relativiert. Gleichwohl: Ihm fallen nun – neben der Sorge um die alte, kranke Mutter – auch andere Verpflichtungen zu, die ihm Michael Mann abzunehmen versucht hatte. Dringlich ist die Edition der Tagebücher Thomas Manns, die vom inzwischen sehr ungeduldigen S. Fischer Verlag auf jeden Fall realisiert werden soll (nachdem man schon das Jubiläum des hundertsten Geburtstags Thomas Manns nicht mit diesem »Coup« bedienen konnte). An den befreundeten Romanisten Hans-Martin Gauger schreibt Golo: »Der Tod des Bruders hat noch etwas mehr dazu gefügt, denn lebend hatte er mir einiges abgenommen, zumal die Besorgung der T. M.-Tagebücher. Weil er es aber, leider, doch nicht so recht gut gemacht hat, so muss nun manches anders gemacht werden. Ich mochte ihn; der einzige unter den mir noch verbleibenden Geschwistern, von dem ich doch etwas manchmal hatte. [...] Sehr begabter Mensch, generös, mutig, Draufgänger, also sehr anders als andere. Aber der Selbstzerstörungstrieb, welcher dieser verfluchten Familie nun einmal innewohnt, war offenbar auch in ihm, von Anfang an.«[26] Golo Mann einigt sich mit dem S. Fischer Verlag: Die Tagebücher Thomas Manns sollen nun vollständig (nur mit minimalen Auslassungen) erscheinen, die Edition wird dem versierten Peter de Mendelssohn anvertraut. Sukzessive erscheinen die Diarien in den Jahren 1979 bis 1995 – die ersten fünf Bände von Peter de Mendelssohn betreut (der 1982 stirbt), die restlichen fünf von Inge Jens – und stoßen auf überwältigendes Interesse bei Publikum, Feuilleton und Literaturwissenschaft.

Golo Manns Gram über seine Schwestern Elisabeth und Monika

ist zum Teil dem Umstand geschuldet, dass sie sich eben – anders als Erika und Michael – aus den Angelegenheiten der familiären Repräsentation und der Verwaltung und Verwertung der Lizenzen heraushalten, ihn, Golo, damit also – wenn auch nicht in böser Absicht – allein lassen. Speziell Elisabeth begründet das wiederholt (und schon Erika gegenüber) mit ihrer Karriere und der räumlichen Distanz (sie lebt inzwischen überwiegend in Santa Barbara, Kalifornien). Eine vage Andeutung ihrer zahlreichen Verpflichtungen und Aktivitäten erlaubt ein launiger Brief an die Mutter aus dem Jahre 1970: »Aber was für ein Wöchlein! Ich flog am Dienstag nach New York. Presse. United Nations. Fat businessmen. Professoren. TV. Den ganzen Tag. [...] Dann, also am Donnerstag, begann die Conferenz in Rhode Island. Sieben Stunden am Tag, plus cocktails etc. Recht erschöpfend, halt. Aber wenigstens war es ein kolossaler success. [...] Jetzt haben wir noch zwei gewaltige Conferencen im Februar – eine, mit 15 U. N. Ambassadors, on the Third World, die mir etwas weniger, wenn auch nicht wenig Arbeit macht [...] und dann die dritte Bunzel Conferenz, in New York (United Nations Training und Research Institute) [...].«[27] Tatsächlich jagt Elisabeth Mann in jenen Jahren rastlos um den ganzen Globus, hält Vorträge beiderseits des Atlantiks, besucht Konferenzen in allen Erdteilen, schreibt »nebenbei« Bücher und Vorlesungen. Ihr wohl bekanntestes und zugleich erfolgreichstes Buch *The Drama of the Oceans* erscheint 1975 (dt. *Das Drama der Meere,* 1977). Sie ist beteiligt an der ersten »Pacem in Maribus«-Konferenz auf Malta (1970), ist 1972 Mitbegründerin des Internationalen Ozeaninstituts auf Malta, unterbreitet 1973 – gemeinsam mit Arvid Pardo – auf der dritten UN-Seerechtskonferenz ihren Entwurf einer neuen Seerechtskonvention, die schließlich, nach zähen Verhandlungen, im Jahre 1982 verabschiedet und 1994 ratifiziert werden wird (allerdings weigern sich die USA, Großbritannien und Deutschland, die Konvention zu unterzeichnen). So löst sich Elisabeth Mann mehr als die anderen

Geschwister, ja mehr noch als der international bekannte Historiker Golo Mann, aus dem Schatten des Vaters. Als »Botschafterin der Meere« ist sie international eine unangefochtene Koryphäe. 1978 schließlich wechselt sie von Kalifornien an die Dalhousie University in Halifax, Nova Scotia (Kanada), wo sie einen Lehrstuhl für Politische Wissenschaften und Internationales Seerecht bekleidet. Die abenteuerliche Umzugsreise mit Gepäck und Hunden beschreibt sie in einem Brief an die Mutter: »In Californien war ich nur ein paar Tage, und musste mich dann gleich auf die lange, lange Autoreise nach Nova Scotia aufmachen: Mit all meinem Hab und Gut, und Kind und Kegel, das heisst die Liz, und die 4 Hunde, in einem riesigen *Station Wagon*. Wir machten in San Francisco Halt und dinierten mit Gret [Mann], Gogoi [Angelica Mann Borgese], Mickey und Natalia [Angelicas Kinder Michele und Natalia Colocci]. Es war ein gemütlicher Abend – und dann sind wir eine Woche gereist, durch die wilden wunderbar herbstlich gefärbten canadischen Wälder – das wäre etwas für Golo's Herz gewesen!«[28]

Ihren Wohnsitz nimmt Elisabeth Mann (bis zu ihrem Lebensende) in einem Haus in Sambro Head, direkt an der atlantischen Küste – und bringt so auch ganz persönlich ihre tiefe Verbundenheit mit dem Meer zum Ausdruck. Ähnlich ihren Geschwistern entfremdet sie sich zunehmend von der US-amerikanischen Weltpolitik. Auch das ist für sie ein Anlass, sechs Jahre nach ihrer Übersiedelung nach Nova Scotia die kanadische Staatsbürgerschaft anzunehmen. Ihre Briefe aus dem neuen Haus direkt an der rauen Atlantikküste wirken gelöst und atmen Glück und Zufriedenheit, zumal sie nun Platz (auch einen großen Zwinger) und Zeit für noch mehr Hunde hat, die sie im Übrigen nach italienischen Flüssen benennt. »Mincio geht ja noch, aber wie soll man sich Passirio merken?«, feixt sie in einem Brief an die Mutter. »Ich habe es gelernt indem ich mir den Satz vorstelle: ›Wenn etwas passiert ist, ist es Passirio.‹ […] Jetzt hab ich halt 6 Hunde, nun ja, es gibt schlimmere Arten, verrückt zu sein. Und das Haus, mit dem Wolfsgarten und dem schönen Keller, ist recht günstig dafür.«[29]

Während Elisabeth Mann Borgese in jenen Siebzigerjahren mit ihrer Karriere erst richtig durchstartet, wird es im Leben von Monika Mann immer stiller: Sie und ihr Partner Antonio Spadaro wohnen weiterhin in ihrem abgeschiedenen Haus auf Capri, mit dem atemberaubenden Blick auf die Faraglioni. Spadaro baut inzwischen kleine Modellschiffe, die er an Touristen verkauft, Monika lebt von ihrem Anteil an den Tantiemen aus dem Werk Thomas Manns. Hin und wieder verfasst sie noch Feuilletons und Erinnerungsprosa für Zeitungen, doch ihre eigentliche Zeit als schreibende Repräsentantin der Familie Mann ist passé: Sie veröffentlicht keine Bücher mehr und gerät im öffentlichen Bewusstsein zunehmend in Vergessenheit. Auch gibt sie fast keine Interviews mehr und lässt brieflich kaum noch etwas von sich hören. Gleichwohl ist sie in ihrer eremitischen Abgeschiedenheit zufrieden, ja glücklich – vielleicht als einziges der sechs Geschwister (Elisabeth einmal ausgenommen). Eines der seltenen Gespräche, die sie Presseleuten noch gewährt, findet im Mai 1979 statt: Gabriel Laub führt es im Auftrag des NDR mit der beinahe neunundsechzigjährigen »Scrittrice« in ihrem Capreser Exil. Als Monika Mann kryptisch äußert: »Aber es ist sehr schön, ich finde das wunderbar. Ich hatte es schon als junges Ding gern –«,[30] und Laub nachhakt: »Capri?«, stellt Monika Mann richtig: »Isoliertheit.«[31] Weiter führt sie aus: »Also, ich hab' es schon immer geliebt, diese Isoliertheit. Ich hab' in großen Städten gelebt, aber von allem jetzt hab' ich wirklich genug. Und ich muß sagen, die Jahre vergehen, so wie die Monate und Wochen, das ist ... fast erschreckend. Im Sommer geh' ich weg, im Sommer verreise ich. Im Sommer reise ich, da geh' ich nach Südtirol, in die Dolomiten, mit Freunden. Und dann besuch' ich meine alte Mutter, in Zürich. Und den Rest bin ich hier. Aber es ereignet sich *nichts,* wenn Sie mich fragen, mein Leben ist völlig *einförmig.*«[32] Als

Laub ungläubig nachfragt, ob es denn schön so sei, antwortet Monika Mann fatalistisch-weise: »Schön, frag' ich mich eigentlich gar nicht. So ist es.«[33] Der Interviewer wird etwas ungeduldig – fast erscheint die Gesprächskonstellation wie in Heinrich Bölls berühmter Geschichte vom armen Fischer und dem Touristen, *Anekdote zur Senkung der Arbeitsmoral.* Gabriel Laub jedenfalls fragt Monika Mann, was sie denn »tatsächlich« mache? Und erhält zur Antwort: »Natürlich dadurch, daß man keine Zeitbindung hat, wird auch Zeit verplempert, nicht wahr? Aber meine Art von Verplemperung ist ja nicht hundertprozentig, denn wenn man an sich irgendwie schöpferisch ein bisschen arbeitet, wird ja alles im Unterbewußtsein, irgendwie auch das Nichtstun verarbeitet. [...] Ich meine, faulenzen ist ja fruchtbar – [...] dieses Gleichförmige, der Leerlauf trägt auch zu dieser Zeit, zu dem Gefühl der Zeitlosigkeit bei. Und ich mein', man steht auf, ziemlich früh sogar, um sieben, weil ja schon das Licht so stark hereinkommt, nicht? Da wird man – es hält einen nicht so lange im Bett – und, tja, das Haus, die Küche, das Frühstück, das Bettmachen – die Zeit vergeht –, Schuhe putzen, und was man so tut.«[34] Doch der NDR-Journalist gibt nicht auf und versucht weiterhin, ihr »wesentliche« Äußerungen über ihr Tun und vor allem über ihr Verhältnis zur Familie zu entlocken. Monika Mann wiegelt ab – in einer Mischung aus gespielter Naivität und eremitischer Autonomie: »[...] wir sind meistens allein. Und es – wir finden das richtig. Sie wissen, was ein Metronom ist? Nun hatte ich manchmal keine Lust zum Spielen, ja, ich war irgendwie a-musikalisch, amusisch aufgelegt. Dann ließ ich das Metronom laufen, und aus diesem einförmigen Tick-Tack-Geräusch ergab sich irgendwie die Musik. Können Sie sich das vorstellen? Aus diesem einförmigen Leben, das ich im Grunde hier führe, ergibt sich ganz von selbst eine gewisse *Fülle,* die ich ... ja, die ich jetzt in Worten nicht so erzählen – das ist mehr ... als –«[35] Etwas nervös fragt Laub nach Antonio Spadaro, den er respektlos schlicht »Tonio« nennt.

Monika Mann pariert: »Tonio? Der war früher Maurer und Fischer und hat es mit dem Herz zu tun bekommen und durfte keine schwere Arbeit mehr machen, war aber noch nicht alt genug, um gar nichts zu tun, und hat sich da unten eine kleine *Bar* eröffnet, eine Getränkebar – und Souvenirs macht er, sehr hübsch. Er schnitzt Schiffe und verkauft das am laufenden Band, es macht ihm Spaß.«[36] Laub will etwas Sensationelles aus dem Privatleben Monika Manns herauskitzeln, aber sie kontert überlegen: »Ja, das ist eben das Berühmte, was alle Journalisten eben so ausbeuten und dann auch blödsinnigerweise veröffentlichen, diese ganze Romantik – Fischer und Tochter von Thomas Mann, dieser Kontrast der großen intellektuellen Tochter, und das ist ein einfacher Mann. Ich meine, das finde ich ja gar nicht so *wichtig*. Klassen gibt es für mich überhaupt nicht.«[37]

Solch eine abgeklärte Überlegenheit legt Monika Mann im Kontakt mit der eigenen Familie indes nicht immer an den Tag. Nach wie vor leidet sie unter ihrer Rolle als das »Mönle«, das es im Leben zu nichts gebracht habe und unstandesgemäß mit einem Mann aus dem »einfachen Volk« zusammenlebt. Noch immer sieht sie sich gezwungen, sich vor Mutter und Geschwistern zu verteidigen – sei es, weil sie nicht zu Erikas Beerdigung anreiste oder weil sie es wagt, sich immer wieder im Elternhaus auf ein paar Tage oder Wochen einzunisten. Unterschwellig werbend und rechtfertigend klingen noch immer ihre Briefe an die hochbetagte Mutter, als wende sie sich an die letzte Instanz: »Wir haben hier manchmal Besuch. Aber viel sind wir allein mit uns. Antonio baut kleine Schiffe, ich baue Artikel. Und koche fein. Heute Abend zum Beispiel gibt's Gemüsesuppe *köstli*cher Art, dann Birnenkompott mit Orangenschnaps und Weihnachtsgebäck. [...] Dies ist ›nur‹ ein Lebenszeichen. Zu erzählen gibt es kaum was. Ab und zu telephoniert noch ein Journalist an, wegen Interviews (die *große* Mode), den ich dann ungeheuer grob abweise. – Es sind meist ungebildete freche Burschen, die dann das Zeug an kompromittierende Boulevardblätter verkaufen, das geht nicht! [...] Love/Monnile/Antonio läßt grüßen!«[38]

Antonio lässt zwar grüßen, wird aber nicht gegengegrüßt. Der Dünkel der Familie Mann gegenüber Monikas Lebensgefährten ist zu groß. Selbst zu Golo Manns Freund Hans Beck und dessen Frau und Kindern (Golo adoptiert den jungen Mann im Jahre 1976 und nimmt deswegen – als rechtliche Voraussetzung – sogar wieder die deutsche Staatsbürgerschaft an) verhält sich die Familie offener. Dennoch: Auch Golo Mann fühlt sich in den »Familienbanden« gefesselt und bevormundet – noch dazu unter ein und demselben Dach mit seiner Mutter, die – längst zur lebenden Legende des Familienclans geworden – bereits auf die einhundert zugeht, verwirrt ist und doch noch viel von ihrer einstigen Dominanz ausstrahlt, mit der sie den berühmten, aber schwierigen Ehemann managte, sechs Kinder großzog und ein mittleres haushälterisches »Unternehmen« samt Bediensteten leitete. Katia Mann, betreut von einer Pflegerin, kann in ihren lichteren Momenten noch kokett sein, lachen, schreibt auch hin und wieder mit zitteriger Hand Brieflein an die ferne Elisabeth in Kanada – doch die meiste Zeit ist sie weltabgewandt, spricht mit längst Verstorbenen (mit ihrem Mann oder mit Erika), übt nach wie vor Herrschaft aus, auch über Golo, der mit nunmehr siebzig Jahren selbst ein alter, bisweilen müder und desillusionierter Mann ist. In seinem Tagebuch notiert er verzweifelt: »Du Tote! Geh doch endlich zu den Toten, zu denen du gehörst.«[39]

Noch einmal wagt Golo Mann einen Ausbruch: Anfang 1979 kauft er zu horrendem Preis ein Haus in Icking im Isartal, südlich von München. Freunden gegenüber »rechtfertigt« er sein Tun, das bei Lichte besehen etwas absurd erscheint, mit seiner Suche nach einem erfüllten, unabhängigen Leben. »Es ist ganz schön, aber im buchstäblichen Sinn des Wortes unaussprechlich teuer«, verrät er dem Freund Joseph Breitbach. »Ob es mir nun Glück oder Unglück bringen wird, liegt im Schosse der Zukunft.«[40] Der tiefere Beweggrund für den Bezug einer eigenen Immobilie liegt in Golo Manns Verliebtheit. In französischer Sprache, als müsste er vor sich selbst etwas »verschlüsseln«, gesteht er dem befreundeten Verleger Ernst Klett: »Ich bin verliebt seit einem Jahr, auf ehrlichste Weise, in einen kleinen Mexikaner-Indianer-Spanier, der in Salamanca studiert. Neulich fuhr ich mit ihm nach [Schloss] Wolfsgarten [der Prinzessin Margaret von Hessen und bei Rhein], und er hat einen nicht zu übertreffenden Eindruck am großherzoglichen Hof gemacht. Das macht mich ein bisschen munter, wie Sie schreiben.«[41] Eigens, um sich mit dem jungen Mann – Francisco Olivio ist sein Name – besser unterhalten zu können, lernt Golo Mann die spanische Sprache. Aber nicht nur Francisco geht im Ickinger Haus ein und aus: Auch diverse junge Marokkaner gehören zu seinen späten Schwärmereien – was freilich bei der nicht eben weltoffenen Dorfbevölkerung zu Gerüchten und Geschwätz Anlass gibt. Auch deshalb stößt Golo Mann das Haus in Icking bereits nach gut einem Jahr wieder ab (und schickt den Marokkaner Bachir fort, nachdem dieser ohne Führerschein Golo Manns Citroën-Limousine zu Schrott gefahren hat): »Es macht mir nichts als immense Kosten und Kummer und Ärger aller Art. Man ist auch hier den Leuten gegenüber noch unvergleichlich exponierter, was einiges erklärt.«[42] Diese Zeilen sind am 5. April 1980 geschrieben. Keine drei Wochen später löst sich Golo Manns »Lebensproblem«: Katia Mann stirbt am 25. April in Kilchberg im Alter von fast siebenundneunzig Jahren. Auf ein gut gemeintes Beileidsschreiben Ernst Kletts antwortet Golo Mann ungeschminkt: »Wäre sie nur ein paar Jahre früher gestorben. Aber da waren die Kräfte de la sorcière [Hexe; gemeint ist die Pflegerin] [...], die auch in den letzten Tagen sich derart an dies Leben klammerte, dass, im Einverständnis mit dem brav-ängstlich-konservativen Hausarzt, leider auch mit meiner stets optimistisch verblendeten Schwester Elisabeth, nichts Linderndes gegeben werden durfte, was, vielleicht, um ein paar Tage hätte verkürzen können. Morphium erst am letzten Morgen, nach einer schrecklichen Nacht. *Das* hätte nicht sein müssen. Aber die Welt hat wieder einmal nicht auf mich gehört.«[43]

Das unwürdige Vegetieren der Mutter in deren letzten Lebensmonaten lässt Golo Mann lange nicht los. Noch neun Jahre später gesteht er in einem Brief an einen Freund: »Während der letzten Monate, oder ganz gewiss Wochen, wollte sie [Katia Mann] nicht mehr. Wenn die Hexe Mathilde [gemeint ist die Pflegerin] ihr Caviar in den Mund zwang, höre ich sie [Katia Mann] noch rufen: ›Bitte nicht, ich will nicht mehr!‹ Anders in der letzten Nacht, am letzten Vormittag. Da kam die arge Furcht vor dem unbekannten Abgrund, da hörte man sie beten, was sie 85 Jahre lang gewiss nie getan hatte. Ja, am Vormittag ein paar Stunden vor dem Ende, welches dann durch Morphium – endlich! – erleichtert wurde, hörte man sie der Hexe Mathilde zuflüstern: ›Er ist da! Er ist da!‹ Sie sah, oder fühlte den Knochenmann wirklich, wie man ihn auf den Totentänzen sieht. Wer weiss, vielleicht gibt es ihn wirklich?«[44]

Die Erleichterung über Katia Manns Hinscheiden und die Hoffnung auf ein friedliches und freies Pensionärsdasein im Elternhaus in Kilchberg währen indes für Golo Mann nicht lange. Bereits zwei Wochen nach dem Tod der Mutter (sie wird im Familiengrab in Kilchberg neben Thomas, Erika und Michael Mann beigesetzt) schwant ihm Schlimmes: »[...] ein Berg von Problemen; um nur ein Beispiel zu nennen, was denn aus dem Haus werden soll, und die drei Haupt- und drei Neben-Erben und die Schätzung des Schmucks etc. etc., von den Danksagungen nicht zu reden;«[45] Golo Mann wird mit seiner pessimistischen Einschätzung recht behalten: Er entscheidet sich, das Haus in Kilchberg zu halten und für sich zu behalten. Doch die Verhandlungen mit den Haupterben, seinen verbliebenen Geschwistern Monika und Elisabeth, sowie den Nichten und Neffen um einen finanziellen Ausgleich ziehen sich hin. Zwar gelingt ihm eine Einigung mit der jüngsten Schwester und den

Nebenerben (die sich ihr Erbteil ausbezahlen lassen), doch Monika im fernen Capri, obgleich selbst gut versorgt, weigert sich. Sie behält weiterhin ihren Anteil am Elternhaus und das Wohnrecht. Probleme und Konflikte sind vorprogrammiert.

Aber nicht das allein macht Golo Mann müde. Er ist die Querelen um seine Person und seine politischen Ansichten leid: »Im Grunde möchte ich heraus aus der Politik und allem.«[46] Am liebsten hält er in jenen Jahren in kleinen Kultur- und Gemeindehäusern Rezitationsabende, an denen er – auswendig – seine Lieblingsgedichte (deutsche und spanische) vorträgt. Erneut hat er sich verliebt, diesmal in einen spanischen Studenten namens José, den er auf einer zwölftägigen Reise im Frühjahr 1980 in dessen Heimatland begleitete. Aber Golo Mann ist und bleibt zu sehr Person des öffentlichen Lebens. So leicht lässt ihn das mediale Interesse nicht los, auch wenn er das akademische Publikum zutiefst verachtet, wie er der Publizistin Marion Gräfin Dönhoff offen gesteht: »Weil ich im Moment bei der deutschen Intelligentsia, die ja nun zu neun Zehntel ›linksliberal‹ bis ›ultralinks‹ ist, nur noch als greiser Idiot gelte.«[47]

Er kann nicht heraus aus seinen ihm aufgezwungenen Rollen: als Doyen der deutschen Geschichtsschreibung, als Oberhaupt der Familie Mann, als vergebens Liebender und sich notgedrungen mit seinen Geschwistern mehr schlecht als recht arrangierender alter Mann …

»Als dekorierte ich ein untergehendes Schiff«

Die letzten Repräsentanten. 1981–2002

Der Abschied von Icking fällt Golo Mann nicht schwer: Das dortige Haus empfand er als Belastung, finanziell und psychisch. Das Gerede, das über ihn und seine jungen Freunde entstand, ist ihm zuwider. Als Homosexueller ist er ein gebranntes Kind. Jahre später kommt es noch zu einem Skandal, als er in einem TV-Interview Theodor W. Adorno und Max Horkheimer als »Lumpen«[1] bezeichnet – ohne den überraschten Zuschauern einen Beleg zu liefern. Erst später deckt der Publizist Joachim Fest die Zusammenhänge auf: Demnach haben beide Soziologen zu Beginn der Sechzigerjahre eine Berufung Golo Manns an die Universität Frankfurt am Main mit dem Hinweis, er sei homosexuell und »folglich eine Gefahr für die akademische Jugend«,[2] zu verhindern gewusst.

Nun, im Jahre 1980, nach dem Tod der Mutter, zieht sich Golo Mann endgültig ins Elternhaus zurück, das er – lange genug hat er in einem »Literaturmuseum« gewohnt – endlich nach seinem persönlichen Geschmack und seinen Bedürfnissen gestalten kann. Ganz frei ist er innerlich dennoch nicht, eine gewisse Skepsis bleibt. Seiner Schwester Elisabeth berichtet er: »Jedoch kommt mir die allmähliche Ausschmückung des Hauses hier ein bisschen vor, als dekorierte ich ein untergehendes Schiff. (Nicht, dass viel geschähe; ein bissel halt ...)«[3] Die Renovierung und Umgestaltung geschieht nicht nur um seinetwillen. Golo Mann will es auch anderen wohnlich bereiten. Bisweilen kommen sein Adoptivsohn Hans Beck und dessen Frau und Kinder vorbei, so an Weihnachten 1981. Dann genießt Golo die Illusion einer um den Christbaum versammelten Familie: »Momentan ist die Familie Hans da, dergestalt, dass wir klassische Weihnachtstage hatten: Geschenke unterm Lichterbaum und sehr wenig Zeit zwischen den Mahlzeiten, für mich [...].«[4]

Um in dem für ihn zu großen Haus nicht zu allein zu sein, vermietet Golo Mann Zimmer an Studenten, zum symbolischen Mietzins, gerne an Spanier (mit denen er sich im fremden Idiom üben kann) oder an Musiker (die ansonsten schlecht eine Unterkunft fänden, da sie ja auf ihrem Instrument spielen müssen). Mit einem seiner Mitbewohner, Pablo, begibt er sich 1984 sogar auf große Reise nach Kalifornien und Mexiko (und entflieht so geschickt drohenden Feierlichkeiten zum fünfundsiebzigsten Geburtstag), zwei Jahre später nach Japan. Gleichwohl fallen ihm solche Aktivitäten inzwischen schwer, sind doch beide Knie lädiert, sodass ihm bald »nur noch ein trauriger Gang von einer halben Stunde auf der Alten Landstrasse«[5] in Kilchberg möglich ist.

An ein Leben als Zimmerwirt und Pensionär im Lehnsessel freilich mag sich Golo Mann noch nicht gewöhnen, und so gibt er sich weiterhin seiner Leidenschaft, der Literatur, hin, schreibt wohl hin und wieder Erzählungen und Rezensionen, lernt Gedichte auswendig (»mein Trost, mein Stecken und Stab alle Zeit, zumal in dunklen Zeiten«[6]), bietet in Gemeindesälen und Stadttheatern Rezitationsabende an, verfasst auch Lyrikinterpretationen für Marcel Reich-Ranickis *Frankfurter Anthologie* und schreibt vor allem am ersten Teil seiner Memoiren unter dem Titel *Erinnerungen und Gedanken. Eine Jugend in Deutschland.* Der fast sechshundert Seiten starke Band erscheint 1986 und wird – neben *Wallenstein* – sein zweiter großer Bucherfolg: Innerhalb weniger Monate werden über 100 000 Exemplare verkauft. Mit einem Fortsetzungsband indessen kommt Golo Mann nicht so recht voran: *Erinnerungen und Gedanken. Lehrjahre in Frankreich* bleibt Fragment und wird erst posthum im Jahre 1999 veröffentlicht. Nicht zuletzt diese Memoiren bringen Golo Mann mit einem Mal wieder ins Zentrum des öffentlichen Interesses zurück, was sich auch in etlichen Ehrungen verdeutlicht: 1986 erhält er den Goethe-Preis der Stadt Frankfurt, 1987 den Bodensee-Literaturpreis, 1988 die Ehrendoktorwürde der University of Bath, 1991 den Karl Wolfskehl-Preis für Exilliteratur – und noch andere mehr. Dennoch fühlt sich Golo Mann in seinen letzten Jahren übergangen und missachtet. Mit Hinweis auf die beiden Ehrendoktorwürden (der Universitäten Nantes, 1973, und Bath, 1988) meint er Ernst Jünger gegenüber: »Wahr ist's, Doctor h[onoris]. c[ausa]. mult[iplex]. bin ich, aber sieht man näher zu, dann sind es doch nur zwei dieser köstlichen Ehrentitel, und die Universitäten, von denen sie stammen, sind so sympathisch wie unbekannt in weiteren Kreisen, eine französische, eine englische. Eine deutsche nicht. Sie können sich vorstellen, wie dieses mich Vergessen mich quält und wie jedes Jahr, das ins Land – ich meine Deutschland – geht, [...] meine Ungeduld zur Verzweiflung steigert.«[7] Man könnte solch eine Klage als Koketterie oder Eitelkeit abtun. Doch vermutlich verbirgt sich dahinter eine tief empfundene Einsamkeit, aus der sich ein Gefühl des Unglücklichseins speist. In einem Interview-Bogen der *Frankfurter Allgemeinen Zeitung* aus dem Jahre 1980 antwortet Golo Mann auf die Frage »Was möchten Sie sein?« mit dem resignativen Satz: »Jemand, der glücklicher ist als ich.«[8]

Zu Golo Manns Einsamkeit trägt der Tod von Weggefährten bei. Ganz besonders schwer trifft ihn, dass Hans Beck, sein Freund und Adoptivsohn, am 11. November 1986 infolge einer Stoffwechselerkrankung stirbt: »Insgesamt hat er fünf schwere Operationen erlebt und die fünfte nur noch ein paar Wochen überstanden, während derer sein Leben mehr ein automatisch-künstliches als ein echtes war. Er hinterlässt eine Frau, ohne deren Liebe und Hilfe – sie ist eine Star-Krankenpflegerin – [er] nie fünfzig Jahre alt geworden wäre, und zwei sehr liebenswerte Töchter; die drei wachten around the clock an seinem Krankenbett in der Intensivstation des Kölner Krankenhauses. Jeder der drei acht Stunden lang, sodass denn eine, die jüngere Tochter, das Ende erleben musste. Mit ihnen und ihren Sorgen werde ich verbunden bleiben, ich glaube sogar noch stärker als je.«[9] Wie menschlich nah sich Golo Mann und die Witwe Ingrid Beck-Mann tatsächlich sind, wird sich bereits wenige Jahre später erweisen ...

Ein anderer Todesfall greift in Golo Manns Dasein tief ein, wenngleich weniger emotional als vielmehr ganz real: Monika Manns Lebensgefährte Antonio Spadaro stirbt am 13. Dezember 1985. Da mit Spadaros Familie vereinbart ist, dass Monika Mann (die beiden waren nicht verheiratet) über seinen Tod hinaus lediglich noch ein Wohnrecht von sechs Monaten in der Villa Monacone zusteht, sieht sie sich gezwungen, Capri zu verlassen. Aus jenen Wochen ihres Witwendaseins in dem nun öde gewordenen Haus ist eines der letzten Interviews überliefert, das sie Raffaele La Capria gegeben hat. Darin beschreibt die Einsiedlerin in einem Bild, was sie und den »einfachen Mann« Antonio Spadaro miteinander verband: »Die *Anwesenheit* des andern genügte. Wir waren sehr vereint, auch wenn er bisweilen behauptete, ich wäre wie die Frucht der Kakteen, die außen voller Dornen ist, innen aber süß schmeckt. Er baute die azurblaue Grotte [als Modell], ich hörte Mozart, weshalb hätten wir reden sollen?«[10]

Jetzt wird deutlich: Monika Mann hat durchaus mit Kalkül (oder weiser Voraussicht) nicht auf ihren Anteil am Elternhaus in Kilchberg und das dortige Wohnrecht verzichtet: Im Sommer 1986 kehrt sie mit ihren Habseligkeiten (es sind nicht viele) an den Zürcher See zurück. Der Journalistin Helga Schalkhäuser gesteht die Sechsundsiebzigjährige: »Aber es ist natürlich eine völlige Umstellung in jeder Hinsicht. Das ist Schicksal. Aber es muß durchgestanden werden, das letzte Stück Leben, das nun noch vor mir liegt. [...]

Dann wird es auf dem Kilchberg einige schwierige Umstellungen geben für beide von uns.«[11]

Ganz so widerstandslos will sich Golo Mann nicht in sein Schicksal ergeben. In ihm regt sich die Revolte (und der pure Überlebensdrang). »Die Schwester«, so gesteht er einem Freund, »die hier [in Kilchberg] mit mir leben will, heisst in der Tat Monika, und schreiben tut sie auch ein klein bisschen oder tat es wenigstens und durchaus nicht ganz unbegabt. Aber sie ist gemütskrank, viel schlimmer, als ich wusste, und ich kann mit ihr nicht leben. Ich muss da eine Lösung finden und, wohl zum ersten Mal in meinem Leben, ›hart‹ sein. Sie hat 32 Jahre auf Capri gelebt mit einem echten Caprenser, der nun gestorben ist. Da sie dort äusserst billig lebte, keine Steuern zahlte und niemandem auf Erden etwas schenkte, so ist sie sehr reich und könnte sich also hier jede beliebige Wohnung suchen. Warum muss es gerade in meinem Haus sein? Ich denke, sie will mich ausnützen, wie sie noch jeden ausgenützt hat, ohne ihm irgend etwas dafür zu geben. Und diesmal tue ich es nicht. Mein Recht auf das Haus habe ich mir erworben, nicht so sehr, weil ich alle anderen Erben auskaufen konnte (nur sie wollte nicht), sondern weil ich zwanzig schwere Jahre mit der alten Mutter und ihr zuliebe hier verbracht habe; ich will über die Umstände meines Lebens damals schweigen. Dies gibt mir ein moralisches Recht, in dem Haus zu leben und es so zu beleben, wie es mir liegt, was mir ja auch in den letzten sechs Jahren gelungen ist, es fühlten sich alle meine Gäste hier wohl. Nun noch einmal und während der letzten produktiven Jahre, die mir vielleicht bleiben mögen, mit jemandem zu leben, mit dem ich nicht leben will – nein, diesmal nicht, coûte que coûte ...«[12]

Monika Mann sieht das anders: Obwohl sie allein durch ihren Anteil an den Tantiemen des Vaters wohlhabend geworden ist, spielt sie die arme, entwurzelte Witwe, die nun gezwungen ist, im Elternhaus unterzuschlüpfen. Ein paar Wochen lang nistet sie sich bei einer Freundin in Zürich ein, inmitten ihrer Taschen und Umzugskartons, schläft (angeblich) auf dem Sofa und lässt die Öffentlichkeit über die Presse vom Unglück ihrer Unbehaustheit wissen (wobei sich offensichtlich keiner fragt, weshalb die reiche Erbin sich keine Wohnung mietet oder ins Hotel zieht). Schließlich quartiert sie sich im zweiten Stock des Elternhauses ein – und Golo Mann muss dem zusehen, ohne rechtliche Möglichkeit, ihr die Tür zu weisen. In den folgenden Jahren flieht er immer wieder in sein Ferienhaus nach Berzona, nach Schloss Wolfsgarten zu Prinzessin Margaret von Hessen oder zur Schwiegertochter Ingrid Mann-Beck nach Opladen bei Leverkusen, deren Haus Golo Mann einst großzügig mitfinanziert hat. Das Haus in Kilchberg, wo noch immer Thomas Manns Namensschild neben der Klingel prangt und die ungeliebte Schwester Monika sich nun breitgemacht hat, ist Golo Mann – zum zweiten Mal – verleidet worden. Er wird immer griesgrämiger, depressiver, seine Schwester Elisabeth meint später sogar, er sei »die letzten Jahre nicht mehr zurechnungsfähig«[13] gewesen. Zu alledem kommen körperliche Gebrechen und Einschränkungen: Im Dezember 1989 erleidet Golo Mann einen Herzkollaps, ihm wird ein Schrittmacher eingesetzt. Zwei Monate später wird bei ihm Prostatakrebs diagnostiziert, den man operativ entfernt. Desillusioniert schreibt er an den Freund Adolphe Dahringer: »Das Herz, das allein nicht mehr wollte, dem man also ein zweites Herz beigeben musste, und dann noch die Intestines [Eingeweide] irgendwo. Ich war achtzig Jahre jung und auch ganz bewusst dankbar dafür, nur glaubte ich, es würde bis zum Schluss so bleiben, und da lag der Irrtum. Nun muss ich so meine zwölf verschiedenen Tabletten am Tag verspeisen, was müde, müde, müde macht.«[14]

Hoffnung auf eine Rückkehr nach Kilchberg erwächst ihm aus dem Umstand, dass Monika Mann, inzwischen depressiv und gebrechlich, ausgerechnet zu Ingrid Beck-Mann nach Leverkusen wechselt und sich von der examinierten Krankenschwester pflegen lässt (»sehr, sehr gut versorgt, das muss man sagen«,[15] wie Elisabeth Mann bezeugt) – freilich nicht umsonst, wie sich später herausstellen wird. Golo Mann zieht also erneut in sein Elternhaus und lebt hier weitgehend zurückgezogen, von Krankheiten gebeugt.

Monika Mann stirbt am 17. März 1992 in Leverkusen. Sie wird im Familiengrab in Kilchberg bestattet. Die Öffentlichkeit erfährt erst vier Wochen später von ihrem Ableben. In mehreren großen Tageszeitungen erscheinen Nachrufe, die sie als die stille, verkannte, literarisch talentierte Tochter Thomas Manns würdigen. Monika Mann vermachte ihren Anteil am Haus in Kilchberg testamentarisch ihrem Bruder Golo, vieles von ihrem beweglichen Hab und Gut gelangte schon zu Lebzeiten in den Besitz Ingrid Beck-Manns.

Golo Mann kann sich dieser »Befreiung« von der lästigen Mitbewohnerin kaum noch erfreuen. Er ist schwer krank und muss sich kurz nach Monika Manns Tod selbst in die Hände seiner Schwiegertochter begeben. Die dortige Fürsorge wird von Freunden ambivalent beurteilt. Golo Manns Anwalt und Testamentsvollstrecker Ernst Walder erinnert sich: »Die Freunde von Golo Mann, die aus der Distanz feststellen mussten, wie er mehr und mehr isoliert wurde, können sich damit trösten, dass er bis zu seinem Tod vorbildlich gepflegt wurde und wahrscheinlich eine Geborgenheit fand, die ihm früher kaum beschieden war.«[16]

Seine Einstellung zum Tod hat Golo Mann im Sommer 1989, anlässlich des achtzigsten Geburtstags seines Schulfreundes und Jugendgeliebten Julio del Val Caturla (er war die Vorlage für den jungen Joseph in Thomas Manns *Joseph*-Romanen), so zusammengefasst:

»Man kann an ein Dasein nach dem Tod glauben. Gegen den Glauben gibt es kein Argument. Aber dieser Glaube hat nichts mit Rationalität zu tun. Jedes menschliche Individuum tritt neu in die Welt und war vorher nicht. Warum sollte es noch und von da an immer sein, wenn es wieder verschwunden ist? Wenn ich rational denke, hat es für mich keinen Sinn zu glauben, dass die Zahl der Seelen sich bis zum Jüngsten Tag stündlich, sekündlich vermehrt. Aber wenn es bei mir so weit ist, werde wohl auch ich grosse Furcht haben, nicht vor dem Nichts, sondern vor einem unbekannten Etwas. So sind wir gemacht. [...] Ein Paradox ist dieses: Der Mensch fürchtet den Tod, müsste aber ein vielhundertjähriges oder gar ewiges Leben auf Erden noch viel mehr fürchten und, in *diesem* Sinn, für den Tod dankbar sein.«[17]

Golo Mann stirbt am 7. April 1994 in Leverkusen und wird seinem ausdrücklichen Wunsch entsprechend auf dem Kilchberger Friedhof in einem eigenen Grab weit abseits der Familienstätte beigesetzt. Zur Beerdigung kommen nur wenige Trauergäste. Entgegen der Todesanzeige der Familie Beck-Mann und entgegen dem testamentarischen Wunsch des Verstorbenen, wonach die Beerdigung nur im kleinsten Familienkreis und ohne Beisein der Blutsverwandten stattzufinden habe, erscheinen Elisabeth Mann Borgese, Frido Mann, seine Frau Christine und sein Bruder Toni dennoch. Elisabeth erinnert sich etwas schnodderig: »Sein Begräbnis war dermaßen trostlos hier. Es waren ein paar Leutchen da, aber die Rede, es war eine Pfarrerin, also ich bin überzeugt, er hat sich im Sarg umgedreht, so was Grausliches. Das war scheußlich. [...] Nein, man hat ihm [Golo] keinen dauernden Gefallen damit getan, dass man ihn da alleine hingelegt hat.«[18]

Weit genauer führt Frido Mann die Hintergründe aus:

»Ein Prozess um Monikas Erbe und schwere gegenseitige Vorwürfe und Intrigen entzweiten vollends die beiden Familien. Golo sagte sich dabei nicht nur schon Jahre vor seinem Tod von seinen Neffen und Nichten los, sondern brach zuletzt sogar auch mit seiner einstigen Lieblingsschwester Medi [Elisabeth].

Entsprechend beklommen nähern wir uns jetzt dem offenen Kircheneingang. Wir fürchten, von einem davor stehenden, uniformierten Angehörigen des Beerdigungsinstituts abgewiesen zu werden. […] Irgendwie bringen wir es fertig, uns an ihm vorbeizumogeln. In der Kirche setzen wir uns in die hinterste Reihe. Ganz vorn nimmt Golos Adoptivschwiegertochter [Ingrid Beck-Mann] in der Pose einer jovialen Empfangsdame zusammen mit ihren beiden Töchtern die Beileidsbekundungen und Ehrenbezeugungen entgegen und schwatzt lautstark mit der die Trauerfeier leitenden Pastorin. Kurz vor Beginn betritt meine Tante Medi [Elisabeth] die Kirche. Als sie uns sieht, kommt sie zuerst zu uns nach hinten, überlegt es sich dann aber anders und setzt sich ostentativ neben die mit ihr verfeindete Leverkusener Familie in die vorderste Reihe.

Dann beginnt die Abdankungsfeier mit Predigt und Musik, nicht sehr viel anders als bei der Beerdigung meines Großvaters im selben Gotteshaus vor fast vierzig Jahren. Sehr anders allerdings verläuft nach der Feier der gemeinsame Weg zum Grab. Anstatt uns als Familienangehörige an die Spitze des Trauerzugs zu begeben, reihen wir uns an dessen Ende ein. Auch führt der Zug nicht zum Familiengrab, sondern an diesem vorbei zu einer ziemlich weit entfernt liegenden, einsamen Grabstätte, die sich der Verstorbene gewünscht hatte. […]

Als wir schließlich an Golos Grab angelangt sind und ich an der Reihe bin, mein Schäufelchen Erde auf den versenkten Eichensarg zu werfen, verweile ich dort kurz. Trotz der schroffen Ablehnung, die mir während der letzten Jahre vonseiten meines einstigen Lieblings- und Patenonkels entgegengeschlagen war, ist es mir wichtig, mich mit Würde und im Gedenken an die weit zurückliegenden, guten Zeiten von ihm zu verabschieden. Kurz und verstohlen neige ich meinen Kopf. Dann werfe ich, nach dem Häufchen Erde, auch meinen in der heißen Hand halbverwelkten Blumenstrauß in die Gruft.«[19]

Die Streitigkeiten setzen sich nach der Beerdigung fort: Gerichtlich geht die Familie Mann gegen Golo Manns Testament und die darin berücksichtigte Familie Beck-Mann vor. 1996 erzielt man einen Vergleich. Doch in der Folge tauchen immer wieder wertvolle Gegenstände aus dem einstigen Familienbesitz – Tagebücher, Briefe, Gemälde, Schmuck, ein Teeservice – bei Freunden und Vertrauten Ingrid Becks auf, die ihnen von Golo Manns Schwiegertochter geschenkt wurden. Mehrmals kann das Thomas-Mann-Archiv Bilder und Tagebücher ankaufen oder durch Schenkung in seinen Besitz bringen. Manches bleibt aber bis heute verschollen, etwa die Briefe Golo Manns an seinen Bruder Klaus und an die Eltern. 1996 wird das Thomas-Mann-Haus in Kilchberg verkauft. 2005 stirbt Ingrid Beck-Mann.

Golo Manns Tod reißt nicht nur eine Lücke ins geistige Leben Deutschlands, auch die Familie Mann steht mit einem Mal ohne »Oberhaupt« da. Eigentlich müsste Elisabeth Mann Borgese als die Letzte der einst sechs Geschwister diese Rolle übernehmen, aber wie bereits in ihrem ganzen Leben geht sie auch jetzt ihren eigenen Weg und will sich nicht so ohne Weiteres Konventionen und an sie herangetragenen Forderungen beugen. Dabei geht es ja nicht nur um das »Image« der Familiensprecherin, sondern auch um viele rechtliche Fragen und mediale Pflichten im Betrieb eines literarischen Unternehmens, das – mit Verlagen im Rücken – weitergeführt werden will. Anfragen von Presseleuten, Literaturwissenschaftlern und Agenturen lässt die eigenwillige, selbstbewusste Dame, die sich in erster Linie als Ozeanologin und Umweltaktivistin versteht, oft unbeantwortet. Daher übernimmt Frido Mann als ältester Enkel Thomas Manns die Verantwortung als Sprecher und Lizenzenverwalter des riesigen literarischen Familienerbes. Dies gelingt umso mehr, als auch er inzwischen dem »Familienfluch« des Schreibens erlegen ist: 1985 veröffentlichte er den autobiografischen Roman *Professor Parsifal,* der ihn schlagartig bekannt machte (es werden noch ein halbes Dutzend weitere Romane und mehrere Essaybände und Erinnerungsbücher folgen, so 2008 seine Autobiografie unter dem Titel *Achterbahn*). Über Frido Manns Einstieg ins

Literatentum äußerte sich Golo Mann ironisch: »Der Frido schrieb mir, dass er nun an seinem eigenen *Wendepunkt* zu arbeiten begonnen hat. Bald werde ich nicht nur son of, neview [sic] of, twice or three times brother of, sondern auch uncle of ... sein ...«[20]

Doch ungeachtet ihrer weitgehenden Enthaltung von Familienangelegenheiten zieht sich die inzwischen auf die achtzig zugehende Elisabeth Mann keineswegs ins Pensionärsdasein zurück: Weiterhin kämpft sie für den Schutz und den Erhalt des maritimen Ökosystems, als Wissenschaftlerin, Seerechtsaktivistin und Lobbyistin. Immerhin hat sie von ihrem Haus in Sambro Head bei Halifax das Meer, das bei Flut sogar ihren Gartenzaun umspült, vor Augen. Ihr Leben teilt sie mit mehreren Hunden und einem Pflegesohn, den sie in jenen Jahren bei sich aufnimmt. Immer wieder kommen auch ihre längst erwachsenen und verheirateten Töchter Angelica und Dominica zu Besuch, ebenso ihr Lebensgefährte und Mitstreiter Arvid Pardo. Elisabeth Manns und Arvid Pardos wohl größter politischer Erfolg ist im Jahre 1994 das Inkrafttreten des internationalen Seerechtsübereinkommens, dem im Jahre 2000 zur juristischen Absicherung der Internationale Seegerichtshof mit Sitz in Hamburg beigesellt wird. In einem Gespräch mit Ingo Hermann aus dem Jahre 1993 äußert sich Elisabeth Mann beglückt über die Realisierung ihres Lebenstraums einer Seerechtskonvention zum Schutz der Meere als gemeinsamem Menschheitserbe: »Daß die Utopien, an denen mein Mann [Arvid Pardo] und ich gearbeitet haben, sich schnell verwirklichen lassen, das haben wir nie geglaubt. [...] Aber ich muß sagen, daß wir mit dem Seerecht unserer Utopie sehr viel näher gekommen sind als jemals in der Vergangenheit. Denn das Seerechtsübereinkommen [...] ist eine Art von Weltverfassung.«[21]

Auch publizistisch ist die bereits betagte Meereskundlerin weiterhin tätig: 1999 – im Todesjahr ihres Lebensgefährten Pardo – erscheint ihr viel beachtetes Buch mit dem programmatischen Titel

Mit den Meeren leben. Nach wie vor reist sie zu internationalen Tagungen, auf denen sie ihre Anliegen engagiert vertritt. Neueren technischen Errungenschaften, etwa der elektronischen Datenverarbeitung, steht sie aufgeschlossen gegenüber. Der Verleger der Zeitschrift *mare,* Nikolaus Gelpke, erinnert sich: »Es war schwer, mit ihr Schritt zu halten. Sie stand früher auf, war besser gelaunt oder kannte sich besser aus in Windows als ich mit meinen 25 Jahren. Auf ihren Arbeitsreisen hatte sie immer einen kleinen Koffer dabei, darin ein Laptop, ein Drucker und ein Gewirr von Kabeln und Steckern. Sie war stolz darauf, in jedem Land der Erde die geeigneten Stecker für ihren Computer dabeizuhaben. So reiste sie fast pausenlos von Kontinent zu Kontinent.«[22] Die agile alte Dame nimmt in ihrem letzten Lebensjahrzehnt noch etliche Preise und Ehrungen entgegen – auch solche, um die ihr zuletzt vergrämter Bruder Golo sie wohl beneidet hätte: Unter anderen erhält sie die Ehrendoktorwürden der Universitäten von Halifax, Montreal und Yokohama, den Order of Canada, das Große Bundesverdienstkreuz der Bundesrepublik Deutschland, das Hohe Verdienstkreuz der Republik Österreich und nicht zuletzt die Ehrenmedaille »München leuchtet« der Stadt München. 2001 wird sie sogar für den Friedensnobelpreis nominiert – allerdings bleibt ihr diese Ehrung dann doch versagt.

Die Auszeichnung durch die Stadt München, überreicht von Oberbürgermeister Christian Ude, wird Elisabeth Mann indes weniger als Umweltaktivistin verliehen, sondern als Repräsentantin der Familie Mann, einer Familie, die mehrere Jahrzehnte lang in München gelebt und das Münchner Kulturleben geprägt hat (nicht zuletzt nimmt der Name der Medaille »München leuchtet« Bezug auf den Eingangssatz aus Thomas Manns in der Isarstadt spielenden Erzählung *Gladius Dei*). Denn obgleich Elisabeth Mann lange Zeit glaubte, sich dem Rummel um das öffentliche Interesse an ihrer berühmten Familie entziehen zu können, wird sie in den allerletzten

Lebensjahren doch in einen Strudel der Begeisterung hineingerissen – und sie widersetzt sich dem nicht. Ganz im Gegenteil: Gut gelaunt, fröhlich, verschmitzt steht sie Fragen von Reportern, Film- und Rundfunkleuten, Museumsdirektoren, Ausstellungsmachern und Lesern Rede und Antwort. Der Publizist Eberhard Görner interviewt sie ausführlich vor der Kamera und erarbeitet mit ihr den Film *Botschafterin der Meere* (1997). Mit Marianne Scheuerl vom Norddeutschen Rundfunk führt Elisabeth Mann Gespräche, die unter dem Titel *Mein Leben* (1999) auch als Hörbuch erscheinen. Wolf Gaudlitz produziert im Auftrag des Bayerischen Rundfunks eine Interviewsendung unter dem Titel *Mein Vater der Zauberer – meine Liebe das Meer* (1999). Am meisten Widerhall findet jedoch der von Heinrich Breloer erarbeitete Fernseh-Dreiteiler *Die Manns – ein Jahrhundertroman* (2001), in dem er zusammen mit Elisabeth Mann die Lebens- und Arbeitsstätten der Familienmitglieder besucht und sie auch durch die – im Filmstudio rekonstruierten – Räume des Münchner Elternhauses führt. Millionen Zuschauer sitzen gebannt vor den TV-Geräten, erfahren viel Wissenswertes über Glanz und Elend der »amazing family« Mann und das Jahrhundert, das von ihr kulturell mitgeprägt wurde und unter dessen Katastrophen sie auch zu leiden hatte. Ein Begleitband *Unterwegs zur Familie Mann* versammelt zudem Breloers über mehrere Jahre geführte Gespräche mit Elisabeth Mann und noch lebenden Verwandten und Weggefährten – ein einzigartiges Dokument, wissensreich, interessant, ungekünstelt, anekdotenreich, bisweilen auch salopp.

Elisabeth Mann, »Medi«, Thomas Manns geliebtes »Kindchen«, stirbt als letztes der sechs Geschwister, aktiv bis zu ihrem Ende, am 8. Februar 2002 während eines Skiurlaubs in St. Moritz an einer Lungenentzündung. Auch sie wird im Familiengrab in Kilchberg beigesetzt.

In einem abschließenden Gespräch mit ihr aus dem Jahre 1998 stellte Heinrich Breloer gegenüber der Duzfreundin Elisabeth

Mann fest: »Ich habe so den Eindruck gewonnen, dass von allen Kindern du doch die Einzige bist, die wirklich versöhnt ist mit dieser Familie.« Elisabeth Mann antwortete weise und gelassen: »Ja, das ist wohl wahr, das ist wohl wahr, ja, das stimmt. Weiß es nicht, woran es liegt, wie man es erklären kann. Vieles habe ich mir immer dadurch erklärt, dass ich ja die Einzige war, die ihre ganze Kindheit und Jugend hindurch zu Hause war. [...] Später allerdings war ich wohl die, die sich ihr eigenes Leben am unabhängigsten gestaltet hat, was ja aber vielleicht eben für die Beziehung mit dem Elternhaus sehr gut ist. Denn wenn man sich nicht davon befreien kann, dann kann man es auch nicht unbefangen lieben.«[23]

Bildnachweis

[1] Münchner Stadtbibliothek / Monacensia, Signatur EM F 283a
[2] Münchner Stadtbibliothek / Monacensia, Signatur KM F 295
[3] Münchner Stadtbibliothek / Monacensia, Signatur KM F 153
[4] Münchner Stadtbibliothek / Monacensia, Signatur EMB F 241
[5], [6] Wikimedia
[7] Münchner Stadtbibliothek / Monacensia, Signatur EM F 123
[8] Münchner Stadtbibliothek / Monacensia, Signatur EMB F 212
[9] Münchner Stadtbibliothek / Monacensia, Signatur EM F 511
[10] J.H. Darchinger / Friedrich-Ebert-Stiftung; 6/FJHD009701
[11] Münchner Stadtbibliothek / Monacensia, Signatur EM F 507
[12] Münchner Stadtbibliothek / Monacensia, Signatur MiM 67 F 14
[13] Münchner Stadtbibliothek / Monacensia, Signatur MM 1

Auswahlbibliografie

Thomas Mann

Briefe 1889–1936. Hg. von Erika Mann. Frankfurt/M. 1961.
Briefe 1937–1947. Hg. von Erika Mann. Frankfurt/M. 1963.
Briefe 1948–1955 und Nachlese. Hg. von Erika Mann. Frankfurt/M. 1965.
Die Erzählungen. Frankfurt/M. 1986.
Gesammelte Werke in dreizehn Bänden. Frankfurt/M. 1974.
Hans Wysling (Hg.): Dichter über ihre Dichtungen. Thomas Mann. Teil II: 1918–1943. Unter Mitwirkung von Marianne Fischer. München 1979.
Tagebücher 1918–1921. Hg. von Peter de Mendelssohn. Frankfurt/M. 1979.
Tagebücher 1933–1934. Hg. von Peter de Mendelssohn. Frankfurt/M. 1977.
Tagebücher 1935–1936. Hg. von Peter de Mendelssohn. Frankfurt/M. 1978.
Tagebücher 1937–1939. Hg. von Peter de Mendelssohn. Frankfurt/M. 1980.
Tagebücher 1940–1943. Hg. von Peter de Mendelssohn. Frankfurt/M. 1982.
Tagebücher 1944–1946. Hg. von Inge Jens. Frankfurt/M. 1986.
Tagebücher 1946–1948. Hg. von Inge Jens. Frankfurt/M. 1989.
Tagebücher 1949–1950. Hg. von Inge Jens. Frankfurt/M. 1991.
Tagebücher 1951–1952. Hg. von Inge Jens. Frankfurt/M. 1993.
Tagebücher 1953–1955. Hg. von Inge Jens. Frankfurt/M. 1995.
Thomas Mann, Heinrich Mann: Briefwechsel. Hg. von Hans Wysling. Frankfurt/M. 1968.
Thomas Mann, Theodor W. Adorno: Briefwechsel 1943–1955. Hg. von Christoph Gödde und Thomas Sprecher. Frankfurt/M. 2002.

Heinrich Mann

Ein Zeitalter wird besichtigt. Erinnerungen. Frankfurt/M. 1988.

Erika Mann

Blitze überm Ozean. Aufsätze, Reden, Reportagen. Hg. von Irmela von der Lühe und Uwe Naumann. Reinbek 2000.

Briefe und Antworten. 2 Bände. Hg. von Anna Zanco Prestel. München 1988. Bd. I: 1922–1950. Bd. II: 1951–1969.

Das letzte Jahr. Bericht über meinen Vater. Frankfurt/M. 1993.

Klaus Mann zum Gedächtnis. Hg. von Erika Mann, mit einem Vorwort von Thomas Mann. Amsterdam 1950.

Mein Vater, der Zauberer. Hg. von Irmela von der Lühe und Uwe Naumann. Reinbek 1996.

Stoffel fliegt übers Meer. Bilder und Ausstattung von Richard Hallgarten. Stuttgart 1932.

The Lights go down. New York und London 1940.

Zehn Millionen Kinder. Die Erziehung der Jugend im Dritten Reich. Mit einer Einführung von Thomas Mann. München 1989.

Erika und Klaus Mann

Das Buch von der Riviera. Berlin 1989.

Escape to Life. Deutsche Kultur im Exil. München 1991.

Rundherum. Abenteuer einer Weltreise. Reinbek 1982.

The Other Germany. New York 1940.

Klaus Mann

Alexander. Roman der Utopie. Reinbek 1983.

André Gide und die Krise des modernen Denkens. Reinbek 1984.

Auf verlorenem Posten. Aufsätze, Reden, Kritiken. 1942–1949. Hg. von Uwe Naumann und Michael Töteberg. Reinbek 1994.

Briefe und Antworten. 1922–1949. Hg. und mit einem Vorwort von Martin Gregor-Dellin. Reinbek 1991.

Das Wunder von Madrid. Aufsätze, Reden, Kritiken. 1936–1938. Hg. von Uwe Naumann und Michael Töteberg. Reinbek 1993.

Decision. A Review of Free Culture. Hg. von Klaus Mann. New York 1941–1942.

Der fromme Tanz. Das Abenteuerbuch einer Jugend. Reinbek 1986.

Der siebente Engel. Die Theaterstücke. Hg. von Uwe Naumann und Michael Töteberg. Reinbek 1989.
Der Vulkan. Roman unter Emigranten. Reinbek 1981.
Der Wendepunkt. Ein Lebensbericht. Reinbek 1984.
Die neuen Eltern. Aufsätze, Reden, Kritiken. 1924–1933. Hg. von Uwe Naumann und Michael Töteberg. Reinbek 1992.
Die Sammlung. Literarische Monatsschrift unter dem Patronat von André Gide, Aldous Huxley, Heinrich Mann. Hg. von Klaus Mann. Jahrgänge 1934/1935 (September 1933 bis August 1935). Amsterdam. Nachdruck in zwei Bänden. München 1986.
Distinguished Visitors. Der amerikanische Traum. Hg. und mit einem Nachwort von Heribert Hoven. München 1991.
Flucht in den Norden. Roman. Reinbek 1981.
Kind dieser Zeit. Reinbek 1967.
Maskenscherz. Die frühen Erzählungen. Hg. von Uwe Naumann. Reinbek 1990.
Mephisto. Roman einer Karriere. Reinbek 1981.
Speed. Die Erzählungen aus dem Exil. Hg. von Uwe Naumann. Reinbek 1990.
Symphonie Pathétique. Ein Tschaikowsky-Roman. Reinbek 1981.
Tagebücher. Hg. von Joachim Heimannsberg, Peter Laemmle und Wilfried F. Schoeller. Bd. 1: 1931–1933, München 1989. Bd. 2: 1934–1935, München 1989. Bd. 3: 1936–1937, München 1990. Bd. 4: 1938–1939, München 1990. Bd. 5: 1940–1943, München 1991. Bd. 6: 1944–1949, München 1991.
Treffpunkt im Unendlichen. Roman. Reinbek 1981.
Zahnärzte und Künstler. Aufsätze, Reden, Kritiken. 1933–1936. Hg. von Uwe Naumann und Michael Töteberg. Reinbek 1993.
Zweimal Deutschland. Aufsätze, Reden, Kritiken. 1938–1942. Hg. von Uwe Naumann und Michael Töteberg. Reinbek 1994.

Golo Mann

»Man muss über sich selbst schreiben«. Erzählungen, Familienporträts, Essays. Herausgegeben von Tilmann Lahme. Mit einem Nachwort von Hans-Martin Gauger. Frankfurt/M. 2009.
Briefe 1932–1992. Hg. von Tilmann Lahme und Kathrin Lüssi. Göttingen 2006.
Deutsche Geschichte des 19. Jahrhunderts/Deutsche Geschichte des 20. Jahrhunderts. Frankfurt/M. 1958.

Erinnerungen an meinen Bruder Klaus. In: Klaus Mann, Briefe und Antworten 1922–1949. Hg. von Martin Gregor-Dellin. Reinbek 1991, S. 629–661.
Erinnerungen und Gedanken. Eine Jugend in Deutschland. Frankfurt/M. 1991.
Erinnerungen und Gedanken. Lehrjahre in Frankreich. Hg. von Hans-Martin Gauger und Wolfgang Mertz. Frankfurt/M. 1999.
Friedrich von Gentz. Geschichte eines europäischen Staatsmannes. Zürich 1947.
Propyläen Weltgeschichte. Eine Universalgeschichte. Hg. von Golo Mann und Alfred Heuß. 12 Bde. Berlin und Frankfurt/M. 1960–1965.
Vom Geist Amerikas. Eine Einführung in amerikanisches Denken und Handeln im zwanzigsten Jahrhundert. Stuttgart 1954.
Wallenstein. Sein Leben erzählt von Golo Mann. Frankfurt/M. 1971.
Wir alle sind, was wir gelesen. Aufsätze und Reden zur Literatur. Frankfurt/M. 1989.

Monika Mann

Das fahrende Haus. Aus dem Leben einer Weltbürgerin. Hg. von Karin Andert. Reinbek 2007.
Der letzte Häftling. Eine wahre Legende in onore eines (letzten) Komponisten. Lohhof bei München, 1967.
Der Start. Ein Tagebuch. Fürstenfeldbruck 1960.
Tupfen im All. Köln 1963.
Vergangenes und Gegenwärtiges. Erinnerungen. Reinbek 2001.
Wunder der Kindheit. Bilder und Impressionen. Köln 1966.

Elisabeth Mann

Aufstieg der Frau. Abstieg des Mannes? München 1965.
Das Drama der Meere. Frankfurt/M. 1977.
Die Zukunft der Weltmeere. Ein Bericht an den Club of Rome. Mit einem Vorwort von Alexander King. Wien 1985.
Mit den Meeren leben. Köln 1999.
Pacem in Maribus. Hg. von Elisabeth Mann Borgese. New York 1972.
Wie Gottlieb Hauptmann die Todesstrafe abschaffte. Erzählungen. Köln 2001.

Wie man mit den Menschen spricht ... Hg. von Peter K. Wehrli. Zürich 1970.
Zwei Stunden. Geschichten am Rande der Zeit. Hamburg 1965. (Neuauflage unter dem Titel: Der unsterbliche Fisch. Erzählungen. Hg. von Thomas B. Schumann. Hürth bei Köln 1998.)

Michael Mann

Fragmente eines Lebens. Lebensbericht und Auswahl seiner Schriften von Frederic C. und Sally P. Tubach. München 1983.

Katia Mann

Meine ungeschriebenen Memoiren. Frankfurt/M. 1974.

Viktor Mann

Wir waren fünf. Bildnis der Familie Mann. Konstanz 2017.

Frido Mann

Achterbahn. Ein Lebensweg. Reinbek 2008.
Professor Parsifal. Autobiographischer Roman. München 1985.

Sonstige Autoren

Gottfried Benn: Antwort an die literarischen Emigranten. In: Gottfried Benn: Autobiographische und vermischte Schriften. Hg. von Dieter Wellershoff. Vierter Band. Wiesbaden und München 1977, S. 241–248.
Gottfried Bermann Fischer: Bedroht – Bewahrt. Der Weg eines Verlegers. Frankfurt/M. 1967.
Giuseppe Antonio Borgese: Der Marsch des Fascismus. Amsterdam 1938.
Giuseppe Antonio Borgese: Ist eine Weltregierung möglich? Vorentwurf einer Weltverfassung. Frankfurt/M. 1951.
Manfred Bosch (Hg.): »Sie gehören zum literarischen Familien-Phänomen

Mann dazu«. Der Briefwechsel zwischen Viktor Mann und seinem Verleger. Konstanz 2020.
Leonhard Frank: Links wo das Herz ist. Berlin 2003.
Therese Giehse: »Ich hab nichts zum Sagen«. Gespräche mit Monika Sperr. Berlin 1977.
George W. F. Hallgarten: Als die Schatten fielen. Erinnerungen vom Jahrhundertbeginn zur Jahrtausendwende. Berlin, Frankfurt/M., Wien 1969.
Eva Herrmann: Von Drüben. Botschaften, Informationen und praktische Ratschläge. St. Goar 1976.
Konrad Kellen: Mein Boss, der Zauberer. Thomas Manns Sekretär erzählt. Reinbek 2011.
Hermann Kesten: Meine Freunde, die Poeten. Frankfurt/M., Berlin, Wien 1980.
Fritz H. Landshoff: Amsterdam, Keizersgracht 333, Querido Verlag. Erinnerungen eines Verlegers. Mit Briefen und Dokumenten. Berlin und Weimar 1991.
Ludwig Marcuse: Mein zwanzigstes Jahrhundert. Auf dem Weg zu einer Autobiographie. Zürich 1975.
Klaus Pringsheim jr. und Victor Boesen: Wer zum Teufel sind Sie? Ein Leben mit der Familie Mann. Berlin 2002.
Signe von Scanzoni: Als ich noch lebte. Ein Bericht über Erika Mann. München 2012.
Annemarie Schwarzenbach: »Wir werden es schon zuwege bringen, das Leben«. Annemarie Schwarzenbach an Erika und Klaus Mann. Briefe 1930–1942. Hg. von Uta Fleischmann. Mit Beiträgen von Irmela von der Lühe und Fredric Kroll. Pfaffenweiler 1993.
Bruno Walter: Thema und Variationen. Erinnerungen und Gedanken. New York und Frankfurt/M. 1947.
Tilly Wedekind: Lulu. Die Rolle meines Lebens. München, Bern, Wien 1969.
Hans-Rudolf Wiedemann (Hg.): Thomas Manns Schwiegermutter erzählt. Lebendige Briefe aus großbürgerlichem Hause. Mit einem Geleitwort von Golo Mann. Lübeck 1985.

Sekundärliteratur (Auswahl)

Karin Andert: Monika Mann. Eine Biografie. Hamburg 2010.
Heinz Ludwig Arnold (Hg.): Klaus Mann. »Text + Kritik«, H. 93/94. München 1987.

Urs Bitterli: Golo Mann. Instanz und Außenseiter. Eine Biographie. Berlin 2004.
Thomas Blubacher: Gustaf Gründgens. Biographie. Leipzig 2013.
Manfred Bosch: Die Manns am Bodensee. »Haben es ganz gut getroffen ...«. Konstanz 2018.
Heinrich Breloer, Horst Königstein: Die Manns. Ein Jahrhundertroman. Frankfurt/M. 2001.
Heinrich Breloer: Unterwegs zur Familie Mann. Begegnungen, Gespräche, Interviews. Frankfurt/M. 2001.
Erika und Klaus Mann. Bilder und Dokumente. Katalogbuch zur Ausstellung des Erika-und-Klaus-Mann-Archivs der Handschriftenabteilung der Münchner Stadtbibliotheken am Gasteig, Konzeption: Ursula Hummel, Text: Eva Chrambach, München 1990.
Joachim Fest: Begegnungen. Über nahe und ferne Freunde. Reinbek 2004.
Manfred Flügge: Wider Willen im Paradies. Deutsche Schriftsteller im Exil in Sanary-sur-Mer. Berlin 1996.
Manfred Flügge: Das Jahrhundert der Manns. Berlin 2015.
Manfred Flügge: Muse des Exils. Das Leben der Malerin Eva Herrmann. Berlin 2012.
Nikolaus Gelpke: Die Welt vom Meer gesehen. In: mare, Nr. 31, April/Mai 2002.
Areti Georgiadou: »Das Leben zerfetzt sich mir in tausend Stücke«. Annemarie Schwarzenbach. Eine Biographie. Frankfurt/M. 1996.
Michel Grunewald: Klaus Mann: 1906–1949. Eine Bibliografie. Verzeichnis des Werks und des Nachlasses von Klaus Mann mit Inhaltsbeschreibung der unveröffentlichten Schriften, Namenregister und Titelverzeichnis, München 1984.
Klaus Harpprecht: Thomas Mann. Eine Biographie. 2 Bde. Reinbek 1995.
Dirk Heißerer: Im Zaubergarten. Thomas Mann in Bayern. München 2005.
Ingo Hermann (Hg.): Elisabeth Mann Borgese. Die Meer-Frau. Gespräch mit Amadou Seitz in der Reihe »Zeugen des Jahrhunderts«. Redaktion: Jürgen Voigt. Göttingen 1993.
Kerstin Holzer: Elisabeth Mann Borgese. Ein Lebensporträt. Berlin 2001.
Inge und Walter Jens: Katias Mutter. Das außerordentliche Leben der Hedwig Pringsheim. Reinbek 2005.
Inge und Walter Jens: Frau Thomas Mann. Das Leben der Katharina Pringsheim. Reinbek 2003.
Kirsten Jüngling und Brigitte Roßbeck: Katia Mann. Die Frau des Zauberers. Biografie. München 2003.

Helga Keiser-Hayne: Erika Mann und ihr politisches Kabarett »Die Pfeffermühle«, 1933–1937. Texte, Bilder, Hintergründe. Reinbek 1995.

Jürgen Kolbe: Heller Zauber. Thomas Mann in München 1894–1933. Unter Mitarbeit von Karl Heinz Bittel. Berlin 1987.

Helmut Koopmann (Hg.): Thomas-Mann-Handbuch. 2. Aufl. Stuttgart 1995.

Fredric Kroll (Hg.): Klaus-Mann-Schriftenreihe, Bd. 1: Bibliographie. Mit Vorwort von Klaus Blahak und Fredric Kroll. Wiesbaden 1976.

Fredric Kroll (Hg.): Klaus-Mann-Schriftenreihe, Bd. 2: 1906–1927. Unordnung und früher Ruhm. Wiesbaden 1977.

Fredric Kroll (Hg.): Klaus-Mann-Schriftenreihe, Bd. 3: 1927–1933. Vor der Sintflut. Wiesbaden 1979.

Fredric Kroll (Hg.): Klaus-Mann-Schriftenreihe, Bd. 4: 1933–1937. Repräsentant des Exils. Teilband 4/I: 1933–1934. Sammlung der Kräfte. Wiesbaden 1992. Teilband 4/II: 1935–1937. Im Zeichen der Volksfront. Hamburg 2006.

Fredric Kroll (Hg.): Klaus-Mann-Schriftenreihe, Bd. 5: 1937–1942. Trauma Amerika. Wiesbaden 1986.

Fredric Kroll (Hg.): Klaus-Mann-Schriftenreihe, Bd. 6: 1942–1949. Der Tod in Cannes. Hannover 1996.

Fredric Kroll: »Das Letzte halte ich stets zurück«. Sexualität und Sprachlosigkeit bei Klaus Mann. In: Erkenntniswunsch und Diskretion. Hg. von Gerhard Härle u. a. Berlin 1992.

Marianne Krüll: Im Netz der Zauberer. Eine andere Geschichte der Familie Mann. Frankfurt/M. 1993.

Hermann Kurzke: Thomas Mann. Das Leben als Kunstwerk. Eine Biographie. München 1999.

Tilmann Lahme: Golo Mann. Biographie. Frankfurt/M. 2009.

Tilmann Lahme: Die Manns. Geschichte einer Familie. Frankfurt/M. 2015.

Tilmann Lahme, Holger Pils, Kerstin Klein (Hg.): Die Briefe der Manns. Ein Familienporträt. Frankfurt/M. 2016.

Peter Lange: Prag empfing uns als Verwandte. Die Familie Mann in der Tschechoslowakei. Prag 2021.

Irmela von der Lühe: Erika Mann. Eine Biographie, Frankfurt/M. 1993.

Peter de Mendelssohn: Der Zauberer. Das Leben des deutschen Schriftstellers Thomas Mann. 3 Bde. Überarbeitete und erweiterte Neuausgabe Frankfurt/M. 1996.

Dominique Laure Miermont: Annemarie Schwarzenbach. Eine beflügelte Ungeduld. Biographie. Zürich 2008.

Hildegard Möller: Die Frauen der Familie Mann. München 2004.

Uwe Naumann: Klaus Mann. Reinbek 1984.
Uwe Naumann (Hg.): »Ruhe gibt es nicht, bis zum Schluss«. Klaus Mann (1906–1949). Reinbek 1999.
Uwe Naumann, in Zusammenarbeit mit Astrid Roffmann (Hg.): Die Kinder der Manns. Ein Familienalbum. Reinbek 2005.
Holger Pils und Karolina Kühn (Hgg.): Elisabeth Mann Borgese und das Drama der Meere. Hamburg und Lübeck 2012.
Anatol Regnier: Du auf deinem höchsten Dach. Tilly Wedekind und ihre Töchter. Eine Familienbiografie. München 2005.
Marcel Reich-Ranicki: Thomas Mann und die Seinen. Frankfurt/M. 1990.
Curt Riess: Gustaf Gründgens. Hamburg 1965.
Nicole Schaenzler: Klaus Mann. Eine Biographie. Frankfurt/M. 1999.
Helga Schalkhäuser: Monika Mann. In: Helga Schalkhäuser: Hoheiten, Exzellenzen, Prominente. Begegnungen mit berühmten Persönlichkeiten in aller Welt. Bergisch-Gladbach 1987.
Alexis Schwarzenbach: Auf der Schwelle des Fremden. Das Leben der Annemarie Schwarzenbach. München 2011.
Eberhard Spangenberg: Karriere eines Romans. Mephisto, Klaus Mann und Gustaf Gründgens. Ein dokumentarischer Bericht aus Deutschland und dem Exil 1925–1981. München 1982.
Thomas Sprecher: Thomas Mann in Zürich. München 1992.
Thomas Sprecher und Fritz Gutbrodt (Hg.): Die Familie Mann in Kilchberg. Zürich 2000.
Alexander Stephan: Im Visier des FBI. Deutsche Exilschriftsteller in den Akten amerikanischer Geheimdienste. Stuttgart und Weimar 1995.
Armin Strohmeyr: Traum und Trauma. Der androgyne Geschwisterkomplex im Werk Klaus Manns. Augsburg 1997.
Armin Strohmeyr: Klaus Mann. München 2000.
Armin Strohmeyr: Klaus und Erika Mann. »Wir traten wie Zwillinge auf«. Eine Biografie. Leipzig 2004.
Armin Strohmeyr: Dichterkinder. Liebe, Verrat und Drama – der Kreis um Klaus und Erika Mann. München 2020.
Dagmar Walach: Aber ich habe nicht mein Gesicht. Gustaf Gründgens. Eine deutsche Karriere. Berlin 1999.
Hans-Albert Walter: Fritz H. Landshoff und der Querido Verlag 1933–1950. Mit einer Bibliographie Querido. Marbacher Magazin, Heft 78. Marbach a. N. 1997.
Peter K. Wehrli: Nachruf auf Elisabeth Mann Borgese. In: Blätter der Thomas Mann Gesellschaft Zürich, Nr. 29, 2000–2001, S. 5–9.

Gunna Wendt: Erika und Therese. Erika Mann und Therese Giehse – eine Liebe zwischen Kunst und Krieg. München 2018.
Hans Wißkirchen: Die Familie Mann. Reinbek 1999.
Heinke Wunderlich und Stefanie Menke: Sanary-sur-Mer. Deutsche Literatur im Exil. Stuttgart und Weimar 1996.
Hans Wysling und Yvonne Schmidlin (Hg.): Thomas Mann. Ein Leben in Bildern. Zürich 1994.

Anmerkungen

Siglen und Abkürzungen

DBdM	Die Briefe der Manns. Ein Familienporträt. Hg. von Tilmann Lahme, Holger Pils, Kerstin Klein. Frankfurt/M. 2016.
ElM	Elisabeth Mann
EM	Erika Mann
EMBuA	Erika Mann: Briefe und Antworten. 2 Bände. Hg. von Anna Zanco Prestel. München 1988. Bd. I: 1922–1950. Bd. II: 1951–1969.
FM	Frido Mann
GM	Golo Mann
HM	Heinrich Mann
KaM	Katia Mann
KdZ	Klaus Mann: Kind dieser Zeit. Reinbek 1967.
KM	Klaus Mann
KMBuA	Klaus Mann: Briefe und Antworten. 1922–1949. Hg. und mit einem Vorwort von Martin Gregor-Dellin. Reinbek 1991.
MiM	Michael Mann
MoM	Monika Mann
TM	Thomas Mann
Tb	Tagebuch
Wp	Klaus Mann: Der Wendepunkt. Ein Lebensbericht. Reinbek 1984.

»Jetzt bin ich endlich frei und darf sprechen«

Prolog: Ein heißer Sommer, ein Suizidversuch und ein Bekenntnis. 1941

1 KM: Wp, S. 423.
2 KM: Wp, S. 424.
3 KM: Wp, S. 424 f.
4 KM: Tb, 22.02.1940.
5 KM: Wp, S. 424.
6 KM: Wp, S. 425.
7 KM: Wp, S. 425.
8 KM: Wp, S. 426.
9 KM: Wp, S. 429.
10 KM: Wp, S. 75.
11 KM: Wp, S. 75.
12 GM an Manuel Gasser, 07.08.[1941]. Zit. nach: Tilmann Lahme: Golo Mann, S. 165.
13 KM: The Last Decision. In: KM: Zweimal Deutschland, S. 380–382.

»Das Paradies der Unschuld«

Glückliche Kindheit. 1905–1914

1 Vgl. DBdM, Anm. S. 548.
2 TM: Little Grandma. In: TM: Gesammelte Werke, XI, S. 468.
3 TM: Hundert Jahre Reclam. Zit. nach: Hans Bürgin, Hans-Otto Mayer: Thomas Mann. Eine Chronik seines Lebens. Frankfurt/M. 1974, S. 11.
4 TM: Notizbuch 7. Hier zit. nach: Kirsten Jüngling, Brigitte Roßbeck: Katia Mann, S. 65.
5 TM: Tb, 06.05.1934.
6 KaM: Meine ungeschriebenen Memoiren, S. 21.
7 TM an Katia Pringsheim, Mitte August 1904. In: TM: Briefe 1889–1936, S. 52.
8 Kirsten Jüngling, Brigitte Roßbeck: Katia Mann, S. 72.
9 TM an Katia Pringsheim, Mitte September 1904. In: TM: Briefe 1889–1936, S. 56.
10 Viktor Mann: Wir waren fünf, S. 223.
11 Zit. nach: KaM: Meine ungeschriebenen Memoiren, S. 29.
12 Ebd.
13 TM an HM, 20.11.1905. In: TM/HM: Briefwechsel, S. 47.

14 KM: Wp, S. 21.
15 KM: Wp, S. 29.
16 KM: KdZ, S. 15.
17 EM an Frau Gamst, 8.2.1960, EMBuA II, S. 91.
18 KM: KdZ, S. 126.
19 EM: Der kleine Bruder und der große. In: EM: Blitze überm Ozean, S. 462.
20 KM: KdZ, S. 14.
21 TM an Walter Opitz, 18.4.1910. Zit. nach: Die Kinder der Manns. Ein Familienalbum, S. 38.
22 Hedwig Pringsheim. Zit. nach: Inge und Walter Jens: Frau Thomas Mann, S. 78.
23 KM: KdZ, S. 14.
24 KM: Wp, S. 43.
25 KM: Wp, S. 22 f.
26 KM: KdZ, S. 26.
27 KM: KdZ, S. 25 f.
28 Ludwig Marcuse: Mein zwanzigstes Jahrhundert, S. 115.
29 GM: Erinnerungen und Gedanken. Eine Jugend in Deutschland, S. 22.
30 Ebd., S. 24.
31 Ebd., S. 25.
32 MoM: Vergangenes und Gegenwärtiges, S. 12.
33 Ebd., S. 20 f.
34 KM: Wp, S. 46.
35 KM: Wp, S. 48.
36 KM: Wp, S. 43.

»So viel Verderbtheit war eindrucksvoll«

Krieg, Revolution und Revolte, 1914–1922

1 GM: Erinnerungen und Gedanken. Eine Jugend in Deutschland, S. 37 f.
2 Ebd., S. 57.
3 Ebd., S. 41 f.
4 Ebd., S. 42.
5 Ebd., S. 35–37.
6 Ebd., S. 32.
7 Ebd., S. 32.
8 Ebd., S. 33.

9 KM: Wp, S. 56 f.
10 GM: Erinnerungen und Gedanken. Eine Jugend in Deutschland, S. 54.
11 TM an Hedwig Fischer, 24.06.1915. TM: Briefe 1889–1936, S. 121 f.
12 KM, KdZ, S. 39 f.
13 KM: KdZ, S. 106.
14 GM: Erinnerungen und Gedanken. Eine Jugend in Deutschland, S. 48.
15 KM: KdZ, S. 34.
16 KM: KdZ, S. 35.
17 KM: KdZ, S. 35.
18 GM: Erinnerungen und Gedanken. Eine Jugend in Deutschland, S. 28 f.
19 KM: Wp, S. 51.
20 KM: Wp, S. 76.
21 KM: KdZ, S. 179 f.
22 KM: Wp, S. 111.
23 KM: Wp, S. 76.
24 TM: Tb, 28.09.1918.
25 KM: KdZ, S. 67.
26 KM: KdZ, S. 68.
27 KM: KdZ, S. 44.
28 KM: KdZ, S. 44.
29 KM: KdZ, S. 43 u. 46.
30 KM: Wp, S. 71.
31 TM: Tb, 20.09.1918.
32 TM: Tb, 25.07.1920.
33 TM: Tb, 17.10.1920.
34 TM: Tb, 30.09.1918.
35 TM: Tb, 21.04.1919.
36 KaM: Meine ungeschriebenen Memoiren, S. 29 f.
37 MoM: Vergangenes und Gegenwärtiges, S. 35.
38 KM: KdZ, S. 78.
39 TM, hier zit. nach: KM: KdZ, S. 76 f.
40 TM: Tb, 05.05.1920.
41 TM: Tb, 28.09.1918.
42 KaM an TM, 02.10.1920, DBdM, S. 16.
43 Marina Ewald an den Leiter der Odenwaldschule Paulus Geheeb, 11.08.1922. Hier zit. nach: Nicole Schaenzler: Klaus Mann, S. 25.
44 KaM an TM, 13.08.1922, DBdM, S. 27.

»*Komm* doch, es ist so schön und die Wellen sind lebensgefährlich«
Unordnung und frühes Leid. 1922–1927

1 KM an EM, 05.11.1922, KMBuA, S. 12.
2 KM an EM, 05.11.1922, KMBuA, S. 12 f.
3 So der Münchner Regisseur Percy Adlon, der Annette Kolbs Roman *Die Schaukel* verfilmte (1983), in einem Interview mit dem Bayerischen Fernsehen.
4 KM an EM, 14.09.1922, DBdM, S. 29.
5 Ebd., S. 29.
6 Ebd., S. 31.
7 KaM an TM, 03.03.1924, DBdM, S. 37.
8 EM: Meine Mutter, Frau Thomas Mann. In: EM: Mein Vater, der Zauberer, S. 274.
9 EM: Wenn ich an meine Mutter denke... In: Quick, Jg. 18, Nr. 18, 02.05.1965, S. 89.
10 MoM: Vergangenes und Gegenwärtiges, S. 39.
11 MoM: Vergangenes und Gegenwärtiges, S. 42.
12 KaM an EM, 05.10.1924, DBdM, S. 42 f.
13 GM: Erinnerungen und Gedanken. Eine Jugend in Deutschland, S. 135.
14 Ebd., S. 193.
15 Ebd., S. 147 f.
16 KaM an EM, 05.10.1924, DBdM, S. 43.
17 TM: Tb, 13.02.1920.
18 TM: Gesang vom Kindchen. In: TM: Die Erzählungen. Frankfurt/M. 1986, S. 698 f.
19 GM: Erinnerungsstück für Katia Mann, September 1981. Zit. nach: Die Kinder der Manns. Ein Familienalbum, S. 53.
20 ElM im Gespräch mit Heinrich Breloer, 26.–28.04.1998. In: Heinrich Breloer: Unterwegs zur Familie Mann, S. 27.
21 Ebd.
22 Ebd., S. 31.
23 Ebd., S. 35.
24 Ebd., S. 37.
25 Ebd., S. 39.
26 ElM: Aufstieg der Frau. Abstieg des Mannes? München 1965, S. 239 ff.
27 KaM an TM, 04.03.1925, DBdM, S. 44 ff.
28 KM an EM, 17.05.1925, Münchner Stadtbibliothek/Monacensia, KM B 465. Zit. nach: Armin Strohmeyr: Dichterkinder, S. 90.

29 TM: Unordnung und frühes Leid. In: TM: Die Erzählungen. Frankfurt/M. 1986, S. 776.
30 MiM: Erinnerungen an meinen Vater. In: MiM: Fragmente, S. 149.
31 KM: Wp, S. 136.
32 KM an Pamela Wedekind, 24.06.1924, KMBuA, S. 18.
33 Deutsche Allgemeine Zeitung, 12.07.1924.
34 EM an Pamela Wedekind, 23.07.1924, EMBuA I, S. 11.
35 Ebd., S. 11 f.
36 KM: KdZ, S. 193.
37 KM an EM, 26.04.1925. Zit. nach: Fredric Kroll: Klaus-Mann-Schriftenreihe, Bd. 2, S. 95.
38 Zit. nach: Irmela von der Lühe: Erika Mann, 1993, S. 36.
39 Zit. nach: Michael Töteberg: Nachwort zu: KM: Der siebente Engel. Die Theaterstücke, S. 422 f.
40 TM an Ernst Bertram. Zit. nach: Michael Töteberg: Nachwort zu: KM: Der siebente Engel. Die Theaterstücke, S. 420.
41 Ebd.
42 KM: Wp, S. 165.
43 KM: Als ich heiraten wollte. In: KM: Die neuen Eltern, S. 128.
44 Curt Riess: Gustaf Gründgens. Hamburg 1965, S. 67. Zit. nach: Thomas Blubacher: Gustaf Gründgens, S. 88.
45 EM an Pamela Wedekind, Juli 1926, EMBuA I, S. 13.
46 Ebd.
47 KaM an EM, 06.06.1926, DBdM, S. 61.
48 KaM an EM und KM, 19.10.1927, DBdM, S. 64.
49 TM an EM und KM, 19.10.1927, DBdM, S. 65 f.
50 Ebd.
51 KaM an EM und KM, 19.10.1927, DBdM, S. 65.

»Wie wir um die Kurven rasten, hinter denen der Abgrund lag!«

Rallyes auf Leben und Tod. 1927–1933

1 EM und KM: Rundherum, S. 13.
2 EM und KM: Rundherum, S. 14 f.
3 EM und KM: Rundherum, S. 21.
4 EM und KM: Rundherum, S. 30.
5 EM und KM: Rundherum, S. 42.
6 KM an Erich Ebermayer, 04.09.1927, KMBuA, S. 47.

7 Ebd.
8 KM an KaM und TM, 05.12.1927, KMBuA, S. 52.
9 KM an Pamela Wedekind, 05.02.1928, KMBuA, S. 54.
10 KaM an EM, 01.11.1927, DBdM, S. 68.
11 KM: Wp, S. 193.
12 KaM an EM, 01.11.1927, DBdM, S. 70.
13 Ebd.
14 Ebd.
15 KaM an EM, 08.02.1928, DBdM, S. 76.
16 Vgl. hierzu: Tilmann Lahme: Golo Mann. Biographie, S. 43 f.
17 KaM an EM, 01.11.1927, DBdM, S. 70 f.
18 KaM an EM, 08.02.1928, DBdM, S. 74.
19 KaM an EM, 01.11.1927, DBdM, S. 71.
20 Ebd.
21 EM und KM: Rundherum, S. 99.
22 EM und KM: Rundherum, S. 124.
23 EM und KM: Rundherum, S. 137.
24 EM und KM: Rundherum, S. 142.
25 EM und KM: Rundherum, S. 142 f.
26 KM: Wp, S. 192.
27 KaM an EM, 08.02.1928, DBdM, S. 76.
28 KM: Wp, S. 244.
29 KaM an EM, 17.07.1930, DBdM, S. 81 f.
30 KaM an EM, 17.07.1930, DBdM, S. 82.
31 ElM: Mit den Meeren leben. Köln 1999, S. 17 f.
32 TM: Lübeck als geistige Lebensform. Hier zit. nach: Heinrich Breloer: Unterwegs zur Familie Mann, S. 485.
33 ElM: Mit den Meeren leben. Köln 1999, S. 18 f.
34 EM: Wie ich Auto-Monteur lernte. In: EM: Blitze überm Ozean, S. 73.
35 EM: Fahrt ohne Schlaf. In: EM: Blitze überm Ozean, S. 89.
36 KM: Tb, Bd. 3, S. 45.
37 Thomas Mann und seine Sprößlinge. In: Völkischer Beobachter, 19./20.08.1928.
38 Völkischer Beobachter, 16.01.1932. Hier zit. nach: Irmela von der Lühe: Erika Mann, S. 66 f.
39 KM an EM, 23.01.1932. Hier zit. nach: Fredric Kroll: Klaus-Mann-Schriftenreihe, Bd. 3, S. 146.
40 KM: Klaus Mann verteidigt seine Schwester. In: KM: Die neuen Eltern, S. 381 f.

41 Die Brennessel. Zit. nach: Irmela von der Lühe: Erika Mann, S. 69.
42 KM: Tb, 23.01.1933.
43 KM: Wp, S. 273 f.
44 TM an EM und KM, 25.05.1932, DBdM, S. 88.
45 Zit. nach: Helga Keiser-Hayne: Erika Mann und ihr politisches Kabarett »Die Pfeffermühle«. 1933–1937, S. 20.
46 KM: Wp, S. 254.
47 Zit. nach: KM: Wp, S. 255.
48 Ebd.
49 EM: Unterwegs mit der Pfeffermühle. In: EM: Blitze überm Ozean, S. 113.
50 KM: Wp, S. 283.
51 KM: Wp, S. 283.
52 KM an KaM, 28.02.1933, DBdM, S. 92.
53 MiM an KaM, 22.03.1933, DBdM, S. 98.
54 Ebd., S. 101.
55 KaM an KM, 16.04.1933, DBdM, S. 103.
56 Ebd.
57 ElM an KaM und TM, 27.04.1933, DBdM, S. 107.
58 KaM an KM, 16.04.1933, DBdM, S. 106.
59 TM an KM, 31.05.1933, DBdM, S. 108.

»Als säßen wir zum Vergnügen in französischen Badeorten«

Einübung ins Exil. 1933–1936

1 KM: Brief an Gottfried Benn. In: KM: Zahnärzte und Künstler, S. 24 f.
2 Gottfried Benn: Antwort an die literarischen Emigranten. In: Gottfried Benn: Autobiographische und vermischte Schriften. Hg. von Dieter Wellershoff. Vierter Band. Wiesbaden und München 1977, S. 241–248.
3 TM an KM, 31.05.1933, DBdM, S. 108.
4 EM an TM, 10.08.1933, DBdM, S. 112.
5 TM: Tb, 12.11.1934.
6 KaM an KM, 20.09.1935, DBdM, S. 131.
7 TM: Tb, 20.02.1937.
8 ElM: Aufstieg der Frau. Abstieg des Mannes? München 1965, S. 241.
9 Ebd.
10 Ebd.
11 TM: Tb, 06.10.1933.

12 TM: Tb, 14.04.1936.
13 KaM: Meine ungeschriebenen Memoiren, S. 111.
14 GM an Lise Bauer, 21.12.1935. In: GM: Briefe 1932–1992, S. 22.
15 MoM an KaM, 01.10.1933, DBdM, S. 116.
16 MoM an KM, 12.01.1936, DBdM, S. 132 f.
17 MoM an KaM, 26.01.1936, DBdM, S. 144 ff.
18 MoM an KaM, 26.01.1936, DBdM, S. 146.
19 KaM an KM, 01.02.1936, DBdM, S. 148.
20 KM an MoM, 14.03.1936, DBdM, S. 150.
21 KM an MoM, 14.03.1936, DBdM, S. 151.
22 EM an TM, 10.08.1933, DBdM, S. 112.
23 TM: Tb, 30.09.1933.
24 KM: Wp, S. 298.
25 EM an KM, 01.12.1934, EMBuA I, S. 61.
26 EM an KM, 01.12.1934, EMBuA I, S. 60.
27 KM: Editorial. In: Die Sammlung. Literarische Monatsschrift. 1. Jahrgang. Amsterdam 1934, S. 1 f.
28 TM an KM, 13.09.1933, DBdM, S. 113.
29 EM an KM, 28.09.1933, DBdM, S. 115.
30 Ebd.
31 Zit. nach: DBdM, Anm. zu Brief Nr. 62, S. 517.
32 EM an TM, 19.01.1936, DBdM, S. 133–136.
33 Zit. nach: Die Kinder der Manns. Ein Familienalbum, S. 135.
34 KM und Fritz Landshoff an TM, 26.01.1936, DBdM, S. 144.
35 EM an TM, 29.01.1936, EMBuA I, S. 89.
36 EM an TM, 06.02.1936, EMBuA I, S. 90.
37 EM an Eduard F. Knuchel, 24.06.1935, EMBuA I, S. 70.
38 Zit. nach: Irmela von der Lühe: Erika Mann. Eine Biographie, S. 109.
39 KM: Wp, S. 373.

»Ein Gefühl von Sinn, Verstand und 1000 Möglichkeiten«

Abschied von Europa. 1936–1939

1 Zit. nach: KM: Zahnärzte und Künstler, Anhang, S. 435.
2 KM: Kein Schlüsselroman. Eine notwendige Erklärung. In: KM: Zahnärzte und Künstler, S. 405 f.
3 Stefan Zweig an KM, 24.11.1936, KMBuA, S. 272.
4 GM an KM, 11.12.1936, DBdM, S. 161.

5 TM an KM, 03.12.1936, KMBuA, S. 273 f.
6 Zit. nach: Thomas Blubacher: Gustaf Gründgens, S. 201 f.
7 Ebd.
8 Hanseatisches Oberlandesgericht Hamburg, 3 U 372/1965. Zit. nach: Thomas Blubacher: Gustaf Gründgens, S. 203.
9 Ebd.
10 Ebd.
11 EM an KM, 22.02.1937, DBdM, S. 165.
12 EM an KaM, 24.10.1936, EMBuA I, S. 99.
13 EM an KaM, 27.11.1936, EMBuA I, S. 102.
14 EM an KM, 22.02.1937, DBdM, S. 165 f.
15 EM an KM, 22.02.1937, DBdM, S. 166.
16 Vgl. hierzu Alexander Stephan: Im Visier des FBI. Deutsche Exilschriftsteller in den Akten amerikanischer Geheimdienste. Berlin 1998, S. 99–120.
17 KM: Wp, S. 360.
18 EM an TM, 01.02.1937, EMBuA I, S. 108.
19 EM an KaM, 19.03.1937, EMBuA I, S. 118.
20 EM an KaM, 19.03.1937, EMBuA I, S. 118 f.
21 EM an KaM, 19.03.1937, EMBuA I, S. 119.
22 EM an KM, 25.04.1938, DBdM, S. 177.
23 TM an KM, 22./23.07.1939, DBdM, S. 196.
24 TM an KM, 22./23.07.1939, DBdM, S. 196–198.
25 KM an Ludwig Hatvany, 28.05.1937, KMBuA, S. 302.
26 KaM an KM, 28.05.1937, DBdM, S. 166 f.
27 KM an KaM, 01.06.1938, KMBuA, S. 357.
28 TM an KM, 26.12.1936, DBdM, S. 163.
29 MoM an TM, 05.06.1936, DBdM, S. 153 f.
30 MoM an KM, 15.08.1939, DBdM, S. 200 f.
31 MoM: Vergangenes und Gegenwärtiges, S. 71 f.
32 KM an KaM, 01.06.1938, DBdM, S. 184.
33 ElM an KaM, April 1938, DBdM, S. 175 f.
34 Nico Kaufmann: Im Kreise von Thomas Mann, S. 2. Hier zit. nach: Thomas Sprecher: Eine Jugend in Zürich. Elisabeth Mann in den Jahren 1933–1938. In: Elisabeth Mann Borgese und das Drama der Meere. Hg. von Holger Pils und Karolina Kühn, S. 40.
35 ElM, zit. nach: Thomas Sprecher: Eine Jugend in Zürich. Elisabeth Mann in den Jahren 1933–1938. In: Elisabeth Mann Borgese und das Drama der Meere. Hg. von Holger Pils und Karolina Kühn, S. 45.

36 ElM an KaM, April 1938, DBdM, S. 175.
37 TM: Tb, 10.03.1937.
38 KM an KaM, 01.06.1938, DBdM, S. 184.
39 KM an KaM, 01.06.1938, DBdM, S. 184.
40 KM an KaM, 01.06.1938, DBdM, S. 183.
41 KM an KaM, 01.06.1938, DBdM, S. 181 f.
42 KM an KaM, 01.06.1938, DBdM, S. 182.
43 KM an Ludwig Hatvany, 14.07.1938, KMBuA, S. 363.
44 EM und KM: Fazit einer Spanienreise. In: KM: Das Wunder von Madrid, S. 423 f.
45 TM: Tb, 23.11.1939.
46 MiM an KaM, 18.03.1937. In: MiM: Fragmente eines Lebens, S. 15.
47 MiM an TM, 05.06.1937, DBdM, S. 168.
48 MiM an KaM, 16.11.1937, DBdM, S. 171 f.
49 Michael Manns Wunschliste zu Weihnachten 1938 ist wiedergegeben in: DBdM, S. 186.
50 Vgl. MiM: Fragmente eines Lebens, S. 239.
51 MiM an KaM, 05.09.1939, DBdM, S. 210.
52 MiM an KaM, 09./10.10.1939, DBdM, S. 217.
53 KM an Ferdinand Lion, 08.03.1938, KMBuA, S. 332.
54 KM an Ferdinand Lion, 08.06.1938, KMBuA, S. 360 f.
55 TM an KM, 17.10.1937, KMBuA, S. 320.
56 TM an KM, 16.12.1937, KMBuA, S. 330.
57 KM: Tb, 25.02.1937.
58 Vgl. TM an KM, 16.12.1937, KMBuA, S. 331.
59 KM an GM, 10.11.1939, KMBuA, S. 399.
60 TM an GM, 26.09.1939, DBdM, S. 212.
61 Ebd.
62 EM an TM, 26.11.1939, DBdM, S. 219.

»Der Zauberberg, aber ohne die geistigen Ansprüche desselben«

Zuflucht in der Neuen Welt. 1939–1941

1 ElM, 27.05.1999. In: Heinrich Breloer: Unterwegs zur Familie Mann, S. 127.
2 Ebd.
3 TM an HM, 26.11.1939. In: TM: Briefe 1937–1947, S. 124.
4 Ebd.
5 TM: Tb, 13.12.1944.

6 KM an GM, 31.12.1939, KMBuA, S. 411.
7 ElM. In: Heinrich Breloer: Unterwegs zur Familie Mann, S. 143.
8 ElM an KaM, Anfang 1940, DBdM, S. 223.
9 ElM an KaM, Anfang 1940, DBdM, S. 223.
10 Ebd.
11 KM an Liesl und Bruno Frank, 23.11.1940, KMBuA, S. 439.
12 GM an KaM, 10.05.1941, DBdM, S. 239.
13 MiM an KaM, 14.05.1940. In: MiM: Fragmente eines Lebens, S. 25–27.
14 ElM an KaM, Anfang 1940, DBdM, S. 223.
15 ElM. In: Heinrich Breloer: Unterwegs zur Familie Mann, S. 176.
16 KM: Tb, 13.09.1940.
17 EM an KaM, 26.08.1940, DBdM, S. 228.
18 EM: Eine Nacht in London. In: EM: Blitze überm Ozean, S. 179–182.
19 TM an Agnes Meyer, 08.08.1940. In: TM: Briefe 1937–1947, S. 153.
20 MoM: Vergangenes und Gegenwärtiges, S. 75.
21 MoM: Vergangenes und Gegenwärtiges, S. 76.
22 MoM: Vergangenes und Gegenwärtiges, S. 76–78.
23 EM an KaM, 24.09.1940, DBdM, S. 231.
24 Ebd.
25 TM: Tb, 28.10.1940.
26 KM an KaM, 27.09.1940, DBdM, S. 233.
27 TM: Tb, 25.09.1941.
28 KaM an KM, 11.01.1942. Zit. nach: Die Kinder der Manns. Ein Familienalbum, S. 178.
29 EM an TM, 13.04.1941. In: EM: Mein Vater, der Zauberer, S. 151.
30 MiM an KaM, 21.11.1940, DBdM, S. 235 f.
31 HM: Ein Zeitalter wird besichtigt. Erinnerungen. Frankfurt/M. 1988, S. 479.
32 TM: Tb, 13.10.1940.
33 Leonhard Frank: Links wo das Herz ist. Berlin 2003, S. 201 f.
34 GM an KaM, 10.05.1941, DBdM, S. 238.
35 Diesen Ausdruck verwendet Thomas Mann verschiedentlich. Auch Golo Mann benennt die glitzernde Hollywood-Welt so, vgl. GM an Erich von Kahler, 19.10.1941. Zit. nach: Urs Bitterli: Golo Mann, S. 84.
36 GM an Erich von Kahler, 03.10.1941. Zit. nach: Urs Bitterli: Golo Mann, S. 83.
37 GM an Manuel Gasser, 19.09.1941. In: GM: Briefe 1932–1992, S. 49–52.
38 GM an Manuel Gasser, 19.10.1941. In: GM: Briefe 1932–1992, S. 53 f.
39 GM an KaM, 10.05.1941, DBdM, S. 238.

40 KM: Tb; 08.10.1940.
41 KM: Decision. In: KM: Zweimal Deutschland, S. 238 f.
42 KM an KaM, 26.06.1941, DBdM, S. 245 f.
43 EM an KM, 04.07.1941, DBdM, S. 250 f.
44 EM an KaM und TM, 25.08.1941, DBdM, S. 253.
45 EM an KaM und TM, 25.08.1941, DBdM, S. 254.
46 KM: Erklärung zum Kriegseintritt der USA. In: KM: Zweimal Deutschland, S. 373.
47 KM: Wp, S. 433.

»Ein gespenstischeres Abenteuer ist nicht vorstellbar«

Die »amazing family« im Krieg. 1941–1945

1 ElM an KaM, 09.02.1942, DBdM, S. 258.
2 KaM an KM, 29.04.1942, DBdM, S. 261.
3 TM: Tb, 07.02.1942.
4 KaM an KM, 29.04.1942, DBdM, S. 261.
5 KaM an KM, 29.04.1942, DBdM, S. 263.
6 Ebd.
7 KaM an KM, 29.04.1942, DBdM, S. 262 f.
8 EM an Lotte Walter, 13.11.1943, EMBuA I, S. 186.
9 Ebd.
10 KaM an ElM, 29.07.1942, DBdM, S. 268.
11 GM an Erich von Kahler, 05.06.1942. In: GM: Briefe 1932–1992, S. 57.
12 Ebd.
13 EM an Erich von Kahler, 05.06.1942. In: GM: Briefe 1932–1992, S. 58 f.
14 GM an Manuel Gasser, 21.06.1942. In: GM: Briefe 1932–1992, S. 63.
15 Ebd., S. 64.
16 FM: Achterbahn. Ein Lebensweg, S. 37.
17 Ebd., S. 39 f.
18 Ebd., S. 40 f.
19 KaM an ElM, 29.07.1942, DBdM, S. 269.
20 TM an KM, 27.04.1943, DBdM, S. 279.
21 KaM an ElM, 05.05.1942, DBdM, S. 264 f.
22 MoM: Vergangenes und Gegenwärtiges, S. 100.
23 MoM: Vergangenes und Gegenwärtiges, S. 100 f.
24 KaM an KM, 13.06.1944, DBdM, S. 283.
25 KaM an KM, 23.10.1944, DBdM, S. 291 f.

26 EM an KaM und TM, 11.01.1943. In: EM: Mein Vater, der Zauberer, S. 168.
27 TM: Tb, 16.04.1942.
28 FM: Achterbahn, S. 124.
29 MoM: Vergangenes und Gegenwärtiges, S. 102–105.
30 EM an TM, 29.01.1943, DBdM, S. 275.
31 MoM: Vergangenes und Gegenwärtiges, S. 107 f.
32 KaM an KM, 19.02.1945. Zit. nach: Die Kinder der Manns. Ein Familienalbum, S. 179.
33 EM an KM, 04.09.1944, EMBuA I, S. 199.
34 KaM an KM, 14.03.1946. DBdM, S. 327.
35 KaM an ElM, 29.07.1942, DBdM, S. 269.
36 GM an KM, 08.08.1943, DBdM, S. 281.
37 TM an GM, 26.02.1945, DBdM, S. 301.
38 TM an GM, 22.06.1945, DBdM, S. 319.
39 Ebd., S. 320.
40 TM an KM, 27.04.1943, DBdM, S. 278.
41 KaM an KM, 13.06.1944, DBdM, S. 282.
42 Ebd.
43 EM an KM, 11.02.1943, DBdM, S. 277.
44 EM an KM, 11.02.1943, DBdM, S. 277.
45 KaM an KM, 19.12.1944, DBdM, S. 293 f.
46 KM an KaM, 16.06.1944, DBdM, S. 286.
47 Ebd., S. 287.
48 Ebd.
49 Ebd.
50 KM an TM, 16.05.1945, DBdM, S. 311.
51 Richard Strauss. Hier zit. nach KM: Drei deutsche Meister. In: KM: Auf verlorenem Posten, S. 307.
52 KM: Drei deutsche Meister. In: KM: Auf verlorenem Posten, S. 307.
53 KM: Der Liebling von Berlin. In: KM: Auf verlorenem Posten, S. 332 f.
54 KM an TM, 16.05.1945, DBdM, S. 314.
55 KM an HM, 24.05.1945, KMBuA, S. 781.
56 EM an KaM, 22.08.1945, DBdM, S. 323.
57 Zit. nach: GM: Briefe 1932–1992, Anm. S. 364.
58 GM an Joseph Breitbach, 18.02.1946. In: GM: Briefe 1932–1992, S. 83 [engl. Zitat übers. von Armin Strohmeyr].
59 KM: You can't go home again. In: The Stars and Stripes, 20.05.1945. Hier zit. nach: KM: Auf verlorenem Posten, Anm. S. 549.

»Ruiniert in einem Land, das ich liebe«
Entfremdung und Rückkehr nach Europa. 1946–1952

1 KaM an KM, 14.03.1946, DBdM, S. 326.
2 KaM an KM, 04.04.1946, DBdM, S. 330.
3 KaM an KM, 21.05.1946, DBdM, S. 332.
4 Ebd., S. 333.
5 EM an Manfred George, 26.01.1950, EMBuA I, S. 269.
6 EM und KM: Beispiel einer Verleumdung. In: KM: Auf verlorenem Posten, S. 513 f.
7 KM: Das Sprach-Problem. In: KM: Auf verlorenem Posten, S. 430 ff.
8 Beide im Nachlass Klaus Manns im Monacensia Literaturarchiv München.
9 EM an TM, 01.01.1947, EMBuA I, S. 219.
10 EM an Lotte Walter, 31.01.1947, EMBuA I, S. 223.
11 GM: Erinnerungen an meinen Bruder Klaus. In: KMBuA, S. 655 f.
12 Georg Jacobi an KM, 21.04.1949, KMBuA, Anm. S. 798.
13 KM: Die Heimsuchung des europäischen Geistes. In: KM: Auf verlorenem Posten, S. 542.
14 EM an KM, 15.05.1949, EMBuA I, S. 256.
15 Ebd., S. 257.
16 KM an KaM und EM, 15.05.1949, DBdM, S. 346.
17 KM an KaM und EM, 15.05.1949, DBdM, S. 344.
18 KM an KaM und EM, 20.05.1949, DBdM, S. 350 f.
19 TM: Tb, 22.05.1949.
20 EM an Pamela Wedekind, 16.06.1949, EMBuA I, S. 260.
21 EM an Eva Herrmann, 17.06.1949, EMBuA I, S. 261.
22 EM an Pamela Wedekind, 27.07.1949, EMBuA I, S. 264.
23 GM an Manuel Gasser, 22.12.1957. In: GM: Briefe 1932–1992, S. 132 f.
24 TM: Tb, 12.06.1949.
25 EM an Edward J. Shaughnessy, 11.12.1950, EMBuA I, S. 277 ff.
26 TM an Theodor W. Adorno, 19.4.1952. In: TM/Th. W. Adorno: Briefwechsel 1943–1955. Hg. von Christoph Gödde und Thomas Sprecher. Frankfurt/M. 2002, S. 107.
27 TM: Comprendre. Hier zit. nach: Die Kinder der Manns. Ein Familienalbum, S. 224.
28 GM: Erinnerungen und Gedanken. Eine Jugend in Deutschland, S. 543 f.
29 GM an Joseph Breitbach, Februar 1949. In: GM: Briefe 1932–1992, S. 101 f.

30 GM an Alma Mahler-Werfel, 15.07.1946. In: GM: Briefe 1932–1992, S. 85 f.
31 TM an Ida Herz, 25.12.1949. In: TM: Briefe 1948–1955 und Nachlese, S. 123.
32 GM an Manuel Gasser, 08.04.1953. Hier zit. nach: Tilmann Lahme: Golo Mann. Biographie, S. 224.
33 GM an Manuel Gasser, 22.05.1953. Hier zit. nach: Tilmann Lahme: Golo Mann. Biographie, S. 224.
34 GM an Leonore Gräfin Lichnowsky, 18.11.1950. In: GM: Briefe 1932–1992, S. 106.
35 GM an Leonore Gräfin Lichnowsky, 02.09.1952. In: GM: Briefe 1932–1992, S. 111.
36 GM an Erich von Kahler, 27.11.1952. In: GM: Briefe 1932–1992, S. 113.
37 GM: Erinnerungen an meinen Bruder Klaus, KMBuA, S. 631.
38 MoM an Hermann Kesten, 10.10.1951. Zit. nach: Die Kinder der Manns. Ein Familienalbum, S. 230.
39 TM an MoM, 08.01.1952, DBdM, S. 360 f.
40 KaM an ElM, 29.10.1952, DBdM, S. 362 f.
41 EM: Mit den Meeren leben. Über den Umgang mit den Ozeanen als globaler Ressource. Ein Bericht an den Club of Rome. Köln 1999, S. 19 f.
42 TM: Tb, 20.11.1950.
43 KaM an TM, 22.11.1950, DBdM, S. 354.
44 ElM an KaM, 29.11.1950, DBdM, S. 355 f.
45 Ebd., S. 357.
46 FM: Achterbahn, S. 51 f.
47 FM: Achterbahn, S. 55.
48 TM: Tb, 25.04.1947.
49 FM: Achterbahn, S. 69.
50 FM: Achterbahn, S. 70.
51 FM: Achterbahn, S. 72 f.
52 FM: Achterbahn, S. 78.
53 TM: Tb, 12.08.1950.
54 FM: Achterbahn, S. 80.
55 KaM. Zit. nach: MiM: Fragmente eines Lebens, S. 47.
56 TM: Tb, 04.11.1951.
57 TM: Tb, 05.11.1951.
58 Erich Katzenstein an KaM, 20.11.1951. Zit. nach: Tilmann Lahme: Die Manns. Geschichte einer Familie, S. 355.
59 MiM an EM, 26.12.1951, DBdM, S. 359.

»Um ein bißchen Gold und Ehr zu ernten«

Karrieren und Absonderungen. 1953–1969

1 MiM an KaM, 10.11.1953, DBdM, S. 368.
2 TM, zit. nach: FM: Achterbahn, S. 95.
3 GM an Erich von Kahler, 16.06.1954. In: GM: Briefe 1932–1992, S. 121 f.
4 TM an Carl Jacob Burckhardt, 14.08.1955. In: TM: Briefe 1948–1955 und Nachlese, S. 412.
5 EM an Käthe Rosenberg und Ilse Dernburg, 22.08.1955, EMBuA II, S. 42 f.
6 MoM an EM, 04.05.1956, DBdM, S. 375.
7 EM an MoM, 07.05.1956, DBdM, S. 376 f.
8 MoM an EM, 05.06.1956, DBdM, S. 377.
9 Ebd., S. 377 f.
10 Ebd., S. 378.
11 KaM an Gustav Hillard-Steinböhmer, 25.11.1956. Zit. nach: Inge und Walter Jens: Frau Thomas Mann, S. 282.
12 MoM an EM, 09.01.1964, DBdM, S. 398.
13 EM an MoM, 13.01.1964, DBdM, S. 398–401.
14 MoM an EM, 20.01.1964, DBdM, S. 402 f.
15 MoM an KaM, 21.01.1964, DBdM, S. 403 f.
16 MoM im Gespräch mit Gabriel Laub, 08.05.1979. In: MoM: Das fahrende Haus, S. 13 f.
17 MoM an KaM, 21.01.1964, DBdM, S. 403 f.
18 FM: Achterbahn, S. 124.
19 Ebd.
20 MiM an KaM, 14.03.1958, DBdM, S. 384.
21 MiM an KaM, 07.09.1957, DBdM, S. 379.
22 Ebd.
23 Ebd., S. 380.
24 ElM an KaM, 30.12.1966, DBdM, S. 410.
25 Ebd.
26 TM: Tb, 28.03.1953.
27 Peter K. Wehrli: Nachruf auf Elisabeth Mann Borgese. In: Blätter der Thomas Mann Gesellschaft Zürich, Nr. 29, 2000–2001, S. 7 f.
28 EM, 13.09.1963. Zit. nach: Helga Keiser-Hayne: Erika Mann und ihr politisches Kabarett »Die Pfeffermühle«, S. 196.
29 EM an ElM, 19.01.1961, DBdM, S. 388 f.
30 ElM an EM, 23.01.1961, DBdM, S. 390.

31 ElM an EM, 18.04.1962, DBdM, S. 393.
32 ElM an EM, 19.06.1969, DBdM, S. 421.
33 GM an Erich von Kahler, 16.06.1954. In: GM: Briefe 1932–1992, S. 121.
34 EM an GM, 22.11.1958, DBdM, S. 386.
35 MiM an KaM, 07.09.1957, DBdM, S. 378.
36 Ebd.
37 GM an Eva Herrmann, 29.12.1959. Zit. nach: Die Kinder der Manns. Ein Familienalbum, S. 257.
38 GM an Max Rychner, 25.02.1959. In: GM: Briefe 1932–1992, S. 138.
39 GM an Joseph Breitbach, 23.02.1960. In: GM: Briefe 1932–1992, S. 143.
40 GM an Erich von Kahler, 08.04.1960. In: GM: Briefe 1932–1992, S. 151.
41 Ebd.
42 KaM an ElM, 07.02.1968, DBdM, S. 412.
43 GM an Hans-Martin Gauger, 08.01.1975. Zit. nach: Die Kinder der Manns. Ein Familienalbum, S. 276.
44 GM an Jens-Peter Otto, 17.06.1969. In: GM: Briefe 1932–1992, S. 191.
45 TM an EM, 07.06.1954, DBdM, S. 370.
46 EM an Curt Bois, 01.11.1966, EMBuA II, S. 176.
47 EM an MiM, 19.06.1962, DBdM, S. 394.
48 EM an MiM, 19.06.1962, DBdM, S. 395.
49 EM an MiM, 22. und 23.03.1969, DBdM, S. 420.
50 KaM an ElM, 19.09.1969, DBdM, S. 423 f.
51 MiM an KaM, 27.08.1969, DBdM, S. 422.
52 Heinrich Breloer, Horst Königstein: Die Manns. Ein Jahrhundertroman. Frankfurt/M. 2001, S. 424.
53 GM an Prinzessin Margaret von Hessen und bei Rhein, 05.09.1969. In: GM: Briefe 1932–1992, S. 192.
54 MoM an KaM, 11.10.1969, DBdM, S. 425–427.
55 Ebd., S. 427.

»Der eine Pfeil, den ich durch viele Jahrzehnte im Köcher trug«

Triumphe, Tagebücher, Todesfälle. 1970–1980

1 GM an MiM, 29.02.1976, DBdM, S. 435.
2 GM an Peter Härtling, 06.07.1971. In: GM Briefe 1932–1992, S. 199.
3 So Rüdiger Landfester in der Badischen Zeitung. Hier zit. nach: GM: Briefe 1932–1992, Anm. S. 419.

4 GM an Prinzessin Margaret von Hessen und bei Rhein, 16.12.1971. In: GM: Briefe 1932–1992, S. 201.
5 Ebd.
6 GM an Ernst Klett, 24.12.1971. In: GM: Briefe 1932–1992, S. 202.
7 GM an Prinzessin Margaret von Hessen und bei Rhein, 16.12.1971. In: GM: Briefe 1932–1992, S. 200.
8 GM an Agnes Meyer, 03.12.1970. In: GM: Briefe 1932–1992, S. 196.
9 KaM: Meine ungeschriebenen Memoiren, S. 7.
10 Ebd.
11 MiM an KaM, 02.05.1975, DBdM, S. 433.
12 MiM an GM, 1976, DBdM, S. 434.
13 FM: Achterbahn, S. 199 f.
14 FM: Achterbahn, S. 227.
15 Zit. nach: FM: Achterbahn, S. 230 f.
16 FM: Achterbahn, S. 233.
17 FM: Achterbahn, S. 235.
18 Ebd.
19 FM: Achterbahn, S. 235 f.
20 FM: Achterbahn, S. 236 f.
21 Zit. nach: MiM: Fragmente eines Lebens, S. 216.
22 Frederic C. Tubach: Erinnerungen an einen Freund. In: MiM: Fragmente eines Lebens, S. 216.
23 GM an Eva Herrmann, 30.01.1977. In: GM: Briefe 1932–1992, S. 239.
24 FM: Achterbahn, S. 245.
25 GM an Eva Herrmann, 30.01.1977. In: GM: Briefe 1932–1992, S. 239.
26 GM an Hans-Martin Gauger, 17.02.1977. In: GM: Briefe 1932–1992, S. 239 f.
27 ElM an KaM, 04.02.1970, DBdM, S. 427 ff.
28 ElM an KaM, 09.10.1978, DBdM, S. 439 f.
29 ElM an KaM, 30.08.1979, DBdM, S. 440 f.
30 MoM im Gespräch mit Gabriel Laub, 08.05.1979. In: MoM: Das fahrende Haus, S. 14.
31 Ebd.
32 Ebd., S. 15.
33 Ebd., S. 16.
34 Ebd., S. 16 f.
35 Ebd., S. 21.
36 Ebd., S. 23.
37 Ebd., S. 24.

38 MoM an KaM, 04.03.1977, DBdM, S. 437 ff.
39 GM: Tb, 25.11.1978. Hier zit. nach: Tilmann Lahme: Golo Mann. Biographie, S. 404.
40 GM an Joseph Breitbach, 24.09.1978. In: GM: Briefe 1932–1992, S. 252.
41 GM an Ernst Klett, 02.08.1978. In: GM: Briefe 1932–1992, Anm. S. 443.
42 GM an Hans-Martin Gauger, 05.04.1980. In: GM: Briefe 1932–1992, S. 261.
43 GM an Ernst Klett, 10.05.1980. In: GM: Briefe 1932–1992, S. 264.
44 GM an Julio del Val Caturla, August 1989. In: GM: Briefe 1932–1992, S. 312.
45 GM an Ernst Klett, 10.05.1980. In: GM: Briefe 1932–1992, S. 264 f.
46 GM an Hans-Martin Gauger, 05.04.1980. In: GM: Briefe 1932–1992, S. 263.
47 GM an Marion Gräfin Dönhoff, 21.06.1980. In: GM: Briefe 1932–1992, S. 266.

»Als dekorierte ich ein untergehendes Schiff«

Die letzten Repräsentanten. 1981–2002

1 Zit. nach: Joachim Fest: Begegnungen. Über nahe und ferne Freunde. Reinbek 2004, S. 228.
2 Ebd., S. 226 f.
3 GM an ElM, 26.12.1981, DBdM, S. 442.
4 Ebd.
5 GM an Adolphe Dahringer, 20.01.1988. In: GM: Briefe 1932–1992, S. 311.
6 GM: Erinnerungen und Gedanken. Eine Jugend in Deutschland, S. 25.
7 GM an Ernst Jünger, 1992. In: GM: Briefe 1932–1992, S. 325.
8 GM, zit. nach: Die Kinder der Manns. Ein Familienalbum, S. 296.
9 GM an Peter Marxer, 20.11.1986. In: GM: Briefe 1932–1992, S. 299.
10 MoM im Gespräch mit Raffaele La Capria, 28.05.1986. In: MoM: Das fahrende Haus, S. 256.
11 MoM im Gespräch mit Helga Schalkhäuser, 15.05.1986. Hier zit. nach: Die Kinder der Manns. Ein Familienalbum, S. 294.
12 GM an Peter Marxer, 20.11.1986. In: GM: Briefe 1932–1992, S. 300.
13 ElM, 30.04.1998. In: Heinrich Breloer: Unterwegs zur Familie Mann, S. 189.
14 GM an Adolphe Dahringer, 20.09.1990. In: GM: Briefe 1932–1992, S. 321 f.

15 ElM, 30.04.1998. In: Heinrich Breloer: Unterwegs zur Familie Mann, S. 190.

16 Ernst Walder: Begegnungen mit Golo Mann. In: Die Familie Mann in Kilchberg. Hg. von Thomas Sprecher und Fritz Gutbrodt. Zürich 2000, S. 256.

17 GM an Julio del Val Caturla, August 1989. In: GM: Briefe 1932–1992, S. 314.

18 ElM, 30.04.1998. In: Heinrich Breloer: Unterwegs zur Familie Mann, S. 191.

19 FM: Achterbahn, S. 315 ff.

20 GM an ElM, 26.12.1981, DBdM, S. 442.

21 ElM im Gespräch mit Ingo Hermann, 1993. Zit. nach: Die Kinder der Manns. Ein Familienalbum, S. 304.

22 Nikolaus Gelpke: Die Welt vom Meer gesehen. In: mare, Nr. 31, April/Mai 2002, S. 11.

23 ElM, 30.04.1998. In: Heinrich Breloer: Unterwegs zur Familie Mann, S. 198.